U0570140

总 主 编　李红权　朱宪
本卷主编　李红权　朱宪

近代蒙古文献大系

政治卷

◇ 第 九 册 ◇

中华书局

政府对蒙政策还不转变吗？…………………………… 4490

可怜的绥远 …………………………………………… 4500

告一段落的内蒙自治问题 …………………………… 4502

东蒙自治与西蒙危机 ………………………………… 4513

苏俄在中国边疆的"赤化"工作 …………………… 4519

内蒙古民族目前的出路 ……………………………… 4538

怎样建设新蒙古 ……………………………………… 4542

革新蒙古须要彻底 …………………………………… 4549

内蒙自治与日人之西侵 ……………………………… 4554

蒙藏委员会二十三年度行政计划 …………………… 4561

日趋险恶之内蒙要求自治问题 ……………………… 4568

蒙古当前的两大要政 ………………………………… 4577

蒙古政委会近况 ……………………………………… 4588

蒙古与苏联 …………………………………………… 4590

华北与内蒙的新危机 ………………………………… 4598

蒙古地方自治政务委员会办事规则 ………………… 4603

内蒙自治案 …………………………………………… 4606

我们的蒙古 …………………………………………… 4611

歧路中之蒙古人 ……………………………………… 4615

溥仪称帝与内蒙危机之深化 ………………………… 4622

口北道十县划归察哈尔经过 ………………………… 4625

蒙古觉醒了 …………………………………………… 4638

蒙古自治后应有的建设 ……………………………… 4646

怎样达到建设新蒙古之道 …………………………… 4651

蒙古自治政委会成立后之感言 ……………………… 4660

内蒙自治问题解决 …………………………………… 4665

危机日深之西蒙 ……………………………………… 4671

内蒙自治之前途……………………………………… 4673

蒙古的阶级社会及中俄的对蒙政策………………… 4683

呼伦贝尔与蒙古民族………………………………… 4697

就我的管见对蒙古政会暨王公青年各方面说几句话…… 4704

苏俄积极经营外蒙以防日本之侵略………………… 4706

为志在复兴蒙古民族诸公进一言…………………… 4708

蒙古的民间…………………………………………… 4713

日伪亟谋吞并蒙旗之严重性………………………… 4716

察哈尔的重要性及其财富…………………………… 4718

改"兴安总署"为"蒙政部"……………………… 4739

日本侵略下之内蒙…………………………………… 4741

内蒙与日本大陆政策………………………………… 4753

中央解决蒙古自治问题之经过……………………… 4756

日俄交侵下之蒙古问题……………………………… 4765

中国对俄外交之回顾与前瞻………………………… 4792

外蒙琐谈……………………………………………… 4810

东北失后之蒙古……………………………………… 4814

决定内蒙自治原则…………………………………… 4819

蒙事训练组训练大纲………………………………… 4821

任定蒙古自治长官…………………………………… 4823

中俄外交与外蒙现状………………………………… 4826

远东纠纷中之蒙古…………………………………… 4841

论察东地位之重要…………………………………… 4855

唐努乌梁海问题及其与中、俄、蒙三方之关系…… 4858

察哈尔蒙旗旧制之改革……………………………… 4879

日俄角逐下之蒙古…………………………………… 4881

内蒙自治问题之内在原因和外来背景……………… 4891

内蒙自治运动之经过……………………………………… 4903

蒙古之政治………………………………………………… 4936

汉蒙联欢…………………………………………………… 4957

所望于蒙古政委会者

　　蒙古晋京的各位请愿代表，现已陆续的回到百灵庙了。闻蒙古地方自治政务委员会已定于四月中旬正式成立，关于政委会组成后一切应当赶快进行的各种重要事项，日前行政院已有明令指示；而举国舆论界更有不少的论列与建议，所以也无须乎作者再事哓舌了。惟本刊是蒙古方面形单影只的唯一刊物，值此蒙古政委会诞生之期，论情论理，均不能默无一言。因此作者不揣冒昧，愿将一得之愚，贡献出来，以为祝贺之礼。

　　我尝一而再再而三的这样想：这次蒙古的获得自治，实令人觉得是"一则以喜，一则以忧"！这并不是我危言耸听，杞人忧天，而摆在我们面前的事实的的确确是如此的！说到"蒙人治蒙"，这当然是蒙古民族一种极大的光荣和幸运；但倘一想到自治之后的责任既重且大，实令人又战战兢兢，有临深履薄之感了。这个理由很简单，因为当我们这政委会成立之日，也正是蒙古形势日非之时，我们的要求自治不是说是为的御侮〔侮〕图存吗？那么，马上会有横在面前的一个大问题，那便是："政委会成立后怎样应付这虎视鹰瞬〔瞵〕千钧一发的严重局面呢？"说明显一些，就是"怎样设法使这硕果仅存的西蒙，不再蹈过去外蒙、东蒙悲惨的覆辙呢"？这实在不能不说是一个急待解答的大问题！不然，倘以救蒙之念始，而以害蒙之结果终，那实在非作者所忍想像了。

按实际来说，处在这门户洞开、毫无国防的中国，尤其是我们这远处漠北，一切落后的蒙古，以种种方面言，要想马上做出一种"一鸣惊人"的成绩来，当然事实上决不会如此的简易，同时亦非作者所敢存的奢望。不过请政委会各位委员们注意！我们在积极方面——如教育、军事、建设等——固应徐徐改进，不能立望速效；但在消极方面，最低限度，对于我们这极端危险的局面，也应做到"釜底抽薪"的地步，即一方面要避免敌人的口实，使我们这善于"膺惩"的敌人无可借题发挥；一方面更要团结内部，使敌人无乘虚而入的机会。这才是政委会成立后第一件应做的大事，同时也可以说是政委会责无旁贷的庄严职责。

我以为要达到上述的目的，必要采取下列的两种步骤：

（一）拥护统一　当自治问题发生时，外间即有不少的种种臆测，直到现在为止，谣言尚未稍杀，甚至有说德王"将挟外力以自重"者。不过，这种无稽的谣言，当然是不值识者一笑，因据我个人所闻，而且确切相信，德王为人精明干练，为蒙古青年们一重心领袖，既富有国际常识，又富有救种思想，他当然能高瞻远瞩明了内蒙现在的地位，和认清真正亲仇之所在。严格说来，他当然能了解蒙古民族目前应走的正当路线是什么。所以我认为这种风传可以说是不攻自破，而我所说的"拥护统一"者，当然也不是对此有感而发，而是说要真正作到一种"同舟共济"的地步，与极应避免"貌合神离"的形式结合！中国有一句俗话，就是"一家不和外人欺"，蒙汉既属一家，当然不要各怀戒心，同床异梦。政委会成立之后，便首应完成打开蒙汉隔阂的工作，因为蒙古与内地，以地理、历史上各种方面而言，自有其一种不可分离的密切关系，所谓"辅足〔车〕相依""唇亡齿寒"，正可以拿来形容蒙汉关系的密切。但蒙古文化落伍，民智幼稚，十分之八九不知国家为何物。尤其是目前蒙古的社会，尚是十足的封建社会，他们都是"无可无不可"的忠顺人民，蒙古各位先进者的行动就能以代表他们的行动。因此政委会与政府间，应具"无事不可商量"的态度，慎勿自起内哄，与外人以可乘之机。语云："精诚所至，金石为开"，只要相见以诚，凡事都有解决的正当途径可循的。行政院令文云："办理各项事务，遇有关涉省之事件，应和协合作，苟有未能商妥，务请中央或指导长官为之解决，决不可轻启争执。"（第四条）我认为这是很中紧要的几句话，而为政委会应当遵守的原则。同时我昐〔盼〕望蒙古同胞——尤其是智识阶级，应人人认为是整个中华民族的一员，同时并且是站在国防最前线的斗士。一方面固然要顾到蒙族本身的相当利益，同时更应当顾到整个国家的前途命运。外人无论怎样威胁利诱，奸人无论怎样横施挑拨，自己总要认清环境，拿定主意，免得"一失足成千古恨"，置蒙族于万劫不复之地。观日人唆使傀儡称帝，以及察东的形势日非，尤其日本浪人的到处活动，蒙古的存亡已经是迫于眉睫了，四面八方无不满布着悲惨的阴影！原日人之所以唆使溥仪称帝者，一方面固足以见出他霸占东北的决心，同时更可以看出这是图谋蒙古的前奏曲。因目前蒙古所保持的王公贝勒封号，都是受满清的册封，蒙古人民中——尤其是各位王公，脑筋〔筋〕里都深印着"真龙天子"的印像。回忆康熙与蒙古王公设盟诏书，固有"朕之子孙，世世为皇帝，尔等即世世永保封爵，共享富贵"，这次傀儡的改称，未尝不是利用王公这种心理，以达其不劳而获的诡计。一月十六日伦敦电："孟却斯德保《卫报》登载论文云：清室在蒙当保有极大威望。然则溥仪称帝，或即为'蒙古忠顺人民'加入'满洲国'而成为'满蒙帝国'之先声欤？"不过我始终相信蒙古各位王公定有真知灼见，决不至甘受利用，入其圈套。观《大公报》载北平二月二十八日通信："日本自占东北四省及东三盟后，对西部蒙古亦加以煽惑，使投降伪国，故于占领热河后，在多伦方面，由日军特务机关指导设一内蒙古各旗联合办事处，以蒙古人名巴拉马李克金者为办事处长，游说于锡林果勒盟各旗。但自白灵庙会议自治后，各王公仍多内向，不愿加入该办事处……"又据《大公报》四月二日载："日方侵略东部蒙古后，曾在卓盟组织调查团，拟进一步的向西侵略。该调查团近日进抵多伦，闻其计划，拟利用东蒙蒙古一部王公之青年，至西部各盟旗进行联络之游说，以便遂其侵略诡计，我国若不积极筹谋应付办法，前途将不堪设想，故蒙古政委会之组织实为当务之急……"观以上的两段消息，我们可以得下面的一个结论，就是：敌人的心理一方面对于王公是拿名利来相诱引，而同时并利用自己铁蹄下的蒙古青年，以为侵略蒙古的先锋队。这种方针之毒辣，计划之巧妙，宛若"水银泻地，无隙不入"，真令人有手挥五弦、目送飞鸿之感！倘一不慎，便有坠入奸计的可能。我希望各位王公，坚持其竭诚内向的决心，而各位青年，更不要意气用事，好走极端，要在中央协助之下，矢志于本身之健全，逐渐改进目前蒙古的现状，养成御侮图存的力量。如此既可稍敛敌人觊觎的野心，同时亦不难达到要求自治预期的目的。倘仍怀"尔汉我蒙"的畛域观念，那不但非整个中国之幸，又何尝是蒙民之福呢？

（二）团结内部　我所谓团结内部者，广泛的说起来，当然是指着把全体蒙古民众打成一片而言。但以蒙古目前民众知识的落后，这件事是不能马上实现的，因此我今日所欲言者，仅仅希望蒙古各位先进们，无论如何也要做到"精诚团结"的地步。我不客气的说，蒙古先进间的尔党我派，是和内地同等复杂的！这并不是我故作谣言，有事实为证。你不见当蒙古开始要求自治的时候，报纸上还大登特登"某派"与"某派"间的意见分歧吗？这实在是蒙古当前极端的危机，同时也可以说是蒙古民族的极大耻辱。倘若不能幡然改悔，革除旧弊，现在是达到蒙人治蒙的目的了，但又何补于蒙古的存亡？因为以蒙古人才的缺乏，和蒙事的百端待举，即一心一德，共勉前途，再加上中央的从旁指导，以应付目前蒙古这种呼吸存亡的危险局面，是否能达到预期的目的——再退一百步说，是否能有差强人意的收获，尚属一极大的疑问，倘再自分其力，勾心斗角，则蒙事的前途尚堪闻问吗？据闻，自蒙古自治问题发生后，各派间的暗潮，似较前已缓和了许多，这实在是一种足资庆贺的好现象。此时我更作进一步的希望，不但是希望彼此间不再闹意见，同时更希望于互相谅解之后，而能做到"分工合作"的境地。观日前行政院令文第四条云："通告所属官民，应努力于地方福利的增进，意气用事，权力争执，均应力戒。"我以为行政院之所以出此者，当然是有感而发，并不是"无的放矢"的。因为蒙古此旗与彼旗间，此盟与彼盟间，均有很显明的畛域鸿沟，更兼新旧杂揉，立场迥别，王公派与青年派，早已形成对峙的两大壁垒，所以这次政委会权位的分配，难免有争权夺利的事端发生，得之者固乐形于色，踌躇满志；失之者又难免怨恨丛生，另借枝栖。倘不幸果如所言，则对于自治的进行上当然有莫大的障碍，甚至从此引起敌人的加紧侵略。这并不是我故作忧天之论，因为看目前华北风云的逐渐紧迫，以及社会上对于政委会期望之殷切，因此我"心所谓危，不忍缄默"，又本着"爱之深，责之严"的见地，竭诚希望蒙古各位先进们，及有政治欲望的智识青年们，要放大目光，看轻权利，所谓"要立志做大事，不要立志做大官"者，这正是在这覆巢之下的蒙古同胞们，应坚持不挠的光明态度。倘能如此，我们这昔者被人称作"黄祸"的民族，当不难恢复过去的光荣，以及尽到那"保种卫国"的庄严职责！

　　以上两种，表面看来，虽属肤浅，但论其性质的重要，我认为是目前再迫切不过的问题。因为现在这宛若囊中物的蒙古，如再没有坚确的目标与方针，仍然是上有尔诈我虞的上流人物，下有一片散沙的无智群众，纵能一时平分权位，相安无事，但如建设新蒙古之百年大计何？想蒙古不乏明达之士，谅不致河汉斯言！

此外对于政府，亦愿进一言：蒙古政委会的设立，不能遽认为蒙古问题的已告解决，观《晨报》四月六日登载黄郛先生在汉临行发表谈话称："日在察东增兵，自足影响内蒙，惟百灵庙自治会已定期成立，足应付之。"这事未免过抱乐观，因为自治政委会成立，只能说是本身争端的告一段落，而不能说是从此内蒙已可告无虞。昐〔盼〕望政府放弃从前对于蒙古虚事羁縻拉拢的政策，对于政委会要竭力扶持，助其发展，在不损失中央威信的范围内，使他能放手进行一切的事业，同心同力，共存共荣，所谓"百灵庙自治会已定期成立，足应付之"者，才能言之不虚！

一九三四，四，六

《新蒙古》（月刊）

北平新蒙古月刊社

1934 年 1 卷 4 期

（朱宪　整理）

蒙古人应合作以共挽危局

于绍文　撰

世界上的事情，凡有人类社会组织的地方，我敢大胆的去说，靡有一件事情可以使人满意的。可是你要认准目标去作，也靡有一件事情，不可以成功的。所以世界上的事情，要是以客观的地位去观察，就无所谓对不对；要是以主观的地位去理会他，就聚讼纷纭，莫衷一是了。譬如北平市的小孩放风筝一样，当春来的时候，差不多每一小孩，都要买一风筝去放，可是每一风筝，又差不多要送命在马路之电线上。我想小孩向他父母费尽唇舌之苦，好容易才准许买了一个风筝，要是被电线挂住的时候，不定怎样翘首仰望哭喊交加。所以我相信北平市的小孩，都恨不能将全城的电灯或电话线取消，情愿过他的黑暗日子。可是电灯或电话公司，为避免他的电线损坏起见，也恨不能禁止全城的小孩，都不要放风筝。那么小孩放风筝是天真的玩耍，浪漫的生活，尤其是最快心的娱乐。公司里禁止小孩放风筝，是维持他的营业，保持他的资本，也可说是供给社会的需要。两者究竟谁对谁不对呢？要是以主观的地位去观察，当然是小孩不占理由了；要是以客观的地位去批评，因为同是为人生而出此，也只好敷衍了事，不加可否。

我们蒙古的事情也是这样，简直说靡有谁对谁不对的分别。拿着现在中央作事情的人去说，本来寥寥几个人，总是不能团结，不是你今天打倒我，就是我明天排斥你，就这样互相倾轧，靡完靡了，只闹的中央失其信任，对于解决蒙事徒叹棘手；地方失其依赖，对于真正民意不能上伸。就是后起的青年，也不知道在谁的领导下工作为是。那么究竟谁对谁不对呢？要是以主观的地位去观察，当然是有某也忠，某也奸，某也诚恳，某也险诈的区别；要是以客观的地位去批评，同是为蒙古前途而出此，也只好敷衍了事，各奔前程了。

我蒙古本是一个偌大的民族，而且拥有偌大的土地，当此险恶四伏、危急万分的情况下，就应该大家合作起来，去应付此艰局，决不可再存幸进猎巧之心，以图暂时的苟安。比方说一个大富豪，他的资产雄厚，差不多与骇闻世界之煤油大王相比并，那么他不在产业上去经营，而整天价去买航空奖券，希望一徼幸得到五十万元的收入，这样一来，岂不是舍本而求末了吗？

作者的意思，是希望大家蒙古人，都要认准目标，同在中央的领导下，去谋本身的建设，再不要互相倾轧，自相挞伐，尤其是不要带着满身的疮痍，仍去给外人治病。应抱定"东隅已失，桑榆非晚"的念头，奋起直追，以谋本身的恢复，别闹成"议论未定，兵已渡河"之惨象，这是鄙人之最热切的希望。

《新蒙古》（月刊）
北平新蒙古月刊社
1934 年 1 卷 4 期
（丁冉　整理）

怎样复兴蒙古民族

云从龙　撰

近日来常常听到人说，蒙古自治是蒙古民族的大团结，蒙古自治是蒙古民族的复兴。我觉得要想复兴蒙古民族，要想团结蒙古民族，必先使民族有整个的意志，整个的思想，整个的行动。把一个民族的意志、思想、行动，养成功如一个人一样，非从教育着手不可。民族复兴必赖于教育的力量，这种事实，我们在中外历史上，举几个例子来说：

1. 在春秋时代，越王勾践被吴所灭，身为俘虏，躬作贱役。后来为取信于吴王，亲尝吴王之粪，以表现亲信之心。被释回国，立志复仇，与士卒、农民同甘苦，食则糟糠，宿则卧薪，十年生聚，十年教训，卒以灭吴。

2. 卫文公当卫国被狄人灭亡之后，创立新邦，仅有遗民五千人，以大布之衣，大帛之冠，敬教劝学，卒以中兴。

3. 一八〇六年普鲁士被法皇拿破仑大败，濒于危亡，有菲希特者出，以普之失败由于国民自私自利的心理，以致社会阶级分离，政治团体涣散，他对国民讲演有云："普军之所以失败，由于自私自利之心发达，人人只知有我而不知全体，故对内则偷安，对外则怯懦。然自私自利心之伸张至于极步，则并一己之小利而不能保，故曰：因自私自利而灭亡，乃必然之结果，非偶然之遭遇。"又云："本国之军备、司法、行政，均为外人所限制，独教育之一事，尚未为外人所注目，则吾人所能据为己有，且以之为救国途径者独此一端而已。"菲氏废除从前自私自利阶级的教育，兴爱国的普及教育。他对于教育之收获有极大之信念，故向国民宣示："他国之所以得自振作，或求之于武力与外交。至于一八〇七年之德国武力与外交为人所限制，舍教育而外已无其他活路。教育诚能普及，则二十五年之内可以睹德之复兴。"自菲氏提倡大日耳曼民族主义与改革教育后，德国人之爱国心与团结自强心，深印于国民脑海中。后至一八一三年败法，一八七〇年又大败法国，一跃而为世界第一强国，虽遭欧战挫折，亦能转危为安，民族精神至现在而不衰。

4. 法国自一八七〇年大败后，法人弗义列，以法之失败归咎于教育，亦采德国教育宗旨，从事鼓铸民族精神与意志。甘贝达说："我们真正的复仇，就是我们为传习特性的再生，和民族道德的再造。我的愿望和希求只限于两点，就是采行征兵制度和普及国民教育。"自小学教育开始，以德国为假设敌，以失地之耻与恢复鼓励国民意志。巴黎公园有女神石像代表失去之两州。自从阿、劳二州割于德国，国人以黑纱蒙于女神上，惊醒国人恢复失地之志甚坚，结果挫败强德，收复失地，卒以复兴。

5. 就现在之意大利墨索里尼来说，他说想要巩固党基，不在扩充党力，而在训练其儿童和青年。由此看来，可知教育之重要。

6. 在苏俄有一位教育家 Shaskey 曾说："我们的理想世界，只有靠我们的儿童完成，我们只有培养他们。至于成年人脑已旧，他们不反对即行了。"训练儿童，教育儿童，我们从各方面证明，教育是很重要的。

蒙古民族，在元朝时候，是极盛之时代，版图之大跨欧亚，将士之勇战无不胜，攻无不克。这并不是夸大，是世人所公认的。自元朝以后，江河日下，一年衰颓一年，至到清朝，因满清之愚民政策，有志者投身喇嘛，每日诵经祷佛，尚清谈，至于民族之盛衰存亡问题，完全置在脑后。以致现在人口减少，柔弱到极点。自从九一八事变，我东蒙为日本占据，我蒙古同胞已到日人铁蹄之下，而受日人之惨无人道之压迫。眼睁睁的看我同胞受亡国奴之痛苦，受帝国主义之宰割，而现在西蒙之情况，真正幕燕鼎鱼，岌岌堪危，蚕食鲸吞，时时可虑。抚今思昔，思之痛心，言之掉泪！蒙古民族，虽然如此衰颓，要想转危为安，使蒙古民族团结，使蒙古民族复兴，除军事、政治外，根本问题还在教育，因为教育，是百事之基础。我们复兴民族的教育，办法如下：

1. 普及教育　蒙古现在的教育，完全是王公和资产阶级的教育。除少数王公和资产阶级的子弟，得到受教育的机会，大多数的同胞，还在那里过着不知不识的生活。普及教育，即是使全蒙古无论男女老少穷富，使他们都得到受教育的机会。

2. 男女受教育机会均等　近几年来，来内地求学的蒙古青年甚多，但仔细考察，女生之少，少到不可思议。以全蒙古之女子来计算，百分之九十，得不到受教育之机会，这是如何之损失。站在民族立场来说，应当男女受教育的机会均等，达到男女平权的目的。

3. 唤醒民族意识　使人民知道个人与团体之关系，知道整个民族团结以求生存之必要。土耳其之独立，印度之不合作，这都是民族意识未消灭的好榜样。我们要想蒙古民族永久存在世界上，必先唤醒民族意识。

4. 实施军国民教育　使儿童养成健全之体格，而且养成有组织、有纪律的服从性质，像这样的分子，才是我们民族健全的单位。日本之学校，最近军事训练消息，全国中学下总动员训练。我们蒙古民族之天性，能骑善射，因为应付恶劣之环境，我们的教育，有加军事训练之必要。

5. 提倡职业教育 近几年来，蒙古人民，因为羊毛、皮子之跌价，影响人民经济生活。日本人因为他是工业国家，因为缺乏原料，拼命的侵略满蒙。而我们反因为原料不能销售，受其侵害。我们平心静气想想，实在痛心的很。为发展蒙古之经济，提倡职业教育，亦是一个途径。为利用我们的原料，解决我们人民的经济恐慌，提倡职业教育，亦是一个好的方法。

6. 提倡科学的教育 近年来蒙古青年学子，在内地求学，大多数是抱着讨厌科学的心理，都专心于政治、法律、经济，视科学如同废物。这不但是蒙古学生的根本错误观念，并且是蒙古民族最大的危机。我们看一个民族复兴，不单在政治、法律、经济方面努力，同时还要注重科学教育。因为现在是科学的世界，一切事情，要用科学的方法。例如马、牛、羊的品种，羊毛、皮革、牛奶、牛油的制造，用科学的方法，精益求精，对于吾人的利益甚大，同时可以增加生产的力量，甚而至于军事学和军械的发明。这种实际的技能和实用知识，非提倡科学的教育不可。若有科学的头脑，便知如何改良，如何实验，如何解剖。既有科学的知识，每组专研究一科，力求深造，增加生产，充实内部，民族自然复兴。

结论

蒙古民族在这样的恶劣环境中，要想求一条生路，要想打破目前难关，使蒙古民族恢复从前那样强盛，使蒙古永远生存于世界上，根本的办法，非从教育作功夫不可；否则，只发表空洞的理论，甚至每日大声急呼，民族如何危险，民族如何受帝国主义的蹂躏，虽舌敝唇焦，收效甚微。所以从根本上着手，结果定有大的收获，因为人类在青年时期，有杞柳性，易受教育，且因其天性未漓，无恶习之阻碍，故复兴民族教育，应从小学、中学做起。儿童愈幼，则受得之知识、技能、行为、兴趣等，愈不受已得之习惯影响。自初生后，习惯随时构成，在教育上影响甚大，故青年期最适于教育，匪特因其未能独立，不能自卫与卫人，且因其易于受教育。而小学、中学之教育，实为复兴民族的基础教育。我们再看九一八后的东北，日本人不但在政治经济方面，积极的进行，同时教育方面，亦很努力，课本完全改变，而内容什么"日满亲善"等语，使东北青年仇日之心理，一变而为亲日。这种功夫非从教育慢慢的熏淘〔陶〕不可。日本之对我毒辣手段，阴险万分，同时可见教育之重要。我们从各方看来，蒙古民族的复兴，舍教育外，还有其他的途径吗？这是我的坐井观天的见解，是否妥当，尚请国内贤达指教。

二三，四，六，于晓庄

《新蒙古》（月刊）

北平新蒙古月刊社

1934 年 1 卷 4 期

（丁冉 整理）

行政院对蒙古自治政委会之训示

作者不详

　　查《蒙古自治办法原则》、《蒙古地方自治政务委员会暂行组织大纲》，业经公布。该委员长应速遵令，将该会组织成立，并须注意下列各项：（一）按照蒙地实际情形，先行妥拟本年度自治实施计划，及该会各项概算，并会议规则、办事规则，分别呈候核定施行，以期循序推进。（二）该会为蒙古地方最高自治机关，所有各项职员，虽以任用蒙人为原则，但必须慎选确能胜任之人才充任，更不宜强求各盟旗之平均分配，致有人选失当之虞。（三）该会一切收入款项，均须慎选廉洁干练之人员经理，除该会及所属机关必不可少之薪俸外，并须点滴用之于目前急需之事业，不得随意动用，致滋浮滥。（四）该会成立后，应通告所属官民，仰体中央特许蒙古自治之原意，共同努力于地方福利之增进，举凡意气用事，及权利之争，均应力戒。（五）该会办理各项事务，遇有关涉省之事件，应与省政府会商办理，分工合作，务求和协。倘有末〔未〕能商妥之事，须请中央或指导长官，为之解决，不得轻启争执，致背中央安定边局之初旨。以上各项，仰该委员长切实注意，慎重将事，并通告所属官民，一体周知为要。

《新蒙古》（月刊）

北平新蒙古月刊社

1934 年 1 卷 4 期

（丁冉　整理）

内蒙国民党员在蒙古工作的追忆

阿克达纯　述　　文萱　记

一天，黄部长与蒙代表双方，关于蒙古自治的见解，不易融洽，在百灵庙的人，都忧愁着事情的搁浅，我也是怪无聊的，走到河东的商店里穿门儿（就是玩的意思），碰到阿先生，和他闲谈，并问到内蒙要求自治的原因，说到这个掌故，颇引起我兴奋，且感兴趣，于是拉他到庙上我的宿所，请他详细的讲，这篇就是那时记的（以下是阿先生的话）。

"当北洋军阀专政，袁世凯大作其皇帝梦的时候，国会议员在广东，就与北政府及帝国主义者，直接间接的冲突起来了。那时候蒙籍议员党员白云梯（内蒙古卓索图盟喀喇沁中旗人也）在广东，总理就派白先生到内外蒙古去宣传主义，这是本党第一次派人到蒙古去办理党务。他在外蒙，结识了国民党重要分子丹巴、那村巴图等同志，可是外蒙的王公派，反对宣传三民主义，所以白先生就被扣留于库伦约三个月，后来经丹巴等的设法，才得绕回内地，那次到蒙地工作约一年。后来，冯玉祥在西北组织国民军，总理派人向冯氏去联络，又派白去到蒙地活动，冯氏因要拉拢外蒙的关系，罗致白氏，任为参议。当时一同工作的又有在北平俄文专修馆读书的郭道甫（蒙名默尔色，亦称孟立生），及蒙古有名马商富明泰等，这两个人中，尤以郭富于革命思想，都是呼伦贝尔蒙古的世家子弟。

　　"白先生感到种种，就决心在内蒙成立党部，当时工作的同志就有了郭道甫、富明泰、乐景涛（内蒙古昭乌达盟克什克腾旗人）、包悦卿（内蒙古哲里穆盟博王旗人）、金永昌（内蒙古卓索图盟喀喇沁右旗人，日本士官学校军医科毕业）、李凤冈（内蒙古卓索图盟喀喇沁右旗人）等多人，组织了内蒙党部，请求经济的援助于总理〔助〕，计前后约共接济了万元左右，外蒙的丹巴同志等，也帮了七八万元，冯玉祥每月援助二三千元不等，那时经济已有了办法。当民国十四年的秋天，在张家口，就召开了一个很盛大隆重有意义的内蒙国民党全蒙代表大会，在这个大会里产生出了中央执行委员。执行委员就是前面所说那七个同志，白云梯为委员长，郭道甫为秘书长，候补执委为吴子兴、旺德尼玛、金鹤年、汪海清（都是内蒙人）等十四人。各代表于大会后，就分担了党的任务，纷纷回到各盟旗组织起盟旗党部，这时候，党的组织，已具初步的基础了。执委会又感到军事工作的重要，于是就命乐景涛氏去到东蒙组织内蒙党军，未久军事上也有相当的基础了。关于内蒙国民党的主义与政策，和工作纲领，诏告全蒙人民书，以及表现蒙古革命的世界通电等等，在当时的国内外各报纸和刊物上，多有刊载，现在我一时也想不完全了。

　　"十五年内蒙的党军，第一次表现实力，就是与冯玉祥的国民第一军联合起来，以特别民军的旗号，与军阀张作霖作战。这个民军计分三路，第一、三两路归冯氏支配，第二路受内蒙党部调动，实际上是与冯氏的国民军联合战线，来共同打倒军阀与帝国主义。三路同时出发后，第二路军司令乐景涛，就与包悦卿、阿克达纯、金海亭、于兰泽、金永昌等同志，带着大军曾克复赤峰、乌丹、林西、经棚各要隘。热河克复后，宋哲元到热主政，同时内蒙党部又委乐景涛为热河蒙旗民兵训练处长，其余同志分任参谋、副官、团长、教练官等职务，从事进展，那时已竟〔经〕有七千余骑兵的兵力了。司令部及训练处，都设在经棚，并办政治学校，校长为金永昌，兼党代表，那军旗及校旗为蓝色方形，上缀一白色飞马。那时候外蒙方面，也就派了俄籍顾问碧伦等三人，带着俄式枪械、子弹到了经棚，在那时期，很有勃勃的生气。

"十六年张作霖反攻热河，蒙党军亦退出卓、昭两盟，退到多伦诺尔的西北，就遭遇了匪军的抄击，吴子兴同志遇难，阿克达纯与金永昌、鄂齐尔等均受伤，追宋哲元亲带部队赶到，好容易这才出难退到张家口。后来，又因奉军穆春部三万余人，攻下了多伦诺尔，逼近张家口，不得已由张又西退到绥远。在绥远的时候，都统蒋鸿遇，因为冯的关系也很帮忙，那时我们的军队，只剩八九百人了！总计此役，由热河退到绥远，除逃亡的不算外，死伤的也有一千五六百人，这个损失，至今犹觉惋惜与怆痛！

"那时有一件值得注意的事，就是喇嘛们，也有许多加入我们的阵线里来了！就像那伊盟的喇嘛旺德尼玛，且为内蒙党部候补执委之一，他更愿负起重振党军之责。后来内蒙党部就委了他为绥远的蒙旗守备司令，康玺琛、于兰泽、包悦卿三同志，分任总教练、参谋、参谋长，阿克达纯为副官长兼党代表，于是就在包头，重行整军，又有了二千四百多人的兵力。

"旺德尼玛司令因为加入革命的关系，被王公派设法害死了。后来国民军又不堪受奉军的压迫，退到五原，到那时候，我们感到已竟〔经〕不便再退，又因奉军先头部队万福麟部，已逼近咫尺，党部与军队，就渡过黄河，到伊克昭盟额尔多斯七旗，重行整顿一切，并在额尔多斯七旗，都成立了旗党部了。在那里工作了五个多月，走转了万里以上，吃的是羊肉，住的是沙滩，耳朵里边什么消息也听不见了。后来到了鸣〔乌〕审旗，见他们很早以来，就有一种民众的自治团体，名叫多归轮，不受王公支配，对于旗下政治，他们是先开会决议，然后再分别进行，王公虽知，莫可奈何，在全内蒙中，只有此乌番旗先有此组织，迨我们的党军到此，因为彼此的思想契合，故得到他们的帮助很多。

"同时适值国共合作的时代，外蒙政府派额济尔来作第二次的指导与援助（额为布里亚特蒙古人），并送来步枪千支，予以物质上的协助，得到这些枪械后，精神力量为之一振。那时我们曾到伊盟郡旗成吉思汗墓上祭祀过，并宣誓必为蒙古民族及中国奋斗，以争生存于世界而慰英灵。在这时期，又当冯玉祥由俄归国，西北军在五原誓师，改换了旗号，并宣言正式的加入了国民党，内蒙党军，亦到五原会师，再到包头，那时候又恢复起从前的气势，各地同志来归的又很多了。

"但是，事多折磨，那时候不单是奉军屡来压迫，就是绥远巨匪王英，受了奉军的怂恿，又开始与我们冲突起来了。后来因为众寡不敌，我们又由包头，作第二次的退却，当退出包头当日下午，在那距包西北七十里罕生七窖子地方，被匪军把我们的党部和军队，都给消灭殆尽了。事后又重振旗鼓的到了五原，又行补充，与西北军连退到临河、黄杨木头、三圣宫、磴口、平罗，以至宁夏。在这一段的过程中，不知与敌人打了多少仗，死伤了多少同志，所受的困苦也算是到了家了，但是觉得精神是非常的痛快。到了宁夏后，又从事整顿党务和军队，党务方面是派同志去到鄂尔多斯、阿拉善各旗办理，军队是以西北路军总司令，兼宁夏主席宋哲元等的协助来训练。

"我们不仅是受了奉军和土匪的压迫，后来陕西榆林的陕北镇守使井岳秀，又与在鄂尔多斯的我们党军冲突起来了，那时候包悦卿、王化春、李永新诸同志都在前方，阿克达纯代表党军到榆林，和井去谈判双方的问题，不意竟被扣押，后来释放回来，双方的军事行动更多了。这里边的原因，就是内蒙党军是革命的集团，为了改进蒙古的一切，不能不领着鄂尔多斯的人民，来铲除外来的、剥削民众的恶势力，同时对方也深感到一旦前套（即鄂尔多斯）蒙古革命成功，其影响所及，势必断绝了蒙边的经济收入，所以最后也就只好出于打之一途了，总计双方约共死伤了六百余人。

"一波未平，一波又起，那时国民党通电实行清党，因此内蒙国民党也就不免的发生了内部的争执，尤其是外蒙的关系，应该如何处置。所以我们感到，外蒙与内蒙一旦不能相顾，而内蒙本身上的力量又不够用，所以早点儿，不能不有所准备，于是就把外蒙政府对内蒙党部编练精骑五千协助经费十万元一案提出，就派阿克达纯到北平俄使馆去接洽，因外蒙政府的负责人员，就在北平俄使馆。迨到北平该馆，见了外蒙人员及李大钊等后，该案圆满决定，款项是允由武汉政府方面拨给。后来由包头派人到武汉领时，因为汉、宁争执，所以只领到三分之一，同时南京中央正在清党，内蒙党部也准备清党，为着清党问题，致郭道甫与白云梯起了意见，就是郭偏了左，白倾国民党。后来白、郭二氏，与在宁夏西北军北路军总司令部的顾问俄人沃司玛诺夫，及与由鄂尔多斯先行返回外蒙库伦的俄人碧伦等，先后到了外蒙，算了一笔总账，结果，大受第三国际的申斥，到那时内蒙国民党的分裂，已十分显明，就是郭道甫左倾，白云梯还固信着国民党。

"在这时候，前由郭、白送往莫斯科中山大学念书和在外蒙的内蒙青年，如王秉璋、白海峰、乌文献、乌献文、白永伦、云润、纪雅泰等多人，适于是时毕业，都到了外蒙，他们就认为白、郭过去的一切工作，完全不对，大事攻击，至是内蒙党务，更显着纷乱了。而白云梯，感到在外蒙的不安，乃得丹巴等的借助，就急回到内蒙，马上就实行清党，在外蒙的郭道甫等十余人，也都在被通缉之列了。

"内蒙国民党中央执行部，改为中国国民党内蒙党务指导委员会后，南京中央就派阿克达纯、金永昌、包悦卿、伊德钦、暴子青、李凤冈、乐景涛、于兰泽、李永新等九人为指导委员，党部列为乙等，经费月定九千余元，迨由京入蒙工作，实行总登记，在卓索图等盟正在成立旗党部的这个当儿，中国国民党，又有了左右派的分争，内蒙党务也呈了停顿的气象，后来卒至无形中漫漫的搁了浅。

"还有一点，就是郭道甫，在外蒙左倾后，因受由莫斯科新回，和在库伦青年党的压迫，决心要回呼伦贝尔蒙古去实现他的主张，未久就同富明泰、郭文尚等四五人，经桑贝子等处，绕回到呼伦贝尔的北部，某夜突以武力占领了呼伦贝尔都统公署，当时副都统贵福及凌陞等，也都有点让步了。后来郭就带了他的学生队数百人，在海拉尔一带，与东北军打起来。当时中东铁路，也被郭部截断了十数段，国际交通也不通了。时适张作霖被炸皇姑屯，东三省刀兵纷起，呈着无政府状态的情况之下，张学良就派了前内蒙党部候补执委金鹤年去说合（当时金因系布特哈蒙古人，并在东北任职），后经臧式毅的保证，郭就撤掉枪杆，到沈阳任了张的机要秘书，并办起东北蒙旗师范学校来了。那个学校，后来经过了二年多的时间，经郭之手，造就出了不少的有为蒙古青年，现在除因环境关系，有在'满洲国'方面担任职务者而外，散在各蒙旗，埋头于教育、政治、工作的也不少。至于富明泰与郭文尚呢，于郭'革命没有失败，不过有时转转方向罢了'的时候，他们就由呼伦贝尔，回到库伦去了。

"现在，回想我们的过去，更观察一下现实的百灵庙的情形，不胜感慨。我想此次蒙古自治的问题，也许是已往许多同志血肉所种下的因素吧！我很希望自治问题的解决，来在我们的党指导下，恢复从前的光荣，温起我们的热情。"

谈至此，勤务兵进来说："角力开始了。"于是一同走到庙的正殿，去鉴赏蒙古的武术。

　　　　　　　　文萱记于百灵庙，二十二年十一月

《开发西北》（月刊）
南京开发西北协会
1934 年 1 卷 5 期
（朱宪　整理）

内蒙政委会之使命

作者不详

自地理上而言，内蒙虽属北疆，然外有外蒙为屏障，东倚察哈尔，无虞外力直接内犯。今则外蒙已为苏俄所支配，热河失陷，察哈尔危，唇亡齿寒，内蒙已等边疆。日人得寸进尺，食指频动，内蒙为其大陆政策所必经之路线，图谋甚亟，此诚内蒙历史上未有之危机，内蒙人士应深自警惕者也。故望该会诸政委，努力充实边境社会，统率蒙属民众，彻底与中央合作，杜微防渐，免为日人所乘。此项工作，并不困难，盖今日到会诸政委，均属内蒙领袖，可代表内蒙整个民众，该会又直隶行政院，从此蒙情已可直接上达，当无从前疏隔之弊。再就最近宣传，谓内蒙内部，素有新旧之分，德王居少壮派领袖，与旧派素不融洽。此说我人未敢推断其真伪，唯亦愿以转达诸政委，俄〔我〕人深信以内蒙环境之险恶，土地之广袤，文化之低下，筹议改革，非合作团结，徐图进展不可，过急必踬，内讧必乱，意气从事，无异自杀，设再蹈东北覆辙，有何个人荣辱可言？（《南京朝报》，四，二三，《内蒙政委会成立》）

内蒙即热、察、绥三省之盟族〔旗〕，南则屏障华北，北则密迩苏联，东接三省失地，西邻甘肃、新疆，一旦日俄有事，内蒙必首当其冲；如我国能及早开发，屯重兵以资策应，不仅足以巩固边圉，抑且保障华北而为收复失地之根据。故本报于蒙政委会成立之日，特历述蒙古自治之演变及其地理上之重要，与夫日本所抱之野心，以促国人之注意。甚望全国朝野，于蒙政委会成立以后，切实依照自治办法，修筑道路，改良交通，振兴教育，启迪民智；并积极提倡垦殖、畜牧，开发森林、矿产，以改善其经济组织，进而组织民众，训练民众，培养其自卫卫国之实力；又调重兵分驻要隘，巩固国防，以为收复失地之准备。时亟势危，望全国国民共起图之。（杭州《国民新闻》，四，二三，《内蒙政委会今日成立》）

第一，今日内蒙之地位，乃我国西北之屏藩，国防最前线，而暴日睨于东，赤俄瞰其北，较诸滦东、平北之战区，其危机或犹严重。即今日参加盛会之政委，亦不乏东四盟人士，其身受异族之蹂躏，所感痛苦，必且较吾人为深，是固不俟吾人之烦言，而有以知其所处地位之重要也。夫立国于大地之上，所资以应付外来之侵略者，其道不外乎二，一为武力之抵御，一为外交之肆应是也。然而我国，言武力则百不如人，言外交则常处被动，若干年来之经验，已足为吾人之教训，无所用其粉饰矜夸，所值得自豪自慰者，仅此不可磨灭的民族意识而已。今内蒙地方自治政务委员会，于军事、外交，固属无权管辖，顾中央所立斯会之命意，与夫蒙人所以要求自治之初衷，则显然欲使此不可磨灭之民族意识，更为发扬，更为团结，而不予人以抵瑕蹈隙之机耳。是故吾人以为自今日以后，各政委应懔于环境之恶劣，责任之重大，摒绝过去攘夺倾轧之私心，扶植当前整齐一致之意志，使一般蒙人，于国家有深切之认识，于民族有潜藏之势力，在国防上竖起坚强韧厚之壁垒，则虽侵略者欲挟其坚甲利兵，甘言厚币，亦无所施其伎俩，岂独足以辅助外交之肆应，抑且胜于武力之抵御。分政府北顾之忧，纾民族灭亡之祸，两肩重任，所望诸政委之勿自菲薄也。

　　第二，内蒙地广人稀，蕴藏丰富，有待于开发者正多。而时代之轮，只有前展，断无后退，又为不易之公式。蒙人受宗教之熏陶，为羁縻所耽误，虽不乏洞明大势之有为人士，而大多数尚滞留于中古时代之生活，尤可不必讳言。夫处于物竞天择优胜劣败之世，纵属荒陬僻壤，穴居野处之辈，已不能浑浑噩噩，过其太古原人之生活，矧如内蒙之在赤白两帝国主义夹攻下，犹欲保守其千百年来之旧贯，其不适于时代生存之条件，将为优胜所淘汰，更不待卜筮而后知。用是吾人对于诸政委之第二热望，即深愿其勿囿其狭小之地域种族偏见，而闭塞其共同开发之门。盖今日蒙古民族，已为构成中华国族之一分子，合之则两利，分之则两伤，乃天经地义不可移易之原则，倘能相互融洽，待遇平均，截长补短，共同努力，或资其财，或需其智，集各方之才艺，赴同一之目标，则开发建设，自必早观厥成。夫以蒙地之广袤，蒙人之稀少，苟非故意偏袒，非法压迫，吾人相信，必不致绝其出路，断其生机，而其结果，或且与蒙人所顾虑者适得相反。若必闭塞门户，独任其成，则不但才智资力，尽皆有限，必致耽延时日，不能百废俱举。即使人尽其才，地尽其利，然以一木支大厦，固不若众擎之易举也。且今日内蒙之地位，能否任我自扃其门户，实为至堪研究之问题，万一不慎，暴日之西侵与赤俄之南下，俱足打破门户，如水银之泻地，无孔不入，是前门所拒者非虎，而自后门入者乃有两狼，几何而不制其死命耶？白云梯氏曾语记者，谓内蒙团结成功，外蒙决可内向，吾人闻之，心为滋喜，然而吾人以为内蒙之团结，必不可局促于地域、种族之私见，而当扩大其范围，此又所望于诸政委之警醒与觉悟者也。（《北平晨报》，四，二三，《勖蒙政委会诸政委》）

　　中央特派参加蒙古自治政务委员会成立典礼之何竞武氏归述其感想以告国人曰："现在蒙古已与九一八前夜之东北，有同等危险。仅赖三十万毫无自卫能力之蒙民，捍卫几百万方之国土，事实上决不可能。……以百灵庙为蒙古中心，东至张家口一千二百里，再东至德王府六百里，再东至多伦六百里，西至宁夏阿拉善旗约一千五六百里，北至外蒙边境，最远不过六百里。如此一片广大草原，无崇山峻岭，巨流大川，除长城附近及一二小沙漠外，其余地方皆可通行汽车，每日行程至少可达五六百里，日本如用武力掠取蒙古，只须在多伦集中一二百辆武装汽车，一星期内即可蹂躏全蒙，完成其满蒙帝国之美梦。"此种情势，虽为吾人所熟知，但于日本宣言不许各国干预中国问题之后，蒙古自治政委会成立之初，有此警告，唤醒国人，更觉切中时机。蒙古危机，潜伏已久，外蒙既失，东蒙复陷，唇亡齿寒，势有必然。况彼之眈眈虎视者，欲取内蒙，必先取东北。今东北既入掌握，则内蒙之不能保持现状，盖为识者所共见。多伦为进占内蒙之军事据点，日军始终不肯如约撤退，且在该地设置特务机关，积极布置军事设备，亦为世人所周知，故今后日本之侵略方向，自以内蒙为第一目标，多伦必为挑衅之策源地。我苟认清此点，则捍卫内蒙，实为当前急务中之急务。

据何氏调查，内蒙人口号称三十万，夷考其实，则最多不过二十万。云王一旗有人口六千，其中喇嘛占一千人，以此类推，则二十万人口中，当有喇嘛三余万人，妇女占八万，老幼再占三万，则全内蒙壮丁至多不过六万人，以六万壮丁而冀其可以开发五六百万方里之土地，未免无理。而蒙古政治制度，一如前清时代，一盘散沙，毫无力量，今后能否因自治政委会之努力，而根本改造，事属未来，自多疑问。蒙古王公虽不乏明达之士，但为环境及因习所囿，恐亦未必有何大作为。今日之内蒙，宛如一片原始土地，苟非有大刀阔斧办法，兼程前进，则时不我待，终虞无及。吾人固深切企望内蒙同胞，痛感其处境之困难，百倍曩昔，而其所负责任之重大，亦非往日所可比，奋发图雄，力求充实，以固吾圉，惟事实如此，以极少数之原始民族，而欲冀于最短期间内，具备与现代国家对抗，在理在势，皆属不能。内蒙人士果有明确之认识，则中央或地方予以助力，自可欣然接受，不复有此疆彼界之陈腐见解。自治政委会今为统治蒙古之总机关，委员尽属蒙人，自治经费亦由中央尽量补助，则今后蒙古倘无切实之进步，则不独误蒙古，抑且误国家矣。欲求蒙古进步，则旧式之盟旗制度，决不能适用于今日，无待烦论。由中央命令改设县治，蒙人或多猜疑，若由蒙人自动改制，则事半功倍，一切皆可不生问题。有现代之组织，乃能有现代之作用，此为不易原理，蒙古明达之士不可不知。蒙人所忧虑者，为汉人蚕食蒙地，不知汉蒙相处已历数百年，蒙汉利害早已合一，一家兄弟，何分彼此？汉之所利者，即蒙之利，蒙之所利者，亦汉之利，蒙不能保，汉岂能独存？汉不能保，蒙亦岂能独存。试观今日国内局势，国外情境，尚允许吾人怀此最褊狭之观念否？内蒙同胞果能放大眼光，展开胸怀，平心一思，当可恍然大悟！

当强邻目光集射内蒙之时，欲保全我国，必先保全内蒙，欲保全内蒙，必先开发内蒙。开发内蒙之道，自以充实为当务之急。以五六百万方里之土地，而仅有二十万人口。而二十万人口之中，又只有六万壮丁从事游牧，将何以图存？更何以御侮？蒙古人士果明了蒙汉有存亡与共之运命，理应欢迎汉人移民，以谋充实。自今日始，蒙人纵尽量接受汉人之援助，而时间上能允许吾人有从容之开发与否，尚属不可知，若犹深闭固拒，则中国且不可保，况内蒙乎？彼之窥伺内蒙者，旦夕必谋发动。何氏所谓一二百辆武装汽车即可横行全蒙，决非故作耸人听闻之谈，证诸过去，益觉可信。事势至此，则内蒙非束手待毙而何！故吾人一方切盼内蒙人士有自动之觉悟，一方期望政府有切实之筹备。内蒙问题决非设立一个自治政委会所可避免后患，亦非补助若干经费所能开发，必须有整个计划，循序进行，始有贯彻目的之一日。军事方面，亦应有相当准备，务期有备无患，不可有患无备。我有准备，至少可使祸机稍缓爆发，否则我本无备，彼又安得不生心哉？近日外传谣言虽未可尽信，而事非无因，当为国人所共喻。试问五六百万方里之土地，我所赖以捍卫者，果有若干准备？实力不足为一事，根本上无准备又为一事，实力不足，非当前所得亟谋充实，根本上无准备，则今日所能补救，此不独内蒙人士所当明了，即中央亦当有深切感觉。为谋充实国防之工作，蒙人当无所用其疑虑矣。捍卫内蒙乃当今急务，此国人所不可须臾或忘者也。

　　　　　（《北平晨报》，四，二八，《捍卫内蒙乃当今急务》）

《开发西北》（月刊）
南京开发西北协会
1934 年 1 卷 5 期
（朱宪　整理）

今日之外蒙古

乃光 撰

今日之外蒙古已成为伪苏维埃共和国的外蒙古。在该地为启发闭塞地蒙古人，已有相当的施设，即采取废除文盲运动或其他文化政策，依飞机的邮航与苏联取得连络，依无线电的宣传，输入农业上之牵引机的使用等文化。其产业、教育，已较在为满清统治之时代大有进步，此为不能隐藏之事实。但欲求同化此风习不同之蒙古民族，乃为至难之事。去年二月，在意尔克兹克所发起之东西伯利亚共产党地方大会席上，亦会讨论此事。又喇嘛之势力，至今仍为优势。带有所谓富农性的他们，对于共营农业之彻底化，有极大之障碍。喇嘛所盘拟〔据〕之修道院寺庙，迄今尚为土民信仰之目的地。

大概蒙古人缺乏同化性，对于其他之同化政策有很强的反抗。帝俄政府，会对蒙古民族，强制信基督教，以此为就学之条件，结局失败，最后不得不允许基督教徒以外之人就学。布利亚特蒙古民族解放运动之历史亦系缓慢的，始终持有对于异国统治的反抗。乘一九〔零〕○五—六年之革命，贴有民族自决机关之设置的标语，于二月革命具体化民族的自治厅〔所〕获得的运动，对此之临时政府，虽用尽各种方法亦难阻止其实现。布利亚特民族发出布告，施行乡老自治制，后又决定设立郡制。

但在苏俄联邦统治下之外蒙古土，今日非完全被苏维埃之势力同化，或者经通车臣汗、三音诺尔、库伦，以与内蒙古民族并汉人相联络，私通机脉。总而言之，以外蒙古置在与外间交通完全封锁之形势下，不易探访其情势，所以于此处，只能叙述布利亚特伪蒙古国之概况。

（甲）种族之构成　布利亚特民族之构成，分为布拉加特、埃肥利特、侯利三种部落，前二者，已在十八世纪，概已混种同化。只侯利部落民，尚在其言语上，留有多少差异，如此，在此〔北〕方加尔及南方拜加尔一带，尚存有布利亚特二大分脉之种族。通例呼前者为西布利亚特族，后者为东布利亚待族。其后向此二民族之中，移住在布利亚特之喀尔喀族，又加入用方言之蒙古民族，以至成为杂族。

（乙）种族之言语　现在在苏俄联邦领域内之布利亚特民族之总数，男女共三十万人。其言语，是蒙古语（喀尔喀、察哈尔、欧劳特、布利亚特）系。与他种族之方言，多有共通之点。大体是喀尔喀语，只其言语之力点在最后，如前者无有冒头之点，即其不同之处。但其文字，未能统一。在东部布利亚特民族之间，自古即惯用蒙古文字，反是在西部布利亚特蒙古族间，已普及俄国文字。于喇嘛所住之寺院，均读木版印刷之蒙古语及西藏语之文书。因在帝俄时代盛用同化政策，以致固有之言语日渐贫弱。其中以俄语根干者不少。但保存口碑的神话、童谣、卜文、民谣等固有之语言，特加北拜加尔布利亚特之侯利人种间，多有萨满教之诗文与口碑。

（丙）东西布利亚特蒙古之生活状况　虽同为布利亚特蒙古族，然东布利亚特住民与西部布利亚特住民间，不但其文字之普及不同，即其生活状况亦异。西布利亚特族安住于一定之地，居住苏俄式之房屋，或八角形木造之房。东布利亚特住民之住宅，概是四角形木造之房，为粗毛制之蒙古包。至于服装，不过穿单一的打连布。其宗教，西布利亚特多信萨满教，东布利亚特受喇嘛教之影响极深。

（丁）布利亚特蒙古民之地位　布利亚特伪蒙古共和国，至一九二三年，实施独立自治制。去年为其十周年纪念。在十周年纪念之先，据苏联当局之发表，在伪蒙古共和国领域居住之民族之内，布利亚特蒙古族最多，占其全人口之九成。在该伪共和国尚有五十三种民族。其中有职业之民族的百分率，布利亚特为百分之四七·九，俄人为百分之四九·五，波兰人为百分之〇·七二，尊古斯为百分之〇·六三，鞑靼为百分之〇·五四，犹太人为百分之〇·三五，乌库赖那人为百分之〈〇〉·二七，其他为百分之〇·〇九。

又在其都市之各民族比较，俄人为百分之八三·八，犹太人为百分之六·〇，布利亚特人为百分之三·一，乌库赖那人为百分之一·七，鞑靼人为百之一·五，波兰人为百分之〇·七，其他为百分之五·二。又其人口，于一九二三年由四十八万二千人到一九三二年增至五十六万人，即增加一成七分，其中都市人口增加率为百分之一·二五，劳动及勤务员十年前为一万零五百人，现在为四万一千六百人。就中，伪共和国之首都，威尔夫内金斯克市之发展最为惊人。

（戊）文化施设　文化运动，其最有成效可观者为土人教育，振兴民族语学校。其他政治教育所发行各种报纸及书籍，多系由俄语翻译者。自一九二三年以来施行义务教育制，传说已收容百分之九十之儿童，报纸及杂志亦因［用］而用布利亚特语出版。为求文语与普通语之统一等运动，［不］当能促进土民语言进步与发展。

今日之布利亚特伪蒙古共和国所发刊之报纸总数为十六，其中之半数为蒙古语的报纸。最弘广散布者，即《正义新闻》。杂志有

《学术与宗教》及《文化革命》等，此等是以土语印刷以充苏联宣传言论机关之任务。

在此等施设之中，其对他种民族之政策，特别注重于儿童之感化，努力于儿童保护馆、儿童疗养所及托儿所之建设。其实例，不惟专对布利亚特族，即对于鞑靼、欧劳特、哈巴加斯等土民亦各立有文化政策。

（己）蒙古语之拉丁文字化　就中须〈指出〉者，布利亚特蒙古为其摈除文盲政策，舍掉以来所用之西伯利亚文字而改为拉丁化，此举为布利亚特蒙古之大计划，此真可谓之文化革命。

此计划是前年在巴库所开之东方民族大会之决议，采用阿尔法彼特（alphabet）的动因，由于一九三〇年一月，在莫斯科殖民问题学术研究协会后援之下，召集关于蒙古种族民之言语及文字之会议。由布利亚特蒙古、加累木斯加牙自治共和国及伪蒙古国民共和国参加之各代表，并蒙古语研究之笃学者等，一方讨论以新的文字表现布利亚特蒙古及加修加尔之言语，与其他加累木其言语等极重要之问题。布利亚特蒙古及加修加尔民族之新文字已被现在使用之加修加尔语采用，以多少加味布利亚特蒙古土音之特殊性者为其基础言语，以采用之。加累木其语，决定以特尔古特力语为其主干。

该会议，即蒙古各民族采用共通之单一阿尔法彼特二十七字音。

以上事实由政治上观察，极有重要之意义，此乃伪外蒙共和国以其各代表之名义宣言，欣然加入苏联划定东方民族之此统一阿亚法彼特之采用。

以上所述仅苏联对蒙政策之一端而已，其意义在将蒙古语改为拉丁文字化，以图教育之普及知识之向上，将来成为苏俄联邦中一有力之民族。借蒙古人之单纯率直性，而加以相当之指导与训练，可成为无敌之武力，由呼伦贝尔事件中已证明他们所隐藏之勇敢与实力，希我国当局，对此特别注意。

《旅行周报》
天津旅行周报社
1934 年 1 卷 5 期
（朱宪　整理）

白云梯在中央纪念周报告蒙古
自治政委会成立经过

白云梯　报告

中央党部廿一日晨九时举行一三一次纪念周，白委员云梯报告，原词如次：

各位同志，兄弟于上月二十三日，在百灵庙参加蒙古地方自治政务委员会成立典礼，其中经过情形，今天乘纪念周的机会，向各位作一概略的报告。

上月二十三日，是蒙古地方自治政务委员会成立的一天，参加成立典礼者，有蒙古各盟旗委员的代表八九人，政委会委员十二人，以及各盟旗地方长官代表、来宾等共约三百余人，由北平军分会何委员长代表何竞武同志，到会监督。当时会场的空气，非常融洽，精神也非常饱满，同时蒙古人民，对于中央所定的蒙古地方自治八项原则，都认为合乎蒙古现在环境的需要，表示非常满意，且对中央表示非常的感激。在政委会成立后的第二天，举行了一次全体委员会议，在会议中，对于中央所准予设立蒙古政委会的原因，以及经过情形，曾有详细的说明。说明以后，接着讨论蒙古地方自治二十三年度自治实施计划草案，当经各委讨论之结果，决议通过。此后如秘书所提之会议规则，及议事规则等草案，亦经严密之审查后，一一分别决定。致关于蒙古地方自治二十三年度自治实施计划案的内容，则关于民治者，调查户口，改进蒙旗原有组织，卫生设备，设立公安机关，以及如何运用《民权初步》等办法，都有具体之规定。对于实业、教育、交通、保卫诸端，亦有详密之实施计划。如在实业方面有调查蒙古经济的最近情况，并拟于最短期内，在百灵庙创办一毛革工厂。在教育方面，拟于最短期间，在百灵庙设一师范学校、一职业学校，及蒙古地方自治讲习所。并拟于最短期间，每盟设立一初级师范学校，每旗设立二三初级小学。在交通方面，也有种种的计划，拟购载重汽车，以利运输。在保卫方面，已拟定了一个改良统一蒙古保安队办法，并拟于最短期内，在百灵庙设立一保卫团察〔警〕训练所，把各旗原有保安队干部人员，调回百灵庙训练，同时拟招新团警数千人，从事训练，以资维持百灵庙之治安。以上为实施计划中的大概情形，现政委会已把此计划呈请中央备案。在第二次会议中，关于内部组织及会址等各种问题，经各委员讨论之结果，都认为委员会的本身务须健全，以故首先慎选人才，如关于民治、实业、教育、保安等处，主管人员必须以精明干练有真学问的人来充任。此项人选，经云王、德王与各委〈员〉详密协商，始行确定，其次尤以中央政治学校及蒙藏学校的毕业生，及各旗青年人才为最多。关于财政问题，因蒙古文化落后，天然富源未经开辟，大多数的人民都是非常困穷，故蒙古财政的来源，也非常涸竭，惟有希望中央尽量补助，使各种建设事业，得以顺利进行。同时希望国内同胞对蒙古地方应深切注意，因为蒙古土地肥沃，物产丰富，如国内有资力者，以精神及物质上援助之使其发展，则不仅蒙古受其利，而国家的前途，亦有无穷的希望，这是兄弟今天报告的一点意思和希望。

《新蒙古》（月刊）

北平新蒙古月刊社

1934 年 1 卷 5 期

（李红权　整理）

纪念元太祖成吉思汗之意义

暴迺权　撰

我们每于纪念元太祖之先，总有少数人，发生误会说："元太祖是一个实行老大帝国主义的君主，现在纪念他，岂不是要效法和尊崇帝国主义吗？"固然哪！在元代是一个老大帝国，不过效法和尊崇帝国主义这句话，我们是不敢承认的；我们详细研究一下，这老大帝国主义是指什么说的？当然是指着元太祖有统一欧亚两洲的武功的，可是统一欧亚两洲的原因，我们不得不考查一下。据我个人考查的所得：元太祖的政策与现在的帝国主义专以消灭他种民族，攫夺其土地为目的，以蛮横的武力压迫、摧残，是迥乎不同的。他远征欧西的起原，是在欧洲的花剌子模国，当时因为花剌子模和太祖要好，太祖遣四百商人往花剌子模购货，均被其屠杀，后又遣畏吾尔人巴格拉赴花剌子模质问理由，又被杀，所以太祖不得已率兵赴欧，进攻花剌子模（《中国史纲》载）。由这一点，我们可以看出元太祖之于欧洲，不是侵略，也不是要消灭花剌子模，是为维持公理，是为保存民族的地位，与现在的帝国主义是绝对不同。这元太祖统治欧洲的起原，也就是全世界历史转变的一个关键。

我因为要说明元太祖的政策与现代帝国主义的不同，说了这些话，从此我们可以知道那些以现代的帝国主义比拟元太祖的见解，是完全错误的。

至于我们所纪念的并不在元朝的帝国，也不在武功，简单的说，约有下列各端：

元太祖的人格，非常伟大。我们已经知道：元太祖之征欧洲，并不是以强盛的民族，压迫弱小的民族，是纯为维持世界上的公理，保存民族地位，在艰难困苦中，以不屈不挠的精神，为东亚民族吐气，提高东亚民族的地位，增进黄种人历史上的光荣。直到现在，欧西各民族，念及元太祖，莫不敬佩其伟大的人格，知道东亚民族在全世界实占有相当的地位。凡这些，非元太祖有伟大人格和大公无私的气概，如何能作到。这是我们纪念的意义之一。

元太祖统一欧亚两洲之后，可以说与全世的民族聚首相见，东西洋的文化彼此沟通，在自古以来的人类史上放一异彩，这是何等壮烈！所谓东方著名的三大发明，如火药、磁针、印刷术等，都是在元代输入欧洲的，这是西洋科学发达之初轫、文艺勃兴之动机。

在今年四月六日（即旧历三月二十一日）纪念元太祖的大会中，曾有阿富汗人（因为政治关系在避难）讲演，在他讲演词中，有一件事，颇值得我们注意，他说："元太祖曾到过阿富汗，于我们阿富汗人，颇有扶植、保护，并且在我们那里还遗留着他的一部书，就是到现在我们还受他的领导……"我们由这件事，可以知道元太祖对于世界文化，对于世界民族的前途所发生影响的伟大，这是我们纪念的意义之二。

元太祖的政治，具有民主共和的精神，当时政体，各汗均须由"库里尔泰"大会公举，若不经此项会议公举时，人民可反对之。又元太祖临终时曾遗嘱其四子有云："汝等欲能御敌，多得人民，常享国祚，必以人民之意见为意见，以人民之心为心……"由这两点观察，元太祖的政治，虽在帝国时代，实具有民主共和的精神，非如现在之名为民主共和，其实贿赂公行，或以强权压迫人民投票，夺取政权的伪民主共和政体可比。这是我们纪念的意义之三。

元太祖对于人才之任用，不分畛域，实具有大同的思想。我们考究元代建国的人物，有满族的耶律楚材，有汉族的郭宝玉，有回族的牙剌日赤，还有藏族的拔思巴及拉丁，有马哥波罗和印度的那麻等人。凡这些人，既不是蒙族人，尤非完全亚洲人，可是不为元代的文武大员，就是政教的领袖，其所有权势，均在蒙族之上。所以于太祖之任用人才不分畛域一点，可以证明思想之大同，实开未来之先导，这是我们纪念的意义之四。

总以上四点意义，多与全世界发生关系，与人类进化史上，有莫大贡献！我们纪念元太祖，是站在全世界民族的立场上来纪念的，那么对于我们纪念元太祖，发生误会的那些少数人，以为元太祖是实行帝国主义的君主，没有什么纪念的意义，这可以说是现在的帝国主义的偏见，没有顾及到世界人类的文化，只以自身的立场来说话。如果我们要以一个民族的立场来纪念的话，那么蒙古族在现在应有什么样的悲愤！应怎么样的号痛?！应有如何的举动?！

《新蒙古》（月刊）

北平新蒙古月刊社

1934 年 1 卷 5 期

（李红权　整理）

蒙古地方自治政委会成立后感言

陈华 撰

一

蒙古地方自治政务委员会，已于四月二十三日在百灵庙正式成立，开汉蒙从来未有之新机运，此实汉蒙两族所应交相庆贺者。盖本会之成立，第一，对外足以表现汉蒙一家之精神，予窥伺蒙古之帝国主义的野心政客一重大打击。第二，为汉蒙联络及蒙事处理之实际化。

就第一义言，自暴日攫我热河以来，其并吞整个蒙古计划，更复着着进行。一面陈兵察边，相机威吓；一面唆使溥仪，派人诱惑蒙古各王公，侈言恢复所谓"清朝之满蒙关系"，企图以欺骗手段，将内蒙全部置于伪国统治之下，用计之卑劣，无以复加。幸各王公洞烛奸谲，未为所动，终能不忘祖国，与中央切实合作。各人对于诸王公此种果断，诚不能不致最大敬意与钦佩，设使当时徘徊岐〔歧〕路，必为日伪所乘，察、绥两省，又非我所有矣！

就第二义言，我国处理蒙古事务机关，向例设于京都，距蒙甚远，从政者率皆尸位素餐，无所用心，此种机关，不过在行政衙署中聊备一格而已，对于实际，有何裨补？清之理藩院，北京政府时代之蒙藏院，名异实同。国民政府统治下之蒙藏委员会，组织上固较以前优良，以言蒙藏实务之处理，究不无隔阂之感。今蒙政会会址，设于内蒙区域内之百灵庙，所处之环境，即蒙古环境，对于蒙古情形，自易明了。举凡蒙古政治、经济及其他实务之处理，当不至再感隔阂。自行政系统上言，与蒙藏委员会相助为理，亦可收中央地方间指臂之效。至汉蒙感情之联络，文化之沟通，尤不能不赖该会为枢纽，其意义之大，任务之重，自无待烦言也。

二

自另一方面而言，汉蒙此次进一步合作，与夫蒙古地方自治政务委员会之出现，实亦环境有以促成。东北四省，相继沦陷，寇深事急，国亡无日。中央与内蒙当局，均深感此种危殆，认为汉蒙间之切实联络，已至绝对必要时期，不容再因循敷衍，授人以隙。故能互相让步，使该会于短期间顺利实现。此种团结精神，换言之，亦即所谓觉悟。我国过去种种失败与耻辱，实皆坐病于不觉悟，九一八事变，甚著者也。夫日本对于满蒙政策已计划四十年之久，内阁及政党各员，政见容有不同，独满蒙政军前后一贯。人民对于政府信任之程度，全视政府对此方面努力如何而定。日政府一面派遣大批日人，深入东三省蒙古各处，调查社会及自然状况，一面奖励人民研究满蒙政策，满蒙政策研究学会一类团体，日本国内随处均可发见。凡此种种，均为触目惊心现象，我政府竟熟视无睹，不知讲求应付方策，于九一八夜半一阵枪声之下，沦亡三省，犹复因循苟且，继续将热河断送敌手，天下麻木不仁之事，宁有逾于是者？汉蒙此次提携，虽仍不无为时过晚之感，然较诸毫无感触之九一八前夕情形，固胜强多矣！

虽然，汉蒙提携之影响，最大限度，亦只能对彼侵蒙计划予以某种程度之打击，其侵蒙野心固决不能使之稍戢。今后内蒙内部如何整理，边防如何巩固，对彼侵略阴谋，如何应付，在在均有待于该会之精密研讨，周详擘画。该会名虽自治政务委员会，然就现状而言，决不能仅以自治为范围，此种理由，稍明目前大势者，当所共喻。事实上与吾人所期望者能否相侔，是全视从政诸委之努力如何矣。

三

日本侵蒙计划，自上述之欺骗手段失败后，即趋重于武力一途。最近察边日军，活跃甚力，张垣形势，又复紧张。据本月（四月）二十六日各报所载消息，日前日人在长春伪参议会会议席上宣称，日本计划，决先侵占内蒙后，再进略华北，并谓侵蒙为对俄要着。又最近承德伪省府开会时，在座日军领袖，对侵蒙事公言不讳。承德一带日军，有全部向西方移动模样。近日，在华北各地广募华工，扬言修筑热河境内铁路，实则多数集中多伦、沽源等处，准备侵蒙时用以担任运输工作云云。观此，其实行武力侵蒙计划，距成熟时期，似已不远。我中央政府及蒙政委会，应早筹对策，免致措手不及，其守土有责之军队，亦应夙夜警戒，厥尽捍卫国家天职，汉蒙人民，尤当切实合作，共匡时艰，否则察、绥一失，华北不保，再进，则整个亡矣。伪兴安北省署长所作《建设新内蒙古》（载《满蒙时代》第二卷十九号）一文，措词荒谬，文中所指蒙古受制于黑龙江等省政府各点，无中生有，尤堪痛恨。兹移译于后，以见日人侵蒙决心，与夫用计之阴险。

旧军阀时代，蒙古向为黑龙江省政府所支配，一部受制于奉天省。最高机关均为汉人，置蒙古人民于其统治之下。"满洲国"现正拟起用蒙人，此点在行政上极有意义。扶植蒙人自由，使从来蒙汉民族间之恶感，化为乌有。今后将视蒙古为"满洲国"之一部，站在平等立场上，以期民族之融合。蒙古首应解决者，为教育问题。蒙古向无教育机关，一般青年向学欲望虽殷，苦无机会，不得已前往苏俄留学。现在苏俄之蒙古青年，为数甚多。但彼等归国后，与赤化思想并不相合，且盼望"满洲国"实现，以便解决蒙古民族问题，与吾人之意，正复相同。今后吾人应使蒙古青年留学日本，俾从事建设新蒙古，蒙古前途，实赖此辈为之支持。盛行喀尔喀方面之苏俄职业同盟，握有经济实权，此种势力若侵入满洲，应以全力抗争。总之，吾人对于来自苏维埃外蒙及察哈尔方面之威胁，应认为不可忽略之重大问题也。

四

夫蒙古地方自治政务委员会，顾名思义，自是趋重内政方面。特成立于国难严重内蒙危岌之时，其最大意义与当前使命，实在彼不在此。当局者应明了此义，努力奋斗，决不容故作不知，希图卸责也。以百年树树之态度，从容整顿，理虽可通，奈非其时，盖皮之不存，毛将安附；疆土云亡，遑论其他。此吾人对于暴日侵蒙计划及我方亟应筹谋对策各点，所以不惮烦赘反复申述者也。果能完成上述使命，使内蒙脱离险境，对于蒙古政治、经济、教育诸方面，自应兼筹并顾，彻底整顿。至汉蒙感情之联络，文化之沟通，尤当努力促进，以为根本改造蒙古之基础。

蒙政百端待举，头绪纷繁，一一列举，为事实所不能，本篇所论及者，不过原则而已。最后吾人认为尚有申述必要者，为宗教问题。成吉思汗雄视欧亚二洲，西人至称为上帝之鞭，其威权之大，概可想见。蒙古过去有此光荣历史，足资证明为勇敢有为民族，今日萎靡一至于此者，果何故哉？一言以蔽之：被误于宗教是已。满清怀惧蒙古再起，乃极力推行喇嘛教，借资麻醉，自康熙以迄清末，此种政策完全成功，而蒙古民族亦颓废不堪矣！居今日而言，提高蒙古文化，应首先打破妨害进步之宗教观念，使一般人民移转眼光于民族、国际等等实在问题之研究，关于此点，愿政会诸君三致意焉。

《新蒙古》（月刊）

北平新蒙古月刊社

1934 年 1 卷 5 期

（李红菊　整理）

何竞武代何应钦为蒙古政委会
各委员监誓后所发表之谈话

四月二十六日

何竞武 谈

军分会委员何竞武奉何委员长之命，代表军分会赴百灵庙参加二十三日成立之蒙古地方自治委员会，到绥又奉林主席、汪院长电令，使代表中央监誓，事毕，返北平向新闻界发表谈话如下：

蒙委会委员亲到十二人，派代表者八人，成立会得以成立。先到者为云王、德王，及伊盟副盟长阿王、察哈尔卓泰扎布、白云梯、伊德钦、尼玛鄂齐特索尔、鄂尔卓尔札布、康达多尔济、荣祥、贡楚克拉什、潘弟恭札布等十二人，就职后，即通电全国开始办公，并举行委员会议。惟蒙古地方久被日人垂涎，本身自卫能力薄弱，草地交通较便，易为敌人侵入，人口太少，经济落后，积弱至此，非本身彻底觉悟，借自治机会，奋力图强，及中央实力援助，不能收革新图强之效。整个之蒙古，自外蒙独立，东四盟三盟被占以后，只剩现有之四盟，其土地虽无正确统计，约较察、绥、宁三省面积尤大，地广人希，故日人垂涎，内蒙若失，察、绥等省必感危险。日人高唱满蒙帝国，已非一日，多伦之日本特务机关无时不在商谋之中，现既公然向世界宣布其东亚领导权，蔑视公理与条约，强占内蒙，更有可能。本人此行，得与若干王公及各旗代表晤谈，并亲自视察蒙人生活，感觉现在内蒙古已和九一八前夜之东三省同样之危险，蒙人自称现有人口三十万，但毫无自卫能力，希望其捍卫广大土地，实不可能。国难后，只闻社会高唱收复失地，而忽略将步东北之后尘，沦入敌手之内蒙，又有人谓自治委员会成立，蒙事即有办法，亦属大谬。蒙古本身实无自存之力量，欲救蒙古，必须全国努力，扶助蒙人，做北部国防之前哨。本人在百灵庙各方观察，均感危机四伏，覆亡可待。一为地方辽阔，无险可守，接近日人侵占之地，敌兵有朝发夕至之便利。蒙古草地，平坦者多，汽车运兵，到处可行，每日可走五六百里，以百灵庙为中心，西南自张家口一千二百里，东自滂江德王府六百里，再东至多伦六百里，西自宁夏阿拉善旗一千数百里，北自外蒙边境最远只六百里，道路四达，无崇山大河为间，敌人由多伦用一二百辆武装汽车，不出一周，即可蹂躏全蒙。二为政治制度落后，不能与中央收指臂之效，牢守旧法，不知改革。民国以来，政府与蒙人太少联系，除民初为王公晋级一次外，无更深关系，蒙藏院与蒙藏委会事实上与蒙人亦少接近。此次自治，乃出德王等之觉悟，欲救亡图存，将来有无效果，全视委员会之能否使蒙人精诚团结，与自身觉悟。然素无组织之各盟旗，一旦负此重任，能否支持危局，确是疑问。该会今后之要务，在各委员各自努力，蒙旗政治制度太少效律〔率〕，掌权之各札萨克及总管应改进制度，使增加效率，造成自治基础，有须中央援助者，中央宜慨然自任，毋再如前放任不管，国内人士尤应与蒙人同情，组织足以辅导蒙人之团体，作蒙人后盾。三为人口太少，地方空虚。民为邦本，民少何能有为；据各旗自称，全盟现有三十万人口，然以云王一旗只六千人，一概其余，则总数不过二十万，云王旗有喇嘛一千人，依此类推，二十万人中，当有喇嘛三万人，再去妇女八万，老弱又占三万，是核计之壮丁不过六万人。人口密度，锡盟及察属较多，西部较少；土〈地〉与人口比例，实属可惊。其人口减少之故，一为死亡率太大，二为不留后代之喇嘛太多。一般蒙人，甚少能叙其同宗至五服以外者。内地人口过剩，蒙委会此后要务，应设法使蒙古人口繁殖。蒙人对喇嘛教，亦有数百年信仰，在势不能立即废除，若能由政府明令干涉，规定非有兄弟三人以上者不能充喇嘛，则壮丁即可增加。蒙古卫生极不讲求，医药缺乏，天花与花柳为害之烈，为他处所无，此后应使医药卫生输入，王公应竭力提倡，以减少蒙人死亡。蒙古经济，操于汉商之手，宜应提倡工商业，增加蒙人富利。蒙古青年在内地读书者颇多，大多贪恋内地繁华，不肯再回蒙古吃苦，蒙委会成立，宜吸收蒙古曾受教育之青年，使将所学贡献桑梓，共求自治之进步。

《新蒙古》（月刊）

北平新蒙古月刊社

1934 年 1 卷 5 期

（李红权　整理）

向我蒙古政委会各委员进一言

杨润霖　撰

吾蒙古正当土地削弱之时，危机四伏之际，举目前途，实堪忧虑。思挽救之无术，欲复兴之无方，不忆〔意〕中央大发宏愿，降惠蒙疆，使我不可收拾之土地，与以整理之机会，使数百年烟瘴下之民族，重见天日，漫散无组织之蒙古，得以团结，诚为吾全蒙人民顶礼加额所互相欣庆者也。今吾蒙古既得自治机会，人民团结可期，民族能复兴与否，在斯一举。然则政委会之成立，实关系吾蒙古前途颇巨，凡为吾蒙古民族之一份子，当兹政委会行将成立之时，若有意见，急应贡献我政会委员，不可珍藏其意，默而无言。故作者不揣谫陋，敬进数言于政委会各委员之前：

（一）牺牲私见服从公意——今当政委会初成立之时，各种应商讨之事项，数不在少。然所商讨之事，必须集合会众之意而去施行，方能收事半功倍之效，非个人意见所能裨益于事。是以希望我政会委员于商讨各事之下，要牺牲自己私见，服从会众公意，以集思广益之心理，去谋我民族之出路。否则要坚持个人之见，发生许多意气之争，难免坐失时机，以误民族前途，令他族耻笑，使强邻趁机，复何时能拯我同胞于水火，登诸衽席之上，解我人民于倒悬，使无痛苦之时乎？不徒此也，即我将亡未亡之西蒙，亦诚不知伊于胡底矣。

（二）因事用人不要因人设事——事情之成功，虽视吾人之努力如何，但亦要问用人是否得当。在人才济济之国家，对于用人尚多检点，况吾蒙古教育不兴，人才无所由出，对于用人，又岂可漠视？且政会初立，一切设施，俱无基础，各种事情，均待能人；设一不慎，用人不适，关于其一人所为之事者实小，关于整个政委会前途者殊巨。至于因个人关系而以感情用事，其有关于政会前途者又殊巨。故请我政会委员于政会下所用之人员，务要与以相当之考虑，庶几免去因人设事之弊，而收因事用人之效也。

（三）一切设施要适合蒙情——吾蒙古地方事情，合于现代者百无一举，事事俱待人去作。今当民族前途危险之时，风雨飘摇之顷，要一一去作，逐个去行，不但时间非所允许，即经济方面亦有所不能，况人才稀少，不敷支配者乎？故必要详考蒙情，观察国际形势，度吾蒙地之所急需，与目下之所应备者，按其缓急，与以设施；其不要者暂行搁置，万不可思强心急，见效心浓，百事所需，一时并举，结果经费支绌，事无效果，徒糜国币，无补于事实也。请稍置意焉，以利蒙途。

（四）要谨慎与当地省府之交涉——我政委会所在地既与汉人接近，又与省府并峙，故两方面之关系颇大，而各种事项之交涉亦必不少。此种交涉虽大小不一，轻重不同，然关系两民族间事，故不可稍忽。假若有之，务要顾念两民族悠久之历史及中央扶植之德意，而依总理"使境内民族一律平等"及"弱小民族使之自决自治"之遗教，进行交涉，以求解决。一方面要不伤蒙汉之感情，一方面亦要不失自己应有之特权，使蒙汉民族要站在平等之地位，如唇齿相依之重要，共谋彼此之出路，同造彼此之福利。各位要人不可以其事小而忽之也。

总之，希望我政委会各委员，处处要为民族着想，事事要为民族打算，务以精诚团结、坦白无伪之态度来对同志；吃苦耐劳、小心翼翼之精神去建设蒙古；除去以往个人之私见，一致奋斗，为我蒙古人民谋幸福，为我蒙古民族争光荣；使亚洲复生一灿烂之花，世界史上复见我蒙古民族光荣之迹。勿误时机，请共勉之。

《新蒙古》（月刊）

北平新蒙古月刊社

1934 年 1 卷 5 期

（朱宪　整理）

敬告蒙古未毕业同学

姚敬斋　撰

前在本刊发表敬告毕业同学一文，大意谓蒙古自治政府正式成立，在在需人，莫留恋内地之繁华，应翩然归来，共襄盛举。近顷有来自百灵庙者，据称蒙校旧日同学参加工作者至数十人之多。此信传来，喜不自禁。然以后不有大批健全分子之应援，不易收再接再厉之效，因又想到将毕业、未毕业各同学所负使命之大，图将来完成此项使命，在现在自不能不加倍的努力功修。此则兹文之所以不已于作也。

诸君抱着热烈的希望，本着强毅的决心，不远数千里，来到内地的文明区域内的学校，求学业之迈进，知识之增高，以谋将来事业之发展，强我落伍之民族，与世界列强抗衡。其宗旨甚正，其抱负甚伟，至足钦矣。然吾兀坐斗室，默想过去已毕业同学大多数之现在，预料将来诸同学毕业后之一部分，或全部分的徬徨路隅，感着无事可干与无事能干，不觉忧从中来，以为环境之误人，习惯之害事，不有特殊之注意，与不屈不挠之精神，势且由积极变为消极由兴奋变为堕落。由严以责人者，变为宽以恕己，只有鬼混而已，得过且过而已。再鉴于蒙古大势整个之无希望，更抱定俟河之清、人寿几何之享乐主义，蒙古前途，本不悲观，人心至此，真难乐观矣。

窃尝以为世界各国，某也强，某也富，某也崛兴，某也突败，其中人物的各种活动，民族个性的互异，主义的表现，政策的推行，大抵皆有其自固之立场，皆有其进步之企图。其学业，其知识，其成绩，凡所得到的结果，无不适符合其国民程度之水平线上。此所谓水平线者，须视其全民族整个的知识、精神、能力定之。譬之俄国列宁、法〔德〕之希特勒、义大利之墨索里尼，其建树，其成功，无不昭昭在人耳目。然一考其所由，倘非其全民族整个之知识、精神、体魄、能力之优越，必不能令行禁止，如身使臂，如臂使指，一蹴而突破国际之空气也。

诸君试反观我中国整个之民族，知识何如，精神何如，体魄何如，能力何如，自然也是上自中央政府，下至各省、各市、各县、各村、各家、各人，一个个终日目不停视，耳不停听，手不停挥，足不停趾，心不停想的，去谋发展，谋光荣，谋一切胜利，制人而不制于人。但自海禁大开以来，鸦片之役，中东之战，义和团之扶清灭洋，武昌起义之改建民国，直至于今，数十年间，所得到的成绩，是些甚么，想诸君也都明白，我更不愿多说。但是二十年之内战，东北四省之沦亡，匪势之鸱张，农村之破产，外交之无办法，当然有目共睹，无可为讳。

或谓中国所缺乏者，是领袖人才。吾谓韩信虽善将兵，然使合猛獐狞狼之群众，驱而与霸王作殊死战，亦且必无一幸。即有领袖人才，则又奈此萎靡不振之民众何耶。

或又谓中国人民程度太低，故国民政府分有训政时期，并且中央直谓当局是诸葛亮，民众是阿斗。这种创谈，所谓奇辟。

然吾总疑心阿斗群众，决不会跑出诸葛亮来，譬之羊群里，不会跑出骆驼来。这是一样的逻辑。

诸君在校，千万要认清中国整个民族的水平线，尤其要认清我蒙族整个的水平线，更要知道中国的，尤其蒙古的水平线上的知识、精神，合体魄，合能力，持以应付世变，是不保险能成功的。

莫谓吾之学识，足可为吾校冠矣，先问吾校比他校何如，他校又比全国的学校何如，又比全世界之学校何如，人有志气，要作全世界的通人，莫想作全中国的伟人，或仅限于蒙古方面的，彼善于此之活动分子。今之学者，见不及远，不论世界，不论中国，即在蒙古之稍露头角者，相差尚不知有多少远近。然已华其服，革其命，美其居，众多其婢妾，高搭其架子。请看今之断送中国者，皆此辈为之祟，不以为戒，反欲尤而效之耶。

请看今之所谓摩登青年，公园影院，相对喁喁，画报新诗，传神奕奕，男的不知亡国恨，女的犹唱后庭花。明明是狂鬼着魔，偏偏说神圣恋爱，明明是禽居兽处，偏偏说美俗欧风，尽有半解一知，仅足资其作孽。幸得博、硕学位，亦惟借以猎官，看那逢场作戏的中央要人，看那看守自盗的名流学者，看那告发老婆的省府委员，看那怡情山水的抗日巨子，看那昨日沪、今日港、明日南京，仆仆风尘，八面玲珑，走马灯式的爱国志士。再看那逃跑主席的家庭丑史，再看那掘坟军长的高等顾问，再看那大多数不顾民隐的县长，再看那借名义交结官府的巨绅，踮到十字街头，车水马龙，果为何事而奔驰，走到穷乡僻壤，鸠形鹄面，果由何因而哀啼。凡此种种，正不必怨天道之无知，亦不必怼人心之无良，意者中国整个民族之水平线，止限于此乎。今欲复兴中国，不能专责之局部问题，实全民族（自然蒙古也在内）之知识、精神、体魄、能力整个之问题也。我辈青年学生，莫狃于近习，莫囿于虚荣，莫只贪目前之享乐，莫只作个人之打算，要放大眼光，看看世界各大强国之现象，在此中找出整个中国的办法与出路，要走到、要超过现在的水平线上。虽不敢说骤与各大强国比肩，亦必要步趋惟谨。迟以三年，或五年，到得某一个阶段，增崇我人格，培植我根柢，恢宏我宇量，坚定我心志。弄小聪明，骗取小利益，是自杀之道。不走捷径，宁招人笑侮，乃向上之梯。无谓闲气，何必与争。庸人自扰，只有躲开。学生能有此智慧，则一切功修之改进，习性之移易，由小成以跻大成。世界伟人，孰非从勤苦专一向善作起，岂真有崧生岳降，随景运而挺生者哉。

古人谓学问能变化气质。诸君来自边乡，少数者为王公世胄，气质本色，或失则粗暴，或失则娇惯，入学校后，渐渍以学说，陶成以讲习，融洽以群化，调燮以美育，不数载而斐然成章矣。然此非凡入学校者，即能收此效也。是在个人不甘居水平线下，格外努力，随地留心。譬之研究新旧文学时，必须设身处地，即其理而深思，随其境而神往。凡遇一山，一水，一花，一木，一鱼，一鸟，云也，月也，风雨也，霜露也，春夏秋冬四时景物，凡观大自然之呈现含蕴，同时觉己身且与之俱化，周而蝶，蝶而周。此虽幻想，实即仙界。回首尘俗，争名夺利，熙熙攘攘者，真不啻狗豨之斗，鸡虫之雄，不惟耻与之伍，亦且不屑与之较长短、论是非。吾辈学生，果能具此胸襟，自能遇事明真理，而不淆于意气之私。临机能立断，而不杂以利害之见，处此龃龉社会，不惟人格加高，志量加大，实足巩固一生高瞻远瞩之基。此中乐趣，亦岂蝇营狗苟者梦想所能及哉。

再譬之研究历史、地理时，遇到有名人物，当追维其成功之原，观察其作人之本，悬揣其平居态度，及其存心之坦白而光明，对人对己之宽厚与刻苦，再反审自身之作事方面、求学方面、处众方面、享受方面、存心方面，借镜参观，功过举显。因其功而加修，鉴于过而痛改。孟子曰："舜人也，我亦人也。舜能是，我乃不能是，耻孰甚焉。"耻不如人，不耻不如今人，乃耻不如古人。不耻不如蒙古，或中国人，乃耻不如今世界数一数二之人。心有所耻，自必有所不为，有所不为，而后所为者乃能瞬息千里，计日课功。此时回想前之与同学闹意见，因琐碎起纷争，皆觉不但多事，并且贬损人格。由是以前经人劝告不之听者，今后将虽有人劝告去作，亦不肯作矣。

遇到有名都大邑，建筑如何雄壮，矿山盐海，出产如何充盈。新大陆如何发现，古帝国如何没落，不幸而生此生存竞争最剧烈时期，刻刻有被人吞噬之虞，亦幸而生此物质文明极盛时期息息见日异月新之变。吾人由此进思，疆域谁为我开，原田谁为我辟，胜境谁为我题名，现状谁为我创始。古人任其劳，吾辈享其逸，不能光大，反致剥损，家有场圃，任人蓄牧，愚者亦知力与之争矣。今有祖遗数千万方里山河，任人强占，竟致束手。清夜自思，其能安乎。不安则亦如何励精图治，抛厥目前之娱乐，加紧百年之大计，目标既转，精神亦专，泯厥校内一切纠纷，谋我同人一致团结，果能如此，则是由水平线下，转到水平线上矣。以此图功，何功不成哉。更进而研究物理、化学，了悟于大自然界孕育之一切，尽所以供人类掘发之宝藏，又是取之不竭、用之不尽、厚生利用之源泉。研究自然学科，深悉天工制造之精巧，不善取材，负此天产，不济以人力之完成，徒自呼贫唤困，负此体躯天赋之本能，创造之兴趣，渐次加浓。更复到图书馆去，寻觅学术之乐园，到体育场去，增益筋骨之潜力。总之吾人一走入学校便似到人类蜕化之场所，将来回到社会，便似艺士表演于舞台。请看今日之世界剧场，吾国演员，总不能与他国演员并驾齐驱。蒙古演员，更不能与中国演员并驾齐驱，意者天然宝藏，掘发有未尽，自身灵府，梳〔疏〕浚有未通。不然，人革命而治，我革命而乱，人变法而强，我变法而弱，人建设而利，我建设而弊，人练兵而卫国，我练兵而扰民。此中症结，果何在乎。

更若最近之新生活运动，徒见报纸大段的记录着深切动听的讲演词排印着参加运动的照像片，一若话一说出，影一摄出，新生活运动，即大告成功也者，以虚不以实，顾表不顾里，此或亦中国办事之水平线欤。诸君在校，必首先立志，打破此水平线，实行清洁，习勤耐苦，先实现我个人之新生活，以个人倡导全校，以全校倡导社会，果能始终如一，必可有感斯应，诸君或亦疑吾言为迂乎。印度之甘地，有何权能，几于受全世界人之景仰与推崇，印度可以有甘地，蒙古安必不可以有突破水平线之人物乎。

嗟我偌大之蒙古，本为前世界所骇怕、所震惊之强悍民族，今则零落散漫，几于朝不保夕，过去之光荣，谈之徒令人悲。眼前之活动分子之表现，总是一篇老账，算个不清。其所成就，自亦不过尔尔。可知我蒙族一线生机。全视现在纯洁学生，是否能有超越水平线之知识、精神、体魄、能力，以为今后荣悴之是占。在普通方面学生，犹不可妄自菲薄，安于小成，况在蒙古，正当生死存亡关头，若再不读书，不努力，同学只知分畛域，遇事只知动野蛮，不但不能突过水平线以上，结果文不能 [不] 操觚，武不能执戟，出门不能受苦，临事不能远虑。此在强盛之国，亦必渐即衰亡，以之承零落散漫岌岌不可终日之蒙古危局，恢复光荣，固谈不到。恐即目前认为不过尔尔之活动分子，亦有自桧以下之讥，在过去尚可苟延残喘于一时，在此后决不能再容我因循敷衍于俄顷。前几日，在校中开纪念成吉斯汗大会，典礼甚隆重，其居心用意之谓何，愿诸君其深切念之。

《新蒙古》（月刊）

北平新蒙古月刊社

1934 年 1 卷 5 期

（李红权　整理）

日本侵我内蒙的对策

韶　撰

日本对于内蒙的侵略，原是数十年来的一贯国策，近来因为日本冈田内阁新策的推行，对于锡盟更施行进一步的侵略，所以内蒙的存亡，成了目前中国的一个大问题。

我们以为，应付内蒙这个严重的情势，应该：第一，对于内蒙的社会生活与组织，须竭力使其现代化。就社会生活方面说，对于蒙人的衣食住行，首先应予以改进。譬如，修筑公路，便利交通；设立医院，以重卫生；建设新村，提倡农业等，都是改进蒙人生活的初步工作，务使蒙人在实际生活上，得到利益，使其不易为日本所诱惑。我们很希望内蒙自治指导长官公署成立后，把这个重担子负起来！第二，对于内蒙现社会与现政治的改革，以及建设新蒙古的重任，应切实放在现在内蒙的智识青年，与年老王公的合作上。尤其是对于现在内蒙青年的培植，更是刻不容缓的事。其已受大学教育的青年，应酌量分发于中央各机关实习，然后派遣于内蒙政治机关工作。其未受高等教育的青年，应依照内蒙社会的需要，指定科目与学校，资助其留学国内外，以储其才识，备他日应用。同时，在内蒙各地，应广设中小学校及其他文化机关。这些都是安定内蒙、巩固边疆的根本治法，同时也是防止外力侵蚀的消毒剂。

《蒙藏月报》
南京蒙藏委员会
1934 年 1 卷 6 期
（朱宪　整理）

察东问题之严重性

昌琦 撰

察省主席宋哲元氏，最近有急电致中央，报告日人露骨侵略察东情形，并谓已联合绥傅、晋徐准备抵抗。而在不久以前，如日方之承德会议议决增兵长城"国防线"，土肥原游说西蒙各王公，薛〔锡〕盟乌珠穆沁部赠良马于伪满，苏联军事委员会长莫洛特夫曾密派高级参谋及专家多人赴内蒙各盟实地视察等种种消息，先后传来，皆足以证明察省目前确已陷入了严重和纷乱之状态中矣。

察哈尔在形势上东附〔拊〕满洲，北控朔漠，西顾陇右，南瞰幽燕、秦晋，故自热河沦亡以来，已成为我国扼守华北之一重镇。日人若一旦取得察省后，则绥远可唾手而得，绥远既得，则号称西蒙之锡、乌、伊三盟，何异探囊取物？而其满蒙政策，亦因是告成焉。斯时也，日帝国主义者踌躇满志之余，北进可直迫外蒙车臣汗部交通枢纽之乌得，切断中俄交通，威胁西北利亚；南向则沿沽源二、四两区前进，可席卷华北，进袭华南，直待整个中国尽膏其馋吻而后已！

夫察东问题之严重若此，固决非一局部之问题而已！政府既未能防患于过去，复未有具体应付之方针于当前，仅派刘守中氏前往作壁上之观，意者，其又乞灵于班禅大师之禳解耶！？

为今之计，政府应立饬守土有责者与暴日作武装之周旋，以挽回我中央已失之威信，倘战而胜，当可挫敌气，扬国威，倘战而败，亦不失我宁死毋屈之民族精神，较之未战先降、苟且偷安者，相去为何如耶！？

《平凡》（半月刊）
上海平凡编辑社
1934 年 1 卷 6 期
（朱宪　整理）

伪国成立与蒙古

［美］Owen Lattimore 著　　杨杏田 译

都罗斯电讯社最近发表意大利前驻华公使卡尔·斯佛尔札伯爵之论文一篇，说明远东诸事件之国际性，彼谓满洲为现今之巴尔干，而海参威〔崴〕即将来之塞拉基渥（Serajevo）。该氏继论东洋与西洋间关系之冷淡日渐深刻化，并对于西方之自一九一四年以后将自家固有西方文明之价值及尊严渐次摧毁，深表不满。

成立伪国之远大目标——并吞蒙古

斯佛尔札伯爵于其论文中尚忽略一深具重要性质之事件：即在亚洲将来之命运中，大陆方面之问题所占之位置将不稍弱于滨海问题是也。彼完全以普通西方人之眼光论断中国情事——只知中国滨海之情况，而对于长城以北至西伯利亚一带地域之历史、传统，及其所占地位之重要，则漠然不知也。西方与中国之互不相知，乃一绝大弱点。然"满洲国"之成立，必将以长城以北之陆军实力而招引西欧各国在中国沿海增加其海军实力以备不时之需。于此吾人更能想到"满洲国"境在海参威〔崴〕方面，当远不及在蒙古方面之更具重要意义，亦即其在海参威〔崴〕方面势力膨胀之威胁，将不及蒙古所受此种威胁之更甚也。因满洲问题在其"满洲国"之新象征形体上，如非在蒙古问题之揭幕，则将为毫无意义之暴动事变，非智者之所当为也。

从历史上看来，中国人并无一刻曾能征服蒙古全部而统制之。现今中国与蒙古间之关系实系来自以下两条路线：中国被满洲人所征服其一也，满人之统制蒙古其二也。满人与东蒙人之联结，实为满人所以能征服中国之主因。由与少数蒙人之联结为出发点，而历代满族皇帝得以统御全部蒙民。此固一方面由于战争之暴力，而他方面满洲人之随时参与蒙古事件，与蒙人有亲密之来往，亦其成功之一主要因素。内蒙与外蒙间因原始部落之地理与历史各方面之关系而永存芥蒂；而其近日之不相融洽，则又有满洲之关系焉。前以满洲人联络东蒙因而巩固蒙古边疆，继以助成满人之征服中国；此后，将以联络内蒙为依靠而伸张其权力于外蒙。

随满洲帝国之被推翻，中国与蒙古之联络关系亦渐碎裂。外蒙竭力自立为国，虽有国际间——苏俄除外——之不以独立政府目之之压力，而事实上外蒙早自一九一一年以后，除一九一九年及一九二〇年外，完全脱离中国政府矣。

蒙古之革命运动

由世袭制度而产生之蒙古王公，将无时甘愿放弃国祚与贵族阶级之特殊利益，因此，既经脱离中国而独立之外蒙势将酿成内部之社会革命。因中国与蒙古之不相融洽，苏俄势将进而取得优越地位；但直谓外蒙正在被苏联所吞噬，亦属非当，因无论在蒙古或在苏联所采取之道路，均非如西洋之惯用政策也。因与中国之不合，蒙古经济方面组织之革新及进步，均系仿效苏联之方式，然此亦因除此而外，别无其他借镜之故也，外蒙可谓系由政府实行社会主义之一共和国。旧日之拥有特殊利益之阶级，悉被剥夺其财产所有权，而由贵族阶级中产出许多新首领。不能谓共产主义存在于外蒙，而可谓其政治方面、社会方面、经济方面，均在趋向于将来适应共产主义之一途，在反面，此共产主义，又需适应蒙古——完全由游牧人民所集成，微知农事，毫无工业之可言之特殊国家也。

当一九一一年满清被推翻之时，内外蒙各部落间之芥蒂即时严重化。内蒙革命运动之发生，较外蒙尤早，但无若何进展，其结果为反华之主要分子不得逃避于外蒙境地。

当中国革命时期，曾发生数次酝酿内蒙独立而并入外蒙之举动，但均未成功；至其原因，则半由于内蒙王公不愿受在经济上受人管辖之其他王公所压迫。内蒙王公中，颇有几人在中国设有可以统制蒙人商业之私人企业，而彼等深不愿牺牲〔牺牲〕其此种巨大收入也。而原因中之主要者，更在蒙人以为中国在共和政体下必无甚强大之力而彼等与中国关系之规订，可较为自由措置也。蒙人之对苏俄势力在外蒙之扩张，深怀畏惧，乃毫无疑义之事件。故彼等宁愿在名义上联属于中华，而不愿作事实上受苏俄统制而徒具虚名之独立也。此其所以当蒙古革命运动之初，中国军队到处受攻击，被追逐，而革命反永未成功，结果乃由少数内蒙王公于承受中国政府之任命高级官员之条件上，而将独立"出售"也。

军事改良及修筑铁路与蒙古之关系

蒙人之希望中华民国权力微弱无以统御彼等，尽成泡影，因有二事为蒙人所未能预料者：精良之军器与铁路之修筑也。此二事者，本不足以表现中国之权能，实乃西洋各国对中国之间接压迫耳；然在反面又对华人实有补益焉。精良之军器对于中国对蒙古武力之压迫直接增加其效力，而铁路之修筑更给予中国以永久之利益。昔日之用大车及结队步行时所难输送物品到达之处，因交通之便利，亦能将其农产品输送于其地矣，而因此中国人民之迁移于蒙古者，日益繁多。

未有铁路以前，华人中即每年均有迁于内蒙地方者，尤其在属于满洲之一带，即现今满洲之西半部及热河之一大部分也；在十七世纪时，该地完全由蒙人所占据，而东联于满人者也。华人之迁入热河与长春西部及西南部，曾使当地人深切注意，满人多数反对此事，以彼等欲拉拢蒙人以增厚军力也，但蒙人则多对华人之迁来表示好感，以彼辈当时有许多空地可以出让，并乐于享受华人之农产品及其他由土地中得来之自然产品，且蒙古各王公对迁来之华人居主人翁之地位，较之对满人之联结更足自骄也。

自铁路筑成之后，华人之迁入蒙古地方，一变其向来之性质，断有侵噬蒙人利益之现象，而蒙人虽有军备，但实力甚微，不足以言抵抗也。自京绥路成，中国内地居民开始向万全以北之察哈尔部及归绥以北之乌兰察布盟境内移殖。而在满洲铁路之建筑，身受其害者则为居住满洲之蒙人，在热河方面，亦因满洲铁路之通过热河省内，足使热河亦受池鱼之殃。蒙人几均被驱至哈尔滨及长春以东，奉天境外八十里之地域，而蒙人在热河几失去全境三分之二，在满洲几失三分之一焉。

中国对蒙事之统制

汉人对蒙人之统制致使蒙人恒感不安，曾经数次起事而使汉人之压制行为不得不稍事缓弛，但其结果则恒以蒙古王公之欲谋私利而不惜牺牲全部蒙民福利，顺从汉人之意见，而致失败。华方因而联结其殖民区域所未及之地带之蒙古王公，并将殖民区域所得之利益之一部给予彼等。此种政策实足以离间蒙古王公与蒙民，王公等多以阶级立场之不同，为顾全自己所占之阶级利益而设法破坏蒙民之革命运动。但各次革命运动之发生，又恒系由王公所领导，此则亦王公之不当泯灭之一功德也。

日本与俄罗斯因在蒙古发展势力势必走向冲突之途

蒙民自己既无力以抑制汉人矣，于是日本施其对蒙政策：建立"满洲国"，借以阻止华人之经营蒙古，此种政策且已经顺利成功矣。沿兴安岭一带未经垦植之荒地，亦由其辟为蒙民自治省，即伪兴安省。其中国人较蒙民为多之地带则不属兴安省，另设地方蒙民事务署以保护蒙民之利益。即兴安自治省亦较"满洲国"其他各地更有自由处理事务之权。其执政人员半系选出，半系委任；且可保留自组之军队。如此组成之省区，乃"满洲国"省区内之最大者，而因其隶属"满洲国"，华人即不得再事移殖而膨胀其势力，乃甚显然者也。又因该地完全位于"满洲国"铁道网之西，为不易由铁路运送军队到达之地，故日本派兵驻守，以监视"满洲国"对该地施行之政令而划分不利于日本之华人利益与利于日本之蒙人利益焉。至此地之已与俄国为邻，为经济制度、社会制度完全不同之两国之交界，则其重要程度，毫不减于印度西北边陲，因有时可由宣传力之化导军队人心，能使其反而维护占大多数而无兵力之华人利益也。

蒙古之财富

此伪满洲国所属之蒙古省区含有广大之财富，尚未为人所详细调查与估定。华人在满洲制造厂之创设，矿产之开采，森林之采伐与培植，均甚微鲜，不过只知从事农耕而已。且不知利用进步之农耕机械与方法，完全由因贫困逃来之无组织之人民用手工所独力开垦。论及畜牧则华人更无此种习惯与才能。故华人之开垦蒙地，不过将草原辟为农田，培植五谷，及至地方既竭，五谷既难培植，佳良之牧草亦且不生，即复束手无策耳。总而言之，即满洲在中国之统制下，并未对开发其财富予以注意也。在日本统制之下，必将大加改善，因日本对于其地之五谷、矿产、木材、肉类、皮毛，无一不有极迫切之需要。现今日本每年由澳洲购买羊毛，其此后之将竭力使此伪满洲国对彼供给羊毛之数量递渐增加，乃必然之事。其将蒙古地方在"满洲国"中另定为自治省及保护蒙民，反对华人移殖，即为改善蒙古畜牧事业以供日人及蒙人之享用之端倪。在南满铁路各站附近之农事试验，均于数年前见巨大之功效，增殖大量之蒙古与美利奴合种绵羊及其他家畜，此乃华人及蒙人因无甚需要而不知注意改善者。日本第一步试验既经成功，则自当着着前进，使其发展之程度日益增高也。

伪国之成立及因其成立而影响于将来蒙古之命运，在史历〔历史〕上并非特殊之创举，不过又予亚洲历史增添一页而已。退至二千年前，中国盖亦恒以长城为国境；不过此次事件，特别对日本有直接之补益耳。

如日本在亚洲大陆上为唯一军力雄厚之国家，起而与西方以美国为代表而包括国联各会员国之海军力量相抗衡，则问题较为简单，然日俄之对抗乃不能避免之事实。如谓日本与俄国喜于作战，固系不合理之论调；而成问题者，乃在战争之能否避免。如不能避免者，则该二国家虽不喜战争又将奈何？果尔，则两国均在等待最利于本国而敌国最为艰窘之时机，以燃点此不幸事件之导火线也。

如不幸而日俄战起，则驻于西伯利亚与"满洲国"交界处两国军队之战斗力，双方各能互相洞悉。距铁路之远近、能参加作

战之人数及使其军队参加前线作战所当需之时间，双方均能互相
推测而不致有大舛误。日本对俄方之以海参威〔崴〕为根据地而
出发袭击东京与大阪之空军，深怀忧惧，乃必然之事，而恐现今
即已着手作将来消减此项压迫之效力之预备矣。苟谓日本能占据
海参威〔崴〕及西伯利亚沿海各地而压迫苏俄，则系荒诞之谈，
不足取信。将来无论何方前线失利，均不过一种直线之退缺〔却〕
而已，绝不能影响于主力军之基础，此其所以一九〇四年与一九
〇五年之日俄战争未能有若何胜负分明之判决也。

　　两国战争之焦点，乃在西伯利亚方面之外蒙与夫"满洲国"
方面之内蒙，其互相派遗〔遣〕重兵以攻击敌方，将注全力于此
两地之掠夺；至于海参威〔崴〕与乌苏里江及黑龙江乃旧日已经
划定之界线，固不能与上述二地同日而语也。该二地早经开放其
门户，北有西伯利亚铁路，东有"满洲国"之铁路，交通可谓便
利；将来之战场，恐即将在此广阔数万万方里之地带。似此，则
蒙古、西伯利亚与伪满洲国，即成为将来远东命运之关键矣。

　　蒙古人民总数不过五百万，其中约有一百万住于外蒙，占据几
与美国密西西比河以东相等之地面，住于内蒙归绥与万全以北者
亦约一百万。住于"满洲国"之兴安省者约二百万，占地计十万
方里，几等于法国全境之半。其余一百万，则散居于新疆、青海、
西藏，及西伯利亚之布里亚特共和国（与外蒙接境），与俄境窝瓦
河流域之阿斯达拉干等处。总观上述蒙人之分布情形，可知住于
"满洲国"境内者较之住于外蒙古者约多一倍焉。

　　散居于约等于美国全境之广大区域之蒙民，如〈以〉经济之
发展论，乃其特别弱点；然以其战斗力论，则关系甚大，如日俄
两国不幸而开战，则蒙民之助日或助俄确与两国胜负之决定有重
大之影响焉。

内蒙各区域之划分

"满洲国"几包内蒙境域之半，计有呼伦贝尔（黑龙江省之西部）、哲里木盟（几占辽宁全省）、关东平原之一部（包括东三省铁路网左近之地），及在热河省之卓索图与昭乌达二盟。除兴安省之十万方里之地方外，哲里木盟面积之三分之二，卓索图盟全部及昭乌达盟之半，均由中国人所占据。

内蒙之属于中国之部分，其面积几等于属"满洲国"之部分，中国政府为加速其殖民之效力而划为察哈尔及绥远两行省。此地原分三盟，曰锡林果勒盟，曰乌兰察布盟，曰伊克昭盟。三盟之外尚有跨于察、绥二省之土默特部。至阿拉善额鲁特及额济纳土尔扈特二旗，则亦已由中国政府改为西套蒙古区，辖于甘肃省矣。东自察哈尔南半部，西至绥远，有百分之七十之地面，已由中国移民居住，绥远境归化附近之土默特部，则已完全为殖民区。察哈尔北部，北界外蒙古，东邻兴安岭之锡林果勒盟为中属蒙古之唯一之蒙民住区，故锡林果勒盟之十部蒙民，咸有反对汉人侵入之心理。

由此观之，伪国之成立，使昔日向蒙古地方所潜伏之伸张力受重大打击，一九三一事变之前，永有两种力量向蒙古内侵：一为由俄人之指使，外蒙成立独立国，而俄人独得任意经营该地之权利；二则汉人之移殖于内蒙，渐夺蒙人所居之水土，各王公则以得中国政府之保护，得享较亲自治理所得之结果以上之权利，因而不予反对，但因此而蒙民所居之区域乃日益狭隘，汉人之殖民区日益扩张矣。

蒙人失其首领

蒙古领袖之权力既日渐消失，其民众即处于苦无明路可走之状

况中，彼等彷徨于以下之歧路：听其自然而依旧皈依中国之治理
欤？抑起而反抗之且援用社会革命欤？一班王公当然对于附合于
外蒙力为反对，因假设如此施行，其结果必为一部分王公惨被杀
戮，而其他亦将完全被剥夺所有财产权也。自伪国成立以来，复
置蒙民于新歧路中，自在与日本联结条件之下伪国蒙民得有地方
自治之权以后，其王公等于偶然之蒙民团结与国家观念复兴之情
形下，得恢复其昔日统治蒙民之权力与地位。王公既有势力，则
自然与外蒙之敌对情势将日益严重。而蒙民之所当选择者乃为以
下之两途：采用革命之国家主义而联苏俄，抑采用守旧之国家主
义在同血统同宗教之王公领导之下而联日？

　　蒙古人民尤以认为由满洲皇室后裔为"满洲国"君为最合理，
蒙人从未视满人为异族之征服者。具此思想者，尤以居住满洲之
蒙人为甚，因在满人未征服中国以先，彼等即早与满人有相当之
联结关系，故彼辈认为大清帝国之成立，蒙人与满人同处于创建
人之地位。且伪满洲国之以满人为皇帝，能利于蒙人之团结，不
似由蒙古官吏管理蒙民之易有偏颇之弊。现在蒙古各王公既均系
成吉思汗之子女或弟兄之后裔，则不当有某一王公之地位，特别
高出于其他王公。既因谋得各王公地位之平等，而承认满族人为
蒙人之统制者，则溥仪之被蒙民认为合理之国君也明矣。

蒙民静待战争之爆发

　　蒙古人民间之将发生冲突，实有充分之理由。现在一班蒙民均
存统一蒙古之意念，昔日分崩离析，不能影响今日团结之志愿。
基于外蒙之组织，建立蒙古帝国，实足为团结蒙民之保障；"满洲
帝国"亦可以统一蒙民，但此则需先自内蒙着手耳。对于新社会
组织，内蒙各部恐难同情，因彼等于新社会制度之下，有所得亦

必有所失，而直是社会方面与政治方面均受外蒙之统辖而已。如外蒙发生反革命运动，返回世袭王公、喇嘛庙及旧日制度之路途，则其妥协成分或当较多而且易也。

外蒙政府虽不能谓为无力，而彼亦自谓不需苏俄之助而有自己统治之能力；但彼仍系一幼稚政府，而欲防止反动势非借助于苏俄之供给军械与弹药不为功，乃不可否认之事实。政府之首领，固系蒙古之英材；但尚不足以使人民对昔日世袭之王公及旧制度之印像，完全消灭，以移之于新生之贵胄阶级。此种情形，反革命之诸首领，亦深知之。彼等明了欲反革命势力之扩大与成功，必在旧日权贵在民情中尚未完全失掉其地位之时做起，而颇有数人主张欲领导外蒙至于新运动——守旧之国家主义——上，不必有多数之队伍，只须有精良之军器与英明之领袖人材即足矣。故自外蒙成立独立政府以来，外蒙政府之注意力在设法延长其生命，内蒙人士之注意力则在坚决充实其力量，以谋守旧国家主义之成功。

举凡蒙人之友朋，想及蒙古或将难免之内战，无不为之深表婉〔惋〕惜。信赖现有外蒙政府者，当为一般少年英俊，而认为非改革旧日制度，肃清世袭王公及完全改革喇嘛掌握政权之积习不为功者。此类英俊少年，不只可求之于外蒙，即在内蒙亦颇不乏此项人材。另一方面，王公、喇嘛，及爱国志士中，亦颇有精明才干之辈，所可惜者，彼等不适合于近代潮流。且彼辈近来之宁可牺牲国家福利以谋维持其阶级利益，——虽或出于情不得已，但实为一班少年所深恨者也。此外，更有一点乃为少年所极力反对者，即彼辈恐一般人民智识高深后，发生革命思想之于彼辈权益有碍，因而阻止教育之普及与社会事业之改进。

在将来事变中日本将系主动者

本现在之情况，以推测将来之转变，其主动人物恐系日本。俄人之对蒙古新起之秀予以助力，以期保其地位于永久，而巩固其国家之新经济组织，固为必然之事，但其间亦含有不少之困难成分焉。日本对俄予以迎头痛击，本属可能之事，而其煽动蒙古内战、助其延续扩大以引外蒙于日本监护之下，尤为上策。果如此者，日本且不必与俄人战，西伯利亚全境及西伯利亚铁路自然将饱受事变之激腾也。

但俄人又岂能静待事变之发生毫不置问耶？目前之危机乃在日俄双方虽欲避免战祸，其奈蒙古问题反日促其趋向此途何？日本不能不对"满洲国"之蒙人予以训练与组织，而因此将使日本与全部蒙人发生关系；另一方面，俄人又不能不维护外蒙政府。据此，则日俄虽欲避免战祸，而实操其柄者，乃问题之主人翁——蒙人是也，彼辈之两派互哄将终必有爆发之一日也。

吾人不能预言蒙古之内哄将如何发生及扩展至若何地带。吾人尤不能预睹此种内哄将株连及于若何范围。世界列强有谋世界和平之方策，但"满洲国"已在武力之光辉下建成，而此光辉现正照耀于蒙古。浪潮既经掀起，将不能不随波逐流以经其颠簸迷乱之行程也。

——转译自法文《北京政闻报》

《新蒙古》（月刊）

北平新蒙古月刊社

1934 年 1 卷 6 期

（李红权 整理）

日本侵略内蒙之野心

［瑞士］Walter Bosshard 著 唐仁 译

"由满而蒙"，这是日本军人的口头禅，他们自一九三一年九一八以后，即逐步奠定其在东三省侵略所得的地位，侵略之开端纯粹是投机冒险的，但是等把东三省制造成一新"国家"之后，才发见只完成了有名而无誉的田中奏议之一小部分。满洲由公然诉诸武力夺去，而在蒙古日本却采取了一种完全不同的战争方式，这方式是有点更用心机，但就因为是更用心机，所以预料可以安全的而且以较低的费用达到所愿望的目的。这方法就是以日本在"满洲国"所行政策之原则而系统的，和平的侵入蒙古这种策略。所拟达到的目的是在华北建设一新帝国。

蒙古全部的面积较全部中欧为尤大，虽然其游牧部落的人口只不过由五百万到八百万。此由一狭窄之山岭分为内外蒙古之中亚的高原，曾为有名之人种学家艾克斯台特公爵（Count Egon Von Eickstedt）称为蒙古利亚种族之摇篮。近数月来他已成了积极的政治运动之中心，因所处辽远，几为外部世界所不注意。

数年以来，外蒙古完全在苏俄支配之下，所以已经不属于中国。在"乌兰巴图霍特"，以前之库伦，有一苏维埃行政机关，形式上是由蒙古人所组成，但背后由莫斯科派来之俄国人指使，他们借布里雅特蒙古人之军力建立其统治。以前库伦与华北各通商要埠间之广大的商运，完全停顿已有数年；天津、北京与张家口的商人不能不离开外蒙古，俄国开始向该地输入大批的货物，以交换其马、羊与羊毛。

别方面，内蒙古仍可视作是中国的一部分。但是蒙古各盟旗与南京政府的关系无可否认是松懈的，税收或任何形式的贡品均不由蒙古致送于中国之首都；各王公依照古代之传统治理其承继下来的田产，对于二十年传布于全中国之新思想毫不注意。

日本利用反汉情感

蒙古王公最初很多认孙中山之革命思想不利于他们自身及他们的盟旗。当南京进而取缔古代的宗教时，一阵仇视政府的浪潮传布于此广大的草原及如沙漠的平原，此仇视心理更以中国垦荒者之涌入而增加。日本很乖巧的利用这仇视心理。当中国之中央政府方进行削平华南福建省的叛变时，日本派人静静的鼓惑蒙古王公及有势力的喇嘛，促使他们加入"满洲国"。日本鼓惑的方法是应允各王公以在其地域内之高度的自治，同时并担承在以东的地方予其收成，羊毛、马及羊以市场。（中略）

这些事情或产生有国际经济意义的结果。如果溥仪的势力扩展到蒙古，"满洲国"即达于黄河，在鄂尔多斯地方甚至越过黄河。我们必须记住，平绥铁路是华北最要商埠天津与中央亚细亚之惟一的铁路交通线。如果此路线被切断，则所有以往经由该路而至中国最西省份之新疆之贸易，必须经由日本新建之路线而至满洲境内之大连。如此则天津与北平将失去其"内地"与其市场。以往日本用武力所不能达到之目的，将以此巧妙之商业、政治的手段一举完成。华北若不愿放弃其为皮毛及银行业中心的重要地位，则将被迫而不得不与"满洲国"联盟。

此野心之计划也有其军事与战略的方面。日本必须保障"满洲国"西南翼的安全并支配通亚俄的蒙古走廊，以防御苏俄军队之报复手段。因为其天然富源的缺乏及其在农业上之有限制的重要，蒙古将永远不能成为一第二"满洲国"。但是谁握住蒙古，谁就握住通广大的新疆省的钥匙。

最近数月来新疆以回民之叛变而陷于混乱状态。如果日本之"满洲国"的楔子推进到蒙古，则新疆只有两条路可走，或加入"满洲国"，或与苏俄联合起来。

完全自治必不可能

一切企求完全自治的运动必然要失败的，因为现在惟一可用的驼队路是经由蒙古的；由古书上我们所知之偏南的路线以气候之变化已不可通。与华北之一新邦联合的运动或甚至扩展到外蒙古，外蒙以布里雅特之蛮横的军事压迫，已引起对苏维埃制度之普遍的不满，并使很多难民逃入内蒙。俄国将不抵抗而放弃外蒙，因为外蒙与新疆均已成了他们的重要市场。然而我们可以假想，如我们在满洲所经历之武装冲突是不会在此地发生的，因为在此广大之沙漠国土中很难给养一大支军队。

我们所已提过之田中奏议有下面的一段，此段明显的指出日本所拟走的路线：

> 这些地方（指蒙古）的统治权还没有确定；中俄两国政府对它们还不很关心。我们应当坚牢的抓住这个机会，并在该地秘密的扩展我们的势力。如果以后在事实上我们已买得蒙古最多的地方，世界上将无人能决定蒙古是属于蒙古人还是属于日本人。那时我们就能够用我们的武力维持我们的特权，并建立一积极政策。

田中首相于一九二七年所列举之政策，现在方在这辽远、人迹稀少的地方实行出来，这样日本在大陆上巩固其势力的企图又前进了一步。日本、亚洲之英国，在建立其广大的殖民帝国上，向西推进，日为广远。

译自上海《弥勒氏评论报》第六十九卷第二期

《新蒙古》（月刊）
北平新蒙古月刊社
1934 年 1 卷 6 期
（李红权　整理）

供献与中央治蒙古当道及蒙古王公和青年等几个意见

关起义　撰

　　战争乃可怕的情事，是惨酷的表演，但是它有它的价值，根据和背景是不可以避免，不是突然而来。尤其在将来世界第二次大战，更为惨酷。据一般有战争知识者推测，战争最剧烈的地点，要算菲律宾和内蒙了。菲律宾是日美必争的地点，着实握着日美胜败的关头；内蒙是日俄的必争地，也是日俄胜败的关键。菲律宾形势非本篇所及，兹姑不论，仅就内蒙详论之。

　　内蒙处日"满洲国"俄之间，是日俄冲突的角逐场，可以左右日俄战争的胜败。但是首要遭受攻击的恐怕也就是内蒙。因为日本欲胜俄国，第一要先夺内蒙。内蒙得了之后，可以出库伦，攻买卖城，与东路出黑河之日军相策应，断绝东海滨省海参威〔崴〕之联络，及中俄之交通，虽不制赤俄之死命，俄国亦大受威胁。倘内蒙为俄国所得，则日本根据的"满洲国"，已在内蒙、阿穆尔省、东海滨省三面包围之中，俄国不但利用内蒙作攻击"满洲国"右翼之大本营，且可鼓吹中国义勇军，且用中国军需品，尽可以与日本作永久的战争，恐怕日本亦三面受制了。

　　所以世界大战的前一夕，内蒙必定失掉；但为俄国所攫去，抑为日本所占去，那是一个可研究的问题。现在日本在多伦方面，设置重兵，赤俄在外蒙边境，整顿军备，此亦可见出蒙古危险的一班〔斑〕了。Owen Lattimore 之《日俄角逐下之蒙古》有云："……交战国之任何一方均可以一种足以决定战争之胜负的，势如破竹的军事行动，摧毁对方的战斗力。实现此项行动的惟一的侧击区域，就是西伯利亚之外蒙古，或'满洲国'之内蒙古两翼。海参崴、乌苏里江、黑龙江边疆等〔等边疆〕问题，不过是一些局部的和战术上的问题而已；只有蒙古问题才是一个战略上的问题。此地的作战地面，空洞旷达，毫无边际；西伯利亚铁路依附其北，满洲伪国的铁路萦绕其东，军事行动的范围达数千方哩之广：所以较中国、西伯利亚或满洲还更不为世人所知的蒙古，对于整个的远东的命运，实赋有一种生杀予夺之权。……但在战略上他们所处的地位，却是极其优越的。在未来的日美〔俄〕战争中，他们具有一种左右战争之胜负的能力。……战争之神业已驾临于满洲，并将其炯炯的目光注射到蒙古方面去。未来蒙古人的命运，将系于未来的残酷的战争中。"（见《国际译报》六卷六期）

　　我中国为领土计，为民族计，为战后之中国计，对于内蒙不能不想一种根本的解决办法。以往的政党的倾轧，买办的蒙蔽，王公的携贰，青年的激烈，形成近年之不即不离的情形不论外，现在蒙古地方自治委员会成立，总算蒙古与中央的关系更进一步了。希望中央觉悟以往的治蒙政策不良，乘此机会，确定治蒙原则，以求根本的合作。至于已往的蒙古政治，虽未上正式轨道，但其间具有明显的节断，兹详述于下，以为治蒙之参考：

　　一、自然时期　民国成立，虽改革我国数千年君主政体之积习，成为自由平等的民主政体，表面上对于弱小民族的蒙、回、藏等似乎应有相当的扶助，但实际方面当道等对于蒙、藏等仍存一种卑视情事。政治方面，依照满清的笼络羁縻，并无彻底的改革。而蒙古处于闭塞不通之内部，与外方鲜少接触，虽未能有若何进步，但亦无有痛苦，仍度其自然的原始生活。自此以前，谓之自然时期。

二、过渡时期　徐树铮经营外蒙失败，民九外蒙独立，日俄势力角逐其间；内蒙青年愤起革命，王公、青年间颇多倾轧，与外人以可乘的机会。民十七党国成立，百废俱兴，成立蒙藏委员会，奠定蒙基，而蒙古的士绅亦组织代表团，向中央请愿和谏议，遂于民十九年春开蒙古会议于南京，议决案件极为周密。可惜因为个人政见的不合，互相掣制，蒙古的政党参与其间，互相援引，互为声势，"入者主之，出者奴之"，甚且不论事的是非曲〈直〉，只若〔要〕是他派提议者，则反对之；己派提议的就赞助之。就是不问事情，不询〔循〕事理，惟派别是问，而蒙古事体，反不足〔与足〕轻重矣。中央更利用蒙古党争，拖延蒙事，使不通蒙情的人，主持蒙藏委员会，于是中央与蒙古地方间的关系，必由经纪（买办阶级）代为转达，经纪向中央则携蒙古以资要胁，对蒙古则依中央更为威吓，上蒙下蔽，中图余利。于是中央只知道蒙古的凶顽，蒙古则仅知道中央对蒙古无诚意，中央与蒙古地方的感情，日趋隔离。

三、危险时期　九一八事变，东三盟蒙古沦陷于日本，于是久居内地的西蒙，遂变为多事的边疆。北边的外蒙，东边的"满州〔洲〕国"，外交的事项，一天一天的繁多：今日则威吓，明日则煽惑，王公则利诱，青年则刺激，务祈达到蒙古与中央的感情分离，蒙古与中国的领土割裂。而王公等鉴于中央对东北无收复的办法，更知中央对蒙古无诚意，及买办阶级的蒙蔽，皆足以令王公寒心，王公为自己存在起见，不得不敷衍日本，实际亦不敢不敷衍日本。而某王公等飞赴长春，某王公派代表赴沈阳等等传说，不可胜述。至于青年之在蒙者，盖皆为党派所遗，买办所弃，与王公合作，祈行其最后激烈主张，故此间王公、青年对于党派、买办阶级，皆含有不合作的性质；不特不合作，就是中央的政令亦有时怀疑为党派、买办的主使，甚或对党派、买办的不满意，并中央政令亦不满意。该项行为，固属不相宜，但屡为蒙蔽欺骗之蒙人，有时实难抑止其情感，以致形成现在疏远隔离的情事。

至国际方面，俄拟侵内蒙，出热河，以攻"满洲国"的腹部；日拟占内蒙以防赤俄之南下，以断中俄之连络。总之内蒙系日俄必争地，内蒙系世界大战前一夕必失地，只不过时间迟早耳。何委员竞武曾发表蒙古危险言论，至为详密，惜对于蒙古调查统计不甚正确，未免对其言论，稍有遗玷。现在蒙古地方自治委员会，总算于前月廿三日降生了，职员已发表了一部，建设计划已决定了数章，可说蒙古政变告一段落。惟此数月中王公、青年之会议，代表赴京的愿请，人位的推荐，暗潮的斗争，正复不少。迄今月余，蒙委会开办费尚未颁发，印信亦未领到，于是一般人士歧途徘徊，裹足眷顾，百灵庙道上非复昔日之冠盖相望矣。须知蒙古危险程度，实不因蒙古地方自治委员会之成立而威少，且因蒙古地方自治委员会之成立，而促其早日实现。何则？现在内蒙已有相当组织，相当统系，其内倾外附，均可一致行动，非复往日散沙情形可比。所以中央当乘蒙古政委员会开办伊始，确定一切治蒙方针，俾奠安蒙基，巩固国防；不然仍用其换汤不换药的政策，则蒙古前途实不堪设想！仅将管见所及，供献与中央及蒙古王公、青年几点意见，胪陈于下。

一　供献中央方面者

a. 蒙古政治不仅内政问题，且含有外交性质。蒙古以前深居内部，不与外方交通，虽有些浪人潜入诱惑，尚不敢公然有若何的作用，一切政权仍是我国整个设施。自九一八以后则不然，蒙古东临伪国，北界外蒙，实为赤白帝国主义的战场，而主义之侵润，浪人之威吓，汉奸之诱惑，王公之愚诚，青年之激烈，故其一举一动，皆含有意味，亦即受环境支配，使其不得不然。故蒙古问题仅就内政研究，未为得体，当与外交方面〈一起〉讨论。

b. 蒙古问题不应随政党而转移。蒙古系中国领土之一部，蒙古问题是整个中国问题，不是某一政党的问题。但蒙古问题自民国以来，即随政党消涨，以政党之执政与否，作研究蒙古问题的中心，而不以蒙古的危险与否，作施政的缓急。拿目的当手续，以手续当目的，遂形成今日之不可收拾地步。况且现在蒙古问题不仅关系中国之存亡，并关系于世界之战争，而其可研究之价值亦超出中国范围，而入于世界战线里边。并且此次蒙古会议是一种新的组织，而非为旧有党派所能范围者，此点值得中央注意，并希望加以详密考查。

c. 中央与蒙古间应避免买办阶级之蒙蔽。买办阶级是剥夺交易的蠹虫，是现在商场所欲打倒的障碍，因为他目的是自私自利，他不问该种交易对于市场有什么繁盛的关系，该种贸易对于国际有什么权利的斗争，只要于他自己身上不获利益，他决对不办。不论该种交易对于国内商业有什么妨害，对于国际方面有什么影响，只要与他自己有些利益，虽然贸〔冒〕险他也去办。这是买办阶级在商业上的障害。至于中央、地方间的买办阶级，他的患害更有较巨的地方，因为他拿着"地方通"、"百事懂"资格向中央方面奔走，对于中央则携蒙古的愚悍以资要胁；对于蒙古则用中央权威以资恐吓。不特从中渔利而已，甚或破坏正当事项，以全其一己的信用，成全不当事件以逞自己的私心。至于煽惑、挑拨、敲诈，犹其余事。所以蒙古对于中央处处怀疑就是这般买办阶级的使然，况现在蒙古情形日趋庞杂，希望中央以总理的遗训扶助蒙古弱小的民族，直接发生一切的关系，避免买办阶级的蒙蔽。

　　d. 王公当优遇，青年当领导。"民国十七年北伐告成，革命空气高张，'打倒封建制度'、'实行民权'、'民族平等民族自决'等口号，都成了流行语。蒙古青年都以为可以搬这些口号回去实行，而王公们本身制度已为革命对象，万分的抱着不安。可是所谓革命政府，都未能把他所要实行的口号做出来，只是宣传给王公们白受虚惊，同时又给青年们失望。这样一来，蒙古王公、青年对于政府便从此疏远隔阂了。尤其政府对于王公们，既未能羁縻，予以满清时代那样优厚的年俸，又不能领导青年，使他们感到政治黑暗的痛苦。"现在蒙古地方自治政务委员会总算诞生了，对于王公优遇，青年领导，虽未能作到圆满，却也可说是有一线曙光。希望中央当道，对于王公施以相当优遇，俾增进现在蒙汉感情；对于青年加以领导，以为基本的合作而树立永远的方针。

二　蒙古王公及青年方面

　　a. 原谅中央施政的苦衷。九一八事件虽系中国问题，但中国实无能力去解决，加上世界经济会议的失败，国际裁军会议的波折，国际联盟的流产，《非战公约》、《九国公约》之等于废纸，以及日本、德意志之退出国联，塘沽之协定，广田之外交，使中国的一切政治之施行，无不仰及帝国主义的鼻息。所以一切应行应废的事件，以列强的关系，未免有缓急逆施的地方。这一点固足使我们人足怨望及不满意，但我们也应当体贴其苦衷，加一点相当的原谅。

　　b. 不要以对人的关系对中央。中央之不明蒙情，治蒙当道之遗误蒙事，这是中央、蒙古隔阂的主要原因。九一八事变后，中央以外患方殷，内讧频繁，实无暇顾及蒙古，所有政令施行，难免为党派把持，买办蒙蔽。蒙古对这种分子固应加以反对，但不应以对人的关系并中央政令而反对之。

c. 蒙事须求自助。中央固应以扶助国内弱小民族的原则扶助蒙古建设，但蒙古宜应起自奋自勉。譬如某人仆倒，他兄长以道德观念，手足情常，趋而扶助，而仆者固应乘势起立，而不当故意纠缠不起。至起后行走问题，更是仆者自己问题，不关他兄长的事。现在蒙古就是这样，已经成立地方政务委员会，中央已尽兄长的责任，今后建设问题，发展问题，就是蒙古自己的事。况一九三四年是世界大战的前一夕，也就是蒙古生死关头，所有战后蒙古的兴亡，蒙古的存在与否，全靠这段期中的建设与发展。所以蒙古问题是蒙古自己的事，决非中央所能永远的解决。

d. 王公、青年互相原谅，以求根本合作。在过去的二十年中，我们详细考查，可以知道无一时不是王公与青年的斗争，其间互相倾轧，甚有演成流血惨剧。终此廿年中，不但一样建说〔设〕都没有，并且还牺牲了些有用的人才，这是最可惜。去年冬以环境与潮流的迫压，青年及王公有觉晤〔悟〕的合作，开内蒙王公会议，创内蒙政治轨道的基础，这不仅是蒙古的庆幸，也是我中国的庆幸。我希望王公及青年不要仅一时的合作，希望要求远的合作，不要因一个人或一件事的不满意，即互相猜疑。如青年的愤事、激烈及无涵养等特性，王公应加以相当原谅；而王公的守旧思想的落伍，及官场习气等，皆足令青年不满意而生消极之心。这几点总要互相原谅，互相体贴，以期达到彻底合作的目的。更不要因为一个青年的不良，而疑惑所有青年全是一样，或一个王公的不足有为，而疑惑所有王公全是这样。觉晤〔悟〕过去的不对，谋彻底互相合作的新途径，则蒙古前途庶有光明曙光矣。

《新蒙古》（月刊）

北平新蒙古月刊社

1934 年 1 卷 6 期

（李红菊　整理）

内蒙的危机

吴永詹　撰

一　边防危急感言

　　摆在国人当前最大的问题，便是边疆问题之难解决；所谓海棠叶形的中国河山，其四周已被帝国主义者蚕食殆遍，躺在沙发上的悠闲肉食者，虽然也高喊"开发边疆"的口号，但他们把这种口号，也错认为舶来的摩登名词，除去作讲演、谈话资料外，丝毫无补于实际，境内的各大城市熙熙攘攘纸醉金迷，边地上狂风怒吼逆浪奔腾，然而谁又筹出补救的方法呢！

　　瞪圆眼睛瞧，海棠叶边的各蚕，哪个不生龙活虎般的张牙舞爪，虽然有的尚未长驱直入，然而叶边的纤维已残余无几了。

　　不容讳言的，目前整个中国的边疆，都在外力威胁之下。日本帝国主义者已以武力夺得东北三省和东蒙（热河）；西藏已无形地在英帝国主义的护翼之下，成为半独立的局面；云南已踏进了法帝国主义的势力；新疆更在英俄对抗之下，开展了国际斗争的新行列。现在西蒙又岌岌将为东蒙之续，怎不令人伤神。

　　所可喜者，内蒙自治已在进行中，此即蒙民精诚团结精神之表现，政府果能领导有力，则中国北部之屏藩，未尝不可转危为安，满洲虽以失守，犹可收之桑榆。不然，内蒙一去，华北全部难安，完整之土地，势同瓦解，唇亡而齿寒，未可不加注意也。

二　内蒙地位的重要

究竟目前中国边疆是什么样一个形态？她的处境怎样？这是有许多人不知道的。因为一般人都睡在鼓里，与边疆问题隔绝太远，总以为现在中国的边疆是可苟安的，事实上，危机已庞然有力的袭入了！虽然，"休谈国事"的悠闲人们，已感到外来的动乱，但究竟是什么一回事，他们横竖是不知道的。东北失陷已经两年多了，谁人不知？如果中国不能收复失地，不能讨伐"满洲国"，恐怕以后还有"蒙古国"的崛起呢？我们研究华北的危机，先要明白蒙古的大势。

蒙古为中国西北的屏藩，国防重地，假如蒙古发生事变时，立刻可以影响到中国的西北部，历史上的现象都是如此的。所以说蒙古同中国的关系，有如唇齿一样，蒙古亡，中国必趋于灭亡；蒙古存，中国西北部可以相安无事。这是一个国防上绝好的屏藩，已捍卫中国多少年了。

考蒙古二字的来源，由来已不可考。元太祖崛起漠北，统一了漠南，入主中国，铁骑所踏，及于欧洲半部，蒙古之名始大著。元朝统一漠南北各部后，凡史籍所载的游牧所行的地方，都被削平，分其子孙王于各地，迄于今日。蒙古的领域，东起吉林，西届新疆，北毗俄国西伯利亚全部，南接新、甘、宁、陕、晋、绥、察、冀、热、辽等省，总起来说，有漠北外蒙古，漠南内蒙古，漠西厄鲁特蒙古，青海蒙古四大部。此外唐努乌梁海、科不〔布〕多，也都是元代功臣的子孙，与蒙古本部同一源流，其种族文化、宗教信仰，大都相同。

蒙古全领域之大，约达一千四百八十四万余方里，是我国北方有力的外藩。它是一个广大的高原，戈壁大沙漠横亘于中央，因此分为内外二部，漠北的称外蒙，漠南的叫内蒙。民国以来，内蒙因汉蒙杂居的范围日广，政府依照行省之制，将它改作热河、察哈尔和缓〔绥〕远三行省，又将西套蒙古一部分，划归新设的宁夏省管辖。现在所谓的内蒙，就是指热河、察哈尔和绥远而言。日本帝国主义为便利侵略起见，除了将东三省划分为南满和北满外，又将内蒙划分为东蒙与西蒙。据我们考察所得，东蒙是指热河全境及辽宁一部，西蒙是指察哈尔及绥远，它这种得陇望蜀的阴谋，能不令我们胆寒吗！

三　值得凭吊的蒙古史

崛起于斡难河畔的大英雄成吉斯汗，在蒙古民族历史上，占最光荣的地位。约当西历一千二百年之项〔顷〕，吞并大漠南北的异族后，驱逐与南宋对峙的金兵，统一中国全境。从太祖到世祖，四次出兵远征欧亚，前后灭国四十，杀人五百万，建立雄跨欧亚的大国，沟通东西两洋的文化，在世界文化史上，实有不可磨灭的功绩。

蒙古大军的四次远征，正当欧洲十字军时代，欧洲文化借十字军而复兴，欧西文化也随着远征军输送到中国，使蒙古人的政治势力，笼罩欧亚，开有史以来未有的大帝国，这未始不是成吉斯汗的流风遗烈。当蒙古建国外〔时〕，不但有坚强的武功，并能录用各族的人才，帮助作政治上的发展。当时由欧来亚最著名的一个人，就是马哥博罗。他虽是西欧意大利危尼斯人，因为他兼通数国的文字，受忽必烈的赏识，仕元官至扬州都督、枢密副使。同时仕于元朝的，并有多数异国人士，阿拉伯人蒲寿庚，官至闽广大都督兵马招讨使，子孙都是文武大官。辽东人耶鲁楚材，官中书令，不花剌人阿马儿，官至丞相，波斯人札八儿，官至大将，阿合马特官中书平章政事。此外还有几个波斯人，均为京朝大官，西藏人巴思图〔巴〕为帝师，创造蒙古文字。阿拉伯、波斯、中亚地方军人，意大利、法兰西的美术家、工艺家挟其技艺，来仕元朝的，直难指数。所以蒙古民族全盛时期的文化，足称融会中西，冠绝一时，在吾国历史上，开特创的一页。惟以草莽蹶起，不善政治，享国只八〔九〕十余年，竟使横跨欧亚的大帝国土崩瓦解。

　　偌大的一个蒙古帝国，不数年即崩溃，元朝幼帝，窜回漠北，依然故我的度其游牧生活，竟未能接受外来文化，略变其俗，零替于今，七百余年，种族日弱，文化日退。在清朝以前，犹得保持其由元朝遗留的团结组织，自满族强大后，蒙族一蹶一〔不〕振。以蒙族为中心的元朝伟绩，徒供历史的凭吊，这是使我们不得不引为遗憾的。

　　竞争，乃是促进人类进步的枢机，不和异族竞争，自然没有交换文明、调剂文化的机会。蒙古民族生于大漠南北，地广人稀，山水雄壮，自然环境，造成其特殊性情，无生活上的竞争，智慧自然容易退化。居民以游牧为生活，春夏逐水草而居，秋冬徙山阳而处，听牲畜的自然蕃殖，牲畜而外不知所谓财产。子孙相续于永世不变的生活内，更无需运其智慧，劳其体力。就知识言，不知文艺为何物，以劳动论，不但不知运用体力改善其生活，就百步远的一段路，也要乘马。平日看到汉人车载马驼贸易于各地，扶犁挥耒蕃〔播〕种于田畴，还要讥笑为笨人甘愿与牛马共役。这种不求进步、不用智慧、不劳体力的蒙古民族，自然容易养成不能进化的现象。

　　且也，内外蒙古的戈壁沙漠，占蒙古全土三分之一，从西到东，约三千余里，宽约千二百至二千余里，号为瀚海。其性固去海不远，除少数特殊生物外，不能生存于其中，形成内外蒙及盟旗的天然界划，阻断人类联系的机会。沙漠以北又有多数山脉绵亘其间，昆仑山系亘于西北，阿尔泰山系亘于东北，其中以贺兰山为西套蒙古的天然境界，阴山为察、绥两省内属蒙古与内蒙盟旗的界划，杭爱山、肯特山、外兴安岭，为外蒙与俄国的界划。一脉之长均达数百里或数千里，其峰峦则崇霄直上，人兽绝迹，山阴、山阳之人，每老死不相往来。沟通文化，首重交通，蒙古交通受天然限制，汉人文化不易输入，蒙古知识不易外求，因受大山之限，又是蒙古文化不易发达的一大原因。

蒙古受地理上、生活习惯上的两重束缚，对由元朝吸收而来的外族文化，不能保持，日渐放失无余，而外间新兴文化，又无接受机会，乃浸成今日毫无文化的状态。

今后扶助蒙族之方，当首重开辟蒙地交通，交通便利，则与内地接触的机会增多，以蒙族体格，汉族智慧，彼此融合，互通婚媾，必然产生优秀的子孙。据调查绥远学校，凡汉化土默特蒙古子弟，其成绩每在当地学生之上，蒙族的复兴，有赖新人物的努力，不可再怀地域之见，切实与汉族合作，提携并进，以创造西北新天地也。

四　危机四伏的内蒙

不明白内蒙情形的人，总以为内蒙是相安无事的，其实它早已为日本帝国主义者所垂涎了。它既有天然的富源，和广大的土地，处处足以引起日人的吞得心。日本帝国主义者所持的"满蒙政策"，就〈是〉要将蒙古和满洲吞并。东北事变的发生，便是实现这个政策的一种初步表示，满洲整个的夺取得以后，便是要开始第二步的计划；日本帝国主义者以武力夺取热河，即是开展他们计划的第一声。

日本帝国主义夺取得满洲以后，可以说一切的欲望都可以满足了，无论是移殖过剩人口，及原料、食料的获得。然而他的欲壑是无限的，对于夺取蒙古的计划，无论在任何情势之下，都是不变动的；何况夺得满洲以后，对于蒙古的夺取，已有充分的胜利的把握，在经济关系中，蒙古实为一个出产原料很多的地方，又可以作为销售大量商品的市场，也是一个尚未开发，可以殖民可以投资的地方。日本帝国主义为日"满"经济体制发展上，必然的要将满洲和蒙古打成一片，以便将来实行合并，完成它的满蒙政策。

从另一方面讲，日本帝国主义取得蒙古以后，便可以作为满洲的护翼，在维持"满洲国"境界而言，蒙古可以作为缓冲地带，并且可以南北张弓，威胁中国和进攻苏联。现实地，日本帝国主义所高唱的"大亚细亚洲"主义，便是将蒙古包括在内。日本帝国主义为顺利进行其侵略政策，除了将东三省分为南满和北满外，并分为东蒙和西蒙，在军事攻击领土战争未开始夺取满洲以前，所谓的满蒙，即是指满洲和东蒙。自从夺取南满以后，即进攻北满，北满夺取以后，又转向东蒙进攻，东蒙夺取得以后，其目的便在西蒙了。

日本帝国主义者不但有大亚细亚洲主义的宣传，且有亚洲皇帝的企图。这种贪得无餍的野心，从大日本地图及日本国防新计划两种方案中，就可以明白看出。所谓大日本的国界，不仅将蒙古包括在内，就是亚洲的大部，也是这个国境以内。日本对于夺取蒙古的计划，第一步是扶助一个亲善的"满洲国"政府，成为半独立的局面，与中国对抗。如果这一个离心局面造成以后，再进而将内蒙造成一个独立国家；这便是日本计划中的"蒙古大元共和国"的实现。在这个计划成功以后，日本更将实行一种所谓

"满蒙经济体制"，将满蒙一切的政治都置于日本的体系之下；并且满蒙的一切经济，都放置在日本国民经济范围之内。日本的未来计划若此，实在不容我们不担忧！

过去的中国政府，对边疆素取放任主义，以致星火燎原，边陲日见危殆；现在的中国政府，虽高唱围〔固〕边口号，然总觉空呼口号，并未实际做去。此次内蒙自治问题虽告一段落，但中央似仍有不谅解处，殊为遗憾。目前的内蒙，其重要尤甚于东北，东北既落日人之手，收回当感不易，政府倘不竭全力以卫西蒙，则华北行将沦陷。亡羊补牢，犹未为晚，内蒙的同胞，革命的政府，倘能团结一致，抵御外侮，则无论内蒙如何危急，华北如何危殆，潜伏在目前的大危机，行将随之云消雾散也！望大家一致起来拯救这内蒙的危机。

《新蒙古》（月刊）

北平新蒙古月刊社

1934 年 1 卷 6 期

（李红权　整理）

政府对蒙政策还不转变吗？

四月二十七日据《大公报》刊载何竞武氏由蒙古返平发表谈话，内容最重要者，大约可分三端：

（A）蒙古地方久为日人垂涎，本身自卫能力簿〔薄〕弱，草地交通方便，易为敌人侵入；现在内蒙古已如九一八前夜之东三省同样之危险，非本身彻底觉悟，及中央实力援助，不能收革新图强之效。又欲救蒙古，必须全国努力扶助蒙人，做北部国防之前哨。

（B）为政治制度落后，不能与中央收指臂之效，牢守旧法，不知改革。民国以来政府与蒙人太少联系，除民初为王公晋级一次外，无更深关系，蒙藏院与蒙藏委员会事实上与蒙人亦少接近。

（C）为人口太少，总数不过二十万，蒙委会此后要务，应设法使蒙古人口繁殖，及吸收蒙古曾受教育之青年，使将所学贡献桑梓，共求自治之进步。

何氏所言，可谓针针见血，吾人读之，颇表同感。因为我们细心考察政府对于蒙古政策的结果，迄现在为止，似乎仍然未能脱离沿袭前清那种虚事羁縻的手段！观仅仅的把目光注视到少数王公的身上，而忽视蒙古青年（指受教育者而言）的将来出路，就很明明白白的看得出来的。惟其如此，所以对蒙事的一切措施，总是抱着"得过且过"的态度；至于对蒙事的根本计划，那更是谈不到了。蒙事的败坏至此，中央实在是不能辞其责任的。现在是允许蒙古自治了，同时政委会已经成立了！那么这处在指导地位的中央政府，又当如何使蒙古与中央免除以往的隔阂，走到精诚团结的途经〔径〕呢？我认为中央如仍因袭前清的羁縻故智，只知道拉拢几位王公与几位风头人物，而对于"年富力强"、"后生可畏"的青年，竟视为无足轻重似的；处在这种高唱"民族平等"、"民族自决"的最新式的旗帜之下，恐怕不用待事实的证明，就可以知道是"此路不通"，而且是极端危险的！观蒙藏学校纪念成吉斯汗时，其对联有云"想当初成吉斯汗横跨欧亚完成帝国主义事业；望嗣后蒙古青年主掌盟旗复振民族精神"，其他如各位青年演说，个个是激昂慷慨，甚至主张青年赶快团结起来打倒王公者，由此可见蒙古青年心理的一般了。尤其是令我们感觉到百思莫解而认为最滑稽不过者，就是政府一方面有为蒙古专设的义务教育（如北平蒙藏学校不过少数藏人），而一方面又对他们的出路是漠置不顾。我想中央当此财政极端拮据的时候，而对此义务教育（蒙藏学校）仍予以维持者，无非是使蒙古有志的青年，从传统的喇嘛宗教中渐渐的解放出来，使得他们能负起改造蒙古的责任，换句话说：中央为使蒙古竭诚内向计，与实际改革蒙古计，对于这种初在萌芽的青年势力，当然有加以诚意扶植与联系的必要。今竟对待他们像内地的学生一样，送出校门便认为政府的责任了，使得他们不得不辗转内地寻找饭碗，所以最后的结果，不过仅仅的在内地多添了几许"钻营奔走"的人物，而那一切落后的蒙古，却仍然是依然故我，照旧的保持着十六七世纪的可怜状态！这是令人怎样的伤心呢？甚至于因为他们到处碰壁的结果，转而对于政府发生不满，倘若是如此的话，那么又何贵乎有此蒙古的义务教育？说明显些，此落伍的蒙古民族究竟是何年何月才能"大放光明"？再说，这将醒未醒的蒙古民族，事实上已大非昔比了，观当蒙古要求自治的时期，政府欲利用章嘉活佛赴蒙古宣化，借收"釜底抽薪"之效果，在当时便遭了旅平蒙古同乡会的积极反对，甚至有主张以更进一步的办法对待者（见当时蒙古旅平同乡会的宣言），由此可见受了近代思潮洗礼的蒙古知识青年，已逐渐觉醒他们地位的危险了，不再视喇嘛那般像"人间如来"似的神圣不可侵犯了。反过来说，德王也不过是一位锡林格勒盟的副盟长，而他所以能成为蒙古的最高权威者，无非是他能接近青年而得到青年信仰的缘故，由此我们很显然的可以得到一结论，就是将来决定蒙古前途的不是目前特殊阶级的各位王公、喇嘛，而〈那〉些为蒙古未来主人翁的若干青年！明乎此，就立刻可以看出中央目前对蒙古政策的错误，以及蒙古"不长进"的结症所在了。我非不知"蒙人对喇嘛教已有数百年信仰，在势不能立即废除"（录何竞武氏谈话），以及王公们尚且保持着特殊地位与相当势力，但像中央这种只注视到几位王公、喇嘛而忽视智识青年的政策，在过去的时候，固未尝不能奏极大的效果，但现在是什么时代？所以我认为中央应该放大目光，对王公固然因环境的关系势不能操之过急，尚得暂且敷衍，但对此受过相当教育的大批蒙古青年，无论如何也应当加以相当的扶植与联络，使他们觉得政府是可爱的，可亲的，那么他们对于政府的信仰便不期然而然的油油然而生了！所以中央对于凡有一技之长的蒙古青年，即应令蒙古自治政府分发各蒙旗服务，以达到他们负笈内地的初志。如此则青年的势力逐渐得以发荣滋长，根深蒂固，然后所谓"蒙汉一家"者，才不致是一种"可望而不可即"的空洞名词；而何氏所谓"中央应实力援助"者，才不至于言行驰背。以上所言，似难实易，只看政府有无决心而已。

或者也会有人以为我这话太偏〔偏〕于理想，未能认清目前蒙古的环境，甚至要说目前蒙古智识青年太少，负不起这种救亡图存的大业。这话虽不无相当的道理，但也难免"不了解蒙古现况"之讥！假设我反问一句：现当蒙古政权的王公、喇嘛又怎见得比受过相当教育的青年高明？换句话说，王公、喇嘛又怎见得能负起救亡图存的大业？这种错误的观念，不过是把现在的蒙古当作百年前或数十年前的蒙古看待罢了！据我知道的蒙古青年，固然是有的是来到内地镇日价吃喝玩乐，渐渐养成一种"乐不思蜀"的坏习惯；但富有"国家观念"、"救种思想"者，也的确不乏其人。至于说到他们留学内地的人数，从民国三年（蒙藏专门学校于是年设于北平）到现在为止，单论大学及专门毕业者，便不下二百余人，中学毕业者，即以北平蒙藏学校而论，仅绥远土默特旗一旗，便不下数百人，固然是因为他们得天独厚——靠近平绥路，然以此推算，各盟旗纵较少于彼，人数当已大有可观。所以蒙事的无办法，尚不完全由于蒙古人才的太少，而在政府始终没有对蒙的整个方针，即此少数的人才，亦苦无施展的机会，因此我主张政府应实行下列二步骤：

（一）确定蒙古教育制度；

（二）扶持蒙古青年势力。

所谓确定蒙古教育制度者，就是造就些"学以致用"的人才，扶持蒙古青年势力者，就是要使留学内地的蒙古青年"回蒙古去"！这两件事情表面看起来，似属分离，实际讲起来，乃"一而二，二而一"也。因为假设没有学以致用的人才，那么青年势力何从扶持？反过来说，即有学以致用人才，如政府置之不理，也只有使他们再蹈以往"流连忘返"的覆辙而已！不过提起蒙古目前的教育来，的的确确是可怜透了！但以蒙藏学校而论，每月只有四千元的经费，以致该校设备的简陋，图书的缺乏，在在与人以不［一］快之印象和感觉。尤其令人伤心的，就是中央对蒙藏教育迄无整个的计划。我以为以蒙古天然环境的特殊，及目前人才需要的迫切，在这个时候，实有确定蒙古教育制度的必要。我认为蒙古教育完全失败的根本原因，就是因为缺乏一定的教育宗旨，观北平蒙藏学校的课程，除较普通中学多授蒙藏文外，其他课程概无二致。以这种普通教育的教材，来办蒙古的教育，又何怪"蒙古缺人才，学生无出路"，与国家为边储才的宗旨背道而驰呢？试言其故：

（A）学生年龄稍长——凡负笈内地者，大多数都是些有志的青年，但因人情、风俗、语言、文字之种种的不同，及受教育较迟的缘故，因此他们的年龄大多数较普通学生的年龄为高，初来内地甚至有不能听懂教员讲话者，以此等极端复杂之中学课目，实施之于初沾内地文化的彼等，即便他们个个能埋首苦干，矢志深造，最后总不过是"稍一入门，毕业临迩"！且彼等因种种环境的关系，多数不能再升大学，因此一般所谓蒙古的先进人才，一出校门便有茫茫四顾之感了！在他们自己或者以为是"满腹经伦〔纶〕"而"英雄无用武之地"，但在蒙古社会中实在不需此等"文不成武不就"的人才。况在蒙古目前当权的王公、喇嘛眼光中，认为这些学生差不多都是"金玉其外，败絮其中"的青年反叛。更加上中央没有维护他们的办法，因此每年虽有不少毕业的蒙藉〔籍〕学生，而能为桑梓服务者又有几人？所以国家的公帑，几等于虚事消耗，而蒙古父老亦相率以送子弟入内地求学为大戒，这种"搔不到痒处"的教育，以蒙古的现状论，我想〔相〕信是不甚需要的！这并不是我故意张大其词，曾有一位蒙古青年是这样披诚沥胆对我讲过的。

（B）蒙古需才太急——吾以为处在蒙古这种朝不保夕的时期，应选几种蒙古地方现在最缺乏而且最迫切需要的东西，给他们以一种基本的训练，使得他们在最短的时间内，达到他们为桑梓服务的目的，换句话说，对于蒙古教育的设施，应求简单适用，而不应好高务〔骛〕远，作到了这一步，便算蒙古教育获得初步的成功。我并不是主张"粗制滥造"，同时也并不是不了解"欲速则不达"的道理，但以蒙古目前情势的极端危迫，恐怕"远水解不了近渴"的，何况目前的教育不适合蒙古的需要呢？

明乎此，则知蒙古教育的无成绩，那并不是无谓而至了。下面便是作者个人改革蒙古教育的几条原则，不过我是一位不懂教育的"门外汉"，提出来当然难免有"贻笑大方"的地方，不过因为我爱中国，更爱蒙古，对于自己所见到的一切情形，当然要贡献于社会，以为国人研讨的资料，倘能从此引起政府的注意暨社会各方面的讨论兴趣，那更是意外的圆满的收获了！蒙古目前所最需要的是什么教育？据我个人考查的结果是：

（一）师范教育；

（二）专门教育；

（三）军事教育。

关于师范教育的重要，作者曾于本刊第三期《蒙古自治声中的一件大事》中，已略陈其梗概，今愿于此时更加以详细的陈述。中央如不欲蒙古与内地切实打成一片则已，如果愿欲的话，就不得不积极从事于师资的培养，以从事于蒙古小学校教育的发展，更于他们毕业之后，中央要命蒙古自治政府尽量任用，使蒙古的民智，渐渐的能够开化起来。其计划如下：

（A）校址设于北平（或添设于蒙藏学校内亦可）——因北平为中国文化的故都，而热心蒙古教育的人士，亦为数甚多，观蒙藏学校的教员，历来均是些平市〔时〕素负名望的教育家，就是一很明显的例证。同时北平学校林立，使得他们观摩防〔仿〕效的机会较多，并且是各蒙旗的适中地点，这样招收各蒙旗的学生既比较容易，而他们回去办教育的时候，才不至于是门外汉，所以校址的设立，最好是在北平。

（B）规定服务办法——规定服务办法的要义，就是使他毕业之后，便有栖身之所。同时更要规定服务的年限，免得这一种小学教员的清苦事业，只为一般无可奈何者的暂时栖身地。以蒙古目前文化的落伍，与师资的极度缺乏，只要政府有办法，肯努力，以每年数十名毕业学生的出路，是不难获得正当的解决的。此外又要规定，凡师范毕业后，非服务若干年以上者，不得转任他项职务，如有愿终身从事于教育事业者，中央又宜责成蒙古自治政委会详定奖励办法，以资提倡。如此日引月长，蒙民的智识自然就能提高了，蒙汉的情感也自然能融洽了！

为什么说蒙古目前是需要专门教育呢？说到专门教育，按北平蒙藏学校在数年前原为蒙藏专门教育，内分文、法两科，现在蒙古各地供职者，皆是当时专门部毕业的学生。我认为目前蒙古所最需要的教育，就是这种“学以致用”的专门教育。或者有人以为我这话太妄诞不经，更以为我所主张的是前后矛盾，一定要反问道：你不是说他们受普通的中学教育尚苦难能，又怎能受专门的教育呢？这话实似是而实非，我的主张是：在他们初中毕业后，便设一“预备班”，限期为一年，在这一年的当中，专注意于英文、国文、蒙文及常识的灌输，其中尤以国文为重要。考核及格后，便直接升入专门肄业，这样子既可节省时间，同时也不至于徒劳无功，何竞武亦云：“……蒙古政治制度落后，不能与中央收指臂之效……”所以目前的蒙藏学校仍应赶快改为专门学校，但以设“政治、经济专修科”为最宜，因为目前蒙古的政治制度，太不像话了！欲求政治效率的增加，非与以根本的改造不可。凡蒙古人士中有中文相当根底及优秀有为者，以及该校目前高级中学学生之优秀者，皆得入该专门部肄业，期限定为二年。只需中央一道明令就可办到，绝没有什么其他的困难。这种办法似乎是一种不伦不类的教育办法，和不可实行的空洞理想。但要知道，教育是一种辅助人类经营社会生活的手段，他负着改良社会与促进人类生活趋向合理化的重大使命，所以一切的教育学说，教育政策，教育方案，及其设施均须按着这个准则而被规定；凡是具有此种功能的教育，即为人民所需要的合乎时代的，反之，那就成为社会上的赘疣了！蒙古社会现在是什么社会？蒙古地方现在是什么情形？为改良蒙古社会、人民生计，除此以外又有什么办法？况且拿事实来证明，蒙藏学校当时学生由初中升入专门者，大多数都是目前蒙古的先进者（如白云梯……），但自改为普通中学后，成绩又在什么地方？"事实胜于雄辨〔辩〕"，那么便无须我多事辩论了！此外南京蒙藏委员会政治训练班，对于蒙古学生，应加以破格优待，不必限于高中毕业，只要有同等学力，说显明些，只要能跟得上班，就应当使他们有入学的机会。我认为造就一批蒙古的政治人才，而回去服务于他们"生于是，长于是"的故乡，是比较内地青年前往便利的多，那么蒙事的前途才可望有光明的一日，而与中央自然而然的就能收"指臂"之效了。

总之，蒙古既有其特殊的环境，决不能与内地教育混为一谈；否则，未有不着着失败者！关于医，农，工……实科教育，作者非不知为蒙古社会所极端需要者，但以目前内地与蒙古隔阂到这种地步，政治腐败到无可以形容，假设不先从根本上作起，我认为一切是谈不到的。何况当此蒙古教育经费毫无办法的时候，事实上亦自有种种的困难呢？所以我不是蔑视实科教育，但我却以为在蒙古现阶段内，提倡尚非其时！况以事实而论，号称蒙藏最高学府的蒙藏学校，并没有物理、化学，与其办目前这"非驴非马"的普通中学教育，何若干脆改成"名实相符"的专门性质的教育？我所以如此主张者，并不是"空中楼阁"，的确是以事实的昭示为根据的！

此外又有一根本要义，就是蒙古教育应当军事化！蒙古人体强神健，勇敢善战，倘加以军事的训练，均是国家很优秀的斗士，中央为发挥他们的特长及保全蒙古计，便应当使他们养成一种严肃的精神，刻苦的意志，才不至于使得他们来到内地"白白吃了几年官馒首"，而回到蒙古去又是些与社会"格格不入"的大游民。据我知道的蒙藏学校，对于学生的体育太不讲求，课外运动既不提倡，而正式钟点的军训，上课的也是寥若晨星，长此以往，使他们天赋的一副健全体格，受了几年教育，反倒给蹧踏坏了，这是何等的危险啊！我以为蒙古教育应效法东北大学及中学的办法！观东北大学以及东北中学，因受国破家亡的严重打击，对于军训一项，加以十二分的注意，而该校学生英武的气概，冠于北平的任何学校。就这次军训检阅的获得良好成绩，不但引起举国人士的注意，同时亦增加了全国人民收复东北失地的信念。蒙古青年体格的强壮，是较比东北青年有过之而无不及的，说到蒙古目前的环境，虽未完全亡掉，但外蒙、东蒙均已沦陷异族，而目前的西蒙也正如风前之烛，随时随地均有覆灭的危险，那么与东北相较也不过五十步与百步之差耳。中央应晓以大义，严格军事训练，使他们觉悟本身的危险，知道非以武力是不足救亡图存的！等到他们学成以后，回到桑梓去组织民众，训练民众，一旦疆场有事，以他们的勇敢再加平日有相当的训练，才是充实北部国防的正当办法！

倘能如此，则何氏所认为蒙古的一切缺陷（另见本文所节录的三端），虽不敢说完全消除，但绝不至于像目前的一塌糊涂，上下隔膜，大概是可以断言的！最后我再说几句不客气的话：我认为政府仅对于蒙古闻人与以富贵利禄，备极优待，最大的效果，也不过是足以使蒙古"苟延残喘"，何况目前的情势绝不允许我们再"自欺欺人"呢！？所以政府应采取大刀阔斧的手段，改变以住〔往〕的怀柔拉拢政策，而为发展蒙古教育、提高蒙民智识，放弃以住〔往〕的优待王公、喇嘛而接近"血气"方刚的青年，这样才是"中央实力援助"的正当途经〔径〕。所以我敢大声疾呼的这样说："时代转变了！政府对蒙政策还不转变吗？"

一九三四，五，十晚

《新蒙古》（月刊）

北平新蒙古月刊社

1934 年 1 卷 6 期

（丁冉 整理）

可怜的绥远

绥远通讯

崔幻虹　撰

　　绥远是可怜的。绥远什么都是可怜的，文化是可怜的，商业是可怜的……说起什么都是可怜的，尤其是孙殿英的匪军到来以后。绥东倒没什么，绥西的萨拉齐、包头、王〔五〕原……等十县，真是被他们扰的家家户户不安，生命财产不保。不用说，老百姓不敢怎样，就是他们的丘八头儿孙殿英都要给这群匪军说好话。我们的村子是住着一团人，一点纪律都没有。这群丘八每天押宝，打牌，抢人……一点管训也没有。作官长的还和兵玩呢，有时兵还教训官长。有一天大约是营长的公馆里押宝，这营长也在座玩，玩了一夜，玩来玩去，因为有一位丘八大人多拿了营长的钱，这位营长忘了自己的地位，就大发皮〔脾〕气，打了丘八一个耳刮。这一下子就闹了起来。结果打死了这位营长，这一营的丘八就叛变了，当天夜间"叭叭……"的闹了一夜，还抢了不少的大烟，打死两个人，奸了两个女人，扬长而去。苦主们也没敢向头儿告去。这一营出去，又增加了绥远的一部土匪，土匪自孙军开来就加添了不少。

　　就这么样东叛变西叛变，把绥西闹的乌烟瘴气，一塌糊涂，草木皆兵，驻绥的晋军一点也不管。一直闹了五六个月，绥西的人民谈起来都变色害怕，秋也不能收，门也不能出，一出门就遭劫！

到去年十二月才走了些，慢慢地过了年，孙殿英和马鸿逵打起来时才完全走了。他们走了还有叛变的借机而起，咱们坐镇绥城的傅主席才开了大兵去。

虽然匪军走了，绥西各县的农民燃食全无，衣住更难，因为，都被孙军吃完了，破坏了，呼天叫地。（唉！我一枝笔真写不出那种惨状。）不用说过年，想吃一顿饱饭都不行。在大都市的大人们，不知道晓不晓得可怜的绥远人在冰天雪地中饿着啊！

这不是二月了吗，绥远出兵袭孙军的后路，前几天在归化的傅部、王部都完全开往绥西去了，虽是晋军不至如孙军的糟，但是绥西人民，因为兵差供应的频繁，却又得大大地苦一顿。

唉！可怜的绥远，可怜注定苦命的绥西农民！

二三，二，二八

《新生周刊》

上海新生周刊社

1934 年 1 卷 8 期

（朱宪　整理）

告一段落的内蒙自治问题

吴希庸 撰

一 内蒙要求自治的动机

在内蒙自治问题甫告一段落的今日，综合各方所发表的意见，参以事实，追究内蒙要求自治的动机，亦非无益之事。略考内蒙要求自治的经过，内蒙自治的胚胎实不自今日始，而其远因、近因亦极易划分。

甲 远因

（1）中央对蒙忽视——满清政府对蒙锐意实行怀柔的愚民政府〔策〕，对于上层，则允以"世世永保封爵，共享富贵"，对于蒙古人民，则以提倡喇嘛教，允以安适尊贵的生活。结果政策成功，蒙人于二百余年来归顺清廷，并亦因此民族日行衰落。国民〔民国〕以来，中央一向不健全，对于蒙事，除偶然施以不可靠的武力压迫或宣抚外，毫无整个的政策。民国以来，蒙古与中国本部的关系，更远不如满清时代的密切。汉族文化在蒙古更无影响，甚至一般蒙人知满清而不知民国。至于中央当局对蒙行政方面，只采纳一二蒙古要人的意见，毫不切合实际。蒙古对于中央法令只有形式上的接受，实则漠然置之。

（2）汉族农民的土地侵略——满清盛时，蒙古土地受法律的保障，不准汉人侵略。民国成立后，汉族农民开始侵入蒙古。蒙古现在的土地法仍然如同大可汗时代，土地是公有的。因为这种特殊的制度，使农民很容易自由开垦。察哈尔、绥远接近盟旗的县份，便是用这种方法进展得来的。可是，蒙人也因此对中国发生恶感，要争回他们失地。所以他们要求"内蒙自治政府以原有之内蒙各盟、部、旗之领域为统辖范围"（百灵庙会议通过之《内蒙自治政府组织大纲》第二条），"故自治政府成立，省政府就不能存在"（德王与黄部长的谈话）。德王又尝谓："中国像一大家庭，弟兄五人，过去家长理家不平，希望现在的家长从新平均分配。"换言之，要求将从前农民由蒙占去的土地重新交还蒙古——是极明显的。

（3）热、察、绥的建省——当热、察、绥改建行省时，一切制度，皆有变更，但省与盟旗的关系，却无明显规定。热、察、绥三省，每省不过一二十县，大部分为盟旗。省政一向为军人执掌，一面征收繁重捐税，一面使内蒙实行二重政治。更因我省县当局历来处置不善，与盟旗间造成难以谅解的恶感——诚如德王所说："年来省县与盟旗中只有恶感，绝无好感。"

（4）商人造成的恶感——这个原因，常常为人忽略，但是到过蒙古或其附近地方的人，都会知过〔道〕。中国在蒙古经商的人，完全不用正当的方法，全用欺骗的手段。近来蒙人目汉人为骗子，对于汉人没有信任。作者在张家口，曾目睹蒙人在商店购物，当商人告诉他们物价后，必还十分之一的价钱，惟恐受骗，由此细微之事亦可见其一般了。

（5）王公待遇的恶劣——满清时代，蒙古王公贵族，由清廷支领很高的俸禄，到民国时代，俸禄停止了。但是王公贵族们已过惯了奢侈生活，不甘俭朴，所以除变为商人（包括日人在内）

的债务人外，对于中国政府最为不满。而况苏俄势力下的外蒙古及最近日本势力下的东蒙等处王公，所受待遇，又非常优厚，东蒙并以免除课税闻，更使西蒙王公发生怨望。

（6）青年知识阶级的兴起——蒙古王公贵旗〔族〕的子弟，卒业于中国南北及日本学校者日多，大部分不能得意于内地，于是怀民族自决的心理返回内蒙。他们在内蒙得到的领袖，便是此次提倡自治最有力的德王。粉白清洁的面皮，花缎的长袍，不染油痕，整齐光泽的发辫，虽然不能完全脱离蒙装，然一见可知为新时代的人物，非一般王公可比。据说德王精通蒙文、汉文、英文，学识亦佳，并信任青年学生。现在服从德王指挥的军队有三四千人，合德王谪〔嫡〕系军队约为六七千人。这种军队势力，也是自治运动的一个仗恃。

乙　近因

（7）东蒙的沦亡——此次内蒙自治运动发起于去岁（民二十二）四月间，距东蒙合并于伪国的时期不远。蒙人见东蒙沦亡，中央之毫无能力，使蒙古有志青年以蒙古存亡为己任，使野心家认为良机已至。文电中所表现者，几全为第一种意见。德王等所发要求高度自治通电有云：“（上略）近且昭、卓等盟，亦相继覆没，西蒙牵动……中央难〔虽〕负有扶植救济之责，顾内乱频仍，事势分异，当局尚不能自救，吾蒙抑何名以协助责望中央。”其词婉转而有刺。而其结论则为不得不自决自治，以免危亡了。然诚如黄部长所说，实行自治，就可以御侮图存，事实当然不能如此简单，可是由蒙人文字上、口头上的表示，这种自治图存的心理是极普遍的。自然，用这种理论当作官面文章，以掩饰个中心曲，也是有的。

（8）外来的诱惑——日人始终未尝放手内蒙，而自东北陷落以后，谋蒙日急，更兼日本近来的对俄战略计划的关系，日人视内蒙为囊中物，于是对蒙尽其威胁利诱的能事。内蒙处境既岌岌可危，而蒙人尚不愿投入日人卵翼之下，遂南向中国，提出自治问题。自治问题，由另一方面观之，可视为内蒙向中央政府下一警告，对于中央一向的忽视，予以激动，而更使举国上下注意内蒙今日的危机。蒙人对中国仍怀最后眷恋之心，所以未为日人的诱惑所感。

（9）德王的失意——最后，凡一种运动无不有人倡于其首，否则不能发动，内蒙自治亦不能例外。此次倡自治运动最力者皆知为德王，据知其内幕者言，先是蒙古代表团驻京办事处处长吴鹤龄，在供职蒙藏院时，东蒙卓盟盟长贡桑额尔布任该院院长，贡与蒙籍中委白云梯不睦。因白参加革命后，提出打倒封建余孽（王公）的口号，其原籍家产，数度被查抄，而贡有指使的嫌疑。民国十七年北伐时，白指导蒙古党务，原有之蒙藏院遂在"封建遗物"口号下，明令取消。贡逃往天津租界，吴鹤龄亦因之失业。吴乃往谒贡，以"拥贡倒白"自任，贡因予以多金，并介占〔绍〕哲、昭等盟盟长，组织蒙古王公代表团驻平办事处，吴任处长。民十八，吴乘白云梯加入改组派的机会，入京倒白，得蒙藏委员会参事之职。蒙藏委员会以川人石青阳为委员长，登庸者因多为川、滇、黔籍汉人，蒙人大哗！二十一年冬，德王、卓王等十余王公赴京，原意在整理蒙古王公代表团驻京办事处，并有自任处长兼蒙藏委员会委员长之意，已邀中央认可，谁知吴鹤龄得讯，遂联合石青阳，攻奸〔讦〕德王于某要人之前，德王计划因而失败。德王失意后，拂袖离京，为其高度自治的计划（以上见二十二年十月九日《大公报》第一张《蒙事之探讨》）。又，德王所信任之牛羊群协领布英达赖（汉名赵福海），因为十二旗民众所忌避，遂向德王献策，连络各王公宣布自治。

二　内蒙自治问题的解决

　　一向忽视蒙政的中央当局，自接到内蒙要求高度自治通电后，方如霹雳一声，大梦惊醒。朝野上下经此刺激，始加以注意，而中央已再难守其因循泄沓的态度，另寻解决蒙事的途径。

　　中央首以统治蒙政机关着手，即十月十七日由汪院长提议，十八日由中政会通过的改组蒙藏委员会组织方案。想把一向尸位素食、乡党集团的蒙藏委员会改组，又有设立边政部的决议，然至今尚未能实行。当日又通过《改革蒙古行政系统及蒙古之行政用人标准》一案。与解决蒙事最关重要的，则为黄部长赴内蒙之行。黄氏在百灵庙与内蒙代表商定一种解决蒙事的原则，至民国二十三年一月十七日，中政会通过所谓《蒙古自治办法》十一条。内蒙王公代表等，以一月十七日通过的办法，较百灵庙商定的办法与内蒙不利，反对甚力。经过四十余日的反覆磋商，至二月二十八日中政会又通过八项新的自治原则，蒙人始表示接受。三月七日，中政会更根据行政院决议，通过《蒙古地方自治政务委员会暂行组织大纲》及《蒙古地方自治指导长官公署暂行组织条例》，并决定委员及指导长官等的人选。至是，内蒙自治问题始告一段落。据三月九日南京电，内蒙自治事尚有余波，内蒙古某代表谈话，对于以上两法令中"本会所属各厅、处、会职员，由行政院就国内遴选熟悉蒙古情形，及有专门学识者任用之"（《组织大纲》第九条）及"蒙古地方自治政务委员会处理事件，及发布命令，如指导长官认为不当时，得纠正及撤销之"（《暂行条例》第七条）两项规定，认为尚未尽善，各代表拟谒汪请示补救办法。然而此项消息发表后，并无下文，至最近（三月二十三日）的报载，关于《组织大纲》第九条加以变通，即政委会职员以任用蒙人为原则，但不以盟籍分配，须注意人才。此余波乃一微弱的余波而已。

我们不愿意重述业已言之再四的中央与王公商磋的情形，于此只以历次成立的具体办法为根据，略加批评。

按内蒙自治方案，前后有四种发表。最先有百灵庙蒙人会议通过的《内蒙自治政府组织大纲》，后有黄部长与德王所商定的"内蒙自治方案"十一项，一月十七日通过"内蒙自治方案"亦十一项，二月二十八日又通过《蒙古地方自治问题办法原则》八项，至三月七日始根据八项原则通过《蒙古地方自治指导长官公署暂行条例》及《蒙古地方自治政务委员会暂行组织大纲》。方案虽有四种之多，但不是并行的，是一系代替的，换言之，皆由一新方案代替原有的方案，亦即今日解决蒙事的原则仅存二月二十八日之八项原则，前三方案亦为过去。

然而将前后成立的方案加一比较，可得到若干的认识。

百灵庙会议制定的《自治政府组织大纲》，实与"高度"自治名符其实，除国际军事、外交外，中央不得过问其他一切内蒙行政（第三条），而内蒙自治政府又以"原有之"各盟旗的领域为统辖范围（第二条），是自治政府成立后，察、绥省治势在取消。如果此项方案实行，与内蒙脱离中国绝少差异。《申报》所论有云："其所制定之《自治政府组织大纲》，殆等于美国《独立宣言》"，诚非过甚其词。当然，这种脱离中国的高度自治不能为任何中国政府所同意。

黄部长赴蒙与王公商洽后，王公放弃了"高度自治"的主张，但同时中央允许内蒙许多权利和保障——大部分是在满清时代就有的，而以后失掉的权利和保障。例如：

> 第四项　蒙古现有荒地，一律划为蒙古牧区，永远不得开恳〔垦〕，其现有突入牧区内之零星垦地，一律复为牧区。

第五项　凡蒙古牧区以内各项税收，均由蒙古自治政府详
　　定统一办法征收之，其由省县设在牧区以内之各项税收局卡，
　　一律取消。

此外更有中央拨发政府经费及其他细目，这正是应合蒙人要求的
让与。

一月十七日通过的方案，分明是中央将前此的允许撤销，且有
延宕政策的意味。方案内第二项规定先设筹备处，第九项规定固
有之土地权照旧，而以牧垦并举等等。

因蒙代表反对前项方案，于是有三月七日之八项原则出。此项
原则类似黄部长与德王商定的方案，而略加缩小。例如，其第五
项关于牧地停垦等的规定，亦较黄、德议定之方案中第四项较有
弹性；第八项关于不再增设县治等的规定亦较有伸缩余地。总之，
首由中央大度让步，继而撤销，终于大致承认原议。

黄、德商定的方案与一月十七日通过的十一条办法及二月底通
过的八项原则，有以下六种的不同：

（1）照一月十七日的决议，自治区政〈府〉设立前，尚须有
筹备处的设立。换言之，筹备未完成以前，便无自治可言。但照
黄、德商定的方案，则须即时成立自治区政府；照八项原则，须
即时成立自治政务委员会。

（2）照黄、德方案，每盟各成一自治区，设第一自治区政府、
第二自治区政府，以下类推。一月十七日的办法略同。但照八项
原则，则内蒙共成一区。

（3）关于蒙古自治的组织，照黄、德方案，各盟、部、旗的
管整治理权，一律照旧。照一月十七日的办法，明文采取区、旗
两级制，区政府直隶中央。但照八项原则，则为三级制，自治政
委会之下有盟政府，盟政府之下有旗政府。

（4）照一月十七日的决议，省可受中央的委托而管理蒙旗，

但照黄、德方案及八项原项〔则〕，管理内蒙行政之权悉在中央，省不得参与。

（5）在一月十七日的办法中，规定中华民国人民居住蒙区满一年者，均得享有游牧、垦种的权利。在黄、德方案中，有"蒙古现在荒地，一律划为蒙古牧区，永远不得开垦"的规定。八项原则中，则有"各盟旗现有牧地停止放垦……但蒙旗自愿垦殖者听"的文句。一月十七日的决议固予中国农民一种较大的移植机会，然八项原则中的规定尚较黄、德方案略有伸缩性。

（6）照一月十七日的决议，未禁止在蒙旗设治。黄、德方案规定"不得再设县或设治局"，而且"其现有之县或设治局不及设治成分者，一律取消"。至于八项原则亦明禁设治，有设治必要时，须征求关系盟旗的同意，然后实行。

以全国利益着想，内蒙地广人稀，为内地的重要移民地之一，于中国生计及人口问题的解决，占重要地位。根本〔据〕这种道理，黄、德商定的方案似乎违反全国民的利益，而一月十七日通过的办法最为进步。至于而今的八项原则也是退化的办法，只较黄、德方案略强一筹而已。

以上的说法，在理论上固然不错，可惜办不到！一向的忽视，毫无准备，以及外患袭来下的无能，使中央拿一月十七日的"进步的"办法使蒙人接受，实不可能。所以，在实际上，只有暂且满意于"退化的"办法，稍稍保留一点为将来实行进步措置的余地吧！

诚如天津《益世报》三月八日社论所云，内蒙自治为此解决，今后的内蒙政治将无异于昔日。所异者，第一，内蒙今后可有一统一的政权，为以前所未有；第二，从前汉人可以进逼蒙人，而今蒙人的经济利益得着了法律的保障。

三　内蒙自治后的前途

今日内蒙的环境真是千险万恶，所谓"千钧一发"实不足以表示其真正情形！外蒙、东蒙相继论〔沦〕亡，仅存之西蒙已为我国北部边防的最前线。日伪军占据多伦后，复计划侵入蒙古以断绝中俄交通，而今日将行自治的西蒙洽洽〔恰恰〕首当其锋。西蒙如果再沦于日军铁缔〔蹄〕之下，则华北即入日军的囊〔掌〕握，日军得此北方根据地，对于中国，将成破竹之势。

所以，今日为蒙古自身计，为中华民国计，必须首先保存仅存的西蒙。

蒙古不能自己独存的，这是无人敢否认的事。她必须找一位朋友同它〔她〕合作，并扶助她。在蒙事尚未告一段落以前，《密勒氏详请〔评论〕报·百灵庙通信》中有云："中国若是以友谊而明智的方法处理这问题，将使中国得到一友谊的同盟者。若是仍继续以往所实行的近视政策，将使蒙古成为敌国的土地。蒙古是在夹攻之中。她必须在这一方面或另一方面寻求一个朋友，她现在正想拉中国作朋友。如果与中国结交不成，她将借'满洲国'与日本结成朋友。"（依贾丽南君译文，载《新蒙古》创刊号）——这真是"旁观者清"了。现在蒙事算告一段落了，蒙古没有和中国分离，而且还可以说向携手的路途上走着。可是要特别注意不但解决内蒙自治问题时要用友谊而明智的方法，及至自治问题解决以后，对于蒙古更要加紧实行友谊而明智的方法，否则蒙古还会转向他方，因为中国与蒙古的关系仍然建设在沙摊〔滩〕之上。自治问题给我们一种启发，是今后结合的起点，初未尝因自治问题解决能立刻予中蒙间的结合一何等可靠的证据。

我们——尤其是中央当局——必须有一种不要忘记的信念，便是蒙古归服中国，是要中国来扶助它，保护它的生命。这种要求，对于整个的中华民国是有益的，但是这个担子是沉重的，我们如果不想或不能担起这个担子，蒙古终会完全失掉，整个中华民国也要断送了！

这是当前急务，在这种任务尚不能有相当把握以前，别的事都谈不到！

中央政府万勿以为蒙事业已完全解决而仍旧漠然置之；必须根本放弃以前的忽视态度，讲求有为之方。有为之方的第一要点，为参入蒙古，使中国政治、文化、经济与蒙古发生切密的连系。否则，置蒙古于孤立状态，与前此的情形何异？中央因以友谊态度，将蒙古土地权利予以法律保障，使蒙汉恶感消灭，汉人从此已无机会参入蒙古，但尚有一线补救的办法存在。

依《蒙古地方自治指导长官公署暂行条例》，长官有派员参加自治政委会之议，及纠正与撤消政委会的命令或行政行为的权力。且中央每月拨给政委会经费五万元，亦由长官公署转发，故指导长官的监督权极大。指导长官如能博得蒙古王公的好感，并使用和缓智慧的手能〔段〕，未始不能殖入汉人，与蒙古发生密切关系。而蒙古军事、外交又由中央直接处理，是蒙古自治初未于边防有何障碍，惟视当局能否因此次激励，振发有为而已！

此外，指导长官对于将来省与自治区中间的纠葛，势必处于公断人地位的。以前自治区本在省府统治之下（实际上，省府的力量固然达不到内蒙，但于接近县治的蒙边，常施以进取的统治），此后税收的分划，司法的裁判与执行，垦地的整理限制，再再〔在在〕须详加商磋。而察、绥省当局从来反对内蒙自治，并因利害关系，难免采取"近视政策"，使蒙汉益生恶感。我们就大体着想，实有可虑者在，此则专赖指导长官处置有方，万勿造成蒙人之貌合神离。

总之退一万步讲，中央纵或不能以武力保全这一块仅存的蒙古，至少要使她牢牢的黏在中国一起，要使日本无以用其诱惑的惯技。据最近消息，日本正在加紧对西蒙王公实行诱惑，以完侵略中国北部边陲的野心。所以，于蒙古与中国间造成不可分离的关系，这一工作，真是急不容缓！

因此，我们并要劝告蒙古同胞，本着固有的伟大精神，同我们站在同一的战线，立刻放弃以前的腐败保守的单调政治，牺牲一切，携手从事图谋整个中华民族的生存奋斗。

《外交周报》

北平外交周报社

1934 年 1 卷 13 期

（李红权　整理）

东蒙自治与西蒙危机

郑巩　撰

一　绪论

本月以来，内蒙（包括东西蒙：东蒙自九一八以后，已随东北四省而亡，其大部分为目下伪国兴安省之版图；西蒙之大部分，为目下我国察、绥两省之疆土）所传予吾人之消息，大都使吾人焦虑与失望，我国朝野，尤其蒙胞自身，对于此等消息，若不加以深刻之注意，则西蒙之亡，可立而待。吾人固未尝否认日本军力之庞大非我国防御所能绝对得以免除其进一步之侵略也，但吾人亦不相信我国对其此种侵略如加以尽力防御而非保固边疆之唯一法宝也。防御如有相当之准备，最低限度，可使敌人抱有戒心，其有戒心，则缓边疆之亡，边疆缓亡，或因时机之转运，而使边疆不亡，故毫末不失，大有千里之效。所惜者，吾国当前不能作有效之防御耳。西蒙（察、绥二省）向为我国西北管钥，自东北四省沦亡，复为我国东北之屏藩，我国如能保全西蒙，进可收复四省，拯救外蒙，退可维护新疆，遮蔽华北，其形势之重要，吾人讵可忽视？其内部之病态与险象，吾人讵可颟顸？

本月二日，有蒙人在北平透出之"日在林西（位热河西北部）顷设特务机关以专从事于拉拢西蒙王公"之消息。四日有北平某方之"东蒙诸王公，均被撤差，另委日人主持一切，蒙人咸感不满，并对西蒙，觊觎甚急，曾两度派人前往锡林郭勒蒙〔盟〕东乌珠尔旗，图在索王府，设立机关及装置无线电台，惟被蒙人拒绝"之警讯。六日有克兴额在南京之"锡林郭勒盟，日人往来频繁，施用种种手段，引诱蒙民"之谈话。七日有蒙古留平某委员对新闻记者"日人前于内蒙自治政委会成立前，因恐东北四省各盟旗蒙人，投赴西蒙，遂将一向压迫蒙人态度，改为怀柔。由伪兴安省于四月卅日召开管下旗长会，哲里木盟、昭乌达盟及卓索图盟各旗，均有代表参加，讨论结果决仿效锡林郭勒、乌兰察布等盟，实行自治。现东蒙各旗公署，正分别着手中，达尔罕旗，则已成立十个自治区"之答覆。十三日有南京某方之"日近〔近日〕拟实行分化侵略办法，第一步分我为若干区，按步实行，逐个吞并。对侵略华北布置已规定：（一）以察、绥及内蒙为一区。（二）甘、宁、青、陕为一区。（三）新疆为一区。（四）冀、晋为一区。其步骤各有不同，除有国际关系，对冀、晋区主暂缓进行外，对察、绥及内蒙区正在着手进行中，并勾结不肖王公，鼓动民众，受其利用。对甘、宁、青、陕区，预定将使其成立'回回国'以达其分化我内部野心。对新因其内部情形复杂，且为将来杜绝苏俄由此进兵计，志在必得。闻已密派人员前往侦查，准备于最近期间，积极进行，并拟将在该省组织'东土耳其共和国'"之传言。

综观上述此半月来之消息，日人对于内蒙之活动，不外安抚东蒙与图谋西蒙两端，为安抚东蒙计，故有东蒙自治之酝酿，为图谋西蒙计，故有日人主持蒙政之实现，故有热边一带特务机关之组织，因此吾人不得不大声疾呼西蒙之危机。由是以观，东蒙自治与西蒙危机有密切关系，东蒙自治乃西蒙危机之花，西蒙危机乃东蒙自治之果，此等花果，颇值吾人玩味。

二　东蒙自治之意义

（一）东蒙自治为第二傀儡国之雏形也。我国准予西蒙自治，东蒙王公，未尝不昨〔咋〕舌称羡，日本严防东蒙离心致碍其西进政策起见，不得不提前准予东蒙自治，以为建立一般所宣传之"大元国"或"蒙古国"等附庸国之张本，一如未占热河前之伪国然。此乃目的上之意义。

（二）东蒙自治为便于军事之布置也。日本作事手段高超，诚令人难于捉摸，即如此次一方准许蒙人自治，一方又另委日人，主持蒙政，表面观察，似乎矛盾，但一按其内情，则见日人之善于计划矣。盖日人主持蒙政，吾人前已言之，乃为图谋西进之先河，其所预定之工作，吾人当然可以想见，不外开辟军路、筑设电台、调查蒙情、联络蒙人等。此种措施，久在茫昧时代之蒙人，当然反对，于是为缓和东蒙一般王公及蒙民之愤激计，故有自治原则之受〔授〕与。此种自治原则，乃为蒙人多年所奔走呼号而未克成功者。今竟于日人占领之下，与西蒙同样受〔授〕之，东蒙人士，对于日人之情感，当有一番好转之可能，于是军事布置可得顺利进行，日人用心亦云至矣。此乃手段上之意义。

三　东蒙自治与西蒙前途

观察以上，可知东蒙自治由于日本并吞西蒙之动机而来，而东蒙之自治，诚足以速亡西蒙也。东西蒙古，一般认为有二百万之蒙古人口，本无分立独存之必要，且东西蒙古之诸王公，向无互相严厉倾轧之痕迹，其易入于一炉也，势所必然。故抛弃武力而言，中日双方其谁能宗主斯族，则在各方努力之程度如何耳。蒙古民族，虽与中国有悠久之历史，但历代对其统治之方策，蒙人匪论矣，即汉人中亦有多表愤慨者，可见蒙人对我情感，与对素未接触之日本，当无若何较好之表现，且日人行政效率之高，手腕之灵活，迥非我国所能比拟，当此忽视边陲、整饬内部之我国，其如何能与日本角逐于西蒙？吾人所深为焦虑与夫〔失〕望者，盖以此也。

东蒙自治，即日本用武力前，以政治力攫夺西蒙之先声也，倘政治力遇有重大障碍时，则援之以武力，此乃日本惯用之手段。我国政治力既不足，武力尤不能作后盾，目前百灵庙之蒙古自治委员，是否有挽回此种颓势之能力，明眼人均鉴及之，故谓西蒙已为日本囊中物，亦无不可，何胜浩叹！

四　西蒙危机之展望

西蒙危机，已间不容发，故吾人谈西蒙危机，莫如展望西蒙危机，或有些小裨益于国人。

（一）西蒙危机与我国　西蒙一旦被日攫去，宁、新、华北，势将濒于僵死。江南各地，亦将俯首帖耳，任日指挥。斯时也，对我利害关系较深之国家，若英若美，势必采取两种对策，聊以自慰：

甲、对日实行武力攻击，中国沦为列强沙场，损失最重者，当属我国，甚或随战争而灭亡。

乙、对我实行疆域瓜分，陷我国于次殖民地之地位。

（二）西蒙危机与苏俄　目前外蒙被俄化之深也，颇足以威胁日本泡〔炮〕制之满洲伪国，与坚固中苏之联合对日战线。此种现象，留心中苏国情之日本，岂能甘心容其存在与进展。苏俄晚〔近〕年因忙于内部之复兴，对外来之刺激，竭力忍受，佯作麻木之态，冀收致远之效，一旦日并西蒙，兼途西上，苏俄似亦不致单独有所表示，谅可断言。唯至列强对日战争爆发时，俄国当然不能袖手旁观，且将为日本之有力敌人，关于日俄战争以至现在之日俄关系，亦可断言。如列强瓜分我国疆土，则俄国未始不欲窃尝一脔，以为南下之导线，唯依吾人判断，其成功之成分，实甚少也：甲、因伪国及内外蒙，暂为日本所牢牢把持，不容其染指于一锥；乙、因新疆地势綦要，南接藏、印，英国累世防俄，始有远东贸易之存在与繁荣。苏俄染指新疆，希望尤少；丙、因俄国目前专致力于内部整理，军事上，侧重保守，外交上，虚与委蛇，观于沿海省及西伯利亚之军事，最近谨慎戒备之情况，与中东铁路交涉之若断若续，可知苏俄虑失疆土之心，切于延长疆土也。此岂非苏俄聪明之举乎？

五　结论

东蒙自治，加重西蒙危机，速亡西蒙疆土，甚或演成世界大战之迅雷不及掩耳，甚或致于我国全土之分崩离析，星星之火之东蒙自治，诚有燎原之概，故吾人于注意东蒙自治之余，不得不作以下之提议，希国人熟察，政府采纳为幸：

（一）从速统一中国　国军近来，对于江南"剿匪"之彻底，颇使吾人兴奋，西南当局，亦现与中央竭诚合作之意，尤足令人痛快，尚希"匪氛"之底定与国内各有力派之团结，在西蒙未亡前，及早实现，倾全国大部之兵力，扼守西蒙，杜绝世界大战与惨受瓜分之根株。

（二）对日外交　一本委蛇从权主义，冀缓时机，此实对中国统一前途与缓和西蒙危机有莫大之裨益焉。委蛇从权云何，委蛇者，对日苛苦要求，认为有重大损害者应置于延岩〔宕〕不决之态；从权者，对日微未〔末〕不当之措置，认为无碍于大体者，应听之可也。

（三）对俄外交　中苏两国，有同病相怜之处，日对沿海省及西伯利亚之野心，并不减于对西蒙若干，而俄国且又不欲早日日攫西蒙，此乃事实。故俄对外蒙与新疆，自沈变起，并不积极，此于缓和日本西进，裨益良深。我国今后更当本此情形，警告俄国，促其减少甚或断绝其外蒙与新疆之政治活动，实为消极良策之一。

　　　　　　　　　　　　　　　　　　廿三，五，十八日，北平

《外交周报》
北平外交周报社
1934 年 1 卷 21 期
（丁冉　整理）

苏俄在中国边疆的"赤化"工作

〔日〕 菊池武夫 撰　　张觉人 译

本文译自日志《支那》本年五月号。作者为贵族院议员、陆军中将、男爵菊池武夫。本文虽出于本年五月一日，但其作成想在南疆事发生前不久，或正在发生之时亦未可知，且以日本人的立场，故关于新疆实力派的分析及其国际的背影之部分，与南疆事变后之实况不无出入，希读者注意及之。

译者附注

一　苏俄的东亚政策

苏俄的对外目标，是世界革命，即她的目标在"赤化"世界，这是人所共知，用不着我们在这里赘述。他们是以其所信奉的"要完全实行共产主义，非使世界各国均变为共产主义国家不可。真的共产主义国家，绝对不能在资本主义国家包围之下成长起来"的列宁思想为其对外政策的根本基调。她准据这个根本思想，在其建国之初，即对西欧诸邻邦极力实行"赤化"运动。可是，事与愿违，她的这个努力并没有见到什么效果。于是，她的眼睛遂转向到欧美列强的殖民地的东亚诸邦了。她认为在"被压迫的诸民族解放"的美名之下将列强在东亚诸邦的经济的根据颠覆，断其手足，斩其喉舌，乃是完成世界革命的最快捷径。因此，她的领袖列宁发出了一个"世界赤化运动决于东方"的宣言，同时确立了她实行这计划的国是。这是苏俄将东亚政策扩大强化的一大要因，亦是她将世界"赤化"政策的主要目标指向东洋的所以。

为实施她的政策起见，她组织了一个合法的和一个非合法的机关。前者是苏维埃联邦政府，后者是 Comintern（第三国际）。苏俄联邦的共产党部虽是第三国际的一个支部，但不仅在党会方面占了过半数之多，而实际上亦操纵着第三国际的整个机关。而且，现在〈掌握〉苏维埃联邦政权的，又是苏联共产党部的主脑者。所以，前记的三机关——苏俄联邦政府、苏俄联邦共产党部、第三国际，是以标榜世界"赤化"的苏联共党部为主位的所谓三位一体的存在。苏联共产党部首脑者所择的机车，实际上是推动苏联政权及第三国际而使之活跃的。

要之，苏联的东方政策，可以归纳于"世界赤化的实现"，而使之实现的手段，则极不一致，为叙述的便利计，兹分作下列的三项去说明。

A　外交方面

苏联在国际上的无信用，这就其建国当初单方地破弃其帝政时代的国际贷价〔款〕（其实，说尽为负债亦非过言）一事即能明了。加拿罕以"放弃帝政时代的东方一切权益"为好饵而得到中国的正式承认，亦不过是一出骗局。待其国力恢复，即渐次强硬其主张而食前言，这正足以证明上说的确实。苏联的外交，实在不过是对外"赤化"政策的"掩饰"罢了。即：真的对外"赤化"政策的实行，系由非合法机关的第三国际担当，而在他方合法的外交机关的苏联政府，则只管标榜国际平和主义，打着不侵略的旗子而表示着毫无他意的态度。她虽举国汲汲于军备的扩张，但在国际联盟的军缩会议席上，则超越军缩而主张一举完全撤废军备，在表面上，她完全表示着对世界的和平是特别热心的。

满洲事变以后，她对日本亦如对西南邻接诸国一样，提议缔结不侵略条约。最近她提出中东铁路出卖的问题，亦是在表明她对于日本只有亲善而无他意。

前年十二月正为满洲问题焦虑的中国，挟着以夷制夷的政策而提议与苏俄复交，苏俄即认为好机不可错过，马上应诺而再回复到正常的外交关系上去。其后苏俄对华的活动，亦就非常增进了。去年美国对苏俄予以正式的承认，她想借此给日本以更重之压迫，同时又正苦心于如何在其远东政策的实施上，利用这个机会。

B　经济方面

一九二八年开始实行她的第一次五年计划，拥无限资源的西伯利亚处女地，变为好的发展地域。为开发西伯利亚计，首先着手的，即是土耳其西布铁路的建设。本铁路长一千四百籽，沿外蒙、新疆边境直达西伯利亚，蟠蜒于西伯利亚的中部和土耳其斯坦之间。现在已经完成。在经济上、政治上、军事上有多大的价值，这是用不着多事说明的。

其次苏联政府着手的，是在乌拉尔及古鲁巴斯地方建设工业的中心地。从来苏联重工业的中心，是屯河流域。现今以古兹纳库的煤，铸乌拉尔的铁，计划每年生产粗铁二百五十万吨。即这一个地方的铁，亦相当于日本年产铁额的二倍。这乌拉尔及古鲁巴斯地方的建设，在经济上有重大的意义，那不用说，而在军事上及政治上的价值更值得注目，因为苏联是要以此为根据地而向东方迈进的。至其他重要的设施，可举一二于下：

（一）交通路的改善与新筑——西部西伯利亚经济发展的结果，自然要求铁路输送力的增加。为满足这个自然的要求计，现在正努力改良西伯利亚干线，并建设并行铁路，今日已有一部分成了功。即：最近阿慕斯库、乌华间的并行线工事及其他各处的铁路桥梁增设工事已经完成，经过西伯利亚铁路南方库斯塔赖至爱木林斯的并行线以至哈拉干达的铁路亦行告成，现在正想从此出谢米拍拉金斯库以与土耳其西布铁路相连结。前年所开始建筑的札伯恰尔铁道，恰鲁伊慕斯恰也至乌尔谢间的并行线，最近亦已竣工，渐次将与乌苏里铁路连结。此外，现又正计划建设贝加尔湖北方的迂回线。

（二）航空路——航空路的开通，最近亦有非常的进展，以莫斯科至伊尔库次克以及沿土耳其西布铁路地区的干线为她的基线，而在这基线的两翼地方分出无数的支线。伊尔库次克至海参威〔崴〕间的航空路亦已完成，这线与既设的哈府至库页岛线，对于苏联的东方进出，是有多大的贡献的。

从前只有一条西伯利亚铁路，西部西伯利亚的工业亦无可观，现在在工业上及交通上均有显著的进展。苏联因行五年计划，国民的生活弄得异常悲惨，但就军事上观察，却的确有重大的进展。发展重工业，是该计划的骨子。称这种工业为军需工业的要素，决非过言。质的方面纵然没有什么可称的地方，但战时工业的特征，量是最重视的，它在量的方面，实有伟大的进展，可以说已整备着近代战所必须的设备。同时，对于远东，这几年来每年特别移殖数万（？）红兵居住于满洲边境，苏俄将来的真企图在那里，这是可以想像得到的。她这值得惊〔警〕叹的经济上的发展，不仅对国防力的增大有很大的资助，而且她以倾销及其他经济的压迫搅乱市场，破坏劳资协调，使对手国容易"赤化"。她的野心，是显而易见的。中俄复交后，苏俄于海参威〔崴〕、上海之间配置优秀船九只，实施倾销的强行输出，这亦可以窥其大概。又，最近对日本的石油廉价输出，在同业者及使用者间，已惹起着莫大的突动。这样的小输入即有这样的结果，将来苏联复兴后实施大规模的倾销时，日本国内将有些什么影响，亦不难想像。

C　"赤化"方面

苏联东方"赤化"政策的进展路线有下列显明的几条：

一、北满铁路—北满路线；

二、外蒙—察哈尔—张家口—北平路线；

三、新疆—甘肃—黄河流域路线；

四、海参威〔崴〕—海路—上海—扬子江线；

五、土耳其斯坦—西藏—印度或波斯路线。

她首先将"东方赤化的目标"的被压迫民族解放旗帜鲜明地撑起来，再为代表的诸民族造出共产主义理想乡的标本，而使"赤化"的路线容易打通。所以，她故意在东方自己接壤地域内建设共产自治国以供实物教育。近时外蒙古的布利亚特蒙古利亚共和国及近来新疆的土耳其斯坦共和国皆是。与苏联政府有不可分的关系的第三国际，时常为东方经略的先驱，努力活跃，这是周知的事实。为其支援后盾的苏联政府的外交、经济、军备等等，在有非常密接的连系之下实现，亦是个很显明的事实。

二　中国边疆的"赤化"工作现状

苏联的远东政策中，在此要检讨的问题，是她对中国边疆"赤化"工作的实在形态。在这"赤化"工作中，大体有下列的特殊性存在着：

第一是边疆地方的情势，适合于共产主义的进攻。内外蒙古及察哈尔地方，是蒙古民族居住的地域；新疆地方，乃回族栖息的住所。他们的宗教，或奉喇嘛，或奉回教，信仰既未能一致，感情总不免有些隔阂。他们为苏俄所乘的缺点即在这里。

第二是边疆至中国中原的交通关系。中国本部与这些地方的交通，都要经过苏俄领地，直接的交通，除使用飞行机外，亦只有利用骆驼的笨拙方法。她们不仅是对中原的交通不方便，而且本国时生内乱，对于边疆绝无照顾的余裕。本国的威令不行，只有放置给苏俄去"赤化"。加之直接与苏俄接壤，实际上又呈着完全无国境的状态。

第三，苏俄的五年计划，直接对于"赤化"工程，亦有不少的力量。沿边疆国境的土耳其西布铁路完成后，为打通与新疆的交通而开辟的数条支线，或又独占的直接使用汽车的连络，这对于开发、通商，尤其是"赤化"工作赋与了很大的容易性。对其进展，的确增加了很大的刺激。

照上面说来，中国的边疆，对于苏俄的远东政策，即对于思想战的遂行，或在战略上，或在战术上，均有其重要性。然则，苏俄对于这些边疆地方的"赤化"工作现状是如何呢？以下且就各地方稍一详述出来以供参考。

A　在北满的工作

在北满的"赤化"运动，从来是为朝鲜共产党满洲总部所统制，专施行实践的斗争，颇收了一点效果。但后来渐次演出党派斗争的丑态，内讧不绝，顺调的发达不曾见到。一九二八年末，中国共产党满洲特派员开始活跃，终代朝鲜共产党满洲总部而执满洲共产运动的牛耳，到了一九三〇年，中国共产党即在满洲设置了一个中国共产党满洲委员会。一九三一年九月满洲事变勃发，满洲委员会即与中国其他的反日团体混为一气，伸长着"赤化"满洲的魔手。后因日"满"官宪的极端弹压，情况已陷于瓦解的状态。苏俄共产党部，平常设置第三国际东洋部连络员于满洲，在哈尔滨又设三省政治局，直接担当"赤化"满洲策谋的统制与指导。至一九三二年，全满共产党大会议决，在满苏联共产党指导机关担任东中〔中东〕铁路沿线地区的"赤化"工作，而在满中国共产党，则担当其他地区的"赤化"工作。

苏俄联邦要第三国际直接或间接嗾使中国共产党持续思想的攻击，同时，武力东向的准备，亦正在秘密地进行中。

苏俄共产党部对外的活动，本来均委之于第三国际，而且她的目标是一国一党主义。但是，在地理上北满与苏俄有密切的关系，而且有东中〔中东〕铁路的特殊关系及其沿线各地有许多赤俄、白俄居住在那里，所以，她在北满的活动，不能独委之于中国共产党，除苏联政府配置其直接所辖的各种机关外，苏俄共产党部亦配置了各种各类的活动机关，准据她的国策，或明目张胆地，或鬼鬼祟祟地继续她的"赤化"运动。现在把她的直接机关的组织略记于左。

一、苏俄政府机关

1. 特务警察驻在员

属于苏联中央政府国家保安部的远东代表特务警察远东总支局设置于哈巴洛夫斯库，在哈尔滨及其他东中〔中东〕铁路沿线各地，则驻有特务警察员，除担任治安——尤其对于俄人的反革命运动特别监视——之外，还与总领事提携，办理涉外警察的事务。

2. 在奉天、哈尔滨设置总领事，在满洲里、齐齐哈尔、绥芳〔芬〕河驻扎领事，在北戴河开设领事分馆。这些领事机关所担任的职务，是保护在华的赤系俄人，指导"赤化"工作以及办理其他的对外交涉。

3. 中东铁路管理局及银行

直属于交通人民委员会的中东铁路管理局及其商业局，设置在哈尔滨，沿线各地均配置有支局或办事处。更于奉天设置中东铁路办事所，使苏联代表驻节于此。

哈巴洛夫斯库的远东银行，没〔设〕有支行在哈尔滨，与上海支行取连络的态度，一方从事汇兑及其他银行的事务，他方则担任调达"赤化"运动所要的经费。

4. 通商代表部

在哈尔滨设置一个直属于内外贸易人民委员会的远东通商代表部，除使之担任通商关系事项外，并办理送递或隐匿"赤化"宣传文书，以及供给共产党干部集会的场所，或为一个共产党活动上的安全策源地。

5. 远东守备军

在哈巴洛夫斯库设置苏联远东独立军司令部，平时常驻两个军团、飞行队以及其他的特科部队，以担当远东方面的国防。但自满洲事变发生以来，更由俄领欧洲驻防的许多军队调集于此，并将所有的军队配置于国境要隘，时常潜入北满从事军事的侦探。据说对于各地的反日军供给许多武器、弹药、粮食，这在紧张的日俄关系上很有重大的作用。

在事变以后，特别对于逃入苏俄境内的兵匪施以"赤化"教育，使之深入满洲，以为"赤化"全满的一个重要手段。

6. 赤系武装团体

一九二九年中俄抗争以来，苏俄联邦在自扑库拉尼地拿也至满洲里间的主要地方配置了随时可以武装起来以当非常时之冲的青年党员数万，这些党员均受着远东边疆守备军司令的指挥。

二、苏俄共产党部直属机关

1. 远东边疆委员会

全俄共产党中央委员会在哈巴洛夫斯库设置远东边疆委员会及担当实行活动之任的干部所组织的边疆执行委员会。在哈尔滨，则设置一哈尔滨支委员会（以下略称哈尔滨支委），直属于边疆执行委员会。

其他附随于此的旁系机关，在哈尔滨及其他地方设置得很多。这些机关是担任宣传策动，从事细胞技植运动而为党的扩大手段，热心于"赤化"运动的。其主要的有如下所记：

（一）共产党青年团哈尔滨区委员会——这是共产党青年团的北满地方机关。

（二）共产党职业同盟哈尔滨支委员会——这是共产党职业同盟的北满地方机关。

（三）北满工人协议会——同上。

（四）共产党革命斗士救援会哈尔滨支委员会——这是共产党革命斗士救援会北满地方机关。

2. 苏联共产党哈尔滨支委员会

哈尔滨支委，是北满全俄共产党的最高支配机关。除受远东边疆委员会的指挥之外，直接根据中央执行委员会的指令办理党务，执行全俄共产党大会的议决案。其组织与职务的大要有如左记，它的系统完全与中国共产党满洲委员会不同，而是个别存在的：

A　哈尔滨支委的构成

代表者（哈尔滨全俄商业代表，第一国际委员）、副代表（远东银行员）、书记、委员（中东铁路副理事长、同铁路监事、远东银行经理）、会计（全俄副领事）。

B　哈尔滨支委本部的组织

秘书部、统计部、宣传煽动部、技术部、经理部、总务部、组织部、青年共产党部。

前记各部，均在莫斯科派来的有力党员之指挥下活动。兹将上列各部中最重要的组织部、技术部及煽动宣传部所担任的业务略述于下：

组织部——组织部是哈尔滨支委本部中最重要的机关，由干部党员组织而成。设有部长、秘书及指导员，指导区委员会（区委）

及共产党各机关活动，除实行哈尔滨支委所议决的共产党政策之外，并设立及实施"指导党机关网的组织，各种学校，讲演会，及一般大众的各种计划"，同时并担任为遂行国内五年计划及其他政策所发行的公债或捐款的募集等等。

组织部更为党的重要实行机关，其活动的勤惰，关系于全满共产党整个的消长甚大，故它放在政府保安机关的远东特务警察总支局哈尔滨驻在员的监视之下，它的一举一动均由特务警察向莫斯科报告，亦不能丝毫的苟且。

技术部——技术部是哈尔滨支委的军事部。部长之下置有武官的部员数名。部长由领事秘书官兼任。

技术部纯为秘密司令部。它的主要任务是指挥与其有关系的诸机关及搜集军事的情报，统制及指导在华的军事关系者的移动，旧决死的劳动军人（Oartisan）①、卫生班、技术员、青年团及政治的人民委员会的更替；军事部及职业同盟的组织；满洲及中国本部的军事侦探机关的活动等等，日本驻华军队的布置及中国军中的白系俄人军事指导员的动静以及其他一切军事情报等，均由它担任搜集。

煽动宣传部——煽动宣传部的主要任务，是以煽动与宣传引导中国民众到革命的道程上去，使之全部"赤化"。其有效果的手段，是在励行着下列的诸事，即"满"俄体育团体的融合连络，对中国国民注入阶级意识，政治团体，诸会合，旅行团等的计划，读书场所的建设，图书馆的设立，刊行物的发卖配布等等。

哈尔滨支委本部的组织，大体有如上述，但在其隶属之下尚有地方的统制指导机关，如在哈尔滨及东中〔中东〕铁路线各地方有地方委员会，有隶属于地方委员会的"也七恰委员会"及属于

---

① 原文如此。——整理者注

"也七恰委员会"的共产党五人团，为数甚多。这些机关除正式为"赤化"工作外，还管辖并指导支委的旁系团体如共产团〔党〕青年团、共产党幼年团、革命斗士救国会等。

（备考）中国共产党及朝鲜共产党的事情，对于本项虽有关系，但于此省略。

B　在内蒙的工作

蒙古的西部与苏俄接壤，货物的交易及人民的教育，大半为苏俄所化。俄人居住于蒙古的，约达七八千人。其东部则与"满洲"相接，据当局调查，现在"满洲"已派员至蒙古极积活动，但蒙古人相互面〔间〕的团结颇固，不为所动。最近正进行自治，打算肃清"赤化"。南京政府即欲利用这个机会以防止"赤化"。今将其概况列示于左。

一、内蒙古青年党中央执行委员会，设立在乌兰达布苏泊地方。该地在察哈尔省达里罔〔冈〕厓牧场和外蒙古车臣汗部的交界地方。该青年党的首领称为阿〔福〕明泰。民国十八年八月十五日，曾在呼伦贝尔大起暴动，失败后退于海拉尔。同年十二月二十五日在苏俄远东特别军总司令布流兹黑尔将军指地〔导〕之下，建设蒙古共产党政府于海拉尔。十九年一月，张学良派蒙古都统贵福至海拉尔，并驻蒙古骑兵于该处。于是阿〔福〕明泰等潜入满洲里，移其根据于外蒙车臣汗附近，向内蒙开始活动。民国十九年满洲事变发生后，第三国际见着远东的风云紧急，命令东方局对于内蒙古青年党给与经济上的援助，使之扩大其活动。对于驻在中国的满洲分局及华北分局，则派责任者指导，二十年十二月十二日，命令由满洲分局委任阿布拉孟柯为内蒙古青年党中央交通指导员（现今已为"满洲"当局所捕），哈利克夫为军事指导委员，李罗烈克夫为政治指导委员，由华北分局委任仆斯可夫为军事顾问，伏洛古时为人民指导员，李思惟克为青年党总顾问兼内蒙古军事政治学校校长，指导蒙古的共产工作以至今日。

二、内蒙古青年党的主脑人物

首领——阿〔福〕明泰

副首领——成德

其他重要人物——拉靖图彦鲁、巴希克、苏克彦克图、白金特鲁、庞特余鲁图、郭寿峰、吐希拉胡克。

以上九人都是苏俄留学生，有蒙古九太保之称，在苏俄东方大学留学时，颇为远东各国学生所畏敬。

三、党的组织系统

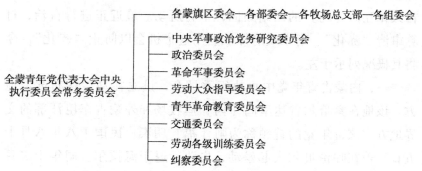

中央执行委员计二十五人，常务书记长一人，书记五人（组织书记委员会，以书记长为主席）。

四、政治组织与建国运动

政治组织，系去年十一月七日在莫斯科开全蒙代表大会第二次大会通过后决定的。一九三四年一月已组织内蒙古临时共和国，其政治组织的草案大纲有如次：

第一条　以根据民族自决之政策在内蒙古宣布自治另创独立国家为本旨。

第二条　以内蒙古为独立民主共和国，其主权属劳动者，由本党召集之国民会议树立政治，行使政权。

第三条　内蒙古共和国之重要使命，在消灭君主专制组织之遗物，及中国之统治，防备"满洲"及日本之侵略，确立民主共和政体之基础。

第四条　为实现国家统治上之真民权，以谋前项国家组织之强固，确定下列十三项原则：

一、土地及地中埋藏物、森林、水路等三资源，全为国民之所有，不论何人不许私占。

二、前内蒙古政府所缔结之对外条约及债务，政府成立时一律宣布无效。

三、革命军及中央党部在政府未成立以前与外人所缔结之各项条约，得从国民大会通过，追认有效。

四、确定经济政策，振兴实业，对外贸易概由国家经营。

五、拥护劳动阶级掌握政权，预防内外榨取者之势力，以谋回复组织大规模之国民革命军，扩大军事组织。对全蒙劳动青年实行军国民之军事教育，俾全蒙国民之武装准备得以普及。

六、分离政教，保障劳动者之信教自由。

七、振兴图书刊行事业，俾劳动者得自由发表其意思。

八、建设公共设备并改造之，保障国民集会、密谈、示威之自由。

九、保障劳动者之结社自由，政府对劳动者供给物资，并为其他各种之补助。

十、保障劳动者之修学，政府广为劳动者建设学校，免其学费。

十一、不问宗教或性别之如何，均承认其一律平等。

十二、废止旧支配者贵族王公等之尊号及活佛之支配权。

十三、鉴于全世界之劳动阶级正努力打倒资本主义实行社会主义，共和国之外交，须使之适应于弱小民族及全世界劳动阶级之利益。

C　在外蒙之工作

一九二一年白俄猛将巴伦·温给龙逃入外蒙时，苏俄即借名讨伐，乘机侵入外蒙。一九二四年，终援助外蒙古青年共产党树立赤色政府于库伦，使外蒙独立。外蒙独立之前，一九二三年苏俄在外蒙接壤的地方设立布利也〔亚〕特蒙古利亚共和国，刺戟了蒙古民族的民族自决主义，亦是不可掩的事实。

尔来苏俄联邦对于外蒙共和国，在政治上、经济上、思想上及军事上的各方面不肯放松，拼命地紧固其地盘。后来一九二九年政变一生，外蒙共和国即完全入于苏联的实权管辖下了。原来苏俄的急进"赤化"政策，本非蒙古民族所能纳受的。然苏俄并不顾虑及此，她由莫斯科送了约百名的顾问到蒙古去。他们一到蒙古，即协同受了赤色教育的蒙古青年及在苏联指导员手中的军队以及特务警察，首先谋国民革命党的左倾，其次派遣共产党干部至各地方努力党细胞的结成。一切准备完毕后，新顾问及特务警察，一举将政府的反对党人物完全驱逐，使外蒙政府成为共产政府。苏俄的政治，并不加修改而移殖于外蒙，现今的苏俄和外蒙的关系，正有如中央政府如〔和〕地方官厅一样，不能分开了。

苏俄在外蒙经济方面的进出，几可以说是苏俄产业五年计划的延长。她应用最新科学方法努力开发蒙古产业，肉类及皮革类的生产已经激增了。现又奖励棉花的栽培，在库伦建设了优秀的棉纱工场。对外贸易，几全为苏俄一手包办。苏俄一九三二年度的贸易类〔额〕，对蒙输出为四，一四〇万卢布，输入为一，九二八万卢布。我们试参看苏俄对日贸易总额尚未超过一，五〇〇万卢布，即可以知到〔道〕苏俄和外蒙的关系是如何地密切了。

交通网的发达亦很显著，库伦与俄领威尔夫纳乌金斯库间的铁路，不久快要完成。航空网亦初具雏形。现在前记铁路线上，每日已有飞行机的定期往复。外蒙青年的航空热亦很盛旺，现在苏俄指导下从事航空事业的亦不在少。

在经济的进出中更值得注意的，是外蒙汽车企业的苏俄独占。现在到处都有汽车通行，可谓发达已极。其目的如下：

一、全蒙汽车的运行及货物输送均掌握于俄人手中，其目的除审查蒙古货物移动及商业状态之外，并得独占货物的输送利益。

二、对中国的"赤匪"供给武器、资金、被服等，这样才可以对外部保守秘密。

蒙古的军备，全为〔以〕苏俄红军为指导。现在外蒙共和国人口约有七十万，其中须服兵役者计五万人。现有现役五万五千人，其军备的整备如下：

独立骑兵旅一旅

独立骑兵团一团

国境守备骑兵团及骑兵营若干

炮兵大队一队（内有山炮三中队）

榴弹炮中队一队

四二利尼也加农中队一队

装甲大队一队

飞行中队一队

汽车输送队一队

此外，苏俄对外蒙的军事的后援，有布利也〔亚〕特人组成的军队，随时可以为蒙古出动。另有七，〇〇〇名的苏俄指导员，五〇〇名苏俄劳动者，及一，五〇〇名苏俄农民在外蒙境内，这些人都随时可以变为军队，效力疆场，这亦是不可以轻易看过的威力。

最近日本势力向亚细亚大陆猛进，苏俄对此感着极度的威胁。她除对蒙古民族极力致〔鼓〕吹排日思想外，并努力战争的整备，其所整备的事件，可列举于下：

一、促进库伦至威尔夫纳乌金斯库间的铁路工事。

二、建设库伦、克鲁伦、科布多的兵营。

三、在库伦建设弹药厂及飞行场。

四、充实蒙古军队的设备。

五、养成新军事技术干部。

六、变更蒙古军队在满洲边境的配置。

七、齐齐哈尔附近增驻苏俄红军。

苏俄年来的悬案——通过内蒙古而向华北、中源〔原〕地方推进以及取包围满洲之势的企图——现在已与这些军事工作的进展而具体化了。她对内蒙——尤其是察哈尔——的"赤化"特别努力，盖亦是为想实现她的这种企图。

D　在新疆的工作

俄国注目于新疆，并非始自今日，她远在帝政时代即已具有野心。苏维埃政府在一九二〇年偶然发现帝政时代的《中俄议定书》（一八七五年缔结）上规定了俄国在新疆得享无税贸易的权利，她即马上对中国宣言他要行使该项权利。

同时，她派遣通商代表于新疆省之迪化、喀什噶尔及伊犁等重要都市，开始通商。这些代表，均置于红军特务警察的护卫之下。尔后屡次压迫新疆省主席改通商代表为苏俄总领事，并乘其不断的内乱而益益增高其"赤化"的程度。除由苏俄本国派遣人员至新疆指导"赤化"工作之外，并由华北分局派遣尼克罗夫（苏俄远东军第三师长）为军事方面的特派员，派铁加浦为新疆省政府顾问，在军事方面的设备，有军政治学校，用许多俄人为教官。此外尚有航空学校、坦克车训练大队、科学骑兵大队等，其教官亦由苏俄供给。据说苏俄当局每年支出五，〇〇〇万元为军事设备费，现在有基本军队二师三团。这些军队均由盛世才统率。去

年五月省内发生了动乱，动乱的操纵者本为英、俄两国，但载
〔据〕最近的新闻情报，新疆省似乎已完全落在苏俄的手里，如果
是真的，这问题那可不小了。今将本省内的势力派别分析于下：

一、亲俄派——刘文龙等拥有兵力五万余，驻屯在迪化城附近
及绥来、博乐等地。

二、亲俄派——马绍武等拥有兵力一万五千，驻屯在喀什噶
尔、阿克苏、疏勒、库车等地方。

三、亲英派——马仲英等拥有兵力三万五千，驻屯在哈密古
城、镇西一带地方。

四、亲英派——回民领袖回王、霍吉、尻灵亲王等拥兵力三万
五千余人，驻在且末、婼羌等地方。哈密亦是这派的势力范围。

前记的英、俄势力是与中国的势力对立，加之种族上亦呈着对
立的状态。同省的住民以回民为最多，次于回民的为汉人，约二
百万。其次为满人与蒙人，各约有八十万。但在经济上占有势力
的，厥为汉人。中国人之外，尚有俄人、土耳其人、阿富汗人、英
人等约三十余万居住其间，种族的复杂已达极点。现在渐次移入了
俄国的教育、文化、语言，并通商、移民，经济上、文化〈上〉的
设施亦渐有相当的成绩，目下又正入于第二期的工作。因此，天山
以北的团体生活及人民习惯，逐渐苏俄化了。这种现象自然甚合苏
俄政府的意志，故现今正式加入共产主义的军、政、工、商界，已
达全部居民十分之二。国民政府在昔曾派黄慕松到新疆调查一切，
最近又派罗文幹到那里详细视察，以便于和苏俄正式交涉改订各种
条约时有所凭借。但对俄的交涉，恐怕很难得到圆满的结果。

三　结论

苏俄在中国边疆的策动，大体有如上述。总括说来，这些举

动，是表示苏俄政府的穷极目的——世界革命，即"赤化"世界——的锐锋，正指向最薄弱部分中的中国边疆。她自然希望这些地域背叛其本国的中国而为苏俄联邦的一个共和国，从而与中国中原的"赤化"工作并行以完成中国"赤化"的事业。她对于满洲方面，不仅行"赤化"的扰乱，而且正欲形成红军作战的坚固根据地以备将来的武力战。我们试打开地图一看，在日本的强硬决意之下发展的伪国，亦甚知到〔道〕她将来被封锁于"赤化"武力包围的胁威内的。这样的包围形势，对日本的大陆发展上，实有莫大的影响。吾人鉴于日本最近四围的逼迫情势，认为断不能如隔岸观火，而应该要有相当的注意。

　　至于新疆、青海、西藏及云南方面，除苏俄的策动外，尚有英国的活动。在这方面，现今正演出英俄抗争的新局面。因为新疆南方的和阗、叶城的两个地方与西藏相接，英吉沙尔与印度的克什米尔相连，遇〔过〕去英俄间在新疆、中央亚细亚一带，曾有很激烈的角逐。后因俄国的方面转换，历年来的险恶形势，得有一时的和缓。但革命成功的俄国，因其国内建设的进展，她与日〔旧〕俄时代一样，不，她在新疆方面所取的攻势，实际上比日〔旧〕俄还要利害一些，现今新全省已呈完全在她的势力范围下的现象，她侵略的根干，是土耳其西布铁路。因土耳其西布铁路的开通，西伯利亚铁路能和中央亚细亚联络，在交通史上实划一新纪元。有这条铁路的成功，新疆的贸易，有十分之九为苏俄所占了。尤其在金树仁时代缔结了秘密条约的结果，俄国在经济上获得了特殊权益。因此，她的势力所及，不仅是经济方面，即政治方面、军事方面亦有她不可侮的存在。现在的迪化政府，自然是俄国的傀儡。南京政府从前屡派大员至新疆去和苏俄交涉，例如前外交部长罗文幹亦曾经亲自出过马，可是也落得个"空手而回"，毫无成绩可言。

　　他方，英国站在防卫印度的立场上，对英吉沙尔方面伸长其魔手，操纵印度、阿富汗、英吉沙尔的回教徒，使他们大团结，与以新疆为根据地的苏俄的攻势对抗。这种策划，是势力角逐上的当然趋势，用不着大惊小怪。关于这方面的叙述，并不是本稿的目的，我在此不欲多事胪列，他日如有机会，当再为详述出来。

《边铎》（半月刊）

南京边铎月刊社

1934 年 2 卷 1 期

（李红权　整理）

内蒙古民族目前的出路

痴汉 撰

这个问题骤然拿起来谈的时候，是非常困难而且极复杂的一件事，因为我们知道现在内蒙古所处的地位，是一个极弱小、极散漫，仍受封建势力统制的民族！再拿他的经济、文化看来，是一个极落后，教育极不发展，和现在世纪相差几百年的半游牧半耕田的民族！同时他的半壁河山，已为强邻占领，所剩的残土硕果也在饿狼窥伺之下。看最近日本第七师团，在热河承德会议军事计画中，曾有向察西内蒙古侵占的行动，所以在不久将来，恐不免也为人家拿去！在这种千钧一发严重的情形之下，去寻内蒙古民族的出路，实在是困难到万分！去年发动的蒙古自治运动的高声浪潮，固然是有他历史的种种远因所致，而他的主要的近因，也不过为的是回答这个问题。现在蒙古地方自治政务委员会业已正式成立，这个问题是否放出一点曙光，可以说是解决了呢？在我个人的管见，我觉着还未解决！因为我们所谈的出路，当然是一个民族的利害，当前应走的政治路线。现在蒙古地方自治政务委员会虽然成立，而他今后的动作是否能团结一致，即令团结一致，而他的政治的目标是向哪方面走，这是一个主要的问题。换一句话说"蒙古地方自治政务委员会是不是抗日的，也就是蒙古民族在今日是不是抗日的"，这个问题讨论起来有各种见解。别说是落后的蒙古民众，就是那受过教育的、所谓蒙古先进者、一般政客和智识分子，也有很多掉在五里雾中，不知向何方走才对！现在我把各种见解给读者们作一介绍，我们共同研究和分析我们蒙古民族目前应走的政治路线：

（1）消极者主张说："我们蒙古自己本身反正是没有力量，在中国受人家的统制，日本拿过去也受人家的统制，所以我们不管他是谁，谁有力量我们就受谁的统制。"

（2）守旧者主张说："我们不准备投日，也不预备抗日，顺其自然的转变而已。"

（3）亲日者主张说，"拿中国这么多的兵、这么大的国家还不能敌日，而我们毫无力量的小小的蒙古，若言抗日，那不简直是以鸡蛋拼大石头，不是胡闹吗？所以不如乘其未占领，先作投日的工作，将来还可以站的住脚，保全自己的地位"等等的话来威胁蒙古执行政务的王公当局！

（4）冒险投机者主张说："中国中央政府不注重我们蒙古民族，所以我们民族应想自己的办法，现在日本正引诱我们的时期，我们应利用这个机会同他合作，用他的势力来作复兴我们民族的事业！"

（5）依靠中央者主张说："中国中央政府让我们抗日，给我们各种器械、物质上的帮助，那么我们就预备抗日的工作，不然，也没有办法！"

现在我们把以上的各种主张统合起来，作一总的批评。我们看出第一、第二两点是个听其自然，坐以待毙的政策！在现时世界潮流国际漩涡中绝不能让你安稳的坐着等死！必然把你卷入这狂风大浪中来作牺牲者！况且，这风云日紧，不久即将爆发的日俄大战，先拿我们东北蒙汉同胞来敌大炮飞机的炸弹，所以说，这种见解是错误的！我们知道第三、第四两点的危险性更大：一个是认贼作父，甘心出买〔卖〕民族的利益；一个是引狼入室，请其来食自己奄奄一息同胞的鲜肉！这两种事情我们可以拿九一八后日本在东蒙演的把戏，作一相当实事的证明。并不是我故意张大其词的来说瞎话，大概凡在东北的蒙古同胞们脑子里还未忘掉，当初日本组织蒙古自卫军打洮南、通辽、开鲁的时候说的话吧！他曾说："打开以上任何一个地方给你们蒙古组织自治政府！"所以蒙古自卫军给他卖了不少的命，剿灭东北的义勇军和土匪。但是，东北蒙古到现在得到的政权利益是什么呢？也不过仅仅空洞的兴安几分省的设立，变相压迫蒙古民众的屠宰机关而已！再就是什么所谓保安队、警备队使蒙古人充当，不是为的扑灭东北复兴的义勇军，就是为的当日俄战时来当炮眼，别的还有什么作用呢！？并且，很多给他卖命的自卫军的首领和弟兄，被他无辜的杀害了不少！现在日本为想整个把内蒙侵占，完成其历来进行的满蒙政策起见，造出许多的空气，什么"满蒙国"、"大源共和国"等等的鬼话来欺骗无智识的蒙古群众！这一点我们要绝对认清楚，在日本帝国主义统治底下，无论如何，是得不到任何政权的。再拿朝鲜及台湾作一个证明，这是我们人人都知道他们受了日本几十年的统治，总听到他们的压迫一天比一天加深，永未听到他们一日比一日得到解放！所以说"亲日"和"利用日"这两个观点是根本的错误！至于最后的第五点看来，固然是内蒙古在中央的帮助和领导之下，去作他的抗日任务是对的，但是在中央因为其他的关系，顾及不到的时候，内蒙也应当自己预备自卫保境的工作，这并不是雇佣式的替主人去作。

　　总括以上各种主张的批评，我们得出内蒙古民族目前唯一的政治出路是抗日，也就是说蒙古民族抗日才有复兴的希望！我们的政治路线决定以后，我们才可谈的到怎样的发展教育和实业，及一切振兴民族、保卫疆土的等等事件！所以现在不但未被日本占领的西部蒙古，应当作自卫敌日的工作，就是已被日本占领的东蒙，也应当时时预备反日的工作。就是我们不幸中途失败，也须再接再厉的作有价值的牺牲者！那才方不愧成吉思汗的后遗子孙！但是，在我们施行抗日之时，绝对不要忘了和我们占同等地位，也受日本帝国主义压迫的汉族同胞，我们必须和他们携起手来，不为日本利用，而驱逐我们共同的敌人，所以我们抗日的工作应当有两个主要点：

（1）蒙古民族内部应坚固的团结一致；

（2）和汉族同胞切实的联合起来。

假设蒙古民族真能照这样去作，我想〔相〕信一定能够复兴蒙古民族，不但不为日本的奴隶，并不受任何帝国主义的压迫！所以希望蒙古地方自治政务委员会及其他蒙古当道的诸君，和蒙古的先锋、蒙古的青年分子，应当向着这个方向去奋斗，去努力，则我们的蒙古民族才有发扬广〔光〕大之一日也！

一九三四年六月十六日，写于包头乡下

《新蒙古》（月刊）

北平新蒙古月刊社

1934 年 2 卷 1 期

（刘殊林　整理）

怎样建设新蒙古

田守信　撰

一　成为"新蒙古"的一个概念

蒙古在历史上是古老的，在现代是落后的；此古老的、落后的蒙古，在现代的存在上，已发生了一种严重的危机——即经济的落后而形成了文化、政治乃至安全保障等的落后，形成了生命的脆弱，从而引起了帝国主义者侵略进攻的危机。为确保蒙古的存在与巩固中国国防，而建设一"新蒙古"乃为目前迫切之急务。

所谓"新蒙古"决不是仅仅设立一个自治政务委员会，或者再设几个什么委员会就算了事。而蒙古也决不因为设几个什么委员会，于是乎就"新"了。也不是唱几句不着实际的口号，或说出一篇缺乏现实性的空洞的理论，"新蒙古"就可以出现的。"新蒙古"必须是从蒙古现状之详细的考察与深刻的理解出发，从而对走向新蒙古之建设的诸种互有联系之问题，加以切实研究与确定，而实践地进行此项确定，而达到"新蒙古"之实现的目的。是上层指导机关——诸种委员会之设立，与问题的研究，必须是对蒙古现状之认定，与针对了蒙古之实际需要与必要而发。而此种指导机关，也决不是居高临下的，出之以旁观的态度就算任务的完成，而必须是切实的，认真的参加诸种实际工作。就目前蒙古的指导机关来说，蒙古自治政务委员会遥设于百灵庙，实不免有居高临下扬鞭遥指之嫌；惟吾人于此对该委员会确无丝毫攻击之意，恰恰相反，吾人对该委员会，实怀有最大希望，在此不过是一种公开的意见之供献。而同时为了蒙古的健全与发展而不游离于实际，则又为不容讳言者。是吾人希望于蒙古自治政务委员会者，即对于走向"新蒙古"之建设的道路上之诸种实际问题，加以实切负责指导与执行是。

所谓"新蒙古"必须是发展的、前进的、健康的民族；在政治、经济、文化的各方面逐渐进于二十世纪世界的水准，将此与世界，与中国隔离了的广大的荒原，置于世界交通之一枝一线（最低对中国应该是这样），启此封固于不可计算的历史之下（其年代）的宝库，（日人曾呼蒙古为世界之宝库）而摄取其蕴藏，变此广大的荒原而为生产繁富的庞大的区域；蒙古人士，亦将脱去其黄马褂与红袍，而为适于劳作合于卫生的服装之活跃的进步的民族。

二 新蒙古之建设的道路

走上"新蒙古"之建设的道路，必须从各方面着手——安全保障与经济文化的发展与交通建设等，乃为进行上具有联系性的诸问题。而特殊的尤为调查工作与迷信的铲除。

一、调查工作 蒙古在中国人士的心目中，像一个不可解的谜，像蒙了一面头沙〔纱〕，认识不出它的真面目。这"谜"的蒙古固然部分的由于其本身的自然条件所形成，而主要的还是由于中国对于这"谜"一贯的不求认识、不求理解而采取了放任态度的缘故。因之也就形成了中国对于蒙古的隔阂，也就形成了蒙古的落后的现状，蒙古之主权国的中国，对于这一现状之形成，应认为重大错误与不幸。

日本在其"满蒙政策"中，对于蒙古曾加以特殊注意，而对于蒙古之调查与研究，已开始于十余年之前，而目前更在加紧研究与调查中。相反的中国对于这一工作，从未加以进行或注意。

在走向"新蒙古"之建设的道程上，第一步为研究与调查工作。在这一工作未举行以前，对于蒙古之认识与理解上，当然不免有许多生疏与隔阂。但吾人却有一个一般的概念——即蒙古为一未曾开发的原始荒原（据吾人在内蒙的考察，那是一漫无边际的草原，地势的高低是原始的沿袭的自然的形成，沿〔没〕有公路的开辟，亦没有农事的种植），地层的蕴藏与地质的生产力，从未经过人工而发生其生产的效能。即地层的蕴藏与地质的生产是被弃掷于原始自然状态之下。在十八〔五〕世纪，哥仑布曾发现新大陆于美洲，而苏俄之探险队，现正进行于从未发现人迹之北冰洋彼岸，造成一足资人类之生存的活世界，即造成一足资人类利用其自然力及采取自然界的物质而供给人类生存的世界，而此古老的蒙古高原，竟被弃置于荒芜的自然状态之下，这是非常可惜的——是人类史上的一大憾事，尤其是中国史上的一大憾事。

是开伐〔发〕并建设蒙古乃为当前之急务，此工作之开始，则应为地层蕴藏与地质生产之发现，于此调查与研究工作乃为走上新蒙古第一步必要步骤。

二、迷信的铲除　蒙古的落后，在地理上考察，固有其地位、气候与地质的原因，然在历史上考察，则成为蒙古落后之羁绊的，乃为对于活佛之信仰的迷信的问题。有清四百余年来，蒙古在"活佛"的迷梦与麻醉之下，已失去其生存之意义，只知有活佛，而不知有人生，亦不知有民族，其流落的游牧生活，已认为安然自足，或者"听佛有命"。即感到生活上的痛苦和其他的危难时，亦只有祈求我佛之救济或保佑，而不知有人事之创造与改进，更不知有生存之竞争，亦不知人类社会之进化。而所谓"活佛"云者，亦惟知据其优越地位而奴役一般民众。因之蒙古便形成此落后的原始状态的愚昧生活。

清室之所谓尊崇活佛，实际上不外以宗教征服蒙人的一种策略。盖清室惕于中国历代受蒙人的侵犯，而蒙人尤以勇悍素著，乃以尊崇活佛而输入以佛教思想，一方面以麻醉蒙民，使其杀害思念无由发生；另方面则以活佛阶级据其优越地位，以制止蒙民之暴乱，其用意无非在保持清室安全，不复为蒙人所侵略。

吾人固不主张侵略，不主张杀害，就清室对蒙古施以不用刀刃之毒杀政策，乃正是使蒙古于五百年来停顿于无进步的混沌之生活状态的原因。

是铲除迷信，为建设新蒙古道路上之重要步骤，使蒙民认识清室施以宗教的迷信为害于蒙古之至重且大，盖佛教思想为阻碍蒙古之发展进步的最大的障壁。

三、安全的保障 蒙古在一般落后的状态中，安全保障亦同样脆弱，而中国国防之松弛，于边陲之蒙古，尤未顾及，于此帝国主义疯狂的侵略弱小民族之二十世纪，中国已成为帝国主义侵略之鹄的，边陲之蒙古，被迫尤甚。日本于侵占满洲及东蒙之后，复亟亟于谋略西蒙乃至外蒙的全部。而苏俄在外蒙之势力，又逐渐膨涨，是无论日本与苏俄一旦以武力侵入，则毫无国防设置之蒙古（内蒙与外蒙当然有不同情形）当非复中国之所有，而蒙古民族亦即从此沦于异族的统治与宰割之下矣。

在建设新蒙古的基点出发，则确保蒙古不被异族所侵略，乃为问题之前提，果不能保障其安全，则建设自无从进行，乃为非常显明之事实。惟如何确保其安全，这是一有待于研究之问题。蒙古为中国之一部，蒙古之安全问题，亦即中国国防问题之一部，中央对此应负全责，当无疑义。另方面与蒙古接壤之国，则东有日本（满洲伪国），北有苏俄。日本为帝国主义中最疯狂与最横暴者。从日本之所谓满蒙政策及自一九三一年以来（九一八事变）对满蒙侵略之事实来认定，则应立刻确定如何防御并抵抗日本之侵略。苏俄固以反对侵略之和平政策相号召者，但吾人却不能完全信赖其口号，而必须从事实中去认定，吾人于此，当忆及总理遗嘱中"联合世界上以平等待我之民族共同奋斗"之语，果苏俄对我以平等相待者，则应与联合以抵抗日本以及其他帝国主义者之侵略。

三　建设的展开

遂行于以上诸种工作之下而开始的工作，乃为政治、经济、文化、交通之诸种建设。在政治上中央自有一贯政策与决定，吾人于此，且不有所论列。在此所论及者乃为经济、文化、交通等建设上的诸问题。

吾人于上文亦曾述及，蒙古为一未曾开发的原始荒原，地层的蕴藏与地质的生产力，从未经过人工的开发而发生其生产的效能，根据吾人在内蒙实际调查之经验（去年八九月间的调查），在察哈尔省之张北县与宝昌之间，宝昌与沽源之间之数千方里之地带，有许多地方都能产生油麦、大麦、荞麦及山药蛋等，这些生产品除去播种与割刈之外，完全是自然的生长，未曾加以任何的人工。水旱与地势之凸凹，亦完全是自然的形成，当然也就更无所谓加以肥料了。即如此也却有许多地方，能生长极优美之禾苗，而近年来试种之豆类，尤有极美满之成绩。于此吾人可以确信，此等地带果能加以人工的改善与普遍耕种时，则其生产决不亚于河北、山东诸省。如以各种种子加以试验，当更有新的产品发现。更有许多植于漫山间之禾苗确能盛旺的生长，而于许多低洼地带（如二十里脑色沟等地），因缺乏河流之通浚，常为漫野之水所集注，以致永远废于荒芜，但此等地带，均为极肥美之土地。

此等产生农产品之地带，乃为接近河北省地区，其较远处则均为一片荒原，于夏雨时节，则竟形成上古时代之洪水横溢状态。

于此吾人可以确信，荒芜之蒙古，乃为缺乏人工之改善所形成，并非一本质上不可改善的荒野。

在此工作之遂行上，交通建设为一并行的必要工作。盖交通于经济之发展上，具有密切关系，即牲畜、皮毛与粮食等的生产品，如不能与内地沟通其交换关系，则其生产品将无所致其用，而内地文物，如不能输入蒙古，则蒙古亦将永远处于隔离的落后的状态。生产品之堆垒存积，将形成经济上之衰落与枯竭，其更何能发展耶？盖蒙古之现状，即河流之通浚与公路之开辟，均告缺如，其他进步之交通建设更无论矣。

于此更有一重关键，即经济的发展并非专赖上级机关之指导，能获完满的效果；而必有赖于当地民众了解其自身生活意义，而积极地参加此种工作。更进而了解此经济之发展与蒙古民族生存上之利害关系，与蒙古在国际间所处之地位，以及社会进化上之意义，从而确定蒙古展进之步骤与方向。此为文化之建设问题。

作者因不谙蒙文，因而对蒙古文字与文化诸问题不能作深切之讨论（同时在本文范围内，对此问题亦不容有详密之讨论），但据所知，蒙古文化之落后，同于其在经济上的落后，而蒙文之应用于现代学术之研究，其不足甚远，其有赖于中国文字与中国文化之输入，实属切要。现在内蒙虽有少数汉文小学之设立，实不足认为中国文化之输入。而北平虽亦有蒙藏学校之设立，但来此求学之青年，率皆为蒙人中特殊阶级之子弟，其来此求学者亦未必均能致力中国文化之输入蒙古，或提高蒙古之文化，而多半在于在中国之各大都市谋得一席地位，或准备加入蒙古之指导机关。

此种情形，确不能认为中国文化已输入蒙古。吾人于此认为中小学校，应有计划的普遍的设立于蒙古内地，而实际地教育蒙古青年与儿童。在最初，大学或可暂设于平、津、京、沪等之各大都市，然后逐渐地设入于蒙古内地。

以上为吾人对于建设新蒙古之一种建议，但此建议仅为一原则上的意见，其详密计划与进行步骤，当为各专家之责任，非本文分内事。惟此项意见或许有人提出反对，认此意见为乌托邦的空想，因此项建议在实行上须一笔巨额款项，而目前中央财政正处于困难之际，筹此巨款当为不可能。但吾人须知蒙古在中国国防上之重要性，保障蒙古与发展蒙古为中国强弱乃至存亡上一重要关键，因之蒙古建设费之重要性，并不亚于财政之上任何支出。同时对新蒙古之建设果有详密的系统的计划，则最初从较简易事项着手（如建设大牧场及改进农事等），逐渐进行，一俟生产繁富及遂行于各方面的发展而渐臻于进步时，再开始进一步的建设，则需款未必如何之巨也。

最后作者希望关心蒙古问题，或对蒙古具有深切研究者，对此问题加以新的意见之指示与讨论，并对本文内不正确意见加以指摘，并希望对建设新蒙古之各别问题加以分别的研究。

一九三四，七，一八日于北平

《新蒙古》（月刊）

北平新蒙古月刊社

1934 年 2 卷 1 期

（丁冉　整理）

革新蒙古须要彻底

姚敬斋　撰

本刊取名《新蒙古》，当然是革新蒙古之意。吾见蒙古革新，肇始于清季，追其历史，三十年于兹矣。一考其新之成绩，只有名称之改易，章程之宣布，机关之设立，人选之迁调挹注，而兵未加强，学未加进，风俗依旧蔽塞，疆土日益迫促。是非革新之害也，革新不彻底之害也。

既曰革新矣，自然在一切政治上、学制上、军事上、礼俗上以及普通人民生活上，在在须有一种新的表示，夫然后精神气象，始能焕然改观，此民族复兴之基本条件也。吾见今之社会，所谓革新者，革旧弊则新弊随之而生，如旧迷信去，新迷信来，旧八股去，新八股来，去旧专制，添新专制，去旧官僚派，添新官僚派。学校考试，大有科举之臭味，教育洋化，不啻偶像之推崇，看去似处处革新，结果是事事照旧。换汤不换药，欲以疗疾，无异速死。此机不转，兴复无望，是不可不深致其思也。

既曰蒙古革新，当然对蒙古旧的方面，要有许多更张。政治要有新办法，人民要改新生活，青年要受新教育。生产之新开发，风俗之新习惯，想像所及，更仆难数。但是剃发辫，留分头；解缠足，添束胸；舍龙井，换加非；去高原封，用白兰地；不跪拜而鞠躬，不拱揖而握手；称老百姓为公民，唤听差为勤务。以此文明，即想强国，虽非谵从〔言〕，亦是梦呓。

既曰革新，要有革新的决心，要有革新的认识，要有革新的胆量，要有革新的操持。譬如信奉三民主义，实为革新蒙古之不二法门也。此非道听途说者所能将事也。是必外观世界大势，内察中央情形，近审蒙古现状，真知灼见其不如此不足兴复我蒙古民族也，非恃此主义为我个人升官发财之阶梯也。既认此主义为新，则须决心去作，放胆去作，坚持到底，死生以之。不如此则主义虽善，必不能有功。

吾见今之所谓革新者，起初非无主义，积久无功，则又改信另一主义矣。三十年来，真〔先〕有前清科第，而保皇，而革命，而共产，而信奉法西斯竒〔谛〕，世变无穷，专事因应。将来作汉奸当走狗，只要有利可图，我则如丸走坂。青年喜新，如此新法，不如其旧矣。故当今之世，宁为方枘〔柄〕圆凿之愚夫，不作随波逐流之智者。宁为张勋，不为冯道，宁为纪信，不为陈平。必人人有不变之信仰，始刻刻见改善之功能。中国人士，多习尚圆滑，三十年之革新无功，圆滑二字之为害大矣。

民族革新，大业也。业愈大，艰阻亦愈多。徒羡大业之荣誉，遇艰阻而灰心，大业终不能观成。夫新一屋，华一箦，尚须经几许经营，况革新蒙古之大业，思欲不劳而获，岂可得耶。顷阅百灵庙通讯，因经费无着，诸所兴作，尽形停顿。蒙人中知识分子，大半汉化，居处饮食，俱感不适。且无医药，疗疾之法，只有捧〔唪〕经。宗教权高于一切，一时不易变更。境处百困，事有万难。意志稍形薄弱，态度便感消极。殊不知艰阻之遇，往往为伟人发展之机。安乐窝中，往往为罪恶孕育之所。事业亦在人为耳。北平在秦、汉、唐、宋时代，本极荒凉，一变而为政治中心者六百余载。果能集中蒙古人士，处百困之境，应付万难，不辞劳，不恤怨，竭股肱之力，继之以忠贞，蔽塞既开，人情翕然，向日招之不来，今且挥之不去。昔太公封于赤〔潟〕卤，不数十年冠盖衣履被天下。畏首畏尾，不肯牺牲，夫何足与言革新之大业乎。

吾人生此革新时代，实为吾民族生死关头，只要敢作，便是第一等伟人。语有之，事不怕错，但怕不作。错的多，改的快。文明之促进，多从错处着手，若不肯作，是自处死境也。但是中国有最大恶习，越是作事人，越易招物议。考之历史，如商鞅，如始皇，如杨炎，如王安石、张居正，比比皆是矣。最可恶者，自狃伯夷之清，致笑武王之不忠不孝。李陵战败，而全躯保妻子之经，从而媒孽其短。作者冒万险不顾一生，山巅海涯之闲散名流，醉饱之后，议其短长。不平之大，莫此为甚。此亦大业进程中最艰阻之一幕，不可不打破此樊笼也。

革新过程中，其艰阻之遇，愁苦之打破也尚易，优裕之打破也尤难。处境愈优裕，志气愈易消磨。凡我蒙古知识分子，轻者汉化，重者且洋化、官僚化、贵族化。惟大英雄为于温柔醉饱乡中，一变而下与平民为伍，安度其胼手胝足之生活，不以为苦。前清之羁縻政策，即以优裕消磨民气之政策也。蒙古今日之落伍，已完全受其敝矣。倘再不醒悟，则消磨我民气之政策，日本用之、俄国用之、英国用之。以优裕之饵，钓我蒙古知识分子者，名目繁多，指不胜屈。曾亦自思我蒙古果何德于人，而人皆如此热烈以优裕之实报我耶。一言以蔽之，凡以优裕饵我者，皆欲消灭我者也。凡乐受人之优裕者，皆欲甘受人消灭者也。事不自办，欲随逸乐中坐〔作〕成伟大之业者，可以鉴矣。

作革新事业，须有不恤人言之精神，尤须有忍辱负重之决志。苟安者厌于改革，故凡历代变法，无不遭受重大非议。嫉忌者自耻无能，故凡大业创始，无不谤书盈箧，群起而攻。曾文正公初治兵时，地方疆吏，类与为难，有所请求，动遭驳斥。今读其与人书中，每每有牢落不平之语，发现于楮墨之间，即以此故。厥后一战胜敌，廷相竟有以书生破贼，恐非朝廷之福等语相中伤者。

所赖曾公本百败百战之精神，任你如何掣肘，我自一意孤行。根基以培养而益深，习俗以渐染而转变。后之人徒羡其名满天下，夫孰知其排群疑，忍重谤，坚苦贞绝，百折不回，历数十年如一日者有以成之也。

在革新声中，我蒙古虽百不逮人，厥有惟一优点，即大多数民众，未受恶劣习染，一变至道，进行较易。内地人士多中于劳心治人，劳力治于人之谰言。人人想当诸葛亮，专管指挥，不去厮杀。事成且居首功，膺上赏。此等名利兼收之事，孰不欲之，故平居宽衣博带，羽扇纶巾者，人望之若神仙，自视亦超越等伦。农家作苦之夫，工商市廛之业，自先认为不足登大雅之堂，人亦目为牛马之不若。近年来，虽有劳工神圣之呼声，但积重难返，在都会人烟稠密之区，熙来攘往者，此等阶级，界划仍极分明。我蒙古习于乡野，安于土俗，如天然大木，可作栋梁，可作舟车，直循绳尺，效用立显。内地习于旧污，如素丝已染，改苍改黄，费多手术，终嫌不似也。可见我蒙古所耻不如人者，正所谓足以自豪者也。不必气馁，不必妄自匪〔菲〕薄，果真能急起直追，其收效之速，必且出人意料之外。

近今革新人物，习于革命不择手段之言。只图眼前便宜，机诈百出。谁谈道德，谁算落伍。此风一开，初或见小效，久必生弊端。蒋先生提倡新生活，三致意于礼义廉耻者，盖以为不如此不足以挽颓风延国脉也。顷闻有某学生，聪秀而寒苦，因为无事可作，拟加入某秘密机关，聊资补益。乃竟报告其受恩最重之人，有反动行为。人之无良，至于此极，尚欲有为于世，强国兴家，夫何可得。盗跖之为盗，尚须有仁廉义勇之行，以相维持。谋革新之大业，如此不讲信义，是不啻饮鸩止渴，不死已幸，他何望焉。我蒙人天性诚朴，厚重少文，用建大业，此其绝好工具。尚望保存原有精神，任你有千条妙计，总不及我有一定之规。此又其足以自豪之一端也。

　　现在蒙古革新大业，其成其败，实关系蒙古之存亡。肩兹任者，固舍有志青年莫属矣。第恐青年人囿于成见，惑于风气，习于宣传，误于虚矫，以为天下事不过如此。谨就经验所及，贡其一得。以为革新之业，成于真实。要自审所行，是否虚假。得到正当途径，即宜奋勇前进，任何牺牲，在所不恤，稍有顾虑，便足致败。以前所陈各节，须随时留意，要专心、要忍谤、要耐苦、要打破环境、要有百年眼光、要保固本族特色。空城计吓不走敌人，义和团闭不住枪火，高根〔跟〕鞋踢不翻三岛，幽默文当不了科学，宣传掩不过事实，哀鸣引不起同情。坐在三层楼上，高谈救济农村，躲到租界地里，口喊加紧剿匪。凡此种种早已揭穿。百计千方，皆成死路。有志青年，幸勿再以自欺欺人之伎俩，作自救救人之迷梦也。

《新蒙古》（月刊）

北平新蒙古月刊社

1934 年 2 卷 1 期

（丁冉　整理）

内蒙自治与日人之西侵

青仿 撰

一

就表面看来，内蒙自治已告一段落，然而实际上，内蒙问题的严重，决非因其要求自治之已得到成功而稍减。要知在二十世纪四〔三〕十年代的今日，内蒙问题，已经不仅是内蒙与中国间的问题，而是整个远东问题中的一环，它和远东一切问题都有着密切的连系。内蒙的自治，也许有人认为不过是"在中央指导下，进行地方建设，实施地方自治"那么简单的一回事。然而在客观历史的演进上，它的义意都尤不仅只是如此，无疑它是加速了资本主义国家与非资本主义国家对立下，帝国主义进攻殖民地、半殖民地国家，同时殖民地、半殖民地国家争取民族解放（注一），这样一个统一的过程之向前推进。所以，内蒙问题的严重性，不但不是因为要求自治之成功而稍减，相反的，而是因之而更加增了。我们应当时时刻刻把握这种严重性，时时刻刻把握住它的真实动向。

帝国主义者对于产业落后国家、少数民族，时时刻刻在企图着进攻，这是今日一个不变的铁则。自民初外蒙独立，外蒙共和政府成立，以至苏俄西土铁路造成，苏俄势力日渐南侵。去岁苏俄五年实业计划的成功，更足与全世界资本主义国家以莫大威胁。日本在远东素以帝国主义先锋自认，为了进行帝国主义者对于殖民地、半殖民〈地〉国家侵略镇压的一贯政策，为了截断苏俄势力之南下，日本进占了我东北四省，于是，在过去北有外蒙，东有吉、黑、热河为屏壁的内蒙，一变而介于苏俄与日帝国主义者两冲突之间。日俄矛盾冲突今后因种种原因必日渐加深，内蒙的危急势必因之而亦日益增大。

内蒙自治的原因，即便是完全在于内蒙与中国，内蒙自治之要求即便完全是出于内蒙王公之意，然无论如何，当兹日帝国主义者方努力继续西侵的时候，内蒙自治之适足与以有利机会，恐终为历史上不可讳言之事实。现在我们先对于内蒙自治本身加以检讨，然后再将其与日人西侵之关系加以说明。望国人勿以内蒙自治之已告一段落而忽视之。

（注一）望读者勿误会，此处所言民族解放是指内蒙自治。

二

我们检讨内蒙自治，首应对于左列三点加以考察：

（一）内蒙所要求的自治的性质。

（二）内蒙自治是否内蒙民众的要求。

（三）内蒙要求自治的原因。

（一）内蒙所要求的自治的性质　关于内蒙自治，黄绍雄氏到百灵庙与德王等会商已有结果。内蒙不再主张另组织政府，而仅是在"蒙古人民聚居地方之省份，分别设置内蒙古区自治政府，为各该省区内办理地方行政之专管机关……已设置上项区自治政府之省份，除关于军事、外交及其他国家行政仍由中央政府或由中央政府授权，于当地省政府办理外，其余属于内蒙古人民聚居区域之地方行政，统由内蒙古区自治政府负责办理，并受中央边政部之指挥监督"。这样受中央指挥监督的自治，就内蒙本身说，实在没有多大意义。蒙古从来就是自治，各盟旗的组织至今迄无变更，与已设置县治地方之由省府委任县长治理者完全不同。这样的自治实际说来，蒙古不待今日要求早已就得到了。这样的自治与德王最初所倡的"高度自治"并不相同。"高度自治的意义是除保留一宗主权名义于母国之外，其他一切政治上的施设都可由政府自治处理，如今日英国的加拿大、澳洲联邦、南非联邦。"所谓保留宗主权的名义，于母国还不只是一句空话？实际上就等于民族自决，脱离母国独立建国。外蒙宣布自治时，中、俄民四在恰克图签定条约不也是说"外蒙古承认中国宗主权，中国、俄国承认外蒙古自治，为中国领土之一部分"，然而实际如何，当时中国保留一个空口的宗主权有什么用？说到这里有两点应当指出来，第一，德王最初所倡内蒙高度自治，既含有脱离中国独立建国的意义，然而经黄绍雄氏到内蒙几日的会商，居然使德王等放弃了另组政府的主张，改为由中央指导监督下进行自治，这不能不说是黄绍雄氏几日折冲的成功。第二，德王倡自治之初，口口声声说是因为北有赤俄，东有日本，中央无力保护内蒙，内蒙为了图自存不得不实行自治。细细玩味，这话说得很幽默，中国无力抵抗日帝国主义的侵略，固然是事实，可是内蒙高度自治之后，真的就比中国有出息，能够抵抗日本帝国主义西侵吗？结果恐怕是恰恰相反。我们由内蒙所要求的自治的性质，可以联想到［的］背后的意义。

　　（二）内蒙自治是内蒙民众的要求？　前段已经说明了内蒙所要求的自治的性质是含有民族自决的意义，那么我们应当进一步问，这是否全民众的要求呢？以内蒙产业之落后，教育文化之不发达，宗教与各王公贵族势力之大，而一般人民发生民族自决之要求，岂非怪事。此次内蒙自治，事实上适足证明内蒙人民政治意识之薄弱，蒙事是否悉由数全〔王〕公贵族任意操纵。内蒙自治，不但不是一般蒙人的要求，实际也不是各王公的共同要求。这种情形，我们就当时自治会议的经过，就可以看得出来。当去岁德王发出定于九月二十八日，在百灵庙召开自治会议的通启后，伊克昭短〔盟〕全盟无一人前往参加，乌兰察布盟虽有一二旗在庙，然并非为参加自治会议而来者，锡林郭勒盟有十余人到，皆为德王所带来者，并非正式负责代表，于是会议不得不改期为十月九日，到时草草开了一个会议，在会议席上首由德王宣布开会宗旨，提议在相当地点组织自治机关，各旗均无人发言。随后德王又提议推举组织自治条例起草委员，结果又无人答应。达王于此会议席上颇持重不发言，惟言蒙民生计固应改善，惟不应脱离中央，且须与地方政府一致，以免被外人利用。此外，黄绍雄氏致汪院长报告与内蒙各王公晤谈情形的电文中，也谈到这一点，他说："前几次百灵庙的会议，系少数少壮代表所包办，事实上不但不是蒙人的公意，即王公的公意也说不上。"由此可见，高度自治的要求，不过是德王等少数人的要求而已。

（三）内蒙要求自治的原因　　内蒙之所以要求自治，一方面是由于中央在过去处理蒙事之未当，另一〈方〉面是由于近来德王等自身实力之膨大，欲借自治以满足其政治野心。

蒙古地处边疆，其语言、文字、风俗、宗教不但与内地不同，即各盟各旗亦皆各具特征，中央政府在过去处理蒙事，不过仅就在京少数蒙旗要人的言论主张为根据，所以措施难免有许多不相宜之处。蒙旗对于中央的政令，不过视为具文，中央对于蒙人的要求请求，也不过用照准、核办等字样一批了事。中央与各蒙旗，向来无整个的联系。在南京方面，有蒙盟代表团，在北平方面，有代表会，中央有蒙籍中委，无不自称代表内蒙民意。然而实际究谁是由蒙旗选举而来，谁曾经代表民意供献中央，谁曾代表中央指导蒙盟，俱成疑问。中央与蒙盟间之隔核〔阂〕，中央过去对于蒙事措施之间有未当，都是促成今日内蒙自治的原因。

德王在蒙虽然不过是锡林郭勒盟副盟长，但是因为盟长索诺木拉布坦已年老力衰，不能问事，一切政事遂都由德王主持，于是德王势力日大。德王在蒙资财最富，自有盐场、兵工厂等。并设有军官学校，招兵买马，招贤纳士，内蒙有志青年多在他的幕下。至于其他王公，都是蒙古贵族，在民元以前，皆年俸甚丰，民国以来，政府断绝了他们的年俸，可是他们都是早已挥霍成性，难于甘居贫苦。对于内地豪奢，素所健羡，中委、司令等荣衔，尤足使其动心。不过有的先入京活动，尚可得一地位，其后入京活动者，则备受排挤，于是随生与中央离贰之心。民国二十一年冬，德王、卓王等十余王公赴京，目的在于整理蒙古王公代表团驻京办事处，并愿自任处长，兼蒙藏委员会委员。结果因与在京已得势力之蒙人利害冲突，德王等计划失败，拂袖离京。德王自身势力日渐增大，其政治野心亦与之俱增，然而又得不到政治上的出路，结果乃结合其他不得志之王公，高倡自治，其意在于借自治的美名，实行寡头政治。

三

关于内蒙自治，有人以为除以上所述两种内部的原因以外，更别有原因。当从前北京政权崩溃瓦解的时候，内蒙各王公并未公开进行与中国分离运动，至今日帝国主义之炮火已征服热河与察东，以后，忽然爆发了内蒙自治，于是便联想到内蒙自治与日本之进攻有连带关系。此种推测是否属实，我们现在放下不谈，因其有待于事实证明。然今后日人之必由察西侵，以完成其整个满蒙政策，内蒙自治适与以可乘之机，实为根据目前形势，及过去事实可推想而知者。

日本今后之由察西侵，一方面完成其满蒙政策，另一方〈面〉由此以伸其势力于新疆，以与英、俄之势力相抗衡，此几已成为必然之趋势。第一，内蒙天产丰富，如农产、矿产、牧畜、食盐等，且地广人稀，久为日人所希冀。日人欲解决其国内之粮食缺乏、工业品原料缺乏，以及人口过剩等问题，在客观上实有西取内蒙之必要。第二，日人野心，决非以取得东四省为餍足，今后必更进谋华北，日本为来日席卷华北，亦实有取得内蒙之必要。第三，苏俄势力伸入外蒙、新疆，英人已占有康、藏，亦方谋植其政治势力于新疆，当此时，日本欲阻苏俄南侵，以完全其国际任务，欲西入新疆以与英帝〈国〉主义之势力相角逐，势亦必谋进取内蒙。

日人之图我蒙古，非自今日始，田中义一之满蒙积极政策中，关于日本进取之步骤，曾有详细说明。今录其重要者于下：

> 兹所谓满蒙者，依历史非支那之领土，亦非支那特殊区域，我矢野博士，尽力研究支那历史，无不以满蒙为非支那领土。

> 内蒙既王公旧制为治，其主权明明在王公手中，我如进内外蒙古，可以与蒙古各王公为对手，而缔结权利，便可有绰绰机会，而增我国力于内外蒙也。

> 到处安殖我退伍军人，以便操纵其旧王公……因乘其领土权未明之时，且支那及赤俄尚未注意及此之候，我国预先密植势力于其地，如其内外蒙古之土地，多数被我买有之时，则蒙古为蒙古人之蒙古软？抑或日本人之蒙古软？

总之，日本取蒙古之步骤，不外一方面以文字宣传称蒙古并非中国领土，借以淆惑世界听闻，今日内蒙自治，正适合其狡计，世人将愈相信其蒙古非中国土地之说矣。其次，日本欲利用内蒙由王公治理一点，对于蒙古交涉即完全以王公为对象，实行所谓地方交涉，表面与以荣利，阴以亡其家国。今内蒙自治，虽已言明军事、外交仍由中央办理，然自治政府成立以后，其行政权当更较过去盟旗权为高，且当德王倡高度自治之初，其意本为欲脱离中国独立建国，黄绍雄氏与之会商结果，虽已使其放弃原意，改为在中央指挥监督下实行地方自治，然今后，事实上德王等是否即完全依照所会商结果，抑视为表面具文，仍实行其最初所倡高度自治之实，殊堪注意。自治政府权限日渐扩大，日人从旁鼓惑煽动，结果必堕其术中。除此以外，日人更将殖民蒙古，收买土地，施其无事取天下之方策，此亦为国人极应注意者。

要之，据目前形势言，日人由察东西侵有必然之势，内蒙自治为与日人以有利机会。然蒙人如诚欲争最后生存，汉人亦诚〈不〉甘作日人囚虏，唯一出路，即蒙汉合作，以整个蒙汉民族力量抵抗日帝国主义之进攻。

《知行半月刊》

北平知行杂志社

1934 年 2 卷 1 期

（朱宪　整理）

蒙藏委员会二十三年度行政计划

作者不详

（一）会务

一、整理新旧案卷。（完成整理北平运回旧卷，依照规定办法，改进本会档案处理程序）

二、派员赴成都、康定各处搜集有关康、藏各案卷。

三、改定招徒规则。（十八年公布之《暂行招待规则》因事实之变迁已不适用，故废止，另定规则应用）

四、拟定本会外差人员办法。

（二）民政

一、指导蒙古地方自治事宜。（新拟）

二、积极调查东蒙一切现状，并拟定规复东蒙办法。（拟接二十二年度续办）

三、设法调查外蒙与苏俄之关系，及最近一切情况，并拟定规复外蒙办法。（拟接二十二年度续办）

四、拟定巩固西蒙办法。（接二十二年度办）

五、派员调查新疆蒙、回现状，并拟定巩固新疆办法。（接二

十二年度办）

六、拟具本会与蒙古地方政务委员会职权划分办法。（新定）

七、拟具本会派专员驻在蒙政会所在地办理通讯及调查事宜办法。（新定）

八、组织蒙地调查团。（新定）

九、呈请重新任命未经国府任命之蒙古地方官员。（接二十二年度继续办理）

十、换发蒙古地方长官应用之印信及官章。（接二十二年度，刻正继续办理）

十一、招集蒙古地方长官来京展觐。（新定）

十二、规定蒙古人员荣典办法。（接二十二年度办）

十三、规定甄拔蒙藏人材办法，并实行录用。（接二十二年度办）

十四、分班调练蒙古地方现任公务人员。（接二十二年度，已拟有办法，尚未实行）

十五、设立蒙藏政治，宗教领袖及因公来京人员之行馆。（接二十二年度继续办理）

十六、实行蒙古盟、部、旗组织法，并先从总管制之各旗着手，次第推行。（接二十二年度继续办理，已办者现有三旗）

十七、分组遣派专员前往蒙古、青海调查地方最近情况，制备各种调查表格，发交各组专员，依式填报。（计分两组：（一）蒙古组，（二）青海组。每组以专员一人、调查员一二人组织之，各组调查期间暂定为五个月，各项调查表格共计十八种，现青海组已派格桑委员前往也）

十八、积极解决中藏问题及恢复西藏与中央原有一切关系。（接前）

十九、决定班禅回藏办法。

二十、实行西康建省，或先组织行政统一机关。

（三）军事

一、实行盟旗保安队编制大纲，并制定各项实施细则，切实整理蒙古各旗原有之一切队伍。（接二十二年度办理）

二、责令各旗保安队限期肃清匪患。（接二十二年度办）

三、会商军政部规定由部补助蒙古各盟旗之保安队械弹及派员监督统率与补助训练办法。（新定）

四、通令蒙古各盟旗政府，注重国民军事训练，提倡爱国精神，以固国防。

（四）财政

一、调查蒙藏地方一切捐税情形，并拟定免除苛捐杂税办法。

二、厘定征收蒙古土地及各项税收办法。（接二十二年度办理）

三、厘定省县盟旗对于地方税收之分配办法。（接二十二年度办）

四、调查蒙藏地方财政状况。（新定）

（五）外交

一、搜集蒙藏外交条约并研究其历史内容而谋改善方策。（新定）

二、整理蒙藏及新、滇各省区疆界线。

三、调查外国在蒙藏政治上、经济上之实力及其侵略企图。

四、调查蒙藏各地外侨之人数，及其职业详情，有无宣传、谍报妨害国防之情事。

（六）交 通

一、请于蒙、藏、青、康适当地点，增设无线电台，并拟定掌管方法。（上年度蒙古各盟旗已由军事委员会发给无线电机九架，设置于各重要地点，西康康定、甘孜、巴安、德格等四县已请交通部设置无线电台，本年度仍继续于蒙藏各地择要增设，以灵通消息）

二、请增设蒙、藏、青、康各地邮政局、代办所及邮政信箱。（上年度百灵庙已增设邮局一处，本年度拟仍继续于蒙藏各地增设多所。至本会所拟扩充西康邮政办法，经函商交通部设法改进，交部以营业关系，尚未实行，本年度自应积极促其实现）

三、整理蒙藏各地台站。（在二十二年度内已将张家口、杀虎口两台站管理局所辖各台站加以整理，本年拟继续整理）

四、调查蒙藏各地重要交通线。（本会为实地勘察蒙、藏、青、康等处情形起见，业经派员组织调查团分组调查。现在青海组业经出发，蒙古组亦将次出发。所有调查各地重要交通线一节，拟交各该组分别调查具报，以为整理之根据）

五、会同经济委员会开发蒙藏各地公路。

（七）实 业

一、于蒙藏适当地点筹设模范牧场及传习所。（查全国经济委员会在青海拟设之大牧畜场，业经勘定在亹源县之陶苏勒〔勒〕地方（即阿赖苏赖））

二、计划筹设蒙藏贸易公司及畜牧产品工厂。（并由该会农业处技正牛荜鄂、兽医专家富仁持等前往勘察，如有需用本会协助

之处，拟予协助。至于本会上年度拟设之模范牧场，及传习所、贸易公司、畜牧产品工厂等，拟不再进行筹设）

三、计划划分蒙藏地方农垦、牧、林各区及整理土地各项办法。（继续整理）

四、编译关于垦牧、工商、农矿之常识各种宣传品。（继续编译）

五、调查蒙藏出产品，如粮食、马匹、皮毛等，而研究其改良方法。

六、调查已办未办之垦殖、造林、畜牧、矿冶等事业。

七、利用水利发展西康电气事业。（西康各处河流，水势湍急，居民多利用以代替推磨、舂臼等工作。康定近设电灯厂一所，即系利用水力磨电，今拟在各县多设水力发电机，用资发展各项工业）

八、兴办水利，开拓西康荒地。（西康可耕之地甚多，惟以无水，只能任其荒弃。康民刳木为灌，引用洞水灌溉瘠地，往往遂成膏壤，若利用此法加以改良，则荒弃之地均可垦殖）

九、计划蒙藏大规模之毛织厂。（蒙藏各地毛皮产量极丰，除土人手工制造粗陋物品外，绝无工业。今拟创办毛织厂及皮革厂若干所，以发展工业）

（八）教育

一、就本年度核定之蒙藏教育经费十二万元，于蒙藏各地筹设两级小学或师范学校若干所。

二、规定蒙、藏、回各地学校学生及其他文化事业之补费办法，就本年度核定之蒙、藏、回教育补助费，依据补费办法，查照预算，酌予分配，以资奖励。

三、编印蒙、藏、回文与汉文合璧之各级学校教科书及民众读物。

四、编译汉、蒙、藏文合璧标准字典、辞典。

五、继续保送蒙藏青年入国立各级学校肄业。

六、积极筹设康定蒙藏学校并附设师范科。

七、调查蒙藏及青、康等地教育状况。

八、劝导蒙藏各大寺庙内附设民众学校。（蒙藏人家子弟，幼年即入寺为喇嘛，终日口诵经咒，能识蒙藏文者，已不可多觏，更无由能读汉文。兹拟在各寺庙内附设小学，灌输普通常识）

九、扩充北平蒙藏学校班次。（该校上年度呈准设立高中一班，本年度拟增加二年级一班，以为一年级肄业期满，学生升学之地）

（九）卫生

一、编印汉蒙、汉藏合璧之卫生常识浅说。

二、在蒙藏各地方实行布种牛痘。

（十）宗教

一、搜集德格经板从事翻印。（西藏佛经，素称丰富，惟以印刷事业不甚发达，经本至为难得。查西康德格为西藏佛经出产之所，所存经板甚多，年来迭遭兵燹，若不设法保存，恐将日渐丧失，今拟派员前往搜集，运来内地，从事翻印，以保存西藏固有文化）

二、制定喇嘛任用办法。（初稿业送中政会议行政法规整委会审议中）

三、制定喇嘛奖惩办法。（同上）

四、制定喇嘛转世办法。（同上）

五、制定修正喇嘛寺庙监督条例。（现已起草竣事）

六、制定呼图克图驻京规程。（同上）

七、制定驻京各呼图克图联合办事处组织大纲。（同上）

八、制定驻京各呼图克图办事处组织通则（同上）

（十一）司法

一、实行《改进蒙古司法办法大纲》。

《蒙藏月报》
南京蒙藏委员会
1934 年 2 卷 2 期
（李红权　整理）

日趋险恶之内蒙要求自治问题

王苇　撰

酝酿年余来之内蒙要求自治问题，到现在已日趋险恶，且有走极端之势了。

的确，内蒙古今后是中华民国的几个省区呢？抑是满洲伪国的一部分呢？这完全要看南京政府这次对付内蒙要求自治的手段如何为断。依目前的形势，正是内蒙古脱离中华民国，加入满洲伪国的倾向了。问题的严重，已胜于表面所显示的事实，所以全国人民对于内蒙自治问题，必须予以最关心的重视。

为什么有内蒙要求自治问题之发生呢？这个原因虽极复杂，但主要者还要归咎于南京政府之违叛党纲，不能以"国内民族有自决权和一律平等"的原则，以待遇蒙古民族，与南京政府甘心为日帝国主义之工具，对于暴日侵占东三省与热河以及察东，不敢言抵抗，任随日帝国主义者之囊括内蒙，蹂躏蒙民。蒙古民族在这一个对南京政府的恶劣印象下，鉴于外蒙独立，依附于俄，东内蒙各盟旗，亦相率为日帝国主义所侵吞，南京政府没有丝毫能力来保证仅存之西内蒙不为外蒙与东蒙之续，且鉴于察省民众抗日同盟军崛起后虽用武力收复了察东多伦一带的失地，但南京政府肯宁〔宁肯〕将同盟军收复了的失地璧还于日帝国主义者，为其请求日军夹攻同盟军的交换条件，而不愿同盟军之存在与发展，保全国土之完整；更加内蒙自划为热河、绥远、察哈尔、宁夏诸省，及将哲里木盟与伊克明安旗（独立旗）及呼伦贝尔部划归辽宁、黑龙江二省后，在北洋军阀统治时代，固受北平政府之种种虐待与压迫，在本党统治了中国，奠都南京后，也不能秉承总理"国内各民族有自决权"的遗教，连"一律平等"的精神也没有了。甚至在南京政府统治下，对于内蒙的虐待与压迫，反较北洋军阀统治时代有过之而无不及。内蒙人民，外感强邻之侵蚀，内受国内政府之虐待，复目睹南京政府对外政策，只有牺牲国土，出卖民族利益以求日帝国主义之欢心，内蒙欲免蹈外蒙、东内蒙之覆辙，沦于亡国灭种之惨剧，只有奋然而起，图谋自治，实行民族之自决了。所以内蒙要求自治运动，完全是南京政府背叛党纲，与投降日帝国主义之结果，倘使南京政府能遵循总理的遗教，履行本党政纲与政策，以平等原则待遇国内各民族，对于日帝国主义之一切侵略，能无情予以奋勇之抵抗，同时在外交上与之折冲，在不丧权、不辱国、不失地的原则下与日本帝国主义进行交涉，则内蒙人民，何至于坚持要求自治呢。德王说："外蒙陷于俄，东蒙也不能守，非起而自决不可了。"南京政府的衮衮诸公，听了德王这种愤愤不平的怨言，难道还不应愧死吗？

因为南京政府整个的投降了日本帝国主义，对于暴日的军事侵犯，丝毫不敢言抵抗，锦绣河山，凭敌人之蚕食鲸吞，堂堂华胄，任其残杀蹂躏，且《塘沽停战协定》签字后，将长城以北一带划归日军军事活动范围，这无异认承日帝国主义者有侵占内蒙古的合法利权了。所以本月中旬，日军攻占察省赵家营、郭家窑子后，公然要求我国撤退龙门所、赵家庄等处之驻军，且谓长城以东驻屯军队，显系违反条约（《塘沽》），南京政府只有唯唯遵命，奉令惟谨。在这种情况下，内蒙便做了南京政府送给日帝国主义的礼物，日军根据《塘沽条约》的精神，可以合法的侵略内蒙了。内蒙人民，在南京政府的卖国政策下，除掉甘愿听受日帝国主义的宰割和南京政府的摆布外，只有起而自决之一途了。所以内蒙这次要求自治，在原则上我们是非常同情的。为什么内蒙自治运动，不发生于九一八东北事变时，而发生于热河失陷、察东沦亡后呢？从这里，我们更断不能同意于绥远、察哈尔两省政府传递出的消息，谓内蒙自治运动，显系有日人在幕后主持的。即使目前果有日人在幕后主持，其咎仍在南京政府之处置不得当有以招致之。去年十月十五日德王在百灵庙会议提出通过的《内蒙自治政府组织法》，其全部的精神，便是注重团结内蒙残余的三盟一部二独旗于一体，在统一的组织下，免再继续为南京所拍卖、为日帝国主义所侵吞，其动机不可谓不纯正。然据此以观，也就可财〔以〕知道内蒙对于南京政府已完全失却了信心，不再希望南京政府〔一〕能够保护内蒙之安全了。

　　内蒙自治运动虽酝酿于去年六月间，但直至十月十五日百灵庙内蒙各盟旗王公通过《内蒙自治政府组织法》后，南京才知道事态已趋严重了。十月十七日政府乃明令内政部长黄绍雄与蒙藏委员会副会长赵丕廉赴蒙巡视。十一月十日黄、赵等抵百灵庙，十二日即与云王、德王等会议。几经磋商，始与内蒙自治会议商定了《蒙古自治办法》十一条，兹将该办法原文录下，借见一般：

　　（一）蒙古自治组织：甲、名称：定为蒙古第一自治区政府、第二自治区政府，以下类推。乙、区域：锡林郭勒盟暨察哈尔部各旗，编为蒙古第一自治区；乌、伊两盟暨土默特、阿拉善、额济纳各旗，编为蒙古第二自治区；其他盟、部、旗，比照此例编区。丙、隶属：蒙古各自治区政府，直隶于行政院，遇有关涉省之事件，与省政府会商办理。丁、权限：蒙古各自治区政府，管理各本区内各盟、部、旗一切政务。戊、经费：蒙古各自治区政府经费，由中央按月拨给。己、联络：蒙古各自治区间设一联席会议，商决各自治区间共同事宜。（附注）商定本案时，黄部长曾向内蒙自治会议主席团言联席会议不常设，如欲要常设机关，可成立一联合办事处。该主席团当即表示接受。（二）蒙古各盟、部、旗之管辖治理权，一律照旧。（三）蒙古各盟、部、旗境内，以后不得再设县或设治局，其现有之县或设治局，不及设治成分者，一律取消。（四）蒙古现有荒地，一律划为蒙古牧区，永远不得开垦。其现有突入牧区以内之零星垦地，一律恢复为牧区。（五）凡蒙古牧区以内各项税收，均有〔由〕蒙古自治区政府，详定统一办法征收之。其由省县设在牧区以内之各项税收局卡，一律取消。（六）蒙古已垦土地，另订妥〈善〉办法整个〔理〕之。其所得临时收益及每年租税，以蒙古自治区政府与各关系省政府平分为原则。（七）蒙古已垦土地，在未整理以前，按照左列各项办法办理之：甲、蒙旗对于境内之土地、矿产、山林、川泽等固有权，一律照旧。其向有征收者，照旧征收。乙、蒙旗境内所设之各省县局征收土地、矿产、山林、川泽等租税时，由蒙古自治区政府派员会同征收之。所收款项，一律即时平分。丙、蒙古官厅及蒙民之原有私租，一律予以保障。丁、蒙民除对于本旗应有负担外，省县不得再加以任何负担。（八）凡在蒙旗境内关于土地以外由省县所设之各项税收机关，一律由蒙古自治区政府派员会同征收。其所收款项，一律即时平分。（九）凡在蒙旗境内已设之各级司法机关，均由蒙古自治区政府选派专员，对于汉蒙诉讼事由实行陪审制度。（十）蒙古自治政府各项收入，均作为卫生、教育、实业、交通等各项事业费。（十一）蒙古自治区政府，在各关系省政府所在地，各设一办事处，以资联络。

　　黄、赵等与内蒙自治今〔会〕议商定办〈法〉后，即于十九日启程回绥，转返南京，呈明政府覆命。各盟旗王公认为南京政府已接受了此种办法，酿酝年余之自治运动，暂时可以得到相当的解决，故各盟旗纷纷派代表南下来京，促南京政府早日实现察哈尔区自治政府。讵料本月十七日南京中政会通过所谓《蒙古自治办法》，与黄、赵等在百灵庙与自治会议商定之十一条，大相径庭。各盟旗来京要求自治代表暨驻京代表及旅京蒙同乡，问讯之下，莫不大哗，认为南京政府任意变更已商定之办法，置威信于不顾，且有意玩弄内蒙人民，故于本月二十一日在京召集各代表暨同乡大会，群情激昂，一致决议：（一）呈请中央，不能接受中政会决定之自治办法；（二）呈请四中全会及蒋介石撤销中政会此次决定之自治办法，迅予实行百灵庙商定之原案。并全体决定，如仍无结果，即采下列办法：（一）全体晋京代表一体回蒙，自请处分；（二）〈蒙〉古全体驻京代表一体向原派长官辞职，并即回蒙；（三）蒙古旅京全体人员、学生一体回蒙；（四）黄部长允许之办法既等于零，仍应恢复百灵庙最初之主张，由蒙人自动组织地方自治政府，以期团结御侮，免再为东蒙之续。同时，各盟旗晋京请求自治代表亦发一同〔相〕似之声明书，谓中［央］政会通过之《内蒙自治办法》十一条与百灵庙商定之十一条完全相反，代表等绝对不能接受云。

自然，蒙古各代表与旋〔旅〕京同乡对于中政会通过《自治办法》之反响，丝毫得不到南京政府之重视。所谓四中全会，既没有任何具体决议，蒋介石更不会理睬这些讨厌的事，无怪乎蒙人要愤愤道："今东蒙已沦的〔陷〕日奸，不闻中央有何救济之方，对于朝不保夕之西蒙，犹不肯予以自救救国之机会。"（见各盟旗代表呈中政会文）。现在南京政府若再无满意的答覆，则各代表将于最短期内全体离京，专返蒙古了。

南京中政会所通过的《内蒙自治办法》，与百灵庙会议黄、赵等所商定的有怎样重大的区别呢？为详细比较起见，再将中政会所通过之办法录之如下：

（一）内蒙自治之限度：对蒙古代表最后所提出之甲种办法，

分区设置样〔自〕治政府一节，识〔认〕为与中央所定原则，尚属相符，可以采纳。至其区域、隶属、组织、权限、经费各项，分拟办法于后，另定法令颁布施行。（二）蒙古自治实施之程序：在未正式成立自治区政府之前，筹备处似有成立之必要，但须由中央派员切实指导，或由中央简派当地省政府主席为指导专员，其派员人选、办法另定之。（三）蒙古自治区之范围：蒙古自治区之编制，应以各〔未〕设县治地方为范围，察哈尔省、绥远省内各设两区，其名称为中华民国蒙古第一自治〈区〉政府、第二自治区政府，余类推。但察哈尔省内或绥远省内所设之两自治区，如愿合并为一自治区时，得由各该省报由内政部、蒙藏委员会转呈行政院核定。其察哈尔省已设有县治地方，并完全属于省行政区域，或因区域错综，应详细划分者，由省政府会同区政府实施勘划，报由内政部、蒙藏委员会转呈行政院核定。至原属宁夏省管辖之阿拉善、额济弦赛〔纳两〕旗地，不列入自治区范围。（四）自治区政府之组织：一、自治区政府委员五人至十五人，以一人为委〔委〕员长，二人为副委员长，均以所在地人民充任为原则，由中央任命之。二、区政府分科办事。三、为商决各自治区间共同事宜，每年由中央派员召集各自治区联席会议一次。四、自治区为区、旗两级制，区、旗各设人民自治组织，其详以法令〈定〉之。五、区政府所在地，由中央核定。（五）自治区政府之隶属：蒙古各自治区政府直隶于行政院，并受中央各主管部会之指挥监督。（六）自治区政府之权限：蒙古自治区内国防上军事支配之权，以及应付外交等事务，均由中央统筹办理，或授权于当地省政府执行之。其他经中央核定认为有特殊性质者，亦得授权于当地省政府办理，其未经中央授权于省政府办理之蒙旗行政，统由区政府办理之。区政府于不抵触中央及当地省政府之法令范围内，得发布区令，及制定单行规则。但关于限制人民自由、增加人民负担者，非经国民政府核准，不得执行。（七）省政府与自治区政府之关系：关于蒙古自治区内各种旗蒙行政，由中央授权于省政府者，仍由省政府统筹办理。中央未授权于省政府者，由区政府兼〔秉〕承中央处理。遇有关涉省行政范围者，仍须与省政府会商办法，已设县治他〔地〕方之一切蒙旗行政，及蒙汉纠纷，仍由当地省政府处理。必要时并得专设委员会，负责解决省区间之争议事项。中央得委托省政府代表中央指导蒙古区政府办理地方自治。（八）自治区政府之政费：自治区政府行政经费，应制定预算，由中央核准拨款补助，所有各项税收，应按照中央规定标准，分为国家税与地方税两种。凡属国家税性质者，由中央直接征收，或授权于当地省政府代理征收，凡属地方税性质者，其在已设县治区域内，由省政府征收，其在未设县治区域内，由自治区政府征收。（九）自治区之经费问题：在早经开垦及已设有县治地方，所有蒙汉人固有之土地权，一律照旧，其未经开垦与未设县治之蒙旗地方，以畜牧为主业，农垦副之。中华民国人民应不分种族，凡在本区区内继续居住满一年以上者，均得享有游牧、垦种之权利。区政府对于本自治区内之土地，认为有开垦之必要时，得随时呈报中央核定，自由开放，任蒙汉人耕种。未开垦地方之牧畜，应设法改良，并由中央在适宜地方设立牛羊防疫处及血清制造分所，以利畜牧而重卫生。其森林、矿产，应归国有，由实业部筹划开发，并由财政部在各该自治区地方设立中央银行分行，以为活动金融机关。（十）自治区之教育问题：关于变通蒙人教育制度及补助蒙人教育经费问题，拟请交由教育部会同蒙藏委员会通盘筹划，拟具体办法。（十一）自治区之司法问题：交司法行政部会同蒙藏委员会拟具具体办法。

从中政会的办法与百灵庙所商定的办法比较起来，在自治精神上可谓完全相反，最显著而又重要的区别是：

1. 原案之两自治区，改为四自治区，即一盟为一区，且将已设县之地方及阿、额、土三特别旗除外，使各自治区范围，仅及于荒僻之沙漠。

2. 原案蒙古各盟、部、旗之管理治理权，统一于自治政府者，改为中央或中央授权于省政府，自治政府的权限，仅及于"未经中央授权于省政府办理之蒙旗行政"。

3. 原案之蒙古各自治区政府间设一联席会议，商决各自治区间共同事宜者，改为各自治区政府直隶于行政院，将这种区政府的联络取消了。

此外，如捐税之征收、土地所有权等，亦几完全不相符合。不过这怎〔些〕还是借题发挥的枝节问题，而主要的争端，仍在内蒙古之要求自治，其目的在于自治使〔政〕府下要全蒙的土地之完整，与行政权之独立，即蒙代表所谓团结蒙古民族以御侮是。南京政府不能有圆满之答覆，蒙古势必走上极端之路。只看最近云王、德王十九日电晋京代表，嘱其勿接受百灵庙决定以外之原则，不达此目的即一致返蒙，其意志之坚决与态度之强硬，也就可以概见了。

我们认为解决内蒙自治的问题，不在于自治办法的条文中断断争辩，主要的问题，还在于南京政府是否能够遵守本党政纲中所规定之国内各民族有自决权，与一律平等的原则，和政府有无决心保障中华民国土地之完整，与民族利益之不可侵犯为断。像过去南京政府在军阀独裁支配等〔之〕下，只知自私自利，唯个人之地位是务，对于日帝国主义之掠夺东北与内蒙各地，丝毫不致〔敢〕言抵抗，甚且国内敢有抗日者，必遭南京政府之大张挞伐，甘为日帝国主义开拓中国殖民地之清道夫，如此，即使内蒙成为南京政府军阀之附庸，谁又能保证内蒙不为东北与热河以及察东之续，为南京所断送呢？何况内蒙要求自治之目的，口口声声说明是在团结御侮，所以南京政府能有整个的御的侮〔侮的〕计划，拿出事实来证明，则内蒙也就无所借口了。南京政府不敢从这些主要问题去与内蒙切实的商量共同筹划御侮的方策，来保证内蒙之不再被日帝国主义所掠夺，只从办法条文中与内蒙喋喋不休，从这点看来，南京政府显然没有保障内蒙不被日人侵吞之决心，也就芜〔无〕怪乎内蒙要求自治之日亟了。南京政府如此敷衍下去，眼看见内蒙快要从中华民国分离开了。

总之，目前是第二次世界大战暴风雨之前夜，各帝国主义者争向中国掠夺，以先下手为强的手段，分割我国的土地。所以边疆各省，也就日益多事起来，南京政府除媚外卖国、自私自利外，对于这些严重问题，丝毫不加注意，只任其自生自灭。即如新疆问题，现正在英、日、俄三国角逐下，随时有脱离我国之可能，最近塔斯社所传南疆疏勒之喇嘛噶尔回民有组织独立政府之说，即是一证。迨驻苏联领事馆报告不确后，外次唐有壬便欣欣道："吾人早信其不确！"新疆问题，随着这"不确"，便在南京政府的要人们中淡然忘却了。其实新疆的严重状态，绝不因独立消息之不确而湮灭，不过南京政府向来抱着事不临头不预问的态度，也就自然若无其事了。内蒙自治问题，正是我国边疆问题之一，不过现在还没有外人势力做背境，所以南京政府还得要在办法条文中断断争辨〔辩〕，等待日帝国主义乘机问鼎，南京只好禁〔噤〕若寒蝉，悄然凭其摆布了。所以我们认为内蒙自治问题，根本上是南京政府违背党纲，与甘心媚外卖国的问题，南京政府若不改善过去自身的错误行径，仍循旧路前进，则内蒙自治问题，纵使有圆满的解决，也不能保证其不再蹈东蒙之续，而为日伪所掠去，何况内蒙现在已根本上不敢再信仰南京政府了呢。

《青年军人》（半月刊）

广州中国青年军人社

1934 年 2 卷 2 期

（朱宪　整理）

蒙古当前的两大要政

斐然 撰

前言

　　酝酿已久轰动一时的蒙古自治，经过黄部长两月间的视察，中央数度的讨论，决定实施蒙古自治的原则，而蒙古政务委员会之组织亦如期成立。这种迅速顺利的进展，暗示着蒙古前途，中华民国的前途，有无限的希望。在此无穷希望之中，我们应该如何想法解除蒙民的痛苦，提高蒙民的文化，促成今后的建设，挽救现在将来的危机。尤其负担整个蒙古政治全责的政务委员会，更应抱着改造蒙古，建设蒙古的决心。在一般执政者绝不应存有大家借此可以谋得更好的物质享受，在中央当局亦更不应存有这是愚笼政策的运用，以为倡导自治的首领，在蒙古有地位的人，有了官作，就不会再去做什么运动。如果这样想，简直忘掉蒙古社会背景，违反了自治的意义。蒙古所以要求自治而中央所以允许自治者，无非是求整个蒙古民众的利益，全体蒙民的幸福而已。换一句话说，要使蒙古自己管理自己，总要比以前不是自己管理自己更要好，全体蒙民的痛苦亦要比从前减少得多。但关于这一点，我们希望中央对于蒙古政务委员会，十分的敦促，严格的监督，俾于最短时间内收到最大的效果。惟骤视蒙古现状，真觉得百事待举，头绪万端，无从着手。苟以冷静的头脑，观察蒙古情形目前急应办者，亦不过两端：一为物质方面的经济发展；一为精神方面的文化提高。一重现在的需要，一谋将来的救济。如此双管齐下，将来一定会收到相当的效果。今略述于下。

发展经济

　　蒙古现在最迫切的需要是发展经济，因为在蒙古最显著的现象，就是经济来源的枯竭。因为蒙古人对于游牧生活，只知墨守成规，毫不求改善，故输出货物亦衰落千丈。更因物质需要转变，在蒙民生活上发生极大的痛苦，精神上受了极大的刺激。所以我们要想真正解除蒙民痛苦，从事蒙古一切建设，根本就在发展经济。经济问题得到解决，一切问题自然可迎刃而解。如果认为发展蒙古经济是不错，然则究竟从何处去着手，那只有就原有来源去增加，去扩充，可以费力少而收效多。所以改良畜牧，确是切要之图。兹述如下。

改良畜牧

蒙古畜牧之适宜性：

　A. 自环境方面观察：

　1. 气候干燥，雨量短少，农业不如畜牧适宜；

　2. 气候严寒，有助牲畜之消化；

　3. 水多含矿物质，牲畜发育旺盛；

　4. 牧草富于养分，多纤维质，最宜牧畜；

　5. 草原广阔，随处皆可游牧。

　B. 自习俗方面观察：

　1. 蒙人习惯固执，游牧生活视为天经地义，骤然改变，必难使其满意；

2. 因气候寒冷，非肉类、皮毛不足以维护身体；

3. 蒙人不长于其他生产技能，故宜维持其所长之畜牧；

畜产在蒙古经济上之地位：

畜牧事业不但适宜于蒙古，而且在经济上占有整个的地位，换一句话说，畜牧也就是蒙古人的生存命脉。据俄人统计内外蒙古共有牲畜一千五百余万头，兹列表如下：

马	一，八五〇，〇〇〇头
牛	一，七二五，〇〇〇头
羊（山羊、绵羊均在内）	一一，五〇〇，〇〇〇头
骆驼	三七〇，〇〇〇头

内外蒙古畜产总额，除自用外，亦据俄人统计出口量列表于后：

牛羊肉	六〇〇，〇〇〇担
羊毛	一二〇，〇〇〇担
骆驼毛	一三〇，〇〇〇担
马尾毛	一一，〇〇〇担
羊皮	五〇〇，〇〇〇张
牛皮	八四，〇〇〇张
羔羊	七〇〇，〇〇〇张
马皮	七〇，〇〇〇张
乳类	一，三二三（百万磅）
毛皮	一二（百万元）

日人对于内蒙乳产亦有详细之记载，兹列表于后：

出品名	售出百分率	
干乳油	六三〇，〇〇〇斤	五%
乳酪	一，二三二，〇〇〇斤	六%

出品名	售出百分率	
乳酥	三，六六四，〇〇〇斤	四%
鲜乳	无	
酸乳	三四六，〇〇〇斤	无

由上列各表，足以看出畜牧在蒙古经济上之地位。无论从蒙古所处的环境看，或从需要看，畜牧确为当前值得注重的问题。

蒙古畜牧之衰落：

A. 量的减少

1. 瘟疫的发生：牧畜为蒙人之生命财产，每当瘟疫流行，即时传染各地，财产损失极大，犹如内地农作物之遇虫灾、旱灾、水灾然。居民遇此，均视为天灾奇祸，不可救治，只有听其自然而已。因此，除每年牲畜减少无算外，而畜种亦日渐退化。瘟疫时生，牲畜数目不时逐渐减少。

2. 饲养的不适当：牲畜死亡率之增加，固由于瘟疫之发生，而瘟疫之发生，则多由于饲养之不良，牲畜卫生之不讲求故。饲养之不良，不但影响于量的减少，亦足以使牲畜退化。蒙人营游牧，迁徙不定，且接近沙漠，每受风砂之害，使牲畜毛色污秽不堪。又因牲畜杂处，每受粪尿污染，毛色亦皆变恶。急应设法改良，以资补救。

B. 质的退化

1. 良种不能保护：蒙古原来畜种，本极良好，惟不善保护，以致日致退化。其交配时，亦纯任自然，对于种之好坏向不能选择。并于发育良好之牲畜，只图善价而沽，毫不选择保护留作传种之用，只待自然的退化。

2. 品质的恶劣：蒙人现在畜牧不如从前之发达者，大半由于品质的恶劣，不能与外国竞争故。如羊毛之粗糙，纤维之短，皆不如外国所产。考其退化之原因，一为饲养管理上的不适合，由于旧法不加改良，一任自然的衰落，不加人为的控制，坐受此自然淘汰，巨大损失，殊堪浩叹。

改良畜牧之途径：

1. 改良品种：改良品种之法，莫过于异种交配，如美利奴羊与蒙古羊交配之结果，其成绩远在十倍以上。兹据邵麟先生曾在呼伦贝尔试验之成绩列表于后：

数　目　＼　产　区	公主岭	山西	海拉尔
美利奴羊一年产毛量	十斤以上	十斤以上	十斤以上
每斤价格	八角六分	八角六分	八角六分
蒙古羊一年产毛量	二斤	二斤	三斤
每斤价格	五角	五角	五角
第一回美蒙混合种每年产毛量	四斤	四斤	六斤
每斤价格	九角三分	九角三分	九角三分
改良种一年产量	四斤半至五斤	五斤半	八斤
每斤价格	一元一角	一元一角	一元一角

由此可知改良品种，实行异种交配，确为当前之要图。举凡牛、马等皆应照此法行之，将来一定会获得相当的效果。

2. 设立血清制造所：于蒙古适当地点设立之，专事制造血清及各种防疫抗毒素，以防牲畜疾病流行，而减少其死亡率。近绥远省政府请设蒙绥防疫处，亦诚适应实际急切之需要。

3. 保护良种：对于强壮较优之牲畜，亦多使交配，作为传种之用。往者蒙人每以高贵价格，售与内地，而优良者繁殖机会反少。此种情形，急应设法矫正，对良种要极力保护，尽量使其繁殖。

4. 改游牧为定牧：游牧变定牧，乃游牧民族进化中的一个阶段，无论在管理、教育上均易着手，对于牲畜排泄物等，亦能得相当利用，其效果远在游牧之上。现在蒙古应将所有可牧地段，划为若干区域，以为固定之牧场，或每年迁移一次均可。

5. 饲养物之选择与培养：牲畜品质之好坏，与饲养物有绝大关系。蒙人游牧，向无定所，任牧畜之择草而食，因之好草未至成熟即被食尽，种子亦不复得。结果食草逐渐退化，而影响于牲畜之健壮。故求牧畜事业之发展，对此尤不能不加注意。中国内地有一种苜蓿草，最宜于饲养牲畜，在蒙古亦应种植，极力提倡。

总之，改良畜牧，不必固执一端，乃是多方面的，其他如皮革工厂之设立、毛织业之提倡，以及汉蒙贸易机关之成立，皆为发展蒙古经济最切实际的办法。其他矿产、盐池之开掘，固亦为要图，但不如改良畜牧易于兴办，它是救济经济枯窘第一要着。

普及教育

中古时代的游牧生活，封建时期的阶级制度，仍然笼罩着现在的蒙古，支配了一般人的心理。这些潜伏的恶势力，阻挠住科学思想的输入，牵制着蒙民知识的提高，造成文化的衰退，生活不能改进，以及影响本身生存的危机，不能与时代竞争。尤其现在所谓科学战争的时期，亦即是文化的战争，文化较高的国家或民族，可以征服文化较低的。换一句话说，文化落后的民族或国家，即有被文化较高的民族或国家吞并的危险。那么回头再看看蒙古的文化落伍，算是达到极点，所以因病下药，提高文化，普及教育，增进人民的知识，确是当前的急务。所谓"教育为立国大计"，"十年树木，百年树人"，为蒙古前途计，为中华民国前途计，兴办蒙古教育，诚事理之必然。惟教育因时因地而异，在蒙古教育上取何种方式，始能适合蒙〔教〕古的环境，不能不加以研究。

一 蒙古社会的背景

1. 迷信宗教：蒙古信仰喇嘛佛教，甚于法律，稍有诋毁，必引起公愤，故教育上不能明显的反对。以浅明的例子，证明迷信之谬误，以俟教育普及，知识提高，自然不会迷信。

2. 阶级观念浓厚：蒙古社会的阶级分为王公、喇嘛、平民、奴隶等，王公掌行政上的最高权利，喇嘛次之，平民、奴隶供王公贵族之役使，至今仍未变更。现国尚民主，政主共和，民权自应平等，此等阶级观念根本无存在之必要。往者更因蒙古子弟出外就学者，大多为较富裕之家庭，平民以下根本无求学之机会。此后对于蒙古小学教育，规定义务教育期限，在此期限中所有儿童一律就学。豁免一切费用，使蒙民皆有受义务教育之机会。

3. 民生凋敝：蒙古一方习于游牧生活不加改良，畜产逐渐减少，出口量亦与日俱减，形成经济枯竭之消极原因；一方更因移民增多，土地开垦日广，素以游牧为生无其他生产之蒙人，因此骤然失业，遂形成经济枯竭之积极原因。所以生产教育、职业教育，在蒙古尤特别重要。

4. 人口稀少，居无定所：游牧社会特殊的现象是人口稀少，居无定所，以办普通教育的方法去办蒙古教育，结果定会失败。如学级的编制，学科的选择，招生的方法，教学人员的录用，学校的一切设施，关系于教育之成败甚剧，兹述其重要者如下。

二 事前准备

1. 筹备专款：在未设立学校之前，务须筹妥经费。俗语说："有钱好做事"，此在教育更关重要。盖因非有优厚的待遇，不足以聘请专家，延揽人才；非有充足的经费，不能广招学生与完善设备。固然在现在教育落后的蒙古，谈不到完善的设备，聘请专家延揽人才；实在是有了优厚的待遇，才能鼓励专心服务教育的兴趣；尤其是在蒙古一切物质享受概不如内地，假如待遇若不提高，真正为蒙古教育着想热心服务者盖属寥寥。所以现时蒙古教育经费，无论由自治政务委员会拨发，或由中央直接给与，均应确定，以免临时手足无所措，发生动摇的现象。

2. 编审教材：教材价值的所在，只看其能否适应社会环境和需要，并能根据儿童的经验与时代社会的背景而编制教材。社会环境与需要及儿童经验，各有不同，所以内地所用的教材未必与边疆相适合。尤其在文字方面，更为困难，至于全用蒙文或全用汉文，抑或二者合壁〔璧〕，确是值得研究的问题。故在未办学校以前，编审教材诚为最要的工作。

3. 延聘教师：教师的好坏，不仅影响于整个的学校，而且影响于教育的前途。换一句话说："有了好的教师，教育上可收下显著的效果。"西谚有云："有其教师必有其学校"，亦可见教师的重要。然所谓好教师不仅是学识方面，修养方面亦特别重要。现时蒙古教育上所需要的教师，不但须这两个条件具备，同时对于蒙汉两方面文字均非精通不可。所以延聘教师，确是事前急应准备的工作。

三　施教原则

1. 适应实际生活：教育是生活的预备，或教育即生活，这是教育界一般流行的口号，也就是近来教育与生活打成一片的趋势。中国过去教育的失败，也正是与生活不能适应的原故。蒙古生产技术的落伍，达于极点，生产事业，毫无可言，是以所谓生产教育、职业教育，在蒙古特别是重要。如何增加蒙人生产，促进生产技术之改良，教育上实不能不负这种使命。

2. 灌输科学思想：在知识闭塞文化落后的地方，又加以人民的守旧、固执、迷信，以致造成不进化的结果，这只有施行科学的教育，灌输科学思想，方有除旧更新的效果；科学上所给与的一切知识技能，才可以解决以上的问题。

3. 注意民族意识：无论任何一个民族，皆有其特质；能保持其特质，即有民族意识；有其民族意识，即可永存不灭。蒙古民族不但占中华民族主要的成分，在世界上也放了极大的光芒，文化史上留了许多特殊的贡献，至今仍为中外人士所称道。然而结果无声无嗅的成为帝国主义侵略的中心，这种突然的衰落，非独一般学者所应细心研究探讨，尤其是身当其事的本身，更应特别努力研究、反省，而负蒙古教育责任者，对于其民族意识之升起、消沉、维持和改善，犹有特别注意之必要。此外与中华民族之关系，国家之构成上，亦为毫不可忽视者。

四　学级编制

1. 单式与复式：在人口较多、交通便利之区域，就学儿童众多，学校经费充足，校舍宽裕，可采用单式编制。其他地方可以采用复式编制。

2. 半日制或间日制：此法可适用于道路较远，工作较忙，不能整日到校之学生。

3. 巡回教学或讲演：儿童因家庭不欲使其出外就学，或脱离不了家庭及不能就学者，均可采用此法。

4. 单级编制：学生较少，而教室缺乏，教师不敷分配，以及不能用单式编制或复式编制者，均可采用之。学级初无固定，惟在蒙古社会人口稀少，迁移无定，求办完善之小学，实为困难之事。今为实际需要计，各地均应斟酌设立小学，学级编制亦视实际情状而力求简单，以易于兴办者为限。

五　招生方法

1. 强迫就学：凡儿童达到入学年龄，应强迫就学，虽家贫无力就学之儿童，亦使其有享受义务教育之机会。

2. 设劝学员：俾将教育有益于人类实际生活，与不受教育之害处，举出实证，轮流向民众宣传，使其感觉教育之需要，自动来就学。

3. 奖惩并用：凡入学之儿童，应去免其家庭差徭，或提高其社会地位，优者送入各地或国外留学，或由机关任用等，均是奖励的方法。对于不入学儿童之家庭，应增加其差徭，使其感觉痛苦，非来就学不可。

六　目前急应设立之学校

1. 初级小学，每旗最低须设四十所或三十所；

2. 高级小学或完全小学，每盟最低限度须设三所或四所；

3. 中学与师范，每盟须各设一所，现以中央政治学校拟办之包头分校为准，以后再次第设立。

七　现即应实行之通俗教育

1. 喇嘛职业传习所：喇嘛之在社会只有消费而无生产，以现在经济枯竭之蒙古地方，安能供此一般大批喇嘛的消费。挽救经济恐慌，只有多数人从事生产始可，故凡庙宇较大，喇嘛较多之处，应即设职业传习所，使其将来一致努力从事生产事业之准备。

2. 设立流动图书馆：流动图书馆之设立，以供稍识文字而不能继续读书，及社会上一般人士之阅览，对于游牧社会的蒙古民族，更为适宜。各地之新闻、常识、卫生、画片、图书等，或译为蒙文，或为汉文，由各图书馆借与蒙民阅览。

3. 利用留声机与电影以宣传文化：留声机与电影，在教育上亦可收最大的效果，虽不识字者借此亦可以广见闻，开拓思想，并可做露天教学之辅助，诚为不可缺之工具。

尾语

现在之蒙事，犹如一团乱麻，骤然视之，无从理起，苟加以详细的观察，扼其要者亦不过两端：一为物质缺乏，一为精神堕落。救治之方，在物质方面必须发展经济，有经济，一切物质建设始谈到；所谓精神方面，也就是文化程度的提高。然而物质、精神，是有密切关系，物质的建设与发展，有助于精神的进步，精神的进步，又可以促进物质的发达与改良。故对于蒙古之当前建设，也只有从这方面着手，才能达到我们所理想的目的。

草于南京晓庄蒙藏班

《新蒙古》（月刊）
北平新蒙古月刊社
1934 年 2 卷 2 期
（李红权　整理）

蒙古政委会近况

百灵庙通信

绍武 撰

德秘书长召训全体职员奋勉工作以固边圉
各旗骑兵纷至踏来毳幕林立气象一新

蒙古地方自治政务委员会成立以来，全体职员，均皆奋勉工作，一切设施，诸见进展，大有蒸蒸日上之趋势。而该会秘书长德楚克栋鲁普氏，尤恐职员办公懈怠，特于昨（十三日）下午一时在该会秘书厅，召集全体职员，作剀切之训话，激勉各职员，本诸国家兴亡匹夫有责之主旨，廉洁从事，勤慎办公，始能促进蒙古社会之发展，巩固边防，达到自救救国之目的，以符中央指导自治之真义等语。

又该会为警卫起见，前曾通令各旗，限期选派骑兵若干，前来该会，组织警卫队。各旗得令后，距该会较近旗分，业已派来，组织成队，加紧训练。惟较远者，迄今始陆续来到。前（十二日）有锡盟西乌珠穆沁旗骑兵四十余人，于旁午到达百灵庙，衣服整齐，枪马全备，临达时则驰马直入，勇敢之精神，实足表现蒙古民族强捍〔悍〕之特征。该骑兵到后立即建筑毳幕，未满半小时，已成十余所。现计全会总数已达七八十，次序排列，齐整井然，真是毳幕林立，人烟辐辏，骤成塞外新兴都市之模样。每届夕阳西沉时，驼马齐归，牛羊群至，晚烟缭绕，笼罩天空，俨似一幅天然美丽之画图云。

蒙政会举行自治纪念会

蒙政会以七月十六日（即阴历六月五日）为去岁各盟旗长官在百灵庙首次会议，决议实行自治纪念日，特由该会秘书厅召集全体职员，举行纪念大会。计到委员兼秘书长德穆楚克栋鲁普及全体职员七十余人，由德穆楚克栋鲁普主席，行礼如仪。首由主席报告内蒙自治动机及经过情形，并勉励参加大会人员，奋励自治工作，急起直追，以期蒙古达到现代化之社会，庶不失今日纪念之意义等语。次由财政委员会主任萨音巴雅尔多人讲演，极尽痛快淋漓之至。兴欢〔尽〕散会。旋即通告放假一日，并令保安处特饬警卫队，定午后一时至三时举行打把〔靶〕，后由德秘书长率全体职员乘马郊游，北行约二十里，抵海里苏台。该地山峦叠翠，林木森森，景致之佳，大有蒙古西湖之风味。在彼小憩，即乘马返会，中途比赛，莫不争先恐后，驰驱之快，几与漠沙齐飞，极饶兴趣云。

又该会前派报务员关起义、张乐轩柬二人赴津，购置无线电器械、电池等，已于本月十日购妥回百，现已装设完备，于昨日（十九日）正式与各方通报云。

《新蒙古》（月刊）

北平新蒙古月刊社

1934 年 2 卷 2 期

（李红权　整理）

蒙古与苏联

吴永詹　撰

一　弁言

蒙古东扼关东，西控西域，南障大漠，北临强俄，中国北部之绝大屏藩也。自秦汉以来，匈奴、突厥之患，史不绝书，其关系中国之安危，实非浅鲜。乃自清代绥定蒙疆以后，不知实施统治，仅求朝贡虚荣；对于蒙人之愚昧，不思加以教导；对于蒙地之利源，未尝加以开发。迨夫俄力东渐，虎视鹰瞻〔瞵〕，利用蒙人之愚昧，则日肆煽惑，觊觎蒙地之利源，则竞争操纵。鼎革以还，变乱也，独立也，日喧聒于耳，今且以唐努乌梁海加入苏俄联邦闻矣。而我对于蒙地，则无一官之设，一兵之守，听其自然，任其变化，蒙古之危，岂蒙民为之哉？

二　苏联侵略蒙古的由来

苏俄之掠我蒙古也，亦大有其原因在。盖俄国版图虽广，而海口独付阙如。故彼得大帝曰："吾之志在海不在陆。"当其在位时，连年与瑞士作战而略取瑞士在波罗底海东岸之地。既而又于芬兰湾头建设圣彼得堡新都，以为俯瞰欧洲之窗户。惟芬兰乃长期结冻之港，不遂己志，故至皇后加太邻二世时，更与土耳其两战而取克里米亚及黑海之北部。尼古拉斯一世时，又侵略土耳其而掀起克里米亚大战，终以遭英之忌，引法助土而击俄，西方海口，仍无通过博斯波罗及靼靼雷斯海港之望。是则俄人不能不别图发展，于是中国遂成其注视之一裔矣。

俄人之谋我中国，其注意点为满洲与蒙古。迨日俄战后，满洲之势力受日本之打击而败北，于是不得不转力经营外蒙。盖俄人经营远东之主干，在乎西伯利亚铁路。该铁路长二万余里，其形势殆若常山之蛇，以海参威〔崴〕与圣彼得堡、莫斯科为首尾之呼应。蒙古适当其冲，在军事地理上，不时有被袭取之可能。故俄国无论为消极的保护西伯利亚铁路，或积极的兼并中国北部，不得不先经营蒙古。故近数十年来，俄政府一贯的主张，其东方侵略之方向，莫不以蒙古为中心。第以世界政局之改变，其侵略之情形，亦因之而互易耳。

前清末叶，帝俄势力东渐。我国以列强环攻，应付俱穷，本部十八省之领土，已有朝不保暮之势，外蒙远处西北，一时焉〔无〕暇顾及。帝俄乃乘机笼络活佛，买其欢心，由此外蒙外向，遂起端倪。适我国辛亥革命，国体变更，俄人乃乘我革命之际，怂恿活佛为外蒙君主，于清宣统元年宣布独立。未几俄政府径与外蒙政府订立密约，举凡外蒙之开矿、航行、运输、土地、森林、法权、练兵、邮政、电线等权，无不包括在内。如此规定，外蒙古直为俄人所属矣。我政府以外蒙为中国领土，万无与外国订约之资格，向俄国提出严重抗议，往复谈判，辩争不已。截至民国二年十一月五日，始缔结中俄协定五款，另声明四款。然仅承认中国在外蒙有宗主权，而中国承认外蒙有自治权。但关于内政、自治、外交，中国无权干涉，则宗主权之为宗主权也，可想而知矣。

民国三年（一九一四）袁政府依据前约，遂派毕桂芳、陈箓与俄国驻库伦总领事及外蒙委员会议于恰克图，而订立《中俄蒙协约》。至是外蒙确定其完全之自治制度，且有权与各国缔结工商之国际条约。名曰自治，实与独立无异。以愚昧之蒙人，而与狡猾之俄人相周旋，其有不受欺骗与侵略者乎？自此条约缔结后，俄人侵略蒙古之策划遂大告成功。及民国六年，俄国内部发生革命，无暇东顾，又因赤〔白〕军进占库伦，蒙人不堪其压迫，始有内附中国之意。民国八年十一月七日，外蒙活佛、王公等正式恳请我政府准其取消自治，归政中央。我政〈府〉派徐树铮为西北筹边使，进驻库伦。俄人侵略外蒙之进行，自此告一段落。

　　苏俄大革命后，中俄关系起一新变化。外蒙问题本可与我以收回解决之机会。不期外蒙撤消自治以后，仅及一年，又阴谋第二次独立。考其原因，一为徐树铮之措施失当，对于活佛、王公倍极压迫；一为日本浪人及谢米诺夫利诱威胁兼施之故。活佛又二三其德，即于是年三月二十一日宣布第二次独立，然实权操于谢部将恩琴一人之手。未几，赤军逐俄白军，占据库伦，而外蒙之自治权，又转入赤俄手中矣。

　　一九二四年（民国十三年）《中俄协定》，俄国承认外蒙为中华民国之一部分，及尊重在该领土内中国之主权。一九二五年苏俄大使一再声明"苏联政府得蒙古当局之同意，开始由外蒙撤兵，且已撤尽，希望蒙境不至再有赤军入境情形，及对蒙古为和平的了解〔结〕"。此不过一种欺人手段耳。实则蒙古自第二次独立后，即摹仿莫斯科政府，创一共和制政府，于一九二四年十一月间，再招集议员置订〔制定〕宪法。揆其要点，即外蒙为一独立共和国；劳工阶级握最高政权；〈各〉级官吏由人民选举之，经国民代表大会任命；国民代表大会产生政府；蒙古共和国根本铲除封建的神权制，令国家与宗教分离；并宣布宗教为每个国民之私人信教的原则。自是外蒙由僧侣主政而转为革命党主政矣，此为外蒙有史以来的最大变化。

近今外蒙政治共分两派：一派以外蒙国民党为中心，国民党站在"外蒙是外蒙人的外蒙"旗帜之下，力主反俄亲华；一派以外蒙青年革命党为中心，系共产团体，受第三国际之支配，力主反华亲俄。外蒙国民党自组织外蒙国民政府后，颇占优势，青年党乃与蒙古军中之俄顾问及军官勾结，煽惑军队反叛国民党。国民党领袖迫于环境宣告辞职，青年党领袖鉴顿遂任中央执行委员长，政治大权悉入于青年党人手中。该党成立于一九二一年，总会设于库伦，今改名曰乌拉白托尔科多①（即红英雄城之意）。在一九二五年末，外蒙全境组成一百五十个党的支部，计其党员四千人，不及全人口百分之一。此党仿效苏俄先例，均完全自贫苦及中等阶级中征求党员。农民入党易，贵族及喇嘛入党难。农民占全党员百分之八十，贵族百分之二十，喇嘛百分之八。该党事事取法苏俄，并由俄国人参加，于是蒙古政治大权，完全落于俄人掌握中矣。

三　苏俄侵略蒙古的现况

外蒙自共和政府成立后，名义上为独立自治，实则一切权都操于俄人之手。每一机关或领袖皆有美其名曰"苏俄顾问"之监督者，各机关之一切事宜，大半仰承苏俄之意志进行。以军事言，则军官多属俄人，编制悉仿俄规，蒙人仅供驱策。以教育言，则完全俄化，课程悉仿俄制，小学即授俄文，中等学校完全俄语教授，甫脱喇嘛经典私塾，又进为"赤化"教育之机关。以交通言，虽废旧日骡车、驼队，而代以汽车，然交通枢纽皆操于俄人手中。

————————

①　后文作"乌兰巴图尔科多"。——整理者注

实业、矿产悉由俄人越俎代谋。故外蒙在表面上虽为独立，实则等于亡国。更可注意者，近二年来，青年党受苏俄之意旨，阴谋联合内蒙，派员分赴蒙古各地从事共产宣传，以期扩张势力，而图章〔西〕北之"赤化"。是外蒙问题一日不解决，西北边疆即一日不安，而中国之政治，亦不能有安定之日矣。兹就最近苏俄侵略外蒙之情形，分述之于后。

从政治上之侵略情形言之：外蒙政府，最高权利机关，为国民大议会，一年开会二次，开会时，选五名之常置干事委员，及政府阁员等。政府由总长及次长、苏维埃议长、军事苏维埃议长、经济苏维埃议长，及内政、外交、财政、教育、司法、经济、陆军、参谋、保安、国家检察院各大员组成，任日常国务之进行。各部中，财政部内有苏俄财政顾问四名，参谋部内有苏俄军事顾问八名，国防保安部内有苏俄顾问六名。蒙政府干部中之人物，除一二中立王公派外，强半为亲俄派，而背后又多以俄顾问发纵指示者。至于我国之势力，则已丝毫无复存在。且俄人之侵略外蒙，其处心积虑，完全利用蒙人之愚昧，事事务求迎合蒙人之心理，阴谋发展其势力。除以大批金钱供其筑路、建设之外，并于恰克图以外，将贝加尔湖一带，划分为外蒙共和国，表示对蒙宽大，以资利诱。据蒙藏委员会调查，俄人所绘东亚分析图，蒙古已与中国异色，竟认外蒙为其附属国。并变更各盟旗名称，如库伦所在之一旗，即已改称汗山。各地名亦多更改，如库伦之改称乌兰巴图尔科多，恰克图改称阿拉坦卜拉喀（意为金泉），其用意尤属险恶也。

次就军事上之侵略言之：外蒙自第二次革命以来，军队编制，仿照苏俄，并采征兵制度，军械亦由苏俄供给，坦克、炮、飞机以及各种新式军器，均有置备。蒙人由十七岁至三十岁均有当兵义务，法定三年为训练更换时期。如按人口总数五与一之比例计算，则外蒙一百八十余万之人民，战时约有兵力三十六万。据蒙藏委员会调查，外蒙现有军队，已及十万（此外有航空军三大队，每队飞机六架，共计十八架），就中以骑兵为多，亦以骑兵为精。蒙古军人生活，较华为佳，训练方法，悉仿红军，此实为中国之当头患也。

更就文化之侵略及"赤化"之宣传方面言之：外蒙自国民政府成立以来，积极振兴教育，全境有国立小学九十余处，旗立者数处，库伦有中学校、商业学校、大学校、党务学校等，并有国家学术馆，为文化中心机关。文化之发达，有一日千里之势。独惜赤色太浓，小学即授俄文，中等以上教员多系俄国留学生。而各教室及公共场所，多悬挂〈列〉宁、马克斯及俄国革命人物肖像，学生服装亦多取俄式。至俄在外蒙宣传"赤化"之方，除努力在各级学校进行外，主列〔要〕为独占言论机关，开纪念会，及利用职业组合与劳动苏组合等。库伦的各种杂志，几乎全带共产色彩。苏俄更诱〔要〕惑蒙政府，开各种纪念会，以鼓动国民的革命心理。此外对于外蒙的"赤化"宣传，尤有功效者，则莫如职业组合，与购置组合制度。职业组合乃将都市之劳动阶级组合而成，而贯以左倾思想。但外蒙人为游牧民族，各住民因职业的关系，不能团结于都会上者极多，故为普及宣传起见，又于各地设立购置组合。购置组合，现为外蒙人购置生活必须品之中心机关，若外蒙人不从此机关以购买必需品，则外蒙人不能维持日常生活。故在此机关之内，安插多数左倾事务员，则外蒙人受其感化，亦必渐渐左倾。现在此种组合在外蒙异常发达，而蒙人之心理亦日亲密于俄也。

关于外蒙贸易方面，苏俄极尽垄断：苏俄助蒙政府资本，使设国家贸易局，听受苏俄商务委员之指挥，其宗旨以驱逐华商为第一事。据俄半官报载，苏俄商务，二年内增加百分之六十，而华商乃大退化。一九二四年华商大者九家，每年贸易四十万；中等二十家，年十五万；小商五十家，年三万；最小者不计。库伦税局估计华商营业共计七百万，三年之内，几全消灭。盖因：（一）蒙政府增加税额；（二）华商来源断绝；（三）蒙人欠华商债务一概被政府取消；（四）外蒙合作社盛行。而且最要原因，尤在苏俄垄断出入口货之贸易权也。盖苏俄曾于库伦设立远东贸易分局，所有蒙地出产，均先集中于俄人操纵下之合作社，然后由该局输出之。除运欧美一部经由张家口外，余均道经俄境。而蒙人所需之铁、面、糖、纸、石油，亦由苏俄运入。中国茶概亦由俄人采办，转输运入外蒙销售。

关于金融方面，苏俄极尽垄断：外蒙有国家银行一所，名曰蒙古银行，为蒙古共和国与苏俄合办。据此银行章程，其目的为巩固两国经济关系，发展蒙古的商业及工业，并增进其货币流通。该行创于一九二四年，资本计一七五，〇〇〇银元，创立三年后，即获利六五六，八〇〇元。至营业则百分之五十为华方。盖该行发行一种不兑换纸币，禁用现金，故将钞价强制提高，以利通用。此种纸币，俄人并不收用，专以吸收华商现金为目的。华人如欲运现金，则百分阻挠，务期使用其纸币而后已。此项钞币，由俄人承印，蒙人既不签字又不盖章，全由俄人一手包办，故其权利完全为俄人攫去。该银行并设法使各地蒙人储款，故设数分行，营业均甚发达。而俄人在外蒙之经济势力，亦从此蒸蒸日上矣。

苏俄对于外蒙交通机关，如铁路、汽车，不但日图独占，即于航路及航空，亦复锐意经营。外蒙境内琶〔瑟〕棱噶河，本为叶厄〔尼〕色河之上源，在外蒙二次独立以前，俄人已试航，嗣以中国反对而中止。目前中国已无反对势力，于是苏俄于一九二三年再起试航行，并制成详细地图。一九二六年七月，又经委员详勘，并利用相连小河转运木料。一九二六年七月苏俄曾由伊尔库次克开始飞行邮政,并与蒙古政府订有库伦与维克牛丁斯克间航空邮信及载客合同。

查蒙人之主要生计为牧畜事业,不图近年俄人在蒙开始规模极大之畜牧公司,资金二千万元,营业范围,几包外蒙全部牧畜事业。该公司并不以此为足,复进一步运动外蒙政府,嗣后凡有大宗牲畜买卖,皆须向该公司领取代办执照。执照费用,按价值百抽三,名为经纪,实同征税。因该公司并不派人亲身为之介绍故也。此事曾经各旗蒙人反对,几酿巨大风潮,寻以外蒙官吏,既受该公司贿赂,不能不竭力压迫蒙人,故未获有圆满结果。其他各种工厂,或由俄商独办,或由俄蒙合办,亦均与蒙人生计上有极大影响也。

此外苏俄之五年计划,亦在外蒙积极实行,内容与苏俄国内之五年计划相等。据最近莫斯科消息,蒙古人民革命党近在库伦举行大会,曾致函苏俄共产党领袖史丹林,内称苏蒙之社会主义建设,及五年计划,蒙古已经仿行,颇著成效云云。

四 结语

统观以上情形,可知苏俄之侵略外蒙,无微不至。我国人无时不在其压迫之下,侵我主权,害我民生,离间我民族,攘夺我主权,大好山河,无形落于仇人之手。其侵略我国之手段,较之其他各帝国主义有过之无不及。我国民若不速自觉悟,群起挽救,收复我主权,行见偌大国土,尽为赤色帝国主义所践踏也。可不痛哉!

《新蒙古》(月刊)

北平新蒙古月刊社

1934 年 2 卷 2 期

(李红权 整理)

华北与内蒙的新危机

张炳钧　撰

日本帝国主义的对华侵略，时刻都在积极猛进中，这是由资本主义发展到帝国主义阶段，其本质上必然的趋势。因为地理上及史〔事〕实上的诸多优势，日本对华侵略是甚于任何国际帝国主义者。过去曾将东北四省（即所谓"满蒙"）认定了是日本的"生命线"，而在经济、政治及文化上为多方面的潜滋暗长的侵蚀，一九三一年"九一八"事变的爆发，绝不是偶然的。一切的准备都已经相当的完成了，于是以飞速的进程，取得了东北四省。

自去年春季长城血战，日本袭战胜之威，胁迫中国签定《塘沽协订》，展开了对华侵略的新行程。为了巩固东北四省的占有，而树立滦东十九县的所谓"非武装地带"，美其名为"安全线"。进占热河及树立"非武装地带"后，切断了内地对义勇军的支援，"收复失地"已无从再谈。同时并为侵略华北及内蒙察、绥的根据地，这样也扼住了华北与察、绥的咽喉，随时可制其死命。这是日本的"大陆政策"，由"满"到"蒙"，及由东北到西北之一贯的迈进。

《塘沽协订》后开始的非武装侵略政策，是杀人不见血的更毒辣的政策。这个政策的进行，在政治上是企图利用一般"日本通"及汉奸、土匪之流造成华北、内蒙离心局面的亲日政权；在经济上是独占政策的猛进，扼住华北、内蒙的生存命脉，而促其殖民地化。

现在中日的外交局势，已踏入所谓"转换时期"。通车问题已作为所谓技术问题而解决了；长城各口设关问题，也已认为是所谓行政手续而自动的设立。日使有吉明月前返任，即以打开中日的新局面，为当前的重大使命。据六月二十八日《申报》载称："有吉此次晋京……意在探询对日方针，及催我开始解决各悬案交涉，并提缔订中日商约问题。闻日方所抱对我交涉方案，系先向我交涉中日商约，以及整理旧债。中日商约有吉已草成大纲，内容以互惠及减关税为目的，以图恢复在华贸易。又对于我国收回引水权，有吉也表示反对。"这样可知日本不仅以华北、内蒙为其囊中物，不仅以台湾为根据地，而侵略华南；并迫中国为进一步的屈服，而开展其对全部中国的独占运动。

在日本关东军大张旗鼓，威吓紧逼的形势下，实现了关内外的平、沈直达通车，解决了中日间的重要悬案，同时也是日本侵华政策中一个主要部分的完成。有人认为平、沈通车，仅有军事上的意义，那是歪曲的看法。我们认为在华北与内蒙古的政治上、经济上，及军事上的意义，都有严重的启示。

在政治上的意义，是无异事实上的承认"满洲国"，并给予全国民众——尤其是华北、内蒙的民众自"九一八"以来的紧张情绪以惨痛的打击。虽然在此次通车办法中特别规定了"由中国方面责成中国旅行社，日本方面责成日本观光局，于山海关组成东方旅行社，负责经理此项直达通车事宜"，但通车是在日本多方威胁与中国的屈辱下完成的，一切所谓国际法或国际惯例可不必追究。如果说平、沈直达通车，丝毫无承认"满洲国"的嫌疑，当然是鬼话！关内外的直达通车，是启示了国与国间常态恢复的征象，也就是启示了中国与"满洲国"恢复了所谓国与国间的常态。事实上并给予了坚持收复失地、满怀抗日热情的革命民众以最惨痛的打击！这种损失是无从补偿的。

　　在经济上的意义，是日本企图完成"日满华北经济统制"，以确保华北的独占（这所谓华北是包括内蒙在内的）。"满洲国"已是事实上的日属殖民地，是日本过剩商品的销售场，原料的采取地，投资处所，及利用廉价劳工的所在。"但结果'满洲'生产呆滞，对外贸易不振，尤其是中国本部向'满洲'的输入，战胜了'满洲'向中国的输出（参见"满洲国"发表之《外国贸易月报》一九三三年"满洲"输出入贸易净值表）。""在日人眼中看来，这是由于（一）'满洲'没有树立森严的关税壁垒，所以不能抵制中国本部及英美商品向'满洲'的输入；（二）即是'满洲'没有同中国发生交通上的关系，所以'满洲'的生产不能大量的输入中国。同时，日本在实行'日满经济统制'的时期中，一方面为避免日'满'两地同种产业的冲突，决定日'满'经济统制之基本方针：将东北作一原始工业地，将日本作一精工业地。另一方面，开辟东北以外的市场，以作日'满'过剩商品之消化地。当然这个消化地，在日人眼中看来，最好的是华北了。"（见方秋苇先生的《所谓设关通车问题》，载《时代公论》一〇八期）。所以日本为谋华北经济的独占，为完成"日满华北经济统制"，不仅要实行平、沈通车，并谋与华北各铁路联运；为将其经济势力伸入内蒙（察、绥）计，最近即积极首先与平绥铁路联运，平绥路曾向日本有一部分借款，大股东张公权（中国银行经理）前曾渡日有所活动，一方面为促成平、沈通车后与平绥路联运，并谋保存其股款。由于这般"日本通"的"引狼入室"，将渐次与他路联运，日本得以伸张其经济侵略的魔爪于华北各地，同样的，也将华北、内蒙作为其销售商品，供给原料，及投资的所在地，从而以完成其"日满华北经济统制"，整个华北与内蒙便将名存实亡了。

在军事上的意义，为日本对俄战争必要的准备。在远东对立最尖锐化的是日俄，日本的竭力缓和对美关系，也为了对俄；在诸多的原因下，远东战争爆发可能性最大的是日俄战争。如果一旦日俄大战爆发，西比利亚及"满洲"［是］一带势必沦为战场，日本为战略上，及谋取得资源的供给，也势必先谋华北及内蒙的占有。为军队及军需品的运输方便，自须实行平、沈直达通车，及与华北各干路联运，尤其是与平绥路联运。这样，则察、绥及山西三省便为日本所控制，而从东北、西北两方面包围了外蒙古，在军事技术上是大有必要的。

自《塘沽协订》与平、沈直达通车后，中日关系是达于所谓"转换时期"，而华北与内蒙是更陷入新的严重危机。华北与察、绥现在都是国防的最前线，察、绥与外蒙相连，与热河、东省比邻。外蒙已为苏俄的势力范围，不能不防其侵入；热河日伪军尤时刻蠢蠢思动，近来内蒙表面上虽尚平靖，然日伪、汉奸散处各地活动，宣传伪组织，煽惑蒙人，也无时不在积极进行中。日本军官赴察、绥公开测量，并由山西某当局勾引，正计划大量投资修筑铁路，连结察、绥、山西，以透入西北腹地，在中国的领土上，而与中国的开发西北运动明争暗斗，这种情势是已在延扩中。

内蒙察、绥是整个华北与西北的屏障，如察、绥有失，则华北与西北便势将同归于尽。绥、察及西北一带，为尚未经开发的"处女地"，农、畜、矿产储藏极富，像这样尚未开发的富源，在现实的地球上已属罕见，当为日帝国主义所垂涎，而急图据为己有，以为其临危的资本主义社会的续命汤。

现在日本举国若狂的准备对俄大战，其对内对外的一切政策，都以国防第一主义为基调，而"亚洲独霸政策"尤为日本帝国主义认为最直接，可能性最大的优势，而急图从速完成。在准备对俄战争的期间，潜在的发展华北与内蒙实质上的占有；一旦战机成熟，再进而为公开的占有，这是势所必然的。当前华北与内蒙的命运，正是在前一阶段挣扎中，同时，日本帝国主义也在赌命的促其完成。

华北与内蒙是陷于同样的新的严重危机中，这不是个别的问题，而是联系的问题。应付这危机的对策，治本的方面，本刊已曾一再申述，不再多赘。立待唤起政府与民众一致努力的，愿简单提供四点：

一、政府应从速确定现阶段的整个对日外交政策。

二、政府应严厉制裁一般汉奸的亲日卖国行为。

三、蒙汉民众精诚团结，一致对外，并唤起肃清卖国贼、汉奸的壮烈运动。

四、力谋健全蒙政委会组织，以充实内蒙国防。

随着日本帝国主义侵略的加剧，阴谋的深进，愿我蒙汉民众本"魔高一丈，道高万丈"的精神毅力，冲破这关系全民族国家生存的"危险线"！

（附注：本篇可与笔者在《众志月刊》一卷四期所撰《平、沈通车的严重启示》一文参阅。笔者识。）

《新蒙古》（月刊）

北平新蒙古月刊社

1934 年 2 卷 2 期

（朱宪　整理）

蒙古地方自治政务委员会办事规则

作者不详

第一条 本规则依据《蒙古地方自治政务委员会暂行组织大纲》第十条规定之。

第二条 本会遵照中央所定《蒙古自治原则》，综理蒙古地方自治一切政务及兴革事宜。

第三条 本会政〔正〕副委员长依据《暂行组织大纲》第五条、第六条之规定处理本会一切事务。

第四条 本会正副委员长遇有不能执行职务时，得由委员中互推一人代理之。

第五条 本会依据《暂行组织大纲》第七条之规定，各厅、处、会均分科分组办事。

第六条 秘书长秉承委〈员〉长之命监督办理本会一切事务。

第七条 参事长秉承委员长之命撰拟本会计划、法案、命令。

第八条 各处处长及主任委员秉承委员长之命督率所属办理各该处会事务并指挥监督所属职员。

第九条 设秘书并分科办事。

第十条 秘书秉承长官之命办理机要事项、典守印信、编订议事日程、会议纪录、整理议案，及不属于本厅各科事项。

1. 第一科 掌管撰拟、保存、收发文件事〈项〉。

  2. 第二科 掌管编议报告事项。

  3. 第三科 掌管会计，编造预算决算事项。

  4. 第四科 掌管庶务交通事项。

第十一条 参事厅设参事、参议等，襄助参事长撰拟、审核本会计划、法令案、命令，共分四组，各设主任一人，由参事兼任之。

  1. 第一组 撰拟关于会务计划事项。

  2. 第二组 撰拟关于民治、保安计划事项。

  3. 第三组 撰拟关于实业、财政计划事项。

  4. 第四组 撰拟关于教育计划事项。

第十二条 民治处分设各科，掌理事务如左：

  1. 第一科 掌管铨叙、司法、选举事项。

  2. 第二科 掌管土地、交涉、自治事项。

  3. 第三科 掌管户口、卫生、救恤、禁烟事项。

第十三条 保安处分设各科掌理事务如左：

  1. 第一科 掌管关于保安、行政事项。

  2. 第二科 掌管关于编制、训练事项。

  3. 第三科 掌管关于设备、饷糈事项。

第十四条 实业处分设各科掌理事务如左：

  1. 第一科 掌管农林、牧矿、盐碱、水利事项。

  2. 第二科 掌管工商、交通事项。

第十五条 教育处分设各科，掌理事务如左：

  1. 第一科 掌管各级学校及专科学校事项。

  2. 第二科 掌管社会教育、宗教礼俗、文化团体事项。

中央政治会议函开：前准中央执行委员会

蒙古地方自治政务委员会实业处、教育处、保安处、民治处

蒙古地方自治政务委员会秘书厅、参事厅

《新蒙古》（月刊）
北平新蒙古月刊社
1934 年 2 卷 2 期
（朱宪　整理）

内蒙自治案

蒋君章　撰

一　自治的运动周折

现属察哈尔省之锡林郭勒盟，与属于绥远省之乌兰富〔察〕布盟、伊克昭盟等，于去年四五月间，酝酿自治运动，以"自存"、"自治"及"蒙地还诸蒙人"为号召，联络内蒙王公，团结要求，去年秋间各盟旗代表及长官等开会于绥远之百灵庙，遂有具体决定，主张取消蒙边各省——后改以绥远省为范围——设立自治政府，外交归中央办理，内部问题，由蒙人自治。议既定，遂组自治政府于百灵庙，以实行其议案，即所谓"高度自治"是也。蒙人此种运动，适于日本人在多伦开蒙人联欢大会之后，其要求废置边省，与现行政治区域相抵触，其所要求，未经中央审校允许，遽尔组织自治政府，颇不合理，一时形势颇呈紧张。十月内政部长黄绍雄、蒙藏委员会副委员长赵丕应〔廉〕，奉令巡视内蒙，与蒙古王公谋解决自治运动之途径。黄、赵二氏对于蒙古高度自治之要求，以其权限太高，窒碍太多，拒不接受。各王公乃改"高度"为"中度"，改变原有主张，允缩小自治政府之权限，专管原有各盟、部、旗，应〔原〕有省区，不予废置，惟令专管已经设县之地，自治政府与省政府间之权限，厘订清楚，并要求不再放垦牧地，不再建立县治。黄、赵亦以与中央意旨，未尽相符，未予接受，会议几濒决裂，形势又告紧张。幸而内蒙各王公，深明大体，不持成见，复改中度自治为低度自治，双方议定办法十一项，其大要如下：

一、蒙古自治组织，称为自治区政府，锡林郭勒盟及察省各旗，编为蒙古第一自治区，乌、伊两盟暨土点〔默〕特、阿拉善、额济纳（二旗现属宁夏省）各旗编为蒙古第二自治区，其他盟、部、旗比会此例编区，其管辖治理权，一律照旧，经费由中央发给。

二、各自治区直隶行政院，遇有关涉省之事件，与省政府会同办理。

三、各盟、部、旗境内不得再设县，或设治局，其现有之县或设治局不及设治成立者，一律取消。

四、现有荒地划为牧区，永不放垦，牧区内零星垦地，一律取消，牧区内之税收，由自治区政府统筹办法征收之；其已垦土地之收益，区、省两政府以平分为原则。

五、蒙旗境内已设之司法机关由自治区政府选派专员，陪审汉蒙诉讼事件。

是项决议由黄、赵二人携归报告中央，蒙人亦即推派代表，来京请愿，中央要人经详细考虑之后，认为有改变之必要，于一月十八日中政会议议定办法十一项，与上项决议略有出入，其不同之点如下：

一、察、绥两省内各设两自治区，自治区之上各冠以中华民国蒙古第几字样。

二、原属宁夏省之阿拉善、额济纳不列自治范围。察、绥两省，已设县治之地，应属省政府。

三、蒙古自治区内各种蒙旗行政由中央授权于省政府者，仍由省政府统筹办理，未授权于省政府者，由区政府秉承中央意旨办理，与省政府有关者，会同省政府办理，已设县治地方之一切蒙旗行政及蒙汉纠纷，仍由当地省政府办理。

四、已垦或已设县之地，所有满、蒙人固有之土地权，一律照旧，未设县之地应以畜牧为主，农业副之，凡中国人在本区内续居一年以上者，均有游牧、垦种之权，其森林、矿产应归国有，由实业部筹划开发。

此案内容，蒙人颇不满意，要求照百灵庙会议之条件通过施行，否则决不承受，即日全体回蒙。中央对于蒙人要求，颇能了解，乃于二月二十八日之中央政治会议席上，另定原则，以泯蒙人之争执，蒙人认为满意，内蒙自治运动，至此遂告段落焉。

二　新案内容

新案原则凡八，照录如下：

一、在蒙古适宜地点设一蒙古地方自治政务委员会，隶属于行政院，并收〔受〕中央主管机关之指导总理各盟旗政务，其委员长、委员以用蒙古人为原则，经费由中央发给。中央另派大员，驻在该委员会所在地指导之，并就近调解盟旗省县之争议。

二、各盟公署改称盟政府，旗公署改称旗政府，于组织不变更，旗政府经费由中央补助之。

三、察哈尔部改称为旗，于系统组织照旧。

四、各盟旗管辖治理权，一律照旧。

五、各盟旗现有牧地，停止放垦，以后从改良牧畜，并兴办附带工业，发展地方经济（但盟旗自愿垦殖者听）。

六、盟旗原有租税及蒙民原有私租一律予以保障。

七、省县在盟旗地方所征各项地方税收，须割给盟旗若干成，为各项建设费，其割税办法另订之。

八、盟旗地方以后不再增设县或设治局，但遇必须设置时，亦须征得关系盟旗之同意。

这是蒙古人认为满意的八原则，其中与原议十一项不同者已少，盖原议分第一、第二等区，此则为一整个的自治政务委员会，事虽不同，但当黄、赵与蒙人接洽时，蒙人本提议两种方式，黄所接受者为甲式，今所通过者为乙式，根本上也是蒙人的要求之一。盟旗地方税收蒙古人要求与省平分，此则但云割给若干，虽有不同，要为已达目的。至于放垦、设治为中国同化蒙古之传统政策，今依蒙人之要求而停止；森林、矿产之收归国有，为孙总理之遗教，今置而不提，可见中央屈从蒙人之意，至乎其极。所以自八原则成立后，蒙古的自治运动，已完全成功，中央的但增区旗政府之经费的负担而已，由此更可见中央提携蒙人自治之热心。前则《蒙古地方自治政务委员会暂行组织大纲》十一条，委员二十四人，业已公布任命，并指定云端旺楚克（即云王）为委员长，索诺木喇布坦与沙克多尔礼〔札〕布为副委员长，《指导长官公署条例》九项，亦同时公布，指导长官正副二人，亦已任命（正何应钦，副赵戴文），并已决定百灵庙为委员会办事地点，指导长官以北平为办事之地，可知蒙人自治之法全，至最近已至完备之境，今自治委员会之亦已正式成立，政务之推进当可预期。

三　今后之希望

蒙人的自治运动，自酝酿以至成功，不及一年，其进展之速，可谓惊人，以视印度人之努力多年，未及自治之本者，可以自许其功效矣！非中央之宽大为怀，委曲求全，曷克臻此？不过时代的背景，也是不容忽视的；内蒙为北方之屏蔽，方今苏联势力已弥漫外蒙，日本军队，已进占察东，方各觊觎内蒙，以为逐鹿之场，蒙人乘机起而作自治运动，应付一不得当，整个北方，立见严重，中央曲从蒙人之要求，盖欲蒙人之感恩图报，能利用自治权利，推进地方之文化，与汉人团结一致，共作为民族生存之殊死战。此釜底抽薪之计，方今太平洋形势日见严重，而美国准许菲列滨之独立，反日见具体化，中央对付内蒙自治之用意，正复相同。所以内蒙古的自治成功，使是汉蒙联合以抗日、俄之初步，这点意义，希望蒙古人能够深体力行的。

《大道》（月刊）

南京大道月刊社

1934 年 2 卷 3 期

（朱宪　整理）

我们的蒙古

予农　撰

　　九一八事变以后，辽、吉、黑、热相继被占，已失之地，收复无期——在现在看来，东北边疆，暂先不提，而日帝国主义者得陇望蜀，东四省即以造成所谓"满洲国"，复继满洲伪国之后，再图造成同一傀儡组织——蒙古国，以完成其"满蒙政策"。观其种种行动，莫不以实现其"满蒙政策"为鹄的，如其屡派日僧及观光团等，借传教观光为名，实际是一方面调察蒙古各地，一方面怂恿蒙古独立。此种积极动作，实属惊人。反观我国当道，虽有数位与蒙古有关者，南北奔走，亦曾设立蒙古自治政委会，然中央无确定方针，对外大计，究属是官样文章，无非多办几件公文呈事而已。故我所期望者，中央对蒙有确定办法，然后蒙民再团结一致，按照中央办法——实行，以中央为领导，使蒙民实行，以蒙民强健之身体，广大之土地，丰富之物产，不但未失土地（指察、绥二省而言）得以保存，即已失之地，亦有收回之望也。

　　今胪陈蒙古重要点如下。

1. 与中国的关系

A. 地理上的关系

　　蒙古为中国北方天然的屏藩，北界苏俄，西临新疆，东倚三省——辽、吉、黑。在往日因苏俄屡侵外蒙，我国欲恢复外蒙，与保持内地，即早目为国防重地；今东北四省已失，又与贪得无餍的日本为邻，疯狂了似的，一步一步往前进，它想在整个内蒙也成立傀儡政府，好完成了他的"满蒙政策"。然完成了"满蒙政策"以后，就满足了它的欲壑了吗？不，决不。它必要再进一步的进攻华北、华南，一步一步而亡整个的中国，再说，蒙古要一旦不守，试问华北一带广大的土地还能存在吗？所以如此看来，蒙古之得失实有左右中国之存亡！吾人为国家为自己，再不能图暂时的苟安，去不闻不问了。中央对此亦得切实注意一下才好。

B. 经济上的关系

蒙古因地广人稀，适于畜牧，所以盛产牛、马、羊、驼等。并有金矿、天然碱、矿盐〔盐矿〕。植物有药材、甘草、五谷等，尤以羊毛、皮革为大宗。以张家口为贸易中心输入我国内地，同时内地所产之烟、茶、酒及一切用品，亦输出不少。彼此在经济上之往来，可谓密切之至。惟因外蒙已为俄所占，近年商业已不如往年之盛。然内蒙——察、绥与内地之贸易仍不减当年，并又有平绥路往来运输，张家口与库伦间汽车路近亦曾有人提倡，若能有一日实现，我国与外蒙的经济关系亦可不致完全断绝。

C. 人民的关系

蒙古人民自古即与中国发生关系，虽然是站在敌对方面，只要你翻开历史，就可以看到匈奴（匈奴即为现在蒙古民族）寇边，侵入中原……就是秦始皇筑长城也是为防匈奴的南侵。在那时可以想到蒙古民族是多么可怕，多么强悍，可是现在他们为什么这样退化，这样散漫呢？咳！说到这里就不得不恨清朝的愚民政策了。清朝见到前朝的失败，就是因强悍之差，所以改力敌而用利诱。一方面用金钱声色诱惑王公，一方面优待喇嘛，并强迫加入，兄弟二人，必须有一人当喇嘛，兄弟三人，必须二人当喇嘛，以此类推，使人民都变成喇嘛而减其人口，灭其种族（按凡当喇嘛者皆不许结婚）。所以现在蒙古人民，上层者只图玩乐，下层者只知迷信，一味守旧，不知进取。吾人若想积极救蒙古民族，只要设法将此二点救过来，使其上有治政之意，下有进取之心，并以政治力量感化，则蒙古将永为我有矣。其次，蒙古一部人民倾"满"，都以溥仪为心目中大皇帝，究其因，亦为清朝愚民之遗毒。此一点亦为吾人注意，应设法纠正其错误思想。

2. 日人眼中的蒙古

日本自明治维新以后，工业猛进，然本国地小物薄，无丰富之原料与广大的市场，所以才有九一八事变的发生。东三省北部本为俄势力范围，今一旦为日所占，此赤白冲突无形成立。况此二国早有裂痕，日为应付苏俄起见，不得不先下手为强，因此即处处进逼内蒙（第一步侵热今已实现），一旦有事，则北侵外蒙，阻断西伯利亚大铁路，一则可断绝苏俄欧亚联络，一则西伯利亚东部亦可不战而自胜。况蒙古又有许多特产，亦可帮助其工业上的需用。至于对我国方面，亦不减对苏俄之重要，南向可直逼华北以至华南，西向甘、宁、新疆，都可长趋直入。此日人贪而无餍极力谋取蒙古之原因也。

3. 日俄的冲突

日本既极力想在"满"蒙扩张其势力，则免不了与苏俄发生冲突，将来世界大战就许此爆发。虽然现在极力制止，其不能制止的原因，在地理上的冲突，关系最大，其他利益上的冲突，皆在东三省。因蒙古物产毕竟较东三省相差太远，不致起多大冲突，其地理上的冲突，有如上节所述，俄感日本威胁其西伯利亚铁路，为保持其本身地位，则不得不增兵保守，因此两下相互增加兵力，而演成现在之情形。时有报载：飞机越境，船只过边等事，屡见不鲜，此即彼此冲突之初步也。

总之，蒙古在现在已成日人俎上之肉，与九一八以前的东三省有同样的危险，吾人非彻底觉悟，与政府切实援助，不能挽救现时的危机。尤其蒙古居留内地之青年学子，更须努力向学，学成回归本地本盟服务，不要只顾内地的荣华，而忘却了自己家乡的危亡！

《新蒙古》（月刊）
北平新蒙古月刊社
1934 年 2 卷 3 期
（丁冉　整理）

歧路中之蒙古人

哈尔滨通信

张觉民　译

　　苏俄与日本的关系似乎是日渐恶化，双方都遣派人员到邻国的领土内，其惟一目的即在侦探军情，——这种消息渐渐透出。苏俄对此种事件向不声张；每次捕得间碟〔谍〕，只处之以枪毙而已，而日本则不然，它就像要将此事宣传的愈扩大愈好。五月下旬在海拉尔发生这样一件案子，关于该案件的消息，日本当局现在才准发表。

　　以侦探嫌疑被捕的多马义夫（C. Dormaeff）与忙古也夫（S. Munkueff）都是布里亚族人（Buriats），他们都是外贝加尔省人，他们也都是为逃亡在海拉尔附近的同族人——布里亚人——所捕获的，捕获以后即送交本地的日本宪兵队。据说经过严厉的拷问后，他们承认是被苏俄政府派来作侦探工作的。并且多马义夫陈述在他加入苏维埃秘密工作之前，曾在外贝加尔省亚金斯科城附近居住，由当地苏俄政治侦察部的领袖所劝诱而加入此项秘密工作。他领得两匹马及二百五十元伪国银币，于夜间在三河区域偷越边界，潜入"满洲国"。依照柏洛夫（Beloff）——亚金斯科政治侦查部的主任——的指导，多马义夫扮作逃难者，因受苏俄的压迫而遭逃于"满洲国"，当初混处于居住三河区域之逃难者之中。后来他迁居到海拉尔，开始他那诡秘的活动。他的工作是探求海拉尔附近日本、"满洲国"及蒙古军队的实力、准备和动作的消息。此外，他更须加入当时在海拉尔方在组织的联队里当一兵士，如果一旦成功，便乘机在蒙古士兵间散布不满意的空气，尤其要攻击他们日本的教官。

侦探与反侦探

所有苏俄政治侦查部认为重要的消息，多马义夫必须转给忙古也夫，也是一布里亚人，他较多氏入境为晚，那时住在海拉尔附近布里亚人的野营里。忙氏与腓力布夫（Filippov）——加察对村政治侦查部主任——有直接联络。他们除侦探军情外，便是考察日本侦探在苏俄境内工作的方法。

自然，我们无从知晓他们侦查日本在苏俄境内的间碟〔谍〕组织有几许成功——这事件之有意义乃在揭破了这问题；这问题平时局外人不知其底细，但是关于它的存在却是毫无疑问的。然而这两人的被捕及处决并不能消灭日本人在东三省对间碟〔谍〕的恐怖，因为，一则苏俄人民住在北满的很多，二则有许多中国人及白俄的善意帮助，所以差不多日本军队在北满的行动没有一件不为远东红军司令部所熟知的。

这种事实，当然为东三省日本军事当局所明了，其中一个代表□□□①大佐是负在哈尔滨军事工作的责任。苏俄早就对于内蒙很注意，他近来说："苏俄的特派员近来在内蒙活动的更积极了。"他以为日本军队占领多伦，颇使红军当局惶恐，以后他们便极积计划防止日本自南面威胁外蒙古安全的行动。这些计划之中，最显著的便是左列几条连结内外蒙的汽车路的修筑：

1. 自 Ulanchudu 至察哈尔及绥远边界。

---

① 此处"□□□"为原文所有。——整理者注

2. 自 Pantzian 至锡林郭勒盟左右旗。

3. 自 Pampei 至 Bnlndo（再展至乌珠穆沁诸旗）。

4. 自乌得至 Talikamyamuchiai 诸旗。

除此数路以外，他更谓苏俄征得南京政府的同意正从事于乌兰哈、Pantzian 及 Ilinhosnun 诸地的短波电台的建筑。

因为关于外蒙陆军的消息言人人殊，所以其实力如何，无法知道，但是我们可以推断其有数千训练精良、器械充足、指挥得人的军队。据自哈尔加（Halkha）逃入东三省的难民所陈述，苏俄现时并未在外蒙古驻有强大的军队，只在库伦有很少的数目，但是在距库伦很近的恰克图却驻有很强的军队。他们并且说所有自哈尔加至呼伦贝尔及内蒙古的商路，都有蒙古骑兵驻守着，而克鲁伦、古鲁苏台、加拉满海及乌得，更驻着很多的人数。由此看来，集中于恰克图的红军可以看作是后备军，当受到侵略者的威胁时，立即开至外蒙的边界。因为现在察哈尔省、绥远省，苏俄有很多的特务人员，来监视多伦及热河省日本军队的行动，无疑的，红军在这方面也不会受到出其不意的攻击的。

在内蒙，特别是锡林郭勒盟一带，有一种很奇怪的现象：因为这一带介于伪国及外蒙之间，虽然名义上是属于中国，但是因为中国在那里的政治势力甚为微弱，所以一般人怕它是有完全脱离中国而独立的危险的。总之，这些地方是许多小王国的联合，受世袭王公的统治。自从日军占据多伦（控制着华北至外蒙商业上及军事上要路的重镇）后，日、"满"的特务人员对该地王公的压迫更形剧烈。

日本贿诱蒙古王公

因为锡林郭勒盟成了两种阴谋的对象——一种发自外蒙，一种发自伪国，我们可以说在他们两方面都想博得内蒙人民好感的努力上，苏俄倚重于知识分子及平民，而日、"满"的特务人员则想博得王公的好感。在这一点上看来，溥仪的称帝，以及长春的貌似实非的政府，实在是日本人的好把戏，因为他们深知道蒙古王公之酷爱头衔、爵位，及光灿的朝服。有些亲"满"的蒙古领袖已经被加封了。如 Patemalaputan 和 Wu Esh-chin 都被封为"满洲国"的陆军少将，并赐以勇武勋章。但实际上他们未尝经过一星期军队里的生活。现在他们分别指挥着驻在海拉尔及索伦的蒙古军队。上面所述两个布里亚人就是为侦察这些军队的活动被捕的。其他蒙古的领袖以皇帝给他们封号而自傲的，尚有"兴安省"政府的 Chimotesaimupeilo 及枢密院的贵福。

据我所知，内蒙这四位领袖，都不是很高明的，他们的高升当然都是因为日本的势力。实在的说，他们和"满洲国"政府中的中国籍的官吏毫无二致。我未曾调查出郭道甫——呼伦贝尔的一个蒙古人，有人说他有达格虎族的血统。在一九二九年中俄冲突时，曾为重要分子——的结果如何。但是一件事实是无疑的，就是他未曾参加现在的伪国政府；他为人磊落，知道那"三千万人的意志"是不拥护伪国。如果他现在还活着，我敢断言，当他同族人受患难之时，他必重整旗鼓，领导他们到真正的独立，因为他是独立的前驱。

在这里关于西伯利亚铁路之敷设双轨，我不愿多说，因为人已尽知，但是我要谈点关于风传苏联建造与外蒙边界平行而与战略极关重要的铁路，此事外人知者颇少。据向来注意西伯利亚动作的关东军司令部所传出的消息，这条铁路，当修成以后将连络北面的 Aretensk 及 Nerchinsk，以达外蒙古的克鲁伦，于 Bordzia 地方与西伯利亚铁路交叉。并谓这条铁路的两段——第一段自 Sretensk 至 Nerchinsk，第二段自 Bordzia 至苏蒙边境——早已筑成。照例，其修筑铁路的工作是由罪犯——苏俄的“阶级仇敌”——来担任，其工作的人数约有四万。

当然日本在这方面也不示弱，也正忙于建设三条很重要的铁路，以更进一步的深入内蒙的原野。其名称是：

1. 洮索路，归原至索伦一段，此为前中国当局所未及完成者。

2. 凌源至朝阳段——连络北票及热河省城承德。

3. 朝阳赤蜂〔峰〕段——是由朝阳至锡林郭勒盟主要的一段，该盟为俄日阴谋的焦点，这我已经说过了。

与筑路狂同时传闻于世的是传闻中国平绥路拟从日本举借五，二〇〇，〇〇〇元的款，那么便使该路事实上置于日本财政支配之下。一旦有事，他们甚至实行军事统治，便可自由的从海岸运兵至张家口及绥远，假若与苏俄发生战事，红军的两翼及后方即受其威胁。日本参谋本部之早就制定了一种计划，将平绥路及内蒙包括在内，可以从一九一八年日本强迫中国所订之秘密条约判明，这条约便是中国允许日本军队、给养等可在中国全部铁路输送；甚至据传中国已经认可与日本在任何的财政事情，交换军事地图及情报上合作，甚至共同出军以抗俄。总之，在日本所意想的日俄战争中日本强迫中国成为她的同盟者。

这种计划，日本的军人领袖仍未放弃，而且随时都准备将它实行，这可以从他们现在之压迫中国当局，企图将华北变成九一八前之东三省看出。在华北制造一类以九一八以前的东三省，可以认作是一旦与苏俄有冲突时，他们将逼迫中国去实行一九一八年条约上的义务的第一步，中国同意与否，在所非计。日本用五万后备队在这一方面便满可奏奇效。如果日俄发生战事，那末华北的地位，就与一九一四年的比利时差不多了，当时德国军队通过比国猛攻法军，期将其一鼓毁灭，若非军俄〔俄军〕攻入东普鲁士，法军便真难保全了。

　　一个险恶的未来，好像是等待着蒙古人们呢！他们的地位正似大战时的波兰人，因为他们分隶于三个交战的国家——俄、德及奥匈帝国——被其各个所属国军队驱使着，他们只得互相惨杀。现在蒙古人也是处在相同的地位，因为一旦战事爆发，外蒙人以苏俄同盟的资格，要去帮助红军，可是内蒙人——包括居住于呼伦贝尔、热河及索伦区内的——就得去帮助日本军队。

　　日本制造独立的蒙古队伍（此处不用陆军一字，因为那个名词是错误的称呼）似乎有些晚了，在另一方面来看，据各方报告，苏俄已经有了惊人的成功。在多年努力经营中，他们已造成一个小的蒙古陆军，约有数千兵士（有人说有七千），训练完善，器械精良，指挥得人。据各方报告，这军队包括经过二年强迫训练的常备军及地方队伍，凡十六岁至四十岁的男子都须参加。如果我们相信来自外蒙的逃难者的陈述，那么外蒙军士的精神，已经达到红军的地步。因为他们习染了共产主义的宣传，所以它们似乎知道将来恰〔要〕为什么去打仗。然而，由于最近苏俄欲在外蒙实行与苏联本部及西伯利亚同样的集产农场，外蒙民众暗中不免有怨怼之意。据说因为强迫收买牲畜以供给远东军队，更使蒙人的忿怒增加。无疑的，所有这些情形，都方为现在在边疆工作的亲日人员所利用。

　　关于日本制造独立蒙古队伍的进展如何，消息甚少。在海拉尔及索伦已招募数千骑兵。他们的战斗力如何，现尚不得而知。日本人计划经过相当时日后，实行征兵制，在那种情形之下这些蒙古兵就去当见习军官。

　　依我看来，蒙古人已经到受磨难的时期了；因为位于苏俄，日本及中国三方发展的中心点，他们的领袖若非有非凡的眼光，由这未来的斗争中，引导蒙民到安全的乐土，他们恐怕就要遭遇完全的毁灭。从现在参加"满洲国"的人们中绝对找不出这样的领

袖；他们都是太庸庸碌碌的人，不能担负这种重任；在这磨难的
时期，这样的领袖人物只可希望从中国的内蒙或苏俄的外蒙求得。

　　　　　——译自上海《弥勒氏评论报》第六十九卷第六期

　　　　　　　　　　　　　　《新蒙古》（月刊）
　　　　　　　　　　　　　　北平新蒙古月刊社
　　　　　　　　　　　　　　1934 年 2 卷 3 期
　　　　　　　　　　　　　　（李红权　整理）

溥仪称帝与内蒙危机之深化

天朗 撰

　　数月前内蒙曾发生高度自治运动，读者若非健忘，对此严重紧张印象当尚留旋于脑际也。是后经中央派员宣抚，虽告平息，顾实际上危机仍未因之稍减。最近内蒙代表反对中央议定方案及溥仪之称帝酝酿，足征内蒙前途尚未能如我人愿望之宁靖，而日本侵蒙之箭已在弦上，尤为可能显著之事，兹申论之。

　　夫日本侵略中国，乃先天的无止境的传统政策。其视吾东省及蒙古，固早已列入"生命线"范围以内，此为大陆政策成败之关键，而日人数十年努力之标的物也。田中之"满蒙积极论"中，更足窥见其野心勃勃之一斑。迨"九一八"一举而得四省，并吞满蒙政策已实现大半，此因日本意外之胜利；然田中主义承继者——军阀犹以未得蒙古为憾事，顾当时限于国际情形，不能畅所欲为，不得不稍敛凶锋以缓和空气，于是满洲伪国及《塘沽协定》均应运而生，但日本侵蒙之□，仍不稍戢。现东省义军势力所剩无几，国际形势又大非昔比，德意志之嚣张跋扈，使欧洲各国顿感不安，竞务充实内部之准备，对于远东问题，形格势禁，纵欲顾问，亦有所不能；国联对中日纠纷，自始即失约束制裁之权威，自日德相继退盟、意大利提议改组之后，更现不可支持之状，对中日问题，唯有搁置不谈。国际形势既如此，斯诚日本有事远东之绝好时机，于是疯狂之日军阀遂有侵蒙军事再度发动，以完成其大陆政策之初步计划也。

次就日俄关系言之。日俄两国，历史具有不可疏解之怨仇，而两国在满利益冲突亦最烈。其表现最显著者，莫若中东路问题，当日本侵占东省后，即唆使其一手制成之伪组织压迫苏俄，以遂其掠夺中东路之目的；惟当时苏俄正实施五年计划，而西境国防尚未巩固，雅不欲于此时与日决裂，故一面提议出售，虚与蛇委〔委蛇〕，一面与邻国缔结不侵犯条约；更在世界经济会议席间与美使交换意见，恢复断绝十六年之美俄邦交。至此苏俄乃一变向日妥协态度而对日强硬，日俄关系因之越趋恶劣。"菱刈怪〔隆〕文件"之发表，莫洛托夫与远东红军司令布准务将军之露骨反日演词，及双方增配军备，均已证明两国已届剑拔弩张之境，战争有一触即发之势。日俄战端一启，东省适当其冲，必为炮火之目标，日本若无其他军事资源地，必难持久，蒙古沃野千里，适为日人理想中之资源地，且蒙古与苏俄国境毗连，可以侧面攻击，使苏俄背腹受敌，此在军事、地理上，日人必欲将蒙古攫为己有也。

抑尤有进者，日本侵蒙早在预定计划中，经之营之，已非一日。现内蒙各旗盟均有日军官踪迹，前次之高度自治运动，其幕后如何，吾人此际不欲深论，但决非单纯本自"民族自决"之动机，则可断言。观诸最近日军在察省之行动，已足窥其用意。惟日人对华侵略，每用"以华攻华"方式，以避自己责任，此种惯技，早为世人所识破，此次溥仪称帝，伪组织改称"满蒙帝国"，亦不过其侵蒙前之一种烟幕作用而已，其何能尽掩天下人之耳目耶。

内蒙得失，与中国本部关系至巨。现内蒙自治方案，尚未完全决定，而危机已如此严重！愿吾当局妥筹善策，充实边防尤为必要，否则日人威逼利诱，此仅存之内蒙必将随四省而版图易色也！

《勇进》（半月刊）

上海勇进半月刊社

1934 年 2 卷 3 期

（丁冉　整理）

口北道十县划归察哈尔经过

作者不详

　　口北道，民国二年置，属直隶省，辖十县，曰宣化，曰赤城，曰万全，曰龙关（清名龙门，因与广东县名重复，改），曰怀来，曰蔚（清为州），曰阳原（清名西宁，因与广东县名重复，改），曰怀安，曰延庆（清为州），曰涿鹿（清为保安州，民国改县，又因与陕西县名重复，改今名）。十七年秋，察哈尔设省，中央议定将此十县割属。太原政治分会亦复赞同，本府遂遵照于是年十二月一日移交。事关省境变更，极属重要。兹将有关文卷，择要录存，俾留心史事者，得所参考焉。

——编者识

民国十七年八月中央政治会议电询太原政治会议及本府对于热、察、绥三特别区改省意见

　　国急，北平、太原政治分会，天津河北省政府均〔钧〕鉴：前据蒋委员作宾电，请示热、察、绥三特别区行政组织，当经交内政部筹议。兹据该部呈，请将热河改称热河省，绥远改称绥远省，察哈尔改名集宁省，并将旧直隶口北道十县划归集宁省管辖。又以三区改省后，纵不能全照内地省制组织，亦须略具规模，以便施政。拟将热河省会暂设承德，绥远省会暂设归绥，察哈尔省

会可径设万全；一俟政治设备渐就完善，再移设中部相当地点等语。经本会议第一百四十八次会议讨论，以该部所拟办法，似尚妥洽，拟准如所请办理。惟三区所辖县份尚少，改省时拟将各该省政府织组〔组织〕，参照现行制度，约〔酌〕量减缩。议决："俟征询太原、北平政治分会及河北省政府意见后再议。"等因。除抄附内政部原呈理由书另函分寄外，特先电达，希查照。中央政治会议。文。

本府呈覆中央政治会议文

呈。为呈覆事。案奉钧会文日电示，以据蒋委员电，请示热、察、绥三特别区行政组织，经交由内政部议覆，请将热河等区改省，并将旧直隶口北道十县划归集宁管辖各节，经钧会第一百四十八次会议议决，分电征询意见，等因；以文电行知到府，并奉函示前因，附抄发内政部原呈。奉此，职府以此案关系变更省界，较为重要，必须详加讨论。正审议间，适准河北省党务指导委员会函，以热、察、绥三区原辖县份均少，今若改省，自当将三区并为一省或二省，即可减设各种机关，如强将口北道十县划入察区，社会经济，各不相谋，行政党务，均难一律，经委员会第十九次会议议决，认为口北道十县划入集宁，恐增滞碍。同日复准河北省党务指导委员会函，转据口北十县民众代表吴振玉等感代电，以口北十县划归察区，于察区无甚补益，于口北增重担负，口北民众，无不震惊；列陈六不可之理由，请转电撤销原议，仍归河北省管辖等语，据情函请根据会函及口北十县民众代表意见，电请取消原案，各等因。又据怀来县公民席之琦感代电称："查口北十县，向以隶属河北，受道一风同之益，文化蒸蒸日上，若另行划分，使与甫经建设县份，一炉施治，必致文明退步。且仅以十县及旧附三厅财力，供给一省政府，地方负担，势将不支。兹者三民主义方始励行，口北人民，遽变内地为边区，揆之党纲治理，均有未符。请详加审议，勿遽划分。"等情，先后前来，经提交职府委员会详加讨论，佥谓地方人民意见，未便壅于上闻，除电陈外，理合照抄原函各件，呈送钧会，敬乞鉴核。

民国十七年七月阎锡山电本府为绥远、热河、察哈尔三特别区改省征求意见并请从速议覆

特急，北平临时政治分会、天津河北省政府钧鉴：进密。删日陈中央政治会议一电，文曰："绥远、热河、察哈尔三特区拟改省制，曾经战地政务委员会电陈政府核议。兹查三区属县无多，地方岁入，每区每年不过数十万元，骤设行省，资力恐有未逮。惟为将来开拓计，于改省亦极赞成，特省府委员宜少，择要设民政、财政、建设、教育四厅。该三省拟暂仍旧治，绥远治归绥，热河治承德，察哈尔治万全县境张家口。并闻内政部有将旧口北道属十县划归察哈尔之提议，规画甚为妥善，按之事实，亦实非此不可。如此议实行，则丰镇、集宁、凉城、陶林四县，原系绥远划归察哈尔者，拟仍归还绥远。至河北省虽划入旧口北道属十县，然新添旧京兆全区，亦属有盈无绌。若省名，绥远、热河均宜仍旧；惟察哈尔原系蒙语，于义无取，该处在汉为上谷郡，唐为桑干等都督府，元为开平、兴和等路，明为开平卫，清为口北道，民国专设兴和道。现拟上谷、口北、开平、兴和四名，呈请酌定。锡山查酌地方情形，谨贡刍荛，即请核议示遵。"等语。顷奉巧日电覆，内开："删电悉，'热、绥、察三特别区属县无多，地方岁入不多，如实行改省，拟只设民、财、建、教四厅。三省暂仍旧治。口北道十县划归察哈尔，丰镇、集宁、凉城、陶林四

县仍还归绥远管辖。省名热、绥仍旧，察哈尔新拟四名并选其
一。'等因，业经报告，本日经一百四十九次会议，众议甚为赞
同。惟三区改省，业经前次会议议决，征询太原、北平两分会及
河北省政府意见后再议，业已分别函电去后，尚未得覆，请烦就
近催三机关急覆，以便决定。特覆请查照。"等因，除太原分会业
经电覆计应察及外，即请查照从速议覆为盼。阎锡山。马。印。

民国十七年七月太原政治分会电本府为热、察、绥三特别区改省将议覆各节电告

　　特急，天津河北省政府鉴：进密，中央政治会议文电想邀察
入。兹经本分会会议于效日电覆，文曰："文电奉悉，当经报告本
会会议，佥以热、绥、察三区改省组织，内政部所拟各节，极臻
妥善；惟尚有应行商酌者，谨陈如左：（一）省境，既将口北道属
十县划归察属，则察属丰镇、集宁、凉城、陶林四县，原系划自
绥远者，仍应归还绥远，以昭平均。（一）省制，三区既拟改省，
当然与各省一律，惟辖县无多，地方岁入每区只数十万元，省府
委员少设，并择要先设民政、财政、建设、教育四厅，以节经费，
俟地方开拓，再行扩充。（一）省治，热河仍治承德；绥远仍治归
绥；其察哈尔原治河北万全县，本系借地，亦嫌过偏，现既将口
北道属划归察境，地点较为适中，自应仍治万全。（一）省名，热
河、绥远均可仍旧，察哈尔系蒙文译音，自宜酌改。查元之集宁
路，今为陶林、集宁各县，既拟划还绥远，犹以集宁名省，深恐
名实未符；该处在汉为上谷郡，元为开平、兴和等路，清为口北
道，民国专设兴和道。现拟上谷、开平、兴和、口北四名，请予
酌定。以上各节，均系查酌地方情形，历代沿革，经由本分会众
议赞同，谨请核议施行。"等语，希即查照，并将议覆各节电告为

盼。太原政治分会。个。印。

民国十七年九月国民政府秘书处公函为奉令热河等区改省将原隶直隶之口北十县划归察省等因录令函达查照

径启者：奉国民政府令："统一告成，训政开始，边远地方行政区域，亦应分别厘定，肇启建设宏规。所有热河、察哈尔、绥远、青海、西康各区，均设为省，依照法令组织省政府。所有热河、青海、西康三省区域，均仍其旧；惟将原隶直隶省之口北道十县划归察哈尔省管辖，其原隶察哈尔之丰镇、凉城、兴和、陶林、集宁五县划归绥远省管辖。一切设施，务期便利人民，弼成郅治，有厚望焉。此令。"等因，除公布外，相应录令，函达查照。

民国十七年十一月察哈尔临时区政府咨本府为奉国府电旧直之口北道十县划归察管请饬各县及各机关一体遵照并盼覆

为咨请事：案查前准国民政府筱电开："本府委员会议决议：依照中央党部决议案，察哈尔改省，旧直隶之口北道十县划归察哈尔。"等因，当经电请阎总司令鉴核示遵在案。兹于巧日接奉覆电，内开："佳代电悉。口北十县及原划并后置之五县，既经中央明令分别划归察、绥，希即依据国府筱电，行知各该县遵照可也。"等因，奉此，相应咨请贵政府查照，希即转饬口北各县及所属各机关一体遵照，以便接管，并盼见覆，实纫公谊。

本府代电覆察哈尔临时区政府为
划分口北十县请派员来商

察哈尔临时区政府杨主席勋鉴：准咨，以依据国府筱电，划分口北十县，嘱即查照转饬，等因。查口北十县划分问题，亟待洽商，准函前因，相应函请贵府派员前来会商一切为荷。河北省政府。鱼。印。

民国十七年十月察哈尔民政厅长彭赞璜函
省政府为委托黄履元接收口北十县
各独立卷宗请接洽点交

敬启者：查口北十县，业经迭次与钧府会商，定于十二月一号交敝省政府接收。所有关于十县卷宗，已承饬科预备检交。至各项独立卷宗，前已商定先期移交。兹委托黄履元前赴钧府，即请派员接洽点交，实纫公谊。

省政府函覆俟令厅县手续办齐后
再行移交口北十县卷宗

径启者：顷准大函，嘱即派员先将口北十县各项独立卷宗点交黄君履元等因，当即令行各厅暨口北十县遵办。惟实行交接，尚须俟各厅县手续办齐后，方可着手办理。相应函覆，希即查照为荷。

民国十七年十一月察哈尔省政府咨已派民政厅长彭赞璜来省接洽移交口北十县事宜

为咨请事：查口北十县划归察省，业经国民政府暨总司令先后电示在案，并由敝政府送咨贵政府移交，已逾多日，未准见覆。兹奉总司令鱼电开："划拨口北十县，应由该政府派员前往接洽。"等因。奉此，兹特派民政厅厅长彭赞璜前赴贵政府协商一切接收事宜，俾符中央政府议案，而资政务进行，实纫公谊。

本府咨覆口北十县定于十八年一月一日移交

为咨覆事：案准大咨，以划拨口北十县事宜，特派民政厅厅长彭赞璜来协商一切，等因。准此，当经本省政府委员会第三十五次会议决议，定十八年一月一日移交。相应咨请贵政府查照为荷。

民国十七年十一月本府训令各厅及口北十县定十七年十二月一日移交

案奉国民政府筱电开："现经本府委员会议决议：依照中央党部决议案，改察哈尔为省，旧直隶省之口北道十县划归察哈尔，除明令公布外，合亟电达查照。"等因，并准内政部函同前因到府。又据察哈尔省政府派员民政厅厅长彭赞璜函称："查口北十县，业经送与钧府会商，定于十二月一号交敝省政府接收。所有关于十县卷宗，已承饬科预备检交；至各项独立卷宗，前已商定先期移交。兹委托黄履元前赴钧府，即请派员接洽点交，实纫公谊。"等因前来。经本府委员会第三十八次会议议决："口北十县定十二月一日划归察省，卷宗俟令厅令县手续办齐后再行接交。"除函覆并分令外，合行令仰该（厅）（县）查照。此令。

民国十七年七月河北省党务指导委员会函本府陈述口北道十县不能划归集宁省之理由

径启者：顷据报载中央政治会议根据内政部筹议，请改察哈尔为集宁省，并将旧直隶口北道十县划归集宁省，惟须俟征求太原、北平政治分会及河北省政府意见后再议等语。查内政部拟将口北道十县划归集宁省之意，一则因察区所辖县份太少，改为一省，未免太小；再则因察区政治、经济等状况均较他省为幼稚，增加口北十县，则行政组织易于改善。惟热、察、绥三区原来县份均少，今改为省，则自当将三区并为一省或二省，县份既多，各种机关，亦可减少，何必强分三省，使行政系统紊乱？且察哈尔政治、经济状况，既逊于他省，则改省之后，自应努力建设，以期与省共臻宪治之境，又何必强将口北道十县划入？且察区与口北道社会经济状况，迥不相同，并入一省，则行政方面、党务方面，进行亦难一律。兹经本委员会第十九次会议议决，认为口北道十县划入集宁省实无理由，且增滞碍。应由河北省政府电中央政治会议及北平政治分会，详述口北道不得并入集宁省之理由。特此函达，即希鉴纳。

民国十七年七月河北省党务指导委员会函本府为口北十县代表吴振玉等代电陈口北十县不能划归集宁省一案请根据本委员会意见电达中央政治会议取消原案仍属河北省统治

径启者：顷据口北十县民众代表吴振玉等感代电称："中国国民党河北省党务指导委员会钧鉴：军阀祸国，反抗革命，处日暮途穷之境，尚作负隅困斗之思，以致全国骚然，民深水火。而我口北十县贫瘠之区，三年之内，迭遭兵燹，益以荒歉匪扰，痛苦尤深。在此战乱期间，时而隶属察区，时而隶属奉军三、四方面军团部，军阀宰制之下，任意割据，使我口北十县不属本省管辖已三年矣。今幸北伐成功，幽燕底定，口北十县，始得与河北省政府离而复合，如游子之归故乡，其欢欣为何如耶！不谓近来报纸纷传，中央政府有将口北十县划归察区改设行省之议；政府拟议，据何理由，无从悬揣，而我口北民众得此消息，无不震惊。振玉等窃以为此项拟议，实有种种未当，爰本不弃刍荛之义，谨为缕晰陈之。察区境域辽阔，广袤各数千里，面积之大，远过河北，行政上已有鞭长莫及之势；若再益以口北，统治更感困难。此其不可一也。口北在历史上本属内地，民情风俗，与河北各县无异，而与察区则截然不同；今若将口北十县强为划归察区，民情既有未洽，行政自多不便。此其不可二也。察区地广人稀，亟待开辟，先总理《实业计画》言之綦详。值此裁兵之际，察区政府，宜举全力开发西北，以竟总理遗志，不应再将口北划入，致分其力。此其不可三也。口北地瘠民贫，在直隶方面，负担已属不胜，若改隶察区，则该区军政各费之大部分，势将取之口北人民，负担益重。此其不可四也。变更行政区域，当遵〔尊〕重民意，欧美列强，依法非经国会议决，不得任意变更。今者革命成功，训政开始，虽未制定宪法，而种种措施，亦当取决民意；若强为划分，殊失舆情。此其不可五也。或谓口北僻处一隅，接近察区，不知河北省政府将来移设北平后，口北借平绥路之联络，其便利实多，即使仍设天津，有平奉路之联络，亦绝无偏远之弊。此其不可六也。总之，口北划归察区，于察区无甚补益，于口北则增重负担。振玉等利害切己，难安缄默，用特电陈，伏乞转电中央政府撤销原议，口北十县仍归河北省管辖，不胜迫切待命之至。"等情。据此，查口北十县划归集宁省，无论从政治上、经济上、文化上任何一方面观察，均有不便，曾经本委员会第十九次常会决议，函达贵省政府表示意见在案。兹据前情，相应函请贵省政府根据本委员会及口北十县民众代表意见，从速电达中央政治会议，取消原案，使口北十县仍隶属于河北省政府统治之下，至所切盼。

民国十七年七月怀来县公民席之琦代电本府为口北十县划归察哈尔一案经中央政治会议将该案交省政府会议请详加审议勿遽划分

河北省政府钧鉴：公民为口北十县划归察哈尔改为上谷或口北省一案，曾于号日电请国民政府详加审议，文曰："口北十县僻处关外，在昔文化逊人一筹，然而三百年来行政官吏不容贪污，地方负担亦无偏重，则以隶属河北，接近国都，监督有人，治平蒙福也。且自新政施行以来，受道一风同之益，文化事业，已与河北平原各县并驾齐驱，大有蒸蒸日上之势。今若另行划分，是将开化多年之县份，与甫经建设之县份，一炉施治，文明退步，决定无疑。以地方负担言，仅十县及旧附三厅之财力，供给一省政府之设施，势将不支。以行政官吏言，县缺太少，省行政长官倘为私亲所蔽，贪污必出，民生难安。三民主义现方励行，口北人民日希进步，兹乃先受宰割，另外生成，变内地为边区，降汉族同蒙古，揆之党纲治理，均有未符。应请详加审议，勿遽划分。"又顷阅报，悉中央政治会议，业将此案交省政府会议，合再电陈前情，伏冀矜鉴。

民国十七年十二月口北十县旅平公民代表呈本府为口北十县划归察区拟请俯顺舆情暂缓交割

呈。为口北十县划归察区，拟请俯顺舆情，暂缓交割事：查本年夏间各报遍载内政当局提议察、绥两区改行省制，电征外间意见，其中覆电有主将旧隶口北道十县外割于察区者，公民等闻之，即将不可之理由，呈明钧政府在案。乃不见批示，意料必系报载不实，是以如是。不料近日察区省府成立，口北十县将于十二月一日实行移交，公民等身为各该县住民，地方利害，见闻较确，诚不敢自安缄默，壅塞上闻，谨将种种窒碍情形，据实直陈，维钧政府垂察焉。察区改省自系经边要图，民间何敢妄论，然其事要在于消弭寇盗，发展交通，奖励移民，从事屯垦，初不在割内省属县使之外附也。大凡变更地方旧有隶属关系，往往于人民经济生活、文化进退，以及风俗习惯，在在有深切关系，办理之际，皆宜于此加以考虑。在昔帝政时代，关于此等事，恒出于朝廷自由，此乃天下莫非王土之义，原无足怪；若在文明之民治国家，关于此事，大之则国家宪法，小之则寻常法律，皆有详细规定，附以严密条件，或由地方议会提议，或经住民同意，皆其荦荦大端。此盖虑若任行政一面自由更改，非特易使当地人民生活感受不安，亦恐使地方区画易于紊乱。即以今日河北言之，既使平、津两市离省独立，又割口北十邑使之外附，由此类推，设热河执政之人，以为疆土褊小，要求割取旧日永遵十县之地，有何不可？若因人设官，南以河南之彰、卫、怀，北以河北之大、顺、广，改为一省，又有何不可？如此随意分割，则各省属土，地方疆域，破碎凌乱，势所必然。吾国各省经界诚多失均，似宜于宪政开始时代，通盘筹措，妥定通行画一办法，训政时期，似非急务。即以为必要，似亦宜通体为之，未可枝节而为之也。口北十邑，自明初隶属直隶，于今几六百年，其与河北人民同居并处，毫无间隙，犹如家人父子之肃雍敦睦也；今忽令其分居析产，心非木石，孰能忍此。察区原属九县，今以兴和等三县归之绥远，而以口北十县补之，其余六县，全年之总收入，不敌口北十县中蔚县一县，是无异以十县之财政负担，令其任一省之负担。此十县岁入，在河北素称不丰，今忽使之任此重负，其何以堪？口北十邑前因山路修阻，风气不免梗塞，近数十年以来，因交通改善之故，文教日有起色，今一旦外割裂，与内地减少观感机会，亦恐于文化前途，有所不利。口北十邑，纯然汉俗，与察区之蒙旗牧场迥然有别，勉强合并，彼此均多隔阂。凡此诸端，皆公民等引以为忧者也。如谓改省之计，关乎边政，势难中止，察区县份无多，不得不另求弥补，窃以察、绥两区同属蒙疆，壤地相接，习俗概同，并为一省，以视四川之半，犹有不及。夫口北十县之近于察区，与晋北十三县之近于绥区，固无大异，今两区同时改省，不割晋北之地以附绥，独裂口北之土以属察，此中高深，公民等尤所难喻。方今训政开始，群贤在位，公民等允宜伏处草莽，敬谨听训，何敢于国家大政，妄有论列；惟目睹父母之邦，桑梓之乡，分崩离析，情有难禁，用敢干犯尊严，贡其狂瞽。如荷俯念下情，电请中央暂缓办理，口北十县，实利赖之。

《河北月刊》

天津河北省政府河北月刊社

1934 年 2 卷 4 期

（李红权　整理）

蒙古觉醒了

Frank Oeliver　著　　心知　译

　　高高乎在耸出海平面五千呎的高原，东亚的屋脊上的蒙古，她曾经征服过、统治过整个的世界，而今她自己却正在与克服和没落而挣扎奋斗着。邪惑游牧自由而至于死的文化从各方面来袭逼。他们的疆土一年一年的破碎，犁锄渐渐底将他们的草原变为农村。他们已处在这样一种境遇，即一个民族已被捕捉和吞没在他们所莫明其妙的一种生活潮流里面了。

　　七百年前震动世界，差不多在欧亚各种族中都遗下了蒙古特色这样一个种族的发祥地——内蒙古，现在所有人口还不到一百万，这些人民乃系仍然留住在未征服和未开拓之地者，其余的蒙古人都是居住在那被好争、好夺的邻居所并吞了的土地上，如日本化了的"满洲国"，俄罗斯化了的外蒙古，与华北几省，其中有一部分曾属蒙古统治者。

　　由此种族的余遗出来的几位复兴分子，最近已占〔站〕出来为了生存权而建创最后的地位。他们谓蒙古族已受着了迫在眉睫的灭亡威胁。他们对于操其完全主权的中国，要求自治权并承认他们如自由独立民族一般的生存权，而为要仍然留在造成中华民国的五族集团中，他们想要有自理权和行政权来保护他们的土地，以免南方中国的土地克取，和东方日本的军事征服。

　　蒙古人现在仍就是过的中古时代的生活。该地现在所适用的有些法律还是七百年前成吉思汗所创制的。且现今蒙古人的很多生活习惯，还是那古远而未变的。但是蒙古人必须要使其自己近代化——非常的要近代化，将来在她的土地上决不会有牧童，但是这个机会要在将来隆隆有声的铁路经过她的草原那个时期去了。蒙古必须使其自己近代化，不然就会灭亡，因此，她曾为了继续国家而战争，而现在又为着种族垂远而奋斗起来了。

她的庞大邻居，即在其悠久的历史过程中，曾经吞吸了许多民族的中国，已吸取了蒙古三分之一，而蒙古亦已感受着吞尽其余的威胁。中国的"侵占"在许多年前就开始了，而在一九一一年中国革命以后，蒙古亦已加入了中华民国，因此就有这样一回事，即各军阀彼此循环，不断底演全武行于中国舞台，蹂躏农村，招募人民而如兵，解之则为匪。中国农民将其茕孤一牛捆载其所有家物而北去，落住于广大的蒙古草原边境，用木犁系在他们的牛上就开始耕作起来。此为抢劫，因为蒙古没有片土席地是属于个人的，使此劫掠更为容易。所有的土〈地〉乃属于所有的蒙古人，而他们的畜群漫食草原，沿逐景色而进。蒙古人随时所到之处，都遇着有中国居民在那里，于是他们也简单干脆，将他们的畜群带起转向他去就是了。他们不知道为什么中国的邻居朋友要将蒙古土地犁翻起来，只知道他们自己是不这样做的。究竟所占去的土地还是这样的小，一个狭榨〔窄〕的一条。

但是侵占一年一年的往前进，而居民从匪徒当道的中国，来到这个法律尚存平安无事的地方愈来愈多，前之狭小地方就开始扩大起来了。自然不久，中国的盗匪也发现了这个新地方，嗣后也被军阀、土皇帝寻着，就开始要这地方供给他们队伍的粮食，并且征收捐税以饱他们的私囊。一九二八年，当中国国民政府成立了全国统一的时候，中国当局们就使其掠夺具体化，将蒙古的疆土割裂成为所谓绥远和察哈尔两个新省，加之以直隶（河北）、山西两省来掩护他们的行动是很够的了。

但是这些新疆界绝不能满足中国农民。他仍然往北进，以其长驱直入，威胁蒙民，大有完全逐出蒙古人于草原以外，到其最北之不毛戈壁沙漠，与其畜群牲队在那里同归于尽之势。因为知道这一步，所以蒙古要要求中华民国这位家庭的老大哥，恢复她的统治其土地的治理权，保持她在世界民族中的同等地位。她绝不是要求已经盗去的土地要归回原主，他是要求中国在蒙古疆土内停止括取捐税，并在蒙古住居的中国人归属蒙古管治。但是她的最大目的是在阻止对她饲养马、牛、羊等牲畜所倚赖的土地的农业侵占。

蒙古地方自治的要求，今年很早就由一各〔个〕蒙古王公的代表带到南京去了。经过了相当长久的挫拆〔折〕、阻碍，而中国当局对于他们自己的利益固不能盲目从事，当蒙古各王公威胁以退出中国而与"满洲国"一同命运之时，自治之愿，始被许允。依照新规程，蒙古牧场不再开放让中国农民住居，而各部族完全与中国省政当局独立。南京政府甚至担保允与按月份津贴，帮助蒙古自治机关。蒙古自治政府已于四月二十三日在百灵庙开幕成立，南京代表亦已将文件、关防交代与蒙古政务会了。

自从中国宣布允让后不久，日本驻平军事随员柴山宣称：内蒙自治运动系由苏维埃主力分子所鼓动。彼更谓共产党的势力已显明的达到绥远省的各边城了。不管是真的或假的，柴山的发言，不过是为日本或"满洲国"侵略内蒙古先备置些口实，也许才会采取这么一个步骤罢。

我曾同拉尔孙（Larson），曾经居住蒙古四十余年的一个瑞典人，经过这个奇异的国土作了一个千里之遥的长途旅行，虽然此地缺乏大树、菜蔬同河水，但有那很大的浓荫通景，可爱的浅浅山谷，与那从平原突起好像由海面掀起的波浪一般的山丘点缀着，真是一个景色新奇的异乡，是一个多新颖的地方，如沙拉木伦（Sharamuren）、喀兰诺尔（Karanor）、哈古尔诺尔（Argulnor）、喀干幽尔纳（Chaganhnra）与阿拉善（Alashan）等。是这样的一个民族：以绒毡幕帐代替屋舍；性情非常坚毅；畏雷电如天神的声语，但是不怕人兽；有王公、政客、军兵与普通人民，其生活费用非常低廉，自奉亦极简薄；有如像她的祖先所为远越亚洲那样的世界上最精强的骑士。接近张家口，中国的古代边城，那里许多房屋仍就〔旧〕是以砖造的，大山从平原突起，坚硬的岩石峡道直引而上，当我们向前走时，遇着中国的二轮重车和骆驼大队由蒙古而来。我们停止在攀援而上的路道的一部，让了两百个骆驼过去，每个都载有二百五十磅鸦片烟，作这个贸易，利是很厚的。一队中国商人，他们从甘肃省经过平安无事的蒙古，而不经过盗匪充斥的中国几省而来。我们登上挨近七千呎的绝顶路道上，于是才从容缓步的〔底〕下到蒙古平原。这些山都是中国农民曾经拔越过的。他的小小租地到处皆是，蒙古的畜群不复食草于此了。我经过这以泥土为屋，继续不断的许多小农村而到了一些一望无垠、平坦如像碾压过一般的广大平原，仅仅现有骆驼群队的足迹与已行经了数百年的一些路线，我们沿着终通库伦（Urga）的大道走去。

我们曾为可疑怪的骑士去寻地平线。因为这个地方是一个匪区，我们站在一处高地，瞥见在我们下面约半哩之遥，有一为数二十的武装骑士队，匪！但正当我们不知向哪里转避之时，这些人已表证自己是蒙古兵了，而我们就骑近哨兵队，询问盗匪情形，他们答称，他们已与二百匪徒激战一早上，这路途现已清平。这些身裹羊皮骑坐鞍上之人，即在成吉思汗指挥之下，蹂躏欧洲之后裔也，然而现在，来福枪代替了弓箭。

蒙古是个辉煌华耀的落日景地，当斜阳沉沉欲坠之时，我就到了过夜的目的地，一个曾罹灾祸的小寺观，所以它是很荒芜颓败的。拉尔孙曾经设家于此，此时是十一月了，天气极其严寒酷冷，蒙古仆役来迎接我们，并即行升上蒙古"炭"火，那种炭就是粪草、马牛羊和骆驼的干粪，这也就是蒙古惟一的燃料。所有的帐幕是借它来温暖，所有的食物是用它来烹煮。

我们走出户外来观赏薄暮的景色。我们所住的古寺是建筑在一个小山背脊的山顶下面，在我们的前面展着一块十五哩直径的圆周草原，又有一个小湖点缀着。在包围着草原的山脊的那面，就是绿油油的大山，我们就经过它而来，那大山也就是蒙古与中国的分界岭。在相当远而历历可辨的就是些蒙古村庄，缕缕的白烟就可表示出居宅与四周乡间的差异。清晨我去拜访那些村庄的一个，那里只有八个帐幕，共住有三十人。用来骑驾的骆驼与生乳的母牛在附近食草，而最着眼之物要算一大堆的粪草。冬来了，前晚上的气候到还在零度以下，而不久如银片般的白雪花将盖着坦平的草原了，而搜集粪草更形困难，这粪草就是为严冬准备着的需要物。

这乡村确是一个上至祖父下至孙儿的家庭。把我们迎接到一个帐幕，坐在那尊贵之处，我们的主人，一个五十岁高大而精干的蒙古人，发已苍白，带着一双深落的眼眶与和蔼可亲的微笑，但是他很烦闷。不久以前隔此地也不远，已有中国匪队出现，距边界没有多远的地方，劫掠事件随时都有发生的可能。他不愿意离开有草喂畜，而已经畅畅快快、安安乐乐底居住了十五年的这个地方，然而他现在不能不远而北去。确确实实他是住在距蒙古界以内一百五十哩的地方，但是因为归并到那块属于中国的蒙古土地所谓察哈尔省，现隔边界还不到五十哩之遥了。他有马千匹，不知他何时得使其畜群向北奔逃而避盗匪抢劫之患也。

当我们啜饮蒙古茶时（系以同量的牛乳和水并置少许茶叶在

里面而烹成），我们的主人，即此村之祖翁，一边把粪草来碎破放入火炉，一边以其奇怪语言闲谈。其火燃有小小的光焰，在这屋的正中，有一个圆柱烟筒从帐幕顶上的一个圆洞耸起出来，其中放出一种蓝黑色的烟雾。但是我们打起盘脚坐在粗毡上面，知道我们的头是在烟雾之下，是很暖和而舒适的。

不久，我们告别而继续我们的旅行。这寒冬的初雪已盖遍草原，而带来了明春有丰富美草的厚望。同时马、牛、羊和骆驼等都要喂干草，将雪拿起来作饮料，一直到暖融融的春日把新鲜的草芽发出为止。严冬未过之时，寒暑表是要降到零下四十度，但是这些坚强的动物仍旧留在草原里，以其数寸长的蓬松毛发来避御那砭肌刺骨的朔风。

不久我们到达在蒙古里面的几个较大建筑物，即蒙古王公的府邸，脑筋很新的可汗（Khan）居住一个中国式的建筑工程的王宫，有一个辉煌华丽雕刻画饰了的大门，在一个宽长适度、四周有迂回曲折的梁脊，和装饰得灿烂可观的庑廊包围着的一个天井的前面。蒙古兵穿着厚重的皮衣，持起来福枪守着门。附近有一个庙寺，是这王公为喇嘛，即西藏的僧长修建的，他是从他的本土放逐出来已经多年的了。

但是王公与喇嘛都不在家。话又说到平原与沙漠，各王公都聚集在西边二百哩的一个喇嘛寺与中国政府的代表开会。我们起身西进，越了一望无边的大平原，经了由两个到十个的帐幕而不时又出现一个的村落，过了间或又有的大队行客，终究走到了沙拉木伦的大喇嘛寺，一个住有喇嘛千余的茅舍与庙寺的城市。这些粉以白色、饰以朱颜与金片的建筑物，在一山湾之下，确是一个灿烂的景色。山谷下面有一清流，现坚冰满结。

在百灵庙的会议席上，蒙古所有的王公都来聚于此。那里足够住五百个喇嘛的大喇嘛寺已增添了许多帐幕，来供应这样多客人的需要。在这些帐幕之一的前面，还有烧草［而］的火炉，我同几位王公谈及他们的民族运动。在一边坐有一位年高老迈的蒙古参议员，对于中国语言和文学都有深刻的研究。这炉火的红色灼光，更助之以两枝烛光，照射着两位最高贵的王公的脸上。他们开诚布公，光明磊落，互以友谊相见底讨论他们的烦恼：

　　　　自从中国革命以后，他们的孙逸仙领袖即主张给我们以正义与权利。我们等候迄今已有二十年了，有已将外蒙古和东蒙古之一部取去者，而我们对于中华民国仍然是一个很忠实的分子，但是我们仍要要求管理我们自己和我们的土地的权利。我们加入中华民国之时，我们只是在尽我们扶助之力，而我们的土地，我们的牛，我们的马，我们的人民，我们的砂尘……等等，都是属于我们的。我们的土地被中国人夺去一年比一年多。我们要被驱逐到北边的不毛的沙漠去。我们的边疆正被中国的匪徒蹂躏。我们要我们的土地管领权，而驱逐那些莽撞闯入者出境。中国的居民可以留住此地，他们是兄长，我们亦将以我们所希望的那样去从优待遇他们。但是有些地方也必须止步不能去。蒙古畜群必需草原饲养，因之我们为自治政府拟定了一个宪章，我们将要建设我们的京都在天池（Pool of Heaven），那里水美景佳，而饲草又优良。

　　我问将建修一座怎么样的京都，砖的皇宫或石的皇宫？王公答曰：不是的，皇宫大概是新置帐幕在天池附近，没有政府官员是要发银子薪俸的。他只是有帐幕住居，有仆役服侍，有牛羊供食就是了，如此首都在世界上要算最奇特的了。

　　不必求过激维新，蒙古的地位可以改进。她的制乳厂的生产品可供给整个华北之用，而现在是这样的缺乏供给。一位头脑新的王公已创办了一个制草厂，使在蒙可出产的许多千万的牛羊皮毛厚利售出。蒙古为中国备置千万数选拣了的牲畜，如马、牛和骆驼等。有一个王公的家中设有机器房，可以为他的军兵制造军火。

　　而近代的摩托车已侵入蒙古了，虽为数不多，但其供主人之用非常完美。王公与官员们现在因公务很少劳奔平原，都有汽车可供他们疾驶，不必一定在路道上走，只是经过一直的原野，借太阳与星子为引导，以避山川之离迷而已。在蒙古最近的汽车主人是一活佛。不挂起飘飘的朱红、金色的外袍在马或骆驼上一天［带］行二十五哩，他现在在吃早饭后与日落前可经过平原舒舒畅畅底一天行二百哩了。当骆驼止步注视着在车上的闯入者，行商大队的领导者，疑惧彼处将来是否有骆驼大队为着他们的子孙后辈，来导引而经过草原与沙漠。这个地方，这个曾平安居住了好几百年的地方，而西方的文化力量总是日渐昌明。蒙古要采取他们，方能生存不亡。

译自《现代史料》六月号

《新蒙古》（月刊）
北平新蒙古月刊社
1934 年 2 卷 4 期
（李红权　整理）

蒙古自治后应有的建设

苏宝丰　撰

绪论

　　蒙古面积广袤，人烟稀少；土地肥沃之区，水草繁茂之处，无地无之：诚一天然极大之牧场也。惟为过去中央政府所误，以致民顽地废，形成今日之局面，言之殊为可叹！反观内地之进化，日新月异，而我蒙民之生活，仍是游牧，择草而居，觅水而食，朝东暮西，殆无宁日；既无安全之生活，又无适宜之居处。以如是之程度，如是之境遇，如不首先改其游牧而为定牧，使散涣飘泊之蒙民，而有一定之居处，则蒙民前途，不寒而慄〔慄〕。故济此时艰，改良畜牧，实目前当头急务之一。

A 牧畜

　　盖民生问题不外衣食住行四者。从事牧畜，其所得之乳可饮，肉可食，毛可衣，皮可寝。欲载重则畜骆驼，欲致远则畜马匹。衣食住行何者不备，果能苦心经营，善事改良，天惠我蒙人之茫茫草原，一望无垠，其将来产量之丰，岂仅足解决我半壁之民生而已哉，即内地各省，何处不可衣毛食肉。再进而畅销海外，我蒙财力之充裕，可以期矣。此非予故意张大其词，眩人耳目，已往事例即可明证。据海外报告，民九、民十两年，全国畜产品之平均输出量数达六千八百四十万七千七百七十七两，占总输出量百分之十二，而畜产品之来源，尤多出自蒙地，其影响国家经济已如是其巨。如再教以育种、兽医等法，以防传染病之流行〔哉〕而保畜类之康健，安知不有中国之支加哥，以与美国抗衡。

1. 牧羊

查牧业之中，尤以羊毛业为重要。毛之细密者，可以织呢氆〔毡〕；毛之粗长者，可以制绳索。其坚韧结实者，远非麻索所能及。中国羊种以蒙古羊较佳，西蒙阿拉善、额济纳，青海蒙古所产者尤佳。然以蒙古羊与澳洲之美利奴羊相比较，则远不如矣。美利奴之纯粹者，其一方寸皮肤有毛六万二千五百根至八万四千根。即美利奴之杂种，一平方寸亦有七八千根至九千三百根，其细密可知。又试以显微镜视察美利奴羊毛之直径与中国羊毛之直径相比较，则中国羊毛之直径为〇·〇〇一三三吋，美利奴为〇·〇〇〇五五寸，几三倍于美利奴羊毛。蒙古羊种之羊毛，死毛多缺乏纺织性，纤维细弱，且少弹性，触手粗硬，又少防水性。将来划阿拉善、额济纳、青海为牧羊试验区，附带提倡豢养美利奴羊，实为唯一之解决方法。

2. 牧马

次于羊毛业者则为马。马有使用便捷之特性，少受气候之窒碍，且养育无需设备。故无论器械之如何发达，终鲜能代马之功用。马又能增加战斗之持续性，扩大兵士之战斗力，且能促进特种战斗器械材料之使用与便捷。例如弹药、军粮等有时必须良马搬运之。且欧战时各国有以马扫除电网、地雷等，同时利用马尸作战叠〔垒〕者，故需要马数甚多。我蒙地处大陆，非岛屿可比；又当国际联接之冲，国防上需要军马必多，此不可不注意也。蒙古种之马，驰名世界，体极坚实，耐饥耐渴耐长途，生后二年即成壮马，使用时二三日间不予食料仍能长行。但近年来则日形退化，其原因为：一有良马出现，即贪图善价，立即售出。马贩善用欺骗方法得其良马，致良马日少，而劣性日蕃。且马之良否，可为人民贫富、国家强弱之表征，改良之繁殖之，不容稍缓。锡盟及张家口为中国产马集中地点，只察哈尔十二旗每年产马四十四万五千匹，占全蒙马额四分之一。如将锡、察二盟划为牧马试验区，选新疆马种为改良之标准，是中国军用马匹，恐将完全仰给于我蒙矣。如英国赛尔种马虽为最良，价格昂贵，每匹价洋约在九千元之谱，在事实上恐难实现。

3. 游牧改定牧

至由游牧改为定牧，非设有计划之牧场不为功。所谓有计划之牧场者，非牧场之大，漫无限制也；须将天然之牧场先划为若干试验区，然后于每试验区内设置若干牧场，依据学理，参以经验，使草有利于畜体者，栽之，植之，繁之，荣之；有害于畜体者，锄之，刈之，除之，绝之。计算畜群之大小，食量之多寡，以为设置牧场之根据。此外应于每试验区牧场之近旁，另辟数地，专事栽培饲料作物，以供刈获，制为干刍。其所植之草，紫花苜蓿最为合宜，因其产量最丰，营养价值亦最高，且系多年生草本，可免年年播植。其他如猫尾草等皆可储集之，数年之后可得巨量干刍，设遇荒年，畜群堪告无忧矣。储藏方法，不可疏忽，稍一不慎，即有腐坏不堪食用之虞。其法择地之高亢少水处，掘坑数道于其上，将草逐层堆上。愈高愈密为妙，上覆厚土，使其外面光滑，不易溜水，免致腐败。如此经营，水草既可供需，生活自然妥定，始可守望相助，以度其团体生活矣。

B 森林

此外森林之于蒙地亦有莫大之重要性。盖蒙地多沙漠，时起大风，飞砂走石，向东南而吹。年来西北荒旱，均受此害。如果提倡林政，广播森林，直接利益，木材可以供人类之需要，如居则房屋几榻，行则桥梁舟车，以及一切机械、器物、用具，无不在在而非木，更无不在在而需木。推之工业上之制造，矿场、铁路之用材，又无一而可以缺木，森林除木材之主产外，更有多量副产物，均为工业上各种制造之必需原料。其重要者有木桨、纸、桐油、松节油、橡皮、樟脑、琥珀、单宁、木精等。其用途之范围颇广，其供给之数量影响于实业者极大。常因木材之供给不足，则许多实业难以完全发达。倒〔倒〕如英国木材之产额不敷应用，多赖外国之输入，一八八八年所输入木材及其他项林产物，共计一万三千九百七十三万金元。又德国为世界第一林业国，年产六千万立方尺之木材，然尚不足供给其国之需要，一八八八年有六千八百十三万金元之输入。夫此两国之人口不及我国之多远甚，其房屋等建筑材料，多用三合土等及瓦石，主要之燃料亦用气体、石炭等，则其木材之需用似当较少，而其消费木材乃至如彼之多者，盖由乎其工业之昌盛也。盖工业原料多赖于林产，是以欲谋蒙古工业之进展发达者，须先兴林业，以得原料充足之供给，使不致有木材缺乏之患而后可也。此外森林所在地，林木未砍伐之时，其裨益于人类社会之生存者更较他事为重。如防止雪颓，调和气候，涵养水源及河流，捍止泥土溜沙，防制水灾，防备暴风飞砂，调剂土地之干湿。至于狩猎之保护，社会卫生之增进，及优美风景之点缀，尤赖森林。西谚有之曰，"森林能变贫瘠荒凉之地而为锦绣灿烂人烟繁盛之区"，故森林之兴替，与国家之盛衰，及社会之安危，有非常密切之关系，诚哉斯言也。

总结

惟当自治伊始，经费拮据之秋，对于林、牧二业，如欲彻底经营，在目前之事实上实有不可能之情形。故应先成立林木试验场，从事养苗调查等事宜，以为将来改良牧畜、提倡林业之基础也。

《新蒙古》（月刊）

北平新蒙古月刊社

1934 年 2 卷 4 期

（朱宪　整理）

怎样达到建设新蒙古之道

王开江　撰

　　从上文我们可以看出蒙古的最大敌人是宗教；但是此外她的地理环境和生活方式也很是建设新蒙古的阻碍，大沙漠既阻碍了交通，又弄坏了气候、土质，这是文化进步上、生产效率上不能十分进展的一大原因。气候的剧烈变化，不但使生产率减少，亦且不宜于人生的健康。酷暑与严寒都使人不能外出而必局促在幕内。在沙漠里经过一次，比绕行世界一周更为艰苦。荒沙无垠的戈壁，更加飞沙走石的暴风，不但直接损害行旅，更可养成人民"畏怯"和"粗暴"的性格。优美和细密的脑子，在这种环境是不容易产生的。我们看成吉斯汗的事业，恰似沙漠上的一阵暴风。蒙人的迷信喇嘛教，也很与这沙漠有关。世界各大宗教多数是发生于自然力过于伟大的地方，因之宗教都是对于自然力的逃避。蒙人的极端接受喇嘛教，虽有政治背景如上文所述，然他对于大漠的神秘和畏怯的情绪，也是使得他易于信奉的一种原因。游牧和帐暮〔幕〕的生活方式，使得他们不易团聚，因此蒙古遂缺少坚固的团结。在十二世纪以前，蒙古总是分散为若干小部落，等到成吉斯汗出，蒙人始有一度的大团结；然终因社会根本条件未具备，这种团结也有若暴风雨不崇朝而止，武力一衰，又分裂成现在之状况。现在蒙古不但分为内外，而各盟、各旗、各部，亦无形中各自成一部落，此非蒙人天性好离，实其生活方式有以使然。所以要建设新蒙古，决非空言片词可成功，亦非碍〔爱〕恋往昔、崇拜一二英雄所成功，必从基础上克服以上各障碍条件，始可有济。再则蒙古现况，"人才"、"物材"同感缺乏，此乃无可讳言。此并非说蒙古天然富源不丰，亦非说蒙古人中缺乏人才，乃谓蒙古之人才、物材现在尚未十分展开。即对中国内地，亦是同此说法。因此要建设新蒙古，必须从外输入"人才"、"物质"以帮助建设，可谓毫无疑义。所以闭关的及狭义的门罗主张，应根本反对。现在世界经济状况，已到资本主义最高阶段，苟谈建设，无不出以国际的经济合作（与政权被束缚不同），所以"蒙古者蒙古人之蒙古"的口号，决不应妄自树立。不但蒙古人没有资格说这话，就是中国内部也没资格说这话。不但中国，就是资本主义先进的英美，也不能这样说，因为狭义的民族主义的结果，必然至于碰壁。要使蒙古的前途成为无量的光明远大，必须先自置于国际网中，成为构成此网之一员。有无相通，长短相补，取世界文化之菁英以为用，取精用宏，然后方有希望，若在建设开步之始，就先自局促于锁闭主义，惟恃一二过去的英雄作为民族情绪的燃烧热，可断言其必遭失败。中国之革命即可作为前例。孙总理具世界之眼光，故他的政策是好多主张利用世界已有的成绩来作建设中国之助，即纯就政治论，他也曾一度与俄合作，所以北伐才能收到意外的成功。大凡一个被压迫的后进国家，有两条路可走：一是善于利用帝国主义，能够与〔要〕国际先进者合作（无论人才，无论物质），又一即是投降帝国主义，凡不能善走前者之路，则必沦于后者之途，此当建设新蒙古发轫之始，愿蒙人贤明远虑之士，深考虑之（此处所谓合作，当然不是被征服，也当然不含丝毫侵略性质，无待赘言。若孙中山的善于利用外力，便是合作而非被征服；若日人所喊的中日共存共荣，就是对我们的希图征服而非合作，此本易辨，切勿误会）。关于建设新蒙古的途径，约略如此，以下再分论之。

一　要与自然斗争

蒙古自然环境之为害，前文述过，然此并不足使吾人失望。一切环境的困难，固足以阻碍蒙人的建设，另一若〔方〕面，反因之已锻练出蒙人特别的体格。这等于"自然予蒙人以困难，同时又赋蒙人以克服此困难之工具"，蒙人若善利用此工具，克服其困难并非难事。世界上有许多民族的天然环境并不较蒙人为优，然往往转借之以磨练出特别学问。如荷兰地低于海，水潦为患，稍一不慎，就有变成鱼鳖的危险，然而荷兰转因之发达特长的河海工程学，此即自然环境一方面障碍了荷兰人，一方〈面〉又成全了荷兰人。蒙人若善学荷兰，也可由环境的限制，达到环境的成就。关于征服沙漠的计划，此固有待于专家的设计，然就原则而论，则造林与筑路，实为不易之铁则。树木之根能蓄水，也能分解沙砾使成土壤。森林的枝干，更可防风暴，调气候。蒙古并非全部沙漠，沙漠在蒙古好似吾人皮肤上之癣疥，沙漠四周之外，即为丰美之水草田，吾人初沿水草田与沙漠之边际种植森林，必甚能生长，以后即渐渐将"森林区"向沙漠内部侵植，好像军队的剿匪，取包团〔围〕紧缩政策，此并非难事。设若吾人持有耐久之毅力，用此政策与沙漠奋斗，五六十年，必大见成效，百年之后，今日之沙漠，必成茂密葱翠之森林。那时森林区亦必尽变成草原，蒙古寒署〔暑〕剧变之气候，亦必将因之大变。以今日占有蒙古大部面积之沙漠，伊时全成浓荫蔽日的林区，其富源之大，更有何处可与之比。更加偌大森林中，必易繁生兽类，更可供无限的猎取，林下的草原，又可供现在蒙古牛羊数十倍以上的牧放，则今日黄沙万里，为害的仇敌，那时将为蒙人惟一富源之薮了。这种计划，并非幻想，法国经营非洲，即利用此法以征服撒哈拉沙漠而大见成效，况撒哈拉之难征服，更远非蒙古沙漠可比。蒙古沙漠与撒哈拉比，直是一小沙区，此不在沙漠征服之为难或易，而单视吾人是否具此决心与毅力。至于筑路一项，亦甚属重要，铁路为征服自然的有力工具，不但能使地域的距离缩小，并能使不相睦的两地密切合作，其能改变环境，影响文化，增进生产自不待言。现在航空运输，虽已日渐发达，而铁路仍不失为主要交通工具之一。蒙人的散漫不团结，保守不进取，均可因一两条铁路而改旧观。并且自九一八事变以后，日人又进取热河，近更思窥察、绥，行将内蒙全在日人包围之下，外蒙亦必不能独逃厄运，而要首当日人炮火之冲了。若是内外蒙趁危亡之前，能有数条铁路干线，一端与中国之平绥路贯通，直达腹地；他端与苏俄之国境铁路相接，联其重镇，将中、苏、蒙连贯于一条铁路干线之上，其于抗日上，不啻集中三倍力量以对其一，必可以杜塞日人窥窃蒙古之野心，同时日人"取满蒙以制华北，取华北以支配全中国"之大陆政策，即不得不中道废止。另一方面，日人进占满、蒙、华北以进攻苏联之目的，亦不能不即作罢，所以蒙古的筑路，不仅是蒙古自身的出路，实是中、俄、蒙三方命运吉凶之所系。蒙人更宜了解现在所处之状况，蒙古现在已成日本进攻中俄所必争之物，若仍束手坐待，其必为日人枪炮下之牺牲品可以断言，自此方面说，则上述政策，更为蒙人自救图存必由之路。此铁路干线若成功，可使蒙古文化提前突跃数世纪，蒙古生产亦马上呈现活泼之状，所以这实是蒙古的生命线。

此外蒙古的生产方法，更要科学化、集体化。蒙古现在的主要生产仍是牧畜，所以牧场成为富源之源。因此牧草的丰亏盛衰，遂直接构成蒙古之繁荣与恐慌。欲谋蒙古〈经〉济之发展，首先宜注意牧草的保护及畜种的改良。但此事决非现下无政府状态之牧畜情形所能办到。现在蒙人之牧畜乃逐水草而居，有草则趋，草尽则弃之不顾，至于整个计划的牧场利用，在蒙人理想中根本无此观念。用科学方法来保护草场、倍〔培〕养草场，则更谈不到。在此无政府状态下牧场之损失，吾人虽无确切数字之统计，然敢断定其为数必不赀，能用科学的方法改良畜种，保护幼驹，则牛马的数目，亦必大增且更肥壮。吾人敢断定，若稍应用些粗浅的科学方法于牧畜，即必能使蒙人财产于最短期内增加三倍以上。吾人前已言此次〔种〕改良非现在无政府状态下所能办，故此事必有待于生产的社会化、集体化。若在资本主义侵略下，用大公司托拉斯之资本垄断形态，亦可达到此计划之一部，然此必非蒙人所能堪，因多数蒙人将必因资本家之垄断而尽行失掉生活之资。资本的垄断形态，亦更非吾人所希望。所以惟有待于社会主义的生产集体化。农场的生产集体化，在苏联已收到大的效果，牧畜方面可以同样应用，当然无疑。畜种的改良，牧草的保护及施肥，牧场的利用，均可由团体之作整个计划以为之。牧场的施肥，在蒙人牧畜者，或将惊为奇谈，可断言蒙古现在尚无行之者。牧场的保护在蒙古现在恐亦无人谈到，其实施的细则，当然让之科学专家。然农业园艺上吾人所知之粗浅方法，均可应用。蒙古气变甚剧，降霜甚早，因此牧草青翠之期，亦必甚短。若用农业上防霜雹之烟熏办法，行之亦当然有效，若能使草场晚枯槁一月，其对牧畜上之利益，真不知如何可以数计。在苏联集体农场，用飞机播种，在蒙古更可用飞机施肥。现在蒙古对草场的利用，不是利用过当，啮吃过度，使次年不易繁生，就是利用不到程度，便舍之而去以另就新草场。此就个人计算，容或为得，若就社会整体言之，则为生产上的浪费与损失。以蒙古现在的牧场面积计，若能用此法改良，则生产额在短期内必可增加十倍以上。生产方法之进化，通常为由牧而农，同一地面，农业之生产量恒较牧畜为大。蒙古地质、土壤，并非尽不宜农。若加以人力的辟治，至少有三分之一以上为可以耕种之良田。现在又皆无沟垄之界，广大之平野，正宜集体农场之施行。若用集体农场之方法耕种三分之一面积的牧场，其收获量之增加，当不止十倍至十五倍。牧畜既发达，则连带兴起之毛织轻工业，亦自在意中。其他于地中蕴藏之富源，亦均待蒙人与自然之奋斗始克展开。盖"自然"乃一吝翁，不夺不予也。

二　要与神斗争

"宗教是鸦片烟"，一切的"神"，都是败坏人类的毒药。也可以说，一切的"神"，一切的"宗教"，都是淋病菌、梅毒菌、结核病菌。不但败坏人的体躯，还可以遗毒子孙，使永远沉沦不克振拔。蒙古受到宗教（喇嘛教）的毒，已见上期《蒙古概况》，想读者已有相当认识。所以蒙古如要复兴，必须与其喇嘛的神拼死斗争。这是蒙人生死的关键。与神斗争的方法，可从两方面着手：（一）用政治的力量打倒宗教的形骸。就是用暴力打倒喇嘛阶级，没收他的财产，逼迫喇嘛参加生产，把寺院都改作政治文化机关之用（当然更严格的禁止人再做喇嘛）。这样一来，虽可以制止喇嘛的来源和现势，但是他的根本作用都仍然存在于人民的意识里，所以必须还有进一步的办法。（二）用哲学（唯物论的）艺术来根本铲除人民头脑中的宗教意识。宗教是以幻想的幸福对民众的欺骗；但它在社会生活的基础上也有它的根源。因为起初宗教虽仅仅是自然力幻想的反映，后来却获得了社会的属性，成为历史力量的代表，所以我们根本铲除宗教的根源，也却非易事，必须从生活的各方面总动员。可以破坏宗教的根源的就是唯物论的观念。唯心论者主张宇宙一切都是精神现象，换句话说，就是"万物皆由心造"。宗教家则说宇宙是神造的，一切都是"神"的玩物。这两种说法，都是取消了现世界的存在，而归宿到渺茫不可知的神或精神。神和精神解释起来是一种东西。所以大哲学家如康德、黑智尔，他〈们〉的学说的究极都是归宿到神上。因些〔此〕凡是唯心论者都必是有神论者。唯物哲学则与此正相反，认为一切都是物质的现象，除了物质外就没有精神，当然更无所谓神的存在；故凡唯物论者都是无神论者。我们要打倒宗教，当然先须为唯物观念的灌输。自然所谓唯物观念的灌输，并不是向一般大众讲起什么哲学，希望大家成为唯物哲学家，而是要用唯物的观点解说自然现象，使人了解"只有物质是真实，再没有什么物质外的神灵可被幻想"。不过仅这样的理智的铲除还不够，更须利用音乐、画图各种艺术来总动员，造成艺术战线。无论电影、戏剧、音乐、图画，都是很容易渗入民众生活的东西，所以在艺术战线上，才能转变人民脑底的意识。喇嘛教铲除后，不但能使蒙人生产上能够突进，即人口上、体格上、观念上也都会生出新鲜活泼的气象。这是蒙古生死存亡之关，盼望以最大决心来铲除此毒。

三　文化的奋斗

此外蒙古进步的大障碍就是文字方面了。蒙古自己没有深奥的文学，也可以说蒙古的文化水平很低（这并不是说蒙古人不聪明，文化水准的高低，是受生产方法限制的，蒙古还在游牧阶段，所以他的文化水准当然也与之适应），要吸收世界智识、世界文化，非借用其他文字的记载〔的〕不可。但是我们又不能希望蒙人都成为外语专家，结果只有用蒙字来翻译。我们再考查蒙古的字是如何。在本刊二卷三期四十六页富拉基米尔曹夫的文章内记着："这种文字（蒙古文字）是由土耳其人的畏吾儿（即回纥人）传来的，由畏吾儿语才发生了蒙古的文学语；这种语言在当时就根本和普通话不相同。蒙古文的发生，是由于两种需要：一方面成吉斯汗在组织国家上有用文字的绝对必要，另一方面即教堂感于有用文字的要求……蒙古文是用在游牧民族的实际需要……在这些地方学习该种文字，对于生活在草原上的儿童是一件繁重的工作，而只适于国家的和教堂的需要领域里。"由富氏之论，可知蒙古文字仅对于官厅和教堂尚能勉强合用，对于人民的需要是根本不合适的，也可以说蒙古文字是只宜于统治阶级及僧侣阶级对民众的压迫与麻醉，而不是蒙古民众生活上的好工具。简单说吧，这种不便学习的工具实是蒙古文化停滞不进的一大原因，所以蒙古实有创造新文字的必要（汉字也是不便学习的东西，当然我们也不主张蒙古人袭用汉字）。新字的创作方法，或者专家的学者，更有细密的意见，不过我以为应用"蒙语罗马拼音字"，这种理由，恰和"汉语（就是所谓国语）罗马拼音字"一样。这种蒙语罗马拼音字，是易学习而又与语言一致史〔的〕工具，其有俾〔裨〕益于蒙古文化进步，当然甚大，并且蒙古采取这种字，并没有多少困难，至少比汉字的变更为易。因蒙古本来就没有多少用蒙文写成的书籍，所以一旦废弃，对文化上实际上殊无问题。新文字成功后，就用以为实施义务教育的工具，文盲铲除，可收事半功倍之效。

　　　　　　×　　　×　　　×　　×　　　×　　　×

　　吾人对于蒙古的认识本甚肤浅，所云云者，未必不贻方家之笑；但是蒙古内部的症结和外部的危机，所述颇信尚无大误。总之蒙古现正逢着很严重的遭遇，深愿蒙古的贤明青年，注意到过去的错误与现在的危机，若肯给我一个指教或讨论，是很盼望的。更愿国人注意，要知我们的责任，不在问题之现发，而在问题之解决。有作为的青年同胞们，尤其是蒙古青年同胞们，不要迟疑等待了，亲自出马来解决这问题罢！

《新蒙古》（月刊）

北平新蒙古月刊社

1934 年 2 卷 4 期

（朱宪　整理）

蒙古自治政委会成立后之感言

吴斌明　撰

　　酝酿经年之蒙古自治政务委员会，已于四月廿三日，在内蒙百灵庙正式成立矣。其时荣膺新命之政务委员，远道跋涉，联翩莅止，济济一堂，共策大计，诚属空前未有之盛举。吾人虽不敢信其作出惊人之成绩，造福蒙边，然于政委会之前途，愿庆其成功，祝其发展，尤致无限之希望焉。

　　原提倡自治之初意，盖有见于东北沦陷，西盟垂危，外敌之来，迫于眉睫。中央对于蒙人，向虽关怀，究因鞭长莫及，顾照难周。以客观环境之要求，不若在中央指导之下，实行自治之为愈。但当发动之始，间有怀疑斯举，不无其他作用，而表遗憾。所幸国府当轴，体察蒙情，洞若观火，道路传言，均不之听，始有今日之成功。此次蒙古自治，仰沐深思，感戴无涯，决不至有辜负中央之举措，事实胜于雄辩，今后自可大白于国人。虽然，靡不有初，鲜克有终，非坚具不拔之志气，一贯之主张，罔不受敌人之威胁利诱者，深望政委诸公，同心同德，共图蒙事，领导全体民众，一致团结，挽狂澜于既倒，扶大厦之将倾，奠定边圉，完成自治，岂特一族之幸而已哉！

　　然则究应如何施政，自治始不至落空，群众得沾其实惠，余以蒙民之立场，作一简单之进言。

　　（一）改善旗政——自来盟旗政府，沿逊清之旧制，统治阶级，世袭爵秩，平民殊鲜参政之机会，治人者未必尽属有能，旗政不纲，自在意中。比当新政发轫，与民更始，首应改善旗制，涤除旧污，造成自治之基础。

（二）注重人材——欲图政治之日臻上理，舍人才莫属，诚以得人者昌，失人者亡，古训照〔昭〕然，蒙政又何能例外。今以人才缺乏，素少组织之盟旗，一旦推行自治，岂易为力哉！当今蒙政会之用人行政，固应拔取真才，罗致英俊，俾跻郅治之域，尤望积极提倡教育，培植人才，树百年之大计，此就将来而言也。现时亟须举办者，速即筹设短期学校，训练自治人员，分派各旗，切实做下层工作，增进自治之效率。

（三）促进生计——年来蒙民之生计，日趋艰困。究其致穷之因，一基于满清之羁縻政策，养成一种依赖性质，自生之技能较为薄弱；一由于放垦设县，牧地缩减，又不惯过农业之生活，从事耕作，复兼近年，天灾人祸，纷至沓来，一般蒙民所受之痛苦，不堪言状。现值自治肇始，诸待建设，应对于蒙古人之生计，亟筹办法，增加生产。举凡牧畜之改良，草原之垦殖，林产之制造，水利之兴办，在在皆足以培民力、裕民生，然后自治之措施，始克有济。

（四）扩充保安队——比年地方不靖，匪患频仍，各盟旗兵力单弱，不足以敌匪势，省防军以地理关系，又不能防匪之潜来，致使蒙民生活，岁无宁日，牲畜被匪劫走，财物剽掠一空。今欲推行自治，从事建设，必先求地方安谧，始可着手兴办。故应将各旗之保安队，切实整顿，汰劣留良，并应恢复比丁办法，确实调查蒙古之户口，按人数作比例，实行征兵制度，编制若干保安队，严加训练，捍卫地方。蒙兵既熟习地情，又善骑好战，不仅能清匪患，且可御外侮而固边防。

（五）繁殖人口——蒙古自满清入关以后，即演成崇尚喇嘛之制度，其喇嘛之数，常超过蒙民男性三分之一，其女性饮食起居，及两性之交合，多不讲卫生。一旦染有疾病，又不延医诊治，只迷信喇嘛，诵经祈福。故蒙民之死亡率，甚为剧烈。所有蒙人户口，较之康、雍年间，不及三分之一，现在蒙古根本切肤之痛，莫大于人口之减少，长此以往，前途何堪设想。今蒙政会既经成立，当以蒙民之福利为前提，对于此种险象，应速设法补救。一面通令各旗，制止蒙人充当喇嘛；一面改善婚姻制度，并设立卫生处，使蒙民讲求清洁，严防疾疫之传染，庶不难挽救于万一。

（六）兴办交通——内蒙地势广袤，幅员辽阔，徒以交通梗塞，非特与内地隔阂，不能畅输文化；且旗与旗之间，亦以道路未辟，行旅维艰，难以切实联络。现欲开发西北，举办自治，交通建设，极关重要，应速建筑铁道，兴修公路，发展航空，装设邮电，使各旗成一交通网。第一，易于输入内地之文化，启发民智。第二，能速传递政令，增进自治之效率。第三，开拓西北，不感交通之困难。第四，能与军事运输以便利，借以巩固边防。故内蒙之交通建设，实为刻不容缓之要图也。虽然，蒙政会之责任，固属綦重，然财政为建设之母，若无充分之财力以作后盾，虽有人力，亦鲜有济。查蒙政会成立以来，数月于兹，云王、德王等，整躬率属，积极工作，其精神至堪钦佩，徒以经费竭蹶万状，一切计划，无从着手，长此以往，殊非计之得者。现在蒙事多艰，外患日亟，巩固边疆，不容稍绥〔缓〕，故吾于勖勉政委诸公外，尤希望于中央者数端：（1）经费宜速增拨也。蒙政会之成立，艰难缔造，煞费苦心，关系大局，不言而喻。欲期内部职员，发扬踔厉，努力工作，非使其生活安定，不易为功。更因开创伊始，一切设备，在在需款，前由中央请拨经费，每月只准三万元，与原定预算，不敷甚巨，故内部人员之薪金，每月只发饭费十五元，非特不能仰事俯蓄，且个人之生活，亦极固〔困〕难，久而久之，各职员非灰心丧气，即另找出路，前途有不堪设想者。此项不足之经费，若向各旗摊派，而各旗自顾不暇，焉有余力负担，且足使蒙人之失望。若因循敷衍，形同虚设，日伪趁机肆行伎俩，煽动破坏，蒙事更有不堪设想者。中央既有扶植蒙古自治之诚意，对于不足之经费，应速增拨，以期增进政务之效率。（2）建筑费之宜速筹拨也。查蒙政会成立以来，苦无会址，初假百灵庙办公，嗣以喇嘛哮经，不便久占，遂移至蒙古包内。大部分职员，不惯过蒙古包生活，有因此染疾者，亦有因此告退者。现值时已秋令，转瞬冬至，若不赶建会址，俾资办公，处严寒之塞北，过毳幕之生活，各职员势难长期安心工作，若望其作出成绩，良非易易。现在国难当头，国人固应注重精神，苦干、硬干、穷干，然物质方面，亦应兼顾。蒙政会之会址，虽不应比中央，富丽崇皇，最低限度，亦应具有省府之规模。前因中央未拨建筑费，曾向各旗征派蒙古包，以致加重蒙人负担，怨言繁兴，殊引为憾。年来国府之各部院，屡兴土木，蔚成大观，今虽国库空虚，何在此区区之数，且政委会所处之地位，系关整个国家民族，非单纯蒙人之事。保内蒙即所以保全国，若任其有名无实，难免不引起蒙人之怀怨。在中央，以为将救内蒙之责任，付托蒙政会；在蒙政会，以为中央不肯实心帮助，责在中央。日伪窥透个中情形，蚕食内蒙，诚属易事，太阿倒持，授人以柄，蒙政会反不若不成立之为愈。故现时机迫促，间不容发，中央体念蒙艰，应速筹拨若干建筑费，俾资兴修会址，而利工作。（3）指导长官公署宜速成立也。国府颁布蒙古自治政委会组织大纲，规定组织指导长官公署，其意至善，诚以蒙古人材缺乏，欲图自治之日臻上理，非赖有贤良长官之指导赞助，不克收效。国府前指派致力党国声望素孚之何、赵二氏为指导长官，蒙民闻之，莫不额手相庆。惟迄今数月，而指导长官公署，尚未成立，以致蒙政会之行政设施，非请示中央，无由秉承，对于行政之效率，影响至巨。可分三点言之：第一，蒙人自治之条件，不甚具备，委因外患急迫，深恐中央治蒙，容有未周，始有蒙政会之组织，以图自治。兹值成立伊始，庶政发轫，非赖有贤良长官之切实指导，不克树立自治基础，纠正其措施。第二，蒙政会远处内蒙之百灵庙，距京有数千里之遥，一切规划，事事请示中央，其公文往复，颇费时日，非赖有贤良长官就地指导，不克与以便利，而收速效。第三，蒙人之思想较为幼稚，对于国家观念，甚觉淡薄。现在日伪汉奸，潜来蒙地，相机宣传，非赖贤良长官之指导，纠正其思想，罔不受敌人之威胁利诱者，此指导长官公署应于最短期间成立，以利蒙政会之前途也。

综而言之，蒙政会所负之使命，非常重大，蒙古民族之复兴，国防之巩固，有赖于政委诸公者，至深且巨。惟值此蒙事多艰，外患日迫之际，中央对于蒙政会应竭诚扶导，优予物质上及精神上之援助，使其健全组织，顺利推行自治，以底于成，福国利民，其在斯乎？

《新蒙古》（月刊）
北平新蒙古月刊社
1934 年 2 卷 4 期
（李红菊　整理）

内蒙自治问题解决

冰森　辑录

内蒙自治问题现已和平解决，兹辑录《大公报》所纪解决经过，以供研究内蒙自治问题之参考。

黄绍雄、赵丕廉二氏于十一月十日由绥亲往百灵庙视察真象，向在百王公宣布中央意旨，使之接受中央所定扶助内蒙自治方案，以便在中央扶助之下，逐渐实现为蒙人谋福利之种种改革。最初德王仍据青年派之立场，从理论上坚持蒙人必须有高度自治之自治政府，其管辖范围，并拟扩充至久经汉人开垦设有县治之地，并要求将察、绥两省政府及县治一概取消，恢复清初原状，即察省者归察哈尔八旗，绥省者归土默特旗。此种不顾事实理想主张，任何当局无冒然允许之权力。察、绥两省之得有今日之繁荣，实出于数百万不避艰险、不辞劳苦之汉人，手足胼胝血汗经营而成，原有土地，虽属于蒙人，但于转移至汉人手中时，均得有应得之代价，初非用征伐、兼并、抢掠而来，但凭片面理想，而欲数百万汉人拱手让出产权，恐为千古奇谈，任何时代之改革运动所无有。中央所定方案，第一条即为已设县治地方，其行政区域应不变更。第二条，允许在于蒙古人民聚居地方之省份，应分别设蒙古地方政务委〈员〉会，为各设省区内办理地方行政之专管机关。各设委员若干人，并推选委员长、副委员长办理地方行政建设事业。其经费中央将酌予补助。省府各县办理普通行政，有涉及蒙古行政范围者，应随时与地方委〈员〉会会商决定，如发生纠纷时，由省府与地委会会议解决，或呈中央解决。中央之方案，大体如此。一面顾及事实及现有行政制度，一面扶助蒙人实现其自治要求，在内蒙现状之下，实比较易于收效。其自治上所享受之权利，且为内地各省人民犹未享有者，故经历较多之老年王公如云王、阿王等，对此方案咸欣然接受。惟青年派领袖欲、权利欲甚奢，对此方案，因未允其联合各盟、旗、部、群组织其理想之联邦自治政府，与中央政府处于联邦自治地位也，故对中央方案不愿接受，几使黄氏愤然而去。中经黄氏及其随员李松风等从新旧各派单独试探其意见，证明德王之主张，亦出之于少数青年之怂恿挟持，非有坚持之信念及实现之步骤。而旧派王公对青年多怀忌之心，认为不奉中央命令，即不啻背叛中央，故不敢随德王到底。在百蒙人，显分三派，即德王及其幕下少数人，以改造新蒙古之英雄自命，自治政府成立，即握到无上之大权，不问将来收获如何，亦可一偿其领袖欲、支配欲之愿。二为云王，阅世已深，反躬自问，于实现德王计划后，与本人无若何利益，咸主亲近中央，维持现状。三为若干活动奔走之蒙古政客，为谋个人出路，趁此机会脱颖而出，不问德王或中央，只要对蒙古有改革设施，均有活动余地，以无可无不可态度，周旋于两方，最为易与。黄氏窥明三派态度，应付自易。德王因拥护者日少，终于云王、班禅劝说之下，将黄氏增删后之中央方案，全部接受。酝酿四五个月之自治案，至此始得到最终收获。记者于前由百返绥，于十四日在绥闻双方陷于僵持之中，为视察真象起见，于十五日再度至百，经探询结果，备闻黄氏到百八日来之经过，兹逐日记之，用觇进展结果。黄、赵于十日由百动身，十七军军长徐庭瑶氏偕往，视察国防问题，省府派团长薄鑫率兵一连，铁甲车三辆，随同警卫，徐氏亦带卫队一排随行，连黄、赵随员、各方代表等共约二百余人。同行之士，对西北问题多有研究，对自治问题之解决，裨益良多，军容振奋，武器坚利，尤非蒙人所习见，清静岑寂之漠南古刹，顿成逞才奋威之场所。是日上午八时许，由绥开车，下午五时半抵百，王公、青年列队迎于河干，仍衣翎顶辉煌之亡清制服，彼等蒙古之王公贵族，对此虚荣犹不肯摈而去之，守旧思想之深，于此可见。经此二十余年，仍不惜为亡清保留遗制，致使一般蒙人犹只知有大清皇帝，不知有国府主席，憧憬胜〔盛〕清威德，蔑视共和制度，减少国家观念，此又政府失当之处。在历史上，于国体既更之时，无不改正朔，易服色，以新民众之观念，欲唤起蒙民重视民国，改正服制，亦切要问题也。

黄、赵抵百之日，天色将暮，当日除周旋外，未谈公事。十一日着各王公准备意见，先用书面送来，约于十三日，正式会商。十二日正午由德王、云王率各王公，公宴黄、赵、徐三氏及全体随员于行辕，为纯粹蒙古式筵席，用整个蒸羊，所谓全羊席者是。由主人着礼服，切羊肉以献，并奏蒙古乐唱蒙古歌，并表演角力助兴，是日由各王将意见书送来。十三日上午黄氏请班禅活佛为主席，率领百灵庙全体喇嘛在正殿讽平安经，此为前清钦差每到有活佛之处，照例举行之故事，一则推崇活佛，一则表示信仰黄氏，各王公等均往听经，凡在场之喇嘛，均得经资若干。喇嘛在寺梵修，均自备食用，以代人念经为其收入，与内地和尚依赖寺院不同。黄氏念经之用，盖欲对喇嘛有所施予也。十三日上午由云王、德王至黄氏处正式谈话，历时甚久，当日仍无结果，约翌日再谈。十四日继续谈话，下午由各王骑赛马，邀黄等往观，德王并亲自乘骑，使随行之电影技师拍入电影，是日晚由黄氏根据两次谈话结果，将中央［方案］原定方案略加增删，容纳德王等之若干意见。十五日班禅邀全体人员宴会，为绥远厨师之南式酒席，下午再约各王谈话讨论实际问题，将修正之方案，交与德、

云二王，黄表示此为中央所能容纳之原则，过此即不能允许。德
王称俟与各王商酌后，于翌日由双方各派代表再详细讨论。十六
日由德王约黄氏派代表与各王代表会议于根王蒙古包内，黄派派
李松风、贺扬霖等六人，德王方面代表出席八人，李询被〔彼〕
方对新方案意见，彼方代表开口即称，仍希望部长容纳组织自治
政府要求，并出各王呈请中央准许自治政府之呈文，请黄氏代为
转呈。李答称，既坚持组织政府之意，即不便再谈，可即散会，
彼等坚留，改作普通谈话，约谈二小时各散。李将此情向黄报告
后，实甚不满，决定十八日返绥，另谋应付之方，于十七日令随
员准备起行，令薄团长率铁甲车及兵士驻百候令，于是日上午着
李松风将德王等送请转呈中央核准之自治政府备案呈文及筹备自
治政府之会议录、意见书等全部送还云王，表示拒绝接受之意。
云王之主张自始即与德王不同，至此颇为失措，坚请李向黄说项，
谓本人对中央方案早欲接受，请部长再住一二日，本人当劝德王
亦接受。李称，部长已决定明晨返绥，君等如不全部接受中央方
案，即无话可说。李归后，云王急找德王谈话，称君如不接受中
央方案，余将单独接受，德王称班禅佛已允代留部长略住，并代
疏通，请部长容纳吾等意见。二人遂往谒班禅，会商后，由班禅
派重要随员三人，于下午三时往谒黄氏，称班希望部长再留一日，
彼愿使各王接受中央意见，黄氏称修改之方案为中央所能允许之
最大限度，彼等如愿全部接受，可用书面告余，否则余决定明晨
返绥，亦无再谈必要。三代表向班覆命，德王至此颇以云王为卖
己，并悔被青年利用，归帐邀本盟数王研究办法，均一筹莫展，
询之青年，亦无良策供献，颇为踌躇。同时各旗代表纷至黄处表
示不信任德王，至夜一时，云王将向黄表示接受中央方案之公函
草就，着德王署名，德王至是颇有四大皆空之感，觉悟连日强硬
主张徒被他人利用，遂亦欣然署名，送达黄处。十八日上午各王

晤黄，讨论实施方案之细部问题，下午由家〔黄〕氏随员与青年讨论细部问题，各青年一变其论调，力示好感。德王向人发牢骚，谓我被大家公推，故不能不打官话，现在大家拉腿，弄的我对不住朋友等语。德王青年气盛，经事尚少，经受此打击，已觉悟欲团结向无团结之各盟为极不易，决心放弃其联合各盟组织政府之意图。惟德王在内蒙王公中，实不愧为一好学深思、抱负远大之人物。中央方案既各王公已接受，黄氏为调和三派意见计，对诸人均有所安慰，诸人到此地步，咸觉黄氏能代表中央，以诚恳态度处理此事，将来定有满意之结果，故已毫无芥蒂于胸中。十八日在百王公、青年及班禅共在寺内拍照电影，用留纪念，冠裳齐楚，顶戴辉煌，欢欣鼓舞，较数日前彼此猜忌之神情，大有不同，晚间设宴欢送，并互馈礼品。德、云二王合赠黄氏名马四匹，赵、徐各二匹，黄氏对来百王公、青年代表等，各惠川资若干，并函约各王来绥参加汉蒙联欢大会。十九日上午八时，黄、赵、徐及全体卫队动身返绥，另派杨君励、孔庆宗等八人分为二组乘汽车出发，一组赴钢〔锡〕林果勒盟各旗，一粗〔组〕赴乌兰察布各旗，考察一切经济社会情形，用作中央扶助各盟旗建设之参考。黄、赵起行，各王公率随员、卫兵送出里许，殷殷惜别。下午五时返抵绥远，在此俟联欢大会开毕，即行返京，报告经过。内蒙古第一、二区自治政府组织法俟行政院会议通过，经立法院决定，再正式公布之。

《内蒙自治解决大纲》 关于内蒙自治问题，黄绍雄原提甲、乙两项办法。甲种办法：（一）名称：定为蒙古第一自治区政府、蒙古第二自治区政府，以下类推。（二）区域：乌、伊两盟及土默特、阿拉善、额济纳各盟旗，编为蒙古第一自治区。锡林果勒盟及察哈尔部各旗，编为蒙古第二自治区。其他盟、部、旗均照此例编区。（三）隶属：蒙古各自治区政府，直隶于行政院，遇有关涉省之事件，与省政府会商办理。（四）权限：蒙古各自治区政府，管理各本区内各盟、部、旗一切政务。（五）经费：蒙古各自治区政府经费，由中央按月拨给。（六）联络：蒙古各自治区间，设一联席会议，商决自治区间共同事宜。乙种办法：设置蒙古统一最高自治机关，定名为蒙古自治委员会，直隶于行政院，管理各盟旗一切政务，其经费由中央按月拨给。交德王任择其一。德王即召集会议，讨论结果，决采纳甲种办法。即报告黄部长，将此项办法缮写两份，定名为《内蒙自治解决大纲》，作最后暂定案，由两方签字。黄当又声明一点，即此项〔项〕大纲，须经行政院通过，始为有效云云。

《再生》（月刊）

北平再生杂志社

1934 年 2 卷 4 期

（李红权　整理）

危机日深之西蒙

萧锦 撰

　　自日本帝国主义侵占东北四省，《塘沽协定》签订以来，日蒙间便有了密切的接触，东蒙四盟二十六旗已在日人掌握之中，西蒙三盟二十三旗，日帝国主义已视为囊中物，近来日政府派遣大批军事人员，及精通蒙语之学生，前往西蒙侦察，而日伪军亦徘徊于察东，俨以察东为日本属地，在多伦、沽源间，建筑公路，辟飞机厂，屯储械弹，处处都可表现其军事上的野心。据我们的观察，日本拟以多伦为军事中心地，更由多库向西北前进，以阻断西蒙与外蒙之交通，更由沽源向康庄、延庆进展，以截断平绥路线。这样，我们可以看出日本之军事目的：

　　一、使内蒙陷于包围，以便吞并。

　　二、威胁库伦，准备对苏俄战争。

　　日本对西蒙之进攻，现已着着进行，利用威逼利诱之手段，操纵西蒙王公，以及拢络西蒙青年，而为其御用。近复在兴安区创办军事学校，收纳内蒙青年，施以军事教育，借口培养蒙古之民族意识，并为阐明"满洲国"建国之伟大精神，与日本在世界上之伟大，揆其用心，不言可喻。谁也知道：日本对内蒙之包藏祸心，已非一日，在九一八事变前他就有组织蒙古共和国之阴谋，以为侵略中国内部之堡垒，及作进攻苏联之缓冲地带，故事变后日本便开始攫住东蒙，现在更企图攫夺西蒙，以逞其野心。实在蒙古确占有军事上之价值，尤其是西蒙，因此，今后之内蒙，才卷入远东政治之漩涡，而扮演最主要的角色。

我们知道：日本帝国主义为保护其在东北的统治，与夫取得帝国主义进攻苏联之同情，势必攫取西蒙，以完成其整个计划，故年来，日本煽动内蒙自治，土肥原游说西蒙王公，并有大批日本间谍潜入西蒙各地作反华之宣传，以及高唱满蒙合并，倡言划兴安岭及东蒙一带为蒙古自治区，自治区之官吏，皆为蒙人，以为诱惑。宣传的结果，在内蒙王公中发生了最大效力，于是蒙古王公观光"满洲国"，大批蒙古青年赴日留学，而自治亦渐由酝酿而成为具体了。

现在当日人积极侵略西蒙之时，我们持着甚么态度？静待变化呢？还是有所准备？我们眼见日本帝国主义在察东一带增兵，改组伪国杂牌军队，没收蒙人军器，西蒙危机日深，而日军之凶焰亦愈逼人，如此，察、绥在不远的将来，难保不为东北之续，田中奏章中的"蒙古大源共和国"或不幸而言中矣！

总之，在这千钧一发之时，我们不应坐以待毙，也不应畏难苟安，我们要作救亡图存的挣扎，从事整饬师旅，巩固边防，实力援蒙，使之得到真正的自治，而不为东北之续，西蒙得以保全，这便是中华民族自卫的第一步，否则，西蒙沦陷，便是中华民族的丧钟！

《东北旬刊》
北平东北民众抗日救国会
1934 年 2 卷 5 期
（丁冉 整理）

内蒙自治之前途

方秋苇　撰

一　绪言

现在研究研究我们的老邻居。

的确，蒙古是我们的老邻居了。据史书所载，它在上古时代为雍、冀、幽、并、营五州的北境，这时还是部落时代。夏时便称獯鬻，周时便称猃狁，秦汉时便称为匈奴；到唐时则称为突厥，宋时则称为契丹。自汉以后，匈奴的势力稍杀，乌桓又崛起；后来乌桓灭了，蠕蠕又活跃起来；蠕蠕灭了，突厥又兴起；及到突厥灭了，而契丹又强盛起来。有宋世季，"金戈铁马"的英雄成吉思汗崛起漠北，并吞四邻，亡金灭宋，并且侵占了老邻居的中国。这时候，蒙古人在中国造成一个强有力的国家，后来中国抵抗蒙古人的南逼足有好几百年，终于将他们移殖的方向掉转头往西而去。

蒙古这个名词，是明初修元史命定的。它在这"不变的东方"，有着长足的进步，为世界上的公认的事实，而无待赘述的了。它在亚细亚的地位上，为一大的高原；在长城以北，新疆以东，辽宁、黑龙江两省以西，俄属西伯利亚以南。蒙古是有着绵延万里的地域，天赋无穷的宝库，和没有统计的被国家遗忘了的民族，论地域因戈壁大沙漠横亘在中央，分为内外二部，即漠北为外蒙古，漠南为内蒙古。民国以来，因汉蒙杂居的范围渐渐广大，政府依照行省制，将它改设为热河、察哈尔、绥远，并将西套蒙古一部分划归宁夏省。但是日本帝国主义为便于侵略起见，不仅将东三省分为南满与北满，并且将内蒙古分为东蒙和西蒙。东蒙共三盟：即哲里木盟（Cheriu）、卓索图盟（Chosotu）、昭乌达盟（Chaouda），自热河失陷以后，已落日本手中。现在内蒙仅存在的，只有西蒙三盟及内属盟古二盟：即锡林郭勒盟（Silinghol）、乌兰察布盟（Ulanchap）、伊昭克盟（Ikhchao）及察哈尔盟（Chakhar）、归化城土默特盟（Kukukhotohtumed）。但是现在的西蒙，又实行所谓"自治"了。事实上，这次内蒙的"自治"，即是"独立"的一种变相，其内幕怎样？如这样的"独立"局面能够支持多久，尤其是在日本帝国主义"汉蒙一体"的口号之下，内蒙的自治以后的前途怎样？这便是本文所要探讨的。

二　内蒙要求自治之内幕

事实上，内蒙所要求的自治，并非自治，它是有着重大的背景存在。不过，这并非整个内蒙的行动，也非全体蒙民一致的要求，乃系察哈尔锡林郭勒盟副盟长德王等的行动，及少数人野心的暴露。唯其如此，日本帝国主义才可以乘机离间，利用其野心，以分化中国民族的力量，使西蒙根本脱离中央，造成类式"满洲国"之独立局面。我们为了要详细知道这一点，所以首先必要知道自治运动发生的原因及其背景，然后再〔才〕能从客观环境观测其前途。

关于内蒙要求自治的原因，我们可作如下之分析：

（一）因为蒙人的宗教、语言，及风俗习惯的差别，及各盟旗封建制度的存在，当然是不能与内地各省，处同一地位。因为种种的隔膜，所以中央对于蒙政如何处理，也没有一定的计划。就是代表蒙人的南京代表团，和北平代表团，也是一种虚设。因为这个原故，蒙人与中央感情的联系弛懈。同时蒙古的公侯贵族，在满清时代，每年还得许多的金钱珠宝的御赐；到了民国，不但不能得着国家的赏赐，反而向外纳税；因有挥霍成性的公侯贵族，也感到经济的拮据。而在另一方面，苏联指导下的外蒙，日本支配下的呼伦贝尔、齐齐哈尔、郭尔罗斯、布特哈等部，及哲、卓、昭各盟，对于王公的待遇都很优厚，当然政治认识幼稚的内蒙王公，是容易受诱引的，这便是西蒙自治发生的一个原因。

（二）当民国建立以后，政府当局为启发蒙人的知识起见，曾召集公王〔王公〕的子弟，和富室青年，到内地读书（多在平、京各地的蒙藏学校，并有考入军官学校的；亦有少数留学日本的）。但此辈青年毕业后，因求得〈的〉学问，和学得的技术，都是所学非所用，以致不能立脚；甚至在内地的蒙人团体，亦无立脚之地。而这般失意的及失业的青年，大都来头无路，不得不同王公贵族打成一片，希望获得出路。这也是酝酿内蒙自治运动一个重大原因。

（三）在民国廿一年冬季，德王同各王公到南京办理党务，并改组蒙古王公代表团驻京办事处。此时德王希望自己以蒙人领袖资格出长蒙藏委员会，但经人破坏，以致德王入京的计划完全失败，结果只好拂袖离京，以要好日本及"满洲国"。这便造成了内蒙自治运动的另一原因。

（四）在内蒙正秘密酝酿自治运动中，班禅喇嘛东来宣化，德王为笼络人心，特意在滂江建筑规模宏大之班禅庙，为班禅驻锡之处，因此德王能借班禅的声威，号召各盟旗，迅速地促成了自治运动的实现。

此外也有很多促成内蒙自治的原因。不过，最重要的，还是日本帝国主义从中的煽动与诱引。

三　日本的阴谋计划及蒙民的倾向

我们知道，日本帝国主义对"满洲"的政治设施，其最重要的目的，是在想用吞并朝鲜的方法，吞并满洲；再拿夺取满洲的方法，逐渐地很快的夺取蒙古。

关于夺取蒙古的方法，日本帝国主义的策略，是注重在小封建诸侯（如王公、盟长）的收买，及羊毛、矿山资源的独占权的欺瞒获得，军事密使的派遣，以及土地的收买（实则夺取）等等。这个计划从田中觉书的起草，直到武力夺取满洲以后，都是没有变动的，尤其是在热河夺取得以后，这一个计划更加成熟了。其阴谋计划如下：

（1）收买人心，高唱救济蒙人的论调，每旗发给贷金十二万或六万元金票，年息八厘，其分配办法，以地亩之多寡为标准，每十亩地二十元；

（2）伪国将热河及卓、昭两盟，划为三省，划分方法将各县旗原区从新规定。县归热省管辖，旗归卓、昭两盟之新省管辖；

（3）伪国兴安总署政务处长寿明阿等五人，为筹备卓、昭两省之委员；

（4）极力从事于收买蒙民之工作，其主要的，即将苛捐杂税豁免。惟对种植鸦片，极力奖励；

（5）极力挑拨蒙汉民族感情，一方则高唱允许蒙人自治；

（6）日伪极力罗致蒙人，分派于各公务机关工作，优其待遇，收买人心。

以上的计划，都不过是一种表面而已。其实，日本帝国主义的目的，是将满洲与日本打成一片，以后，更要将蒙古与满洲融成一炉，以待将来满蒙吞并计划的完全实现。假如大家不健忘，当能记忆热河失陷时，日本怂恿蒙人建立"内蒙大源共和国"的计划罢!! 据去年六月十二日中央社消息云：自热河陷落以后，日本采取两种政策，对于汉人方面，极力施行小惠，以收买人心；蒙人方面，极力施行挑拨，以期与汉人绝缘。又谓：对于蒙人方面，则以种种挑拨之辞，谓蒙汉本无关系，特以蒙古民族受汉族之欺凌所致，现日本愿以全力扶助蒙古民族建立"内蒙大源共和国"等语。由这消息看来，我们也就知道：日本帝国主义的计划，最重要的是造成蒙汉的分离；因蒙汉分离以后，蒙满便可以打成一片。于是，它可以任其所为了。

在这种情形之下，内蒙的处境是如何危险啊! 因为日本帝国主义蚕食东蒙的计划已成功，现在正准备西蒙的夺取，日本帝国主义煽动西蒙自治的企图，并不发动领土攻击战争，以图名义上取得统治权，它是要扶助一个亲善"满洲国"的政府，即是希望完成一个在日"满"委任统治下的"内蒙自治政府"。所以我们说：德王所领导的内蒙自治运动，便是这一个内幕。其实大多数的蒙人，还是〔在〕朦胧中。事实上，（一）德王支持下的自治运动，所能与中央对抗就是因有日本帝国主义作护翼，欺瞒着班禅喇嘛及广大的蒙民。假如这一个面具揭开时，班禅及大多数的蒙民是不为德王所御用。一方面是用〔因〕班禅数年来，内向之殷，决不外倾的；如果蒙古的自治运动，没有班禅的同情，蒙古是不会发生信仰的；（二）因广大的蒙民过于保守，虽然他们仇视汉人，但更仇视日本人。事实上，他们只知道用原始的头脑去获得食物，和牧放他们的羊群，及如何的保存着这块净土，不容许任何人的践踏。而日本帝国主义对蒙古的野心，其最大的企图，便是土地的掠取，及羊毛、矿山资源的独占与获得，当然保守的蒙民是不能容许的，除了日本帝国主义用武力征服以外。

四 内蒙自治政府命运之诊断

既然，这次内蒙自治的要求，仅是属于德王等少数人的意向；而自治的动机和目的，又甚属可疑，在中央政府方面，为华北国防计，为边疆的安全计，目前均不应容许内蒙有所谓自治政府的组织；要知道，自治原为全国一致的要求，何独内蒙先而上之？若果认为现在内蒙处境的危险，因御侮［必先］责任之重大，必先以"自治"取得自卫权，那么自卫为全国一致的要求，御侮必动员全国的力量，何独内蒙要单独行动？无论从哪方面说来，内蒙自治皆非事实所需要。因为一个国家的领土内，其一部需要自治者，必须构成有下列诸要素：

一、必以该地夙为独立国，后为他国吞并；该地人民要求独立迫急，结果折合的办法，为予以自治权。

二、一个国家领土某部分，关于宗教、语言、文字、风俗习惯、地理等，有特殊的地位，当然可以自治。如英帝国主义灭亡印度以后，引起了甘地之"不合作"运动，与英作"无抵抗"之抵抗。英帝国主义在不得已时，乃于一九二〇年十一月，实行印度新选举，并造成印度自治的先声，但是印人的叛变，并不因获得自治以后而消灭。直到印度大联邦建立以后，才可以算是完全自治了。英军总司令亦不得干与印度的政治，纵在万一不能解决的事项发生时，印度总督才能用其大权；这便是印度自治成功的事实（见 Mhhcr：Government of Europe, PP. 343-353, Ch18），又如爱尔兰因地理环境及宗教、风俗，大部分异于英格兰、苏格兰，结果终于获得独立。除了国防与外交由英国政府办理外，其他各事，爱尔兰可以说是完全自治的。譬如在欧战以前，爱尔兰及澳洲属地，向英国要求自治；但至一九一四年大战发生时爱尔兰等的自治运动，乃无形消灭。这是表明：一个国家对外行动是一致的，其力量丝毫也不容许分化。

至于内蒙，从历史上的考据，但是中华民国的一体。所谓宗教、语言、文字、风俗习惯，亦与内地无多大差别；自民国以来，因汉蒙离〔杂〕居的范围扩大，政府依照行省制，将内蒙改省，于是大多数的蒙人都被同化（纵令有种种的差别，也不过是一种隔膜而已）。假如内蒙自治成功，无疑地是将二三百万蒙民入于外力之内了。犹诸地球之脱离太阳系，而必为其他恒星所吸收有同样的意义。虽然这次内蒙的自治，是由中央政府领导，自治原则亦由中央通过，其自治政府之自治委员，亦由中央委定，但如德王之辈，是否完全脱离与日"满"方面的关系？即使这个自治政府不受日本帝国主义及其"满洲帝国"的关系，但能否避免日"满"势力的威胁？换言之，能否抵抗日"满"的外力？关于这一点，我们首先对于这个内蒙自治政府作一检讨。

现在我们将内蒙自治政府内部及新委员二十四人介绍如下：

新职	人名	原职	封爵
委员长	云端旺楚克	乌兰察布盟盟长，喀尔喀右翼旗札萨克	郡主
副委员长	索诺木拉布坦	乌珠穆沁右旗札萨克，锡林郭勒盟盟长	和硕车臣汗亲王
副委员长	沙克都尔札布	伊克昭盟盟长，鄂尔多斯右末旗札萨克	贝子

续表

新职	人名	原职	封爵
委员	德穆楚克栋鲁普	锡盟副盟长，苏尼特右旗札萨克	多罗都楞郡王
	阿拉坦鄂齐尔	伊盟副盟长，杭锦旗札萨克	亲王
	巴宝多尔济	乌盟副盟长，乌拉特中公旗札萨克	镇国公
	那彦图	在京王公	
	杨桑	阿巴噶右旗闲散王公	多罗郡主
	恩克巴图	察哈尔旗人，中央委员	
	白云梯	东盟人，中央委员	
	克兴额	卓索图盟人，中央委员	
	吴鹤龄	卓索图盟人，蒙古驻京联合办事处长	
	卓特巴札布	察哈尔八旗保安长官	
	贡楚克拉什	察哈尔右翼总管	
	达里札雅	阿拉善札萨克	
	图布升巴雅尔	额济纳土尔扈特札萨克	
	荣祥	土默特代理总管	
	尼玛鄂特索尔	察哈尔明安总管	
	伊德钦	卓索图盟喀喇沁右翼旗王公	
	郭尔卓尔札布	苏尼特闲散王公	
	托克托胡	锡盟协理，阿巴噶右旗闲散王公	
	番弟恭札布	乌盟四子王旗札萨克	
	那木济勒色楞	克里木盟副盟长，科尔沁左中旗札萨克	和硕〔硕〕达尔汉王
	阿商勒乌贵	卓索图盟副盟长	

　　除上表我们可以得知：（一）内蒙自治政府是以西蒙为中心，也可以说是西蒙自治政府；（二）除包括少数东蒙王公贵族外，东蒙之哲、卓、昭三盟主要人物，便未参加此项组织。这是充分的

表现：东蒙在日本帝国主义控制之下，不参加中国政府所领导的自治运动。虽然，这次西蒙的自治，表面上是接受中央的领导，为"合法"的一种自治运动。但实际上，这个自治运动终久必要遭遇打击的。换言之，即是自治的将来必归于破灭。关于这一点，我们根据事实可以指出几个简单的理由：

（一）所谓内蒙（即日人所谓的东蒙、西蒙）整个体，自有蒙古之存在，即有不可分离的关系，无论从哪一方面观察，东蒙及西蒙都是有着不可分离的关系，终久必是要融合成一块的。究竟西蒙融和东蒙？还是东蒙融合了西蒙？

（二）日本帝国主义对蒙古的计划，是一种慢性的蚕食吞并计划。第一步，它是使东蒙与西蒙的分离；在西蒙孤立以后，再施行其第二步计划，引诱西蒙投降于东蒙。总之我们可以说：东蒙在日本帝国主义手中一日，而西蒙之孤立形势必要受煽动及引诱的。换言之，即是西蒙必要在日本帝国主义以"蒙古大源主义"号召之下，而迅速地投降于日本〈帝国〉主义之前。

（三）在西蒙孤立形势形成以后的今日，而西蒙又以自治而成"半独立"的局面，还〔这〕不仅加速了中国的离心力，而且更增加自身的危机。所以我们说：西蒙之自治，无疑是地球脱离了太阳系，终必被其他恒星吸收的。

因了以上的几种关系，我们对于内蒙自治之前途，是不能持乐观态度的。固然，我们对于内蒙自治政府之建立，并不一定要武断说绝对是有日本帝国主义作背景，但结果是有利于日本帝国主义的窥伺，则为不可磨灭的事实。尤其是在傀儡溥仪僭号之际，内蒙自治政府又建立成功，这是有着重大的意义存在着。这个意义是什么？现在我们是不能加以说明的。

附识：关于内蒙的真实情况，及日本帝国主义之阴谋计划，请参阅拙著《内蒙古之现势》（载《东方杂志》三卷廿四期）。日后，作者将根据最近材料及日本帝国主义进攻察哈尔的事实，而写作一篇《日本怎样夺取蒙古》，并说明日本对外蒙之夺取计划。

《前途》（月刊）
上海前途杂志社
1934 年 2 卷 5 期
（李红权　整理）

蒙古的阶级社会及中俄的对蒙政策

［日］村上知行　著　　田景梦　译

一　研究蒙古的必要

在今日局势，谈到中国边疆问题，全世各国，莫不烦愁焦虑。不消说，"满洲国"出现，对此问题，又增加其重要性，这是毫无疑意的。尤其"满洲国"兴安省和中国边疆直接关联，使中日两国直接抵触。这兴安省，即所谓"东蒙古"（或小蒙古），是划分黄沙白草的游牧区域而织成的。

将来在日俄交战的场合，以日本占了海参威〔崴〕、乌苏里、黑龙江等要冲，则致俄国屈服，这样看法，诚是可笑。因为那仅是局部的战术问题。就战略上看来，其要点乃在蒙古。在平原作战，无论谁败，仅是直接的撤退，决不能使根本形势，彻底变更；在侧面的军事行动，才是决定胜负的关键。这唯一的侧击区域，就是西伯利亚的外蒙及满洲的内蒙。"中国、西伯利亚都名扬全世，而蒙古人却鲜知，但远东命运的关键，即在蒙古。"这是美人欧文·莱提模（Owen Lattimore）说的。于今研究日本对中国边疆的问题，欧氏的观察，实惹我们注意。

由欧氏的观察，我们又想来一件事实："一九二六年，外蒙之苏维埃军事委员会，曾有这样的建议：进攻内蒙、中国及满洲之

时，可以库伦为军事根据地，并且可选呼伦贝尔为其第一目
标……”这是法人翟司非·开司提尼（Joseph Castaone）的指摘。
这建议的根据何在，我们不去管他，但在俄国的假想战略上，至
少是如此，按常识说，也得首肯吧！

自“满洲事变”以来，俄国在外蒙的工作，对我们也有很多
的暗示：在满蒙边疆，特别在贝加尔南境，俄国集中赤色蒙军；
从来为数三万的蒙古军，扩大到七万人；国民军事训练，普遍的
实行；另外又加紧了“赤化”的工作；努力消灭王公及喇嘛的势
力；且培养蒙人思想，使仇视日本。这些为军事的准备，他们乃
大胆的公开的着着进行了。

现在据我看来，无论如何，我们有深知蒙古的必要。但在日本
出版界，从来有许多关乎蒙古的文献，而有实用价值的，寥寥无
几。譬如名为全书的各各大著，翻阅读之，察其所言，仅是富源、
风俗等等叙述而已。

我在本文欲述的蒙古阶级等问题，全被抹杀。即便有两三行的
记述，其所描写，却没有真实的把握着本质。而且此等书籍，除
此问题以外，赘述颇多。这种趋势暗示了什末呢？

但在中国出版界，也是同样的情形。我在北平图书馆，看过马
鹤天氏的《内外蒙古考察日记》，其书之空白处，蒙古人写有铅笔
小字，记的是“说谎”、“三民主义扶助什末弱小民族，它不是变
相的侵略主义吗”等类的话。在中国方面，对这关乎蒙古的书籍，
定是蒙人才去这样涂写吧，对日本书籍恐是更进一层吧！

二　蒙古的奴隶

照上所述，材料是非常缺乏，那末，我停笔止述不好吗？然而
我很确信，此等材料，定有地方暗藏许多。

民国十九年，国民政府召集蒙古会议，议决好多议案，其中曾有《解放奴隶办法》。但此办法，仅是存立的空案，却未见实施。就在现今，国民政府去强制施行，恐也不易。但是议案内容，是很显然明白的，在研究蒙古，确是一种不可忽略的资料。议案全文如下：

解放奴隶办法

（1）蒙古各处的一切奴隶，如属丁、黑徒、家奴、炷丁等，由蒙藏委员会的请愿，国民政府下令完全解放。

（2）前条法令公布之后，蒙藏委员会，对于各旗严厉督催其实行。

（3）蒙古一切奴隶解放之后，与前主人之权利、义务、称呼、礼节及其他一切特殊关系，完全废除。

（4）蒙古一切奴隶解放之后，在法律、政治上，与前主人一律平等，前主人不得再以奴隶视之，奴隶亦不得以主人视前主人。

（5）蒙古一切奴隶解放之后，主奴之间，因生计困难或人口孤单，须要互相依赖的场合，必依友谊雇佣的合法手续，维持其关系。

（6）蒙古一切奴隶解放之后，主奴之间，虽有前仇，不得因解放而有何等报复行为。

（7）蒙古一切奴隶解放之后，完全编入于其所在蒙旗之旗民簿，与同旗原有平民，同等待遇，同等管理，不得歧视。

（8）蒙古一切奴隶解放之后，对其先前有所有权的财产，前主人不得借口开除关系，而收回之。

（9）蒙古一切奴隶解放之后，毫无私产，或私产过少而不能维持生活者，各该蒙旗，从速救济，不得疏忽。

（10）违反上述办法规定者，或奉到规定而不切实施行者，均严重处罚。

（11）本办法所未尽述的事项，在蒙藏委员会，别有
　规定。

（上述办法，系译自日文大意，并非蒙古会议议决案之原文，
译者特此声明。）

上述奴隶解放议案，在其表面文字，对奴隶本身的形态，是毫
无记载。然而要详细去读，恐怖黑暗的世界，即刻反映在我们的
脑海。特别是第五、第六、第七三条，不能不使我们注目。今对
奴隶本身问题，仅就所知，试行一叙述。

蒙古的奴隶，就是隶于王公、台吉、喇嘛（此三者后有详述）
的仆役。在解放办法第一条，对奴隶的种类，举出了属丁、黑徒、
家奴、炷丁四个名称，其详细解释是这样：所谓属丁是王公世袭
的奴隶。黑徒是喇嘛寺的有生财产，换句话说，就是从阶级的观
点看来，同奴隶一样，对其主人负有无限的义务。所谓家奴、炷
丁，不但是王公、喇嘛的奴隶，而且被雇于裕富属丁、黑徒之家，
就是比属丁、黑徒更低一级的奴隶。他们的姓名，并不登记于旗
民户籍簿（参照解放条例第七条），由这件实事看来，可以明白，
他们没有人格，不是人类，恰似家畜一样。他们在政治上、法律
上、社会上，都不得平等，没有当兵的义务，对全部主人，负担
旗署一切的义务。

三　蒙古社会的阶级制度

今为叙述的便利，先将蒙人社会的阶级制度，研究研究吧。对
这问题，不得不先从政治组织说起。关于蒙古的政治组织，日本
从来出了许多刊物，有很详细的记载，所以于此略为概述。其政
治组织是极为简单，"盟"是最高的行政组织，在盟之中，其行政

长官，就是盟长，统辖其下许多"旗"。"旗"是蒙古的行政单位，其首领曰"扎萨克"。在蒙古语中，所谓"扎萨克"乃执政之意。"旗"之下有"箭"，它是军事性质的组织，以骑兵百五十名为一"箭"。这些行政首脑（盟长、扎萨克）之下，一切役职，全被王公及其亲戚占据，或成为世袭，确是典型的封建制度。

在政治组织上，王公占据最高地位，从社会阶级制度说来，他是最贵族的阶级。他们怎样取得这王公地位呢？由其先祖家系看来，他们是元朝的后裔，或其重臣之子孙。他们自清朝授得了王公爵位。但是，内外两蒙统计有多少王公呢？于今我也未知其详，只在内蒙约有五十人，完全墨守封建制度的成规。各王公都有自己的人民和土地，握有绝对的支配权，最可怪者，是他们为偿还私债，依其权力，可把国土卖却。

他们这任意卖却国土，早诱中国豪商注目了。如在清时，王公年来北京进贡，一般豪商乘此机会，将各种高价奢侈品卖与王公，王公归回，就卖却其领土以偿商人之债。此种事实，在理论上怎样解释呢？对王公之公私债务，旗民负有连带的责任，其理论根据，大概不外这样吧！此外对于王公，旗民尚负供给仆役之义务。

如此的王公被选作盟长，而且各旗的扎萨克，乃其世袭的官职。

次于王公之特权阶级即为台吉。王公的家族或与其同一血统者，完全垄断了各旗的官位。蒙古的王族、王公及台吉，综合起来，数目很多，一旗人口若为数三万，则其王旗〔族〕或达三四千，实占全额十分之一以上。绝对特权阶级有这大数目，自然在别方面，必有惨酷的被压迫阶级，不是明显的事吗。

此外尚有一特权阶级，即是"喇嘛"。

成吉斯汗的崛起，确是世界历史的飓风。这飓风的卷起，建立了空前绝后的大帝国。但至现时，蒙古民族颓废日甚，追厥原因，自然很多，然其最有力者，"喇嘛"即其一。喇嘛为荒诞的邪教，将民族之全副精神，陷于迷信毒雾之中，防〔妨〕碍民族的发展，且其滥费浩繁，实可惊人，因此抑制社会经济的进步。同时，他们的特权和王族特权相结合，对民众尽量去行横暴的榨取。

通常说，喇嘛的数额占人口之半。今举具体实例，外蒙喀尔喀四部，百个男子，四十四人为喇嘛。科布多管区有喇嘛八千人。车臣汗部号称最多，其苏勒克图具〔贝〕子旗，男子百分之七十一是喇嘛，全外蒙约有三万人。这些喇嘛，对旗之一切负担，不止完全免除，并且他们进一步施行惊人的榨取。

在《内蒙自治问题之检讨》中（陈剑萍作，《大公报》载），曾述喇嘛的奇怪蓄财，颇有兴味："人民对喇嘛庙，年纳贡赋，年纳农品，再加其牧场、田庄的生产，所以喇嘛庙收入颇丰。其所用之余，皆藏于窖中。闻今各寺，多有现银数百万两，而不知用之去兴办实业，使生产发展。空藏于地，殊为惋惜。"喇嘛虽财富如是，但对外部，颇为吝啬。喇嘛寺的经费，乃其所属各旗之捐税，喇嘛寺的财富，是由各旗捐税而来，确是各旗经济的致命负担。所以庙宇愈多，则旗之负担愈重，其结果，捐税繁多，不堪负担。

在北京及热河有四十多喇嘛庙。北京政府每年支出定额之喇嘛经费。北京的喇嘛事务所，每月作一细目，报告于理藩院，恰似俸禄由政府支出，此外以庙宇修理费、抚养费等等名义，尚有临时的支出。别方面，喇嘛庙时有进贡，北京政府也照例赐与金品宝物。喇嘛全体分为数班，年来北京，各班轮流，成为习惯。同时北京政府对之也持怀柔政策，他们的往返及居住北京所需费用，全由北京政府支出。这样繁多的支出，年年如是，因此，北京政府也苦于负担。

对这有害无益的愚民，游惰的寄生虫——喇嘛，现在还这样优待他们，那不是一种不可思议的政策吗？而且，年年如是，成为世袭，以至于今。石田顺次氏作《承德附近之喇嘛及喇嘛庙》一文（《满蒙》一月号，译文见本刊第一卷第六期），其中说道："自皇军（指日军）入热河以来，对满洲国的僧人（喇嘛），每人每月支给津贴两元，及杂费八十五钱……他们的饭食，同一般汉人一样，常食鱼肉，大概每月九元的生活费，才能足用。今每月还不到三元，其生活可谓苦矣。……"照石田氏的意义，他对喇嘛是持同情态度，据我看来，不管"满洲国"政府经济如何，对这般无智、无能、游惰、一无可取的喇嘛，津贴两三元，岂非浪费，这真是不可思议的政策。终日血汗劳作，不得酬报吗？"无者掠夺有者"是基督的讥言，大家不要忘掉。今将满洲劳苦的农民，和这受优待的喇嘛，比较观察，错误自明吧！

以上所述，是蒙古特权阶级的情形。总计喇嘛为全人口十分之五，王族为十分之一，合为十分之六，其余十分之四是被压迫的阶级，多数的特权者，剥削少数的被压迫者。

被支配阶级，可分为平民、奴隶两部分，其中平民的数极少，今我没有资料表明其数目。但是，将特权阶级之数，和下述奴隶之数，合来观察，平民数目是如何的稀少，自易想象。然而这少数的平民乃是蒙古产业的原动力，乃是从军者，乃是纳税人。总之，他们是蒙古的台柱。在这多数喇嘛、王族的高压之下，这一台柱，太弱小了。所以不得已，才借奴隶的协力，而苟延残喘去维持。

由《解放奴隶办法》第七条看来，所谓解放奴隶，不过使之变成如此的平民罢了。其解放的真像，对奴隶的实际恩惠，于此赤裸裸的暴露无遗。

关于奴隶，前已述过，在此略加补充。奴隶起源于何时呢？对此问题，我想做进一步的研究。但是，材料非常缺乏，所以我虽积极努力，恐无圆满结果。大体上说来，他们是极端贫穷，为生活所迫的结果，才出卖自身。或者从罪囚、俘虏转化而来。其中有一部分，是中国内地的农民，为垦殖才移住于蒙古。他们为暂时方便，寄食于蒙古名门家内，因之渐渐转落下去，变成奴隶了。他们虽各自独掌门户，但在主人方面，则视之为世袭的财产了。他们的数目，占蒙古被支配阶级的大部分。譬如在外蒙喀尔喀四部之中，土谢图汗、扎萨克图汗两部，奴隶数目都占男子总数百分之二十一以上，其他两部，占百分之十六以上。在其中所属的各旗，有二十多是占百分之二十五，别外占百分之五十（男子总数之半）以上的也不少。

此等奴隶无独立能力，及其被压迫的状态，这在解放办法第五条可以证明。此等奴隶受难忍的虐待，对其主人发生怨恨之情，这在解放办法第六条可以证明。

关于蒙古阶级的问题，我所搜集的资料，今已摘要述完。对这样的蒙古社会，中俄两国各持何种政策，并且蒙古发生如何的反响，这是我们下面欲述的题目。

前面已经说过，关于蒙古青年，实有研究的必要。不消说，他们不是阶级，也不是社会层，而是从社会层中表现出来的彗星，将来必定发放灿烂的光彩。他们是知识阶级，对国外空气，有锐敏感触的能力。他们言行秘密，改头换面才得苟安，因为王公们利用支配者之地位，专图压迫掠夺他们，且使民众恨之入骨。对这事态，他们（新青年）始终是占〔站〕在民众立场的。他们知道，民众不能永久是这样，他们希望民众跃起复活，他们目前也正向这个目标积极努力。但自数百年来，受极端专制的影响，所以庞大睡狮，一时尚难觉醒。现在，青年自身尚未完全得民众的信任，可注意者，是他们将来的力量，日后和蒙古的台柱——平民阶级——握了手，得到多数奴隶的后盾，他们势力发展起来之时，新的蒙古定能实现吧！

四　俄国的对蒙政策

彻底认识蒙古青年的力量，进而加以强力的指导，这是俄国对外蒙政策的基础。对王公支配者的势力，俄国也已完全了解，但是，盲目拥护他们的势力，或任意摧残新蒙古的发展，不消说，俄国是绝对避免。

在外蒙俄国势力的扩张，就是"赤化"工作的进展。何以知之呢？表面看来，俄国对之施以强硬的手段，非常唐突去实行，但是我们详细去观察，则知俄国也是顺应时间的推移，以待机会。俄国是非常积极的。但是饿莩（俄国）摘得涩柿（蒙古），能仅放口边，而不去食吗？

一九一一年七月，由活佛"哲布尊丹巴"提议，在库伦开一王公、喇嘛会议，以研究蒙古建国的办法为目的。在此会议，俄国也派使参加。不久到八月十八日，又开一王公代表会议，议决脱离中国的保护，发表宣言，声明独立的意旨。于是哲布尊丹巴，以活佛之名义，握得了外蒙的君权。当时的王公，各处都有，并不单限于外蒙，而其意义也是整个蒙古（内外蒙古皆在内）的独立，但是结果，因俄国阻碍而中止（当然那时的俄国不是现在的俄国）。这俄国势力突进的扩大，自然难免招致列国的嫉妒。

外蒙之第一次独立，是很受中国辛亥革命的刺戟。蒙人相信，自求解放结果能有希望。然而，那只是贵族特权的策动，与蒙古民众尚无何等的关系。后来一九一九年，中国派遣徐树铮征之，破其独立。徐树铮得胜的原因，就很借蒙古民众的力量，同时俄国革命，外蒙也很受影响。一九二〇年，谢米诺夫（白俄）为赤卫军所败，遁窜库伦，企图怂恿活佛，使再独立。当时蒙古的青年志士，乃同布利亚特蒙古（Buryat Mongol，在贝加尔湖西北之地）携手，在达乌里组织"蒙古族中央政府"，在此情形，他们是不肯被谢米诺夫利用，因此谢米诺夫愤怒，打倒了此中央政府。

翌年（一九二一年）蒙古青年，又得布利亚特蒙古的协力，于恰克图组织"蒙古国民党"，正式的建立平民政府，推巴图鲁为首领，发表第二次外蒙独立宣言。不待言，是有苏俄帮助的。这样外蒙古国民党诞生了，平民也涌上革命的前线去。由此趋势看来，我们不可不特别注意。在其发表的宣言中，他们对蒙古阶级的注意，尤其惹人注目。今将其概要列下：

（一）政府是以铲除封建制度为目的，所以制定新法律，全国人民不分阶级，都有从军的义务，都受同等的裁判。

（二）制定纳税制度，一切人民不分阶级，纳同一税额，尽同一义务。

（三）废除奴隶制度。

（四）以君主立宪的资格，保存活佛，在此政府之下，去扩张民权，但无批驳活佛之权，凡一切政权，是属于政府及各种国民会议。

对此宣言，苏俄大大不满，所以施以威胁，强制增加下列七条：

（1）外蒙之森林、土地、矿产，皆归国营。

（2）外蒙之公有土地，分配于蒙民之贫困劳动者。

（3）外蒙之天然富源，不得变为私有财产。

（4）外蒙矿产，得由苏俄劳动者共同开发。

（5）外蒙金矿，让于苏俄工会，其管理权也让之。

（6）外蒙土地之分配，必须以苏俄办法为准。

（7）除专利事业及特权事业外，日用品自由制造，系私产资格，仍旧保留。

苏俄如此彻底"赤化"的要求，对此开始萌芽的国民党，与以不少的摧残，这确是俄国错误的指导。何以言之呢？因为时期尚早，蒙古国民党不能承受"赤化"。对国家形式，蒙古国民党是奉立宪主义，是以活佛居王位。同时党之内部，多是贵族、喇嘛等资产阶级，含有十二分右倾的危险。聪明的俄人，观察甚清，所以早加防备。在同年（国民党成立之年）八月，"蒙古青年革命党"降生，成为国民党中的一派，主持者是俄人，党员限定为卅九岁以下之青年，国民党的急进分子及留学莫斯科新回的青年，都参加在内。此蒙古青年革民党，在形式上虽属于国民党，但在实际上负有监督任务，防御国民党的右倾。最初党员不过十三人，一九二五年达到五千人以上（有人说达一万人以上），一九二六年脱离俄人，改为蒙人自主。

对蒙古第二次独立宣言，俄国要求增加七项条文，当时，蒙古青年革命党才成立月余（一九二一年十月五日），国民党右倾领袖，虽欲拒绝俄国要求，但是青年革命党有赤军为背景，不是强制国民党接收〔受〕了吗？先将国民党首领巴图鲁、次将彭苏克、多尔吉、陶克脱呼、丹藏等数人，以反革命罪名，都枪杀了。

尔后，在国民党内部，虽常有对青年党的反抗斗争，但是结果，多归青年党胜利，国民党渐把特权阶级清算出去。根据一九二四年的调查，从党员的阶级看来，平民为百分之八十八，贵族为百分之四，喇嘛为百分之八，但在一九二五年彻底清党之后，则成为平民的清一色。

一九二二年七月，青年革命党开第一次大会，曾发表声明曰："蒙古青年党不是共产党，但日后行动，必和第三国际提携。第三国际是今后世界革命的统一机关。"由此可知，他们对外蒙的任务了。由于第三国际的指导，他们的任务几乎完全实行起来。从国民党的平民化看来，从外蒙政府的要人看来，这种情势，更为明了。最近外蒙古政府要人的色别如左：

总理	泰宁多尔吉（亲俄派）
副总理	贡噶尔（中立派）
陆军首席	哈腾巴图尔王麻苏多布（亲俄派）
外交首席	格里尔脱布（亲俄派）
内务首席	梯米特尔格奈尔根廷（中立派）
财务首席	额尔屯格里尔（中立派领袖）
农商首席	姓名不详（俄人）
教育首席	布特根（布立〔利〕亚特蒙古人）（亲俄派）
司法首席	宗特布（中立派）
参谋长兼中央军事委员长	素威布尔桑（亲俄派）
国民保安部长	那尼如脱布（中立派）
中央执行委员长	有色特尔斯（亲俄派首领）
小国民会议会长	干屯（亲俄派）
国民党党部部长	雅明唐腾（亲日派）

换句话说，除少数的中立派、亲日派及俄人以外，全由亲俄派把持。他们的主要工作，是教育三十岁以下的青年，以莫斯科、库伦为根基地。这受教育的青年，今日尚无什么活动，他们不能完全领导民众，然而他们并非固定的无机物，将来势力增大，必定发泄出来的。

五　中国的对蒙政策

对俄国积极跃进的势力，中国采什么对策呢？

解放奴隶办法，仅成徒拥虚名的条案，不能去实行，国民政府还不觉悟吗？但其对策的基调，百年一日，始终不变，仍采"愚民"和"笼络"的方法。

清朝末年（自光绪二十八年至宣统三年），鉴于俄国势力的南侵，知道了愚民政策的不可恃，乃解放蒙古开垦禁令，使蒙人应用汉文，奖励汉人入蒙。但是结果，越发加重了中蒙间的矛盾。后来民国成立，仍用旧方，也是同样结果。俄国政策的进行，先是解除矛盾，拿中国的对策来比较对照一下，太惭愧了。

除此愚民政策以外，我们还当认识国民政府的错误。何以言之呢？国民政府、蒙藏委员会及边疆官吏，缺乏完整的统一，而且互相率〔牵〕制，结果根本的破坏了对蒙关系。

蒙藏委员会是清朝理藩部的后身，民国以来，仍旧保留，变为蒙古政治的指导机关，但是不久，乃成求官之饵食。其中一切役职，都由四川、云南等人占去，他们和蒙人毫无因缘，蒙古王公等一无所得，自然他们大大不满。此等役职对王公等有强烈的魅力。德王也曾企图这委员会。但是结果，事与愿违，王公结局还是王公。过去的传统经验，清朝照例给他们官做，他们（王公）现在还是那样想法。他们的眼睛一方凝视蒙藏委员会及南京政府，一方凝视"满洲国"皇帝及日本。他们对"执政"之名，怎样也不得了解，对"皇帝"之名，很惹他们注意。对日本说来，这是无危〔谓〕的诱惑，错误的陷阱。他们（王公等）决不只对一方忠实，而是观看情势，随机应便〔变〕吧。他们是亚细亚的蝙蝠，他们对中、日、俄三国都有袒护的可能性，他们袒护俄国是为倾覆封建制度。在这种意义上，中国革命对于他们也不感幸〔兴〕趣。他们今日还梦想着，如清朝一样，甘授俸录〔禄〕，过太平生活。他们如此行为的例证很多，我们于此不作赘述。

照上所述，蒙藏委员会，仅是对蒙古王公有很大魅力，别外它不作何事，实也没力去作。在边疆官吏方面是如何呢？民国十八年七月，蒋作宾提议改热河、察哈尔、绥远三特别区为行省，国民政府前鉴于外蒙独立的榜样，所以在此时机，乃分割从来的内蒙，成立行省，公式〔事〕方面取消内蒙之名。从来内蒙各地的行政，由于省主席、县长、盟长、旗长等等不统一，任意乱为，人民不知所从，加之汉蒙两族的杂居，发生各种纷扰。边疆官吏，利用此两种的混乱，做出可卑的不正的行为。

无实力的南京政府、何也不能做的蒙藏委员会、行为不正的边疆官吏，三者无论谁当了主脑者，也做不好。此话虽属滑稽，但是实事。所以关于蒙古的一切悬案，他们三者谁有最后的决定力，很难判明，无论何时，都是彷徨于三者之间。

在这种情形，内蒙自治要求问题，爆发出来，国民政府，猝然狼狈，表示让步宣抚，方才了事。国民政府这样巧妙的去处置，企图成功，不知何解，如其有成，则天下皆能人矣。

六　结论

关于中俄的对蒙政策，其基本方针，我想都明白了吧。总之，对蒙政策，俄国是引导时代而猛进的，中国是被时代引导，几乎要落时代之后。

因戈壁沙漠横贯中央的关系，而有内外蒙古的区分，这种区分方法，对我们认识蒙古上，是大有防〔妨〕碍，结局，我们不能不误解蒙古为两个东西。其实蒙古是完整统一的。明乎此，将来蒙古的发展，或外蒙引导内蒙，或内蒙引导外蒙，二者必居其一。将来蒙古只有这条路可走，无论走哪个道路，其社会的阶级，是有微妙的重大的作用，这是我敢断言的。

译自日本《边疆支那》创刊号

《新蒙古》（月刊）

北平新蒙古月刊社

1934 年 2 卷 5、6 期合刊

（李红权　整理）

呼伦贝尔与蒙古民族

[日] 米内庸夫　著　　许惠民　译

日本之侵略呼伦贝尔，不仅在移民屯垦，及重视其物质的经济价值，并欲拢〔笼〕络蒙古民族，以为进一步侵略全部内蒙及外蒙之准备。这篇文章，尤其露骨的主张：采取前清理藩院制度，以为统治及怀柔之策。日人对蒙侵略之野心跃然纸上。关心蒙古问题的，不能不特加注意。

译者识

到呼伦贝尔特别感觉的，便是呼伦贝尔固属是"满洲国"；但无论在政治上、地域上，与其他的"满洲"地方，完全异趣。从行政区划上来说，固为"兴安北分省"，但实质上，仍然还是昔年的蒙古呼伦贝尔。

无论任何人假若由哈尔滨东铁西线，向西越过兴安岭，便注意到大自然之风物为之一变吧。由哈尔滨到齐齐哈尔，气温、地味固无大差，其自然的现象，亦大体在同一范围。但越过兴安岭，便无端的一变。哈尔滨、齐齐哈尔零下二十度的时候，海拉尔便在零下四十度以下。虽说同是"满洲"，但从风土气象上所说的"满洲"，为兴安岭以南的概念。虽说"南满"、"北满"，那只不过把同一地带，分为南北，"南满"与"北满"，从气象风土上说，却无特别差异。然而兴安岭内与兴安岭外，那便完全不同了。所谓"满洲"的话，为兴安岭内之概念，在兴安岭外，便不适用了。

兴安岭外为蒙古，从任何方面说，也是外蒙古、西伯利亚之延长地带。以"国"来说，固然是"满洲国"，但由地域上看，为"满洲国"之一特殊地带。

以上是单从风土气象上，述说呼伦贝尔为"满洲国"之一特殊地带，但那决不仅单是地文的问题，在人文的关系，也是具有"满洲国"之一特殊性的。在居住于其处的人种，言语、风俗及其所使用的官厅文章、政治组织，与"满洲国"的其他地方，皆有特别的差异。其中的一例，便是"兴安北分省公署"内，使用的官厅文章，为满洲文。虽说满洲文并不是现在所说惯了的"满洲国语"意味的所谓"满洲语"（即中国语），而是学问上所说的真正的满洲文——即古满洲文。为满洲朝廷的清朝，自乾隆以后，尚且不甚使用，就是满洲人的大官，果有谁能读满洲文与否，都不清楚。此等满洲文，"兴安北分省公署"现在方以为官厅文章而使用着。以现在之"满洲国语"——即汉文，所发送的种种命令训示，不附以译文，是不适用于呼伦贝尔之官署的。在呼伦贝尔之最高军事机关的"兴安北分省警备司令部"内，是以蒙古文为官厅文章的。在那里拿去四角文字的汉文，也是不通用。只有蒙古语与一部分的俄罗斯语，是通用的。这不过单述说一种例子，但我们所欲说的，要为兴安岭外之呼伦贝尔一域固为"满洲国"之领土，但这是包括"满洲国"其他的一切地方之所谓"满洲"概念外之一特别地域，即无论地文上、人文上，都不适用普通所谓"满洲"概念的一个特种地带。而且这个事实，我以为"满洲国中央政府"于对于这个地域为政治的设施工作时，非常考虑不可的。以对于其他各地的同样态度对呼伦贝尔，必有失败行不通的地方。我以为认识此种特殊性与否，与兴安岭外蒙古地域统治上，有极大的关系。

在呼伦贝尔的各民族，虽属种种复杂，但其中的土著民族为蒙古人。此外各民族，都是从外移来的民族。呼伦贝尔仍然是蒙古人之土地，比方说是蒙古。虽然对内蒙古的察哈尔地方、东部蒙古的"满洲国""兴安南分省"及"西分省"，为蒙古的蒙古人之土地，固无疑义，惟独这些地方与呼伦贝尔的不同，为已汉人化与未汉人化之相差。察哈尔地方之蒙古人，大抵说中国话，其生活也差不多汉人化了。"满洲国"之"兴安南、西各分省"，也大致相同。然在"兴安北分省"——即呼伦贝尔之蒙古人，差不多未汉人化，言语风俗，亦仍如古昔。其官厅及各旗之间，除蒙古语之外，亦不通用。官厅文章之用古满洲文，已如前述。像这样没有汉人化的蒙古人蒙古土地，除掉漠北——即现在为苏联势力范围的外蒙古，只有这呼伦贝尔蒙古了。而且那个外蒙古与这个呼伦贝尔，只是旷漠的平野相邻接着。与在风土人文上完全汉人化了的"满洲国"本土，虽然以大兴安岭的天然大障壁的地势为境，于〔于〕内蒙古及外蒙古，也没什么天然的障壁，有同一风土气候的民族气流中，自由自在的相邻接相开放着。这一点，即在呼伦贝尔之政治、外交上来看，也的确重要。蒙古民族之向背，对"满洲国"只要以为重要，呼伦贝尔为号称四百万蒙古民族之门户，对"满洲国"的确为重要的地域，是可以想见的。呼伦贝尔蒙古与内蒙古，虽然人为的造着什么境界，但其地为一连续地带，在民族上，也是一脉相通的，与"满洲国"中央部，虽然动辄也许有切断脉络的事情，但对于内外蒙古，无形之中仿佛有什么民族的气流越过"国"境流着。呼伦贝尔，在"国"的立场，固与兴安岭同为"满洲国"之色彩；但在民族上，是形成所谓大蒙古民族范围。其民族色彩，是由呼伦贝尔，以扇形向西方扩张着。这种呼伦贝尔蒙古民族之感情，也是以民族的感情气流，而影响于内外蒙古的蒙古民族。呼伦贝尔蒙古民族对于"满洲国"向背的深浅，也是着实的影响于其他的内外蒙古民族的。我以为非由这样意味观察呼伦贝尔不可。单从所谓农耕移住地，或物质的经济的价值来看，忽视这个民族的重要性，也许动辄有不可挽回之结果。

讲到我因为什么说这样的话呢，因为最近我时常听到呼伦贝尔蒙古人对于"满洲国"的不平。而且我以为包含多数之民族，而以民族融和为标语的"满洲国"，理解这样民族之立场，探闻其民族的不平，以图民族的融和，是必要的。尤其是想到所谓蒙古民族的，在加入"满洲国"范围的数十万蒙古民族之外，其背后未入"满洲国"范围的，尚有有利害密切关系的三百万蒙古人，那更必要了。

那末，蒙古人之不平，是什么呢？第一是"满洲国中央当局"对于蒙古人之不理解。前清时代，清朝政府对于蒙古之好意的待遇，至矣尽矣，保证蒙古民族之生活，并对蒙古各王公、札萨克、旗长、佐领等各官吏，与以特别爵位而优待之。自清朝亡后，中华民国成立，不消说，此等制度被废，蒙古民族也只被认为普通之一中华民国人民，实质上并未予以何等特别之待遇。其结果：眼前便是外蒙古之独立，内蒙古数次之纷乱，东部蒙古之离叛，以至于今日，为周知之事实。中华民国，因为是那么样的特别国情，所以于对蒙古民族，无特别之理解，没有优遇之策，固属没有办法。但自"满洲国"成立，从"满洲国"执政——现在之"皇帝"，曾经继承清朝之皇绪的关系来看，固然"满洲国"之出现，与清朝没有什么关系，但以蒙古人来看，仍有复到清朝时代似的心情，纵然不照清朝时代的办法，以为总可得到什么理解蒙古民族之政治。然而实际上，"满洲国"成立，年复一年，直至"满洲帝国"成立，理解蒙古民族之政治，一向迄未表现。莫说前清时代之状态，比较中华民国时代，怎么样呢？毕竟是"满洲国中央当局"对于蒙古人没有理解。所谓蒙古民族的，没有什么特别的考虑。呼伦贝尔之蒙古人，方在这样想着。第二是"中央"没有蒙古人之"意志表现"。固然"参议府"有贵福，"兴安总署"有当"总长"的蒙古人，但这两个人都只有名义，并未具备什么代表蒙古人之意志表现的实质。找遍了"中央"，也没有代表蒙古、为蒙古民族说话的人物。位置这样人的官署也没有。"兴安总署"虽为管辖蒙古地方之一官署，但这只是一种普通的行政官厅，似乎不是以所谓蒙古民族之统治特别加以考虑而组织的。与清朝时代之理藩院、中华民国之蒙藏院，其性质、内容皆不相同。对所谓蒙古民族统治，不甚注重，只不过其管辖的行政地域，叫作"兴安省"而已。而且无论在人文上，或地文上，与"满洲国"其他的地方完全异趣，以蒙古为中心的各民族集合杂居地之呼伦贝尔，与其他汉人集团之地域，完全为同样之施政，甚至反酿成种种之弊害。仍然是对于蒙古，非施行适于蒙古的政治不可。对于蒙古民族，非予以为蒙古民族之生存，与满足其民族的夸耀之待遇不可。因此，设置前清时代之理藩院似的制度，以统治蒙古民族，这个话有语病也未可知。以之讲怀柔政策，并使之在"中央"代表蒙古民族，我以为很有必要。中国数千年来，历秦、汉、唐、宋、明各朝，常苦于北方民族之威胁，因而如何防范这个北方民族，并如何招致怀柔它为历几朝几代所研究的。由这种经验研究而完成的，便是清朝的理藩制度。清朝历三百年未受北方民族什么威胁的，固然清朝自身亦为满洲人，与一部分北方民族也有关系。但无论怎末说，我以为是因为清朝对于蒙古人之政策的得当。清朝三百年间，塞外民族，小的动摇，尚且没有，民国成立，不及数年，便行离叛。以此来看，清朝之对于蒙古民族的政策，不是最巧妙的抓住它的秘诀了吗。假如想到"满洲国"仍然是将蒙古之土地加入它的范围，以多数的蒙古人为"满洲国"人，更于其背后，控制数百数万的蒙古民族，那末，极力研究清朝时代之对蒙政策，以此为范，或为参考，将对于蒙古民族之政策，再加考虑，不是很有必要吗。

呼伦贝尔，完全为蒙古人之土地，汉人在数目上，虽与蒙古人相匹敌，但殆皆以普通商人为主，也有受蒙古人之支配，以蒙古人为顾客之关系，而无对抗蒙古人之势力。并如前所述，这地方之蒙古人未汉人化，仅以牧畜为生活，没有从事于农业的。而汉人之从事农业的也极少，仅在部落近郊作菜园的生活。在这一点，蒙古人与汉人，生活问题之关系，亦无冲突之原因。在呼伦贝尔没有蒙汉冲突的事情，从任何方面来说，汉人是在蒙古人支配之下，柔顺的服从之状态。所以蒙古人对于这个土地的汉人，虽未以为别有问题，但对于"满洲国中央部"之汉人，便大有问题了，那便是：掌握"中央"政治的实权的，多半为汉人（?），并且以福建人为主的南方人为多，又多为将出学校的青年，因而事实上不熟悉"满洲"的情形，至于蒙古的情形，果有几何之认识理解呢，更是疑问了。满洲旗人，"中央"政界，既有加入，也受到相当优遇，但蒙古人是未被顾及。蒙古人虽蒙"皇帝"种种爱顾，现在"兴安北分省公署"的"总务厅长"之子，为"皇帝"之侍卫团长。"皇帝"侧近之"禁卫军"，多半为蒙古人。在"皇帝"固将蒙古人之事情，常置于念虑之下，但"中央"之政治责任部，毫未考虑到蒙古人之事情。纵然"满洲国"成立，蒙人依然没有出头的机会，蒙古人是这样想着。此次郑孝胥为"满洲国"特使，出使日本之际，熙洽作了副使去的。郑为汉人，熙为满人。汉满两民族，以"满洲国"之特使，而连系一起了。但蒙古人是任何处都找不到，蒙古人是不值一顾的完全被忘掉了。这仍然是因为"中央"没有蒙古人的代表者，便是因为代表蒙古人说话的，谁也没有。蒙古人是这样想着。所以无论怎样，在"中央"设置前清时代理藩院似的机关，为蒙古统治机关；同时使为蒙古代表关系，并将蒙古地带之为地文的、人文的特别地域，在充分考虑之后，以之为特别行政区域，是必要的。不但是土地之情形，住民之风俗习惯，都不相同。与其他地方，施行同一之行政，亦属困难。便是说：以蒙古地方为特别之行政区域，尊重古来之风俗习惯，非使蒙古人当之不可。这种蒙古人之呼声，为对于蒙古民族统治的将来，我想在"中央部"不是有好好考究之必要吗。

译自日本《满蒙》七月号

《新蒙古》（月刊）

北平新蒙古月刊社

1934 年 2 卷 5、6 期合刊

（马语谦　整理）

就我的管见对蒙古政会暨王公青年
各方面说几句话

暴九洲　撰

知难行易和言之非难、行之维艰这几句话，是至理明〔名〕言，尤其是蒙古的病源所在。何以言之？吾蒙古教育幼稚，文化落伍，不惟一般民众知识谫陋，就是握有治权号称民上之王公亦率多冬烘。我武断的说一句吧，欲求个头脑清楚，思想新颖者真是寥若晨星，不易多得。不独对于世界潮流、国家大势茫无所知，就连本旗应兴应革事宜，亦是不知从何处下手，一味的墨守成规，故步自封，以度其优游生活。这样的相沿下去，再过几百年，吾们蒙古还不是依然故我，可有什么进步的希望呢？其所以不知改革的缘因，就是因为缺乏知识，既是不知，那就更无由行了。近年来蒙古知识分子，目睹蒙古危险，奔走呼号，以图营救，而一般执事者又皆安富尊荣，不肯帮助努力去做，且恐丧失自身权力，不惜从而破坏阻挠之。蒙古前途，尚堪设想吗？这就是无知与不行的毛病。仅就管见，略述如左：

（1）蒙政会为蒙古最高行政机关，对盟旗有监督之责，须派人地适宜，精明干练的人才，夫〔去〕到各盟旗，帮助指导。对于旗政、教育、交通、实业、垦牧、林业诸大端详加改善，因势利导，分别缓急，循序渐进，不出数年，当有可观。执政诸公，以为然否。

（2）王公方面，现在也不能不知道我们蒙古所处地位之危险。若不设法挽救，灭亡可立而待。蒙古不保，王公安存？此理至显，无庸赘言。一般王公握有治权者，为本身利害计，为蒙古民族计，均应打破阶级，捐除私见，一面自动请蒙政会派员指导，一面网罗蒙古人才，开诚相见，努力合作，上而秉承政会意旨，下而斟酌地方情形，详定计划，身体力行，勿偏勿急，埋头干去，庶能挽狂澜于既倒，置蒙族于衽席。此不特人民之福，亦即王公之幸也。

（3）蒙古青年，为蒙古最有为之人，前者因救蒙心切，行为激烈，加之新旧不同，思想各异之故，遂至王公各走极端，相持不下。现在因种种关系，均各觉悟前非，互相为用，这不能不说是蒙古的进步。互助两得其益，互攻两败俱伤，这是毫无疑义。望我蒙古青年，慎勿固执己见，蔑视一切，凡百事体，以蒙古利益为前提，民族祸福为攸妇〔归〕，以坚忍之毅力，不挠之精神，以先知觉后知，由之以渐。万勿操持过急，一意孤行，至失王公蒙民感情，反不易为力也。语云"小不忍则乱大谋"，请三思焉。

《新蒙古》（月刊）

北平新蒙古月刊社

1934 年 2 卷 5、6 期合刊

（丁冉 整理）

苏俄积极经营外蒙以防日本之侵略

莫斯科通信

唐仁　译

在外蒙古的辽阔平原上，莫斯科之政治家现方企图建立一社会主义并以友谊联系于苏联之国家，以防日本军队假此道以侵俄。

苏联此项努力显然有两种动机：第一，共产党之急欲于可能之地方传布社会主义之福音；第二，苏联之必须防止日本之侵略。

虽以距离之遥远与通信之不便，鲜能得知外蒙日常发生之事情，然由偶而得到之新闻，可知彼间政治上之趋向为何。

最近于外蒙人民共和国成立十周年纪念时，苏联派遣一煊赫之代表团至"乌兰巴图尔"，蒙古之首都。该代表团之领袖为俄国最特出之外交家中之一，加拉罕，彼曾在远东数展其外交之身手。

加拉罕于以诚挚与友谊之精神祝贺蒙古人后，即代表其政府赠彼等以社会主义工业之成果，俄国之汽车与飞机。纪念举行之情形，苏联报纸上均大事鼓吹。

驻在此间之外国观察者，虽不了然于蒙古军队之实力，然彼等确知蒙古军队在苏联军事顾问指导之下，方成为一现代战斗之军力。据确实可靠消息，苏联已供给蒙古人以战炮及少数之坦克车。

苏联建立蒙古军队之努力中之一有趣之情形，为在该地组织步兵。蒙古人自始即为游牧之骑士，步行作战乃彼等前所未知者。外国观察者报告谓：蒙古之步兵看来极为奇异，并或有少许之不快意。

莫斯科与"乌兰巴图尔"间之政治联系甚为密切。莫斯科为世界上少数驻有蒙古共和国代表之首都中之一。此两国间在"乌兰巴图尔"之关系多由布里雅特人执行，彼等属于苏联国籍，但属于蒙古种族，彼等乃由周围贝加尔湖之地区来者。

最低限度是在最近，在蒙古三贝子（译音）之一长波无线电站，使此共和国几于每日与莫斯科通消息。

苏联之注意蒙古始于俄国革命不久以后。鲍尔雪维克党人被派遣至此游牧之国，以激动平民反对王公，并激动所有之蒙古人反对由蒙古购买羊皮之昔日之俄国商人。

大部分为苏联努力之结果，蒙古人民共和国建立于一九二四年。其宪法几完全摹拟苏联之宪法。昔日之首都库伦改为"乌兰巴图尔"，意即"红色英雄之城"。

日本染指外蒙之企图，据此间外交方面之消息，已属毫无结果。东京派往蒙古之一使臣已被杀死，因彼企图威赫〔吓〕一蒙古官吏。又一使臣被护送向蒙古边界。彼在途中逸去，以后即永未再听到其消息。

军界中人对于日本若由满洲经外蒙向贝加尔进犯时，蒙古所能予俄国之助力，无甚清晰之观念。蒙古之抵抗或不能十分坚强，但此至少可挫止日本之进犯。

译自十月八日天津《华北明星》

《新蒙古》（月刊）
北平新蒙古月刊社
1934年2卷5、6期合刊
（李红菊　整理）

为志在复兴蒙古民族诸公进一言

姚敬斋　撰

在上期（二卷四期）《为知识分子居优越地位者进一言》文中，谓民族之治乱盛衰，胥惟少数知识分子、领袖分子之马首是瞻。然则此所谓知识分子、领袖分子者，必如何使民族事业，有盛而无衰，有治而无乱乎？或曰，是仍不外"忧劳兴国，逸豫亡身"之先例耳。第恐人生先私后公，先己后人，当今居领袖地位者，智慧聪明，皆殊绝寻常，孰肯含〔舍〕己为人，自找苦吃耶？故常有人谓野心家谋夺政权，其目标亦只求政权之攫得，手段非所择也，既得政权，其施设亦只固政权之保障，国家非所顾也。有利于国，实害于己，不为也。有损于身，实益于群，不为也。讲兴复民族之道，行与虎谋皮之方，以水投石，必不入矣。

吾谓人之为己为私，固属天性，是有道焉。禽兽贪食杀身，野蛮民族，争小利而自残，此亦为己为私也，可谓善乎？舜、禹、稷、契，生享尊荣富贵，没而庙祀千秋，为己为私而至舜、禹、稷、契，可谓尽善矣。是故无古今，无中外，无圣贤，无豪杰，大而穷凶极恶，细而鼠窃狗偷，上而帝王将相，下而佣贩仆役，一言以蔽之，皆为私者也。桀纣为私，汤武亦为私，盗跖为私，孔子亦为私，娼妓为私，贞烈亦为私。然其有成有败，有鉴有毁，若者流芳，若者遗臭，何也？为己为私之道，有善有不善而已。

不善为己者，贪眼前之快意；善为己者，谋最后之光荣。所谓知识分子、领袖分子者，自不甘学禽兽之行，亦不当与野蛮民族，同其举措。志在当伟人，功愿盖天下，皆有所谓大欲存焉者也。孟子谓齐宣王曰："以若所为，求若所欲，犹缘木而求鱼也。"今之知识分子、领袖分子，欲避缘木求鱼之难，而得王齐反手之易，道若经天，惜多未之深考耳。今再述其一得之愚，供当事采纳焉。

一为顺应潮流也。潮流之来，倏然无端，虽有大力，若〔莫〕之能御。得风气之先者，常能操世界之霸权，居今之世，犹行古之道者，每致陷民族于没落。既曰知识分子，当观察甚清；既居领袖地位，当转移有力。〔若〕者曰，罔违道以干百姓之誉，民众习性，泥于旧俗，如蒙古之迷信喇嘛，服从王公，不改游牧生活，仍扎篷帐安息，其余一切婚丧服饰，在在保持十三四世纪之遗风，持此以与二十世纪之列强争存，夫岂有幸？此时应取断然态度，多方宣传，大张革新之帜，万不可徐与委绳，因噎废食，甘存媚众之思。如摧拉偶像、强迫教育、取缔私塾、改良种植，在内地犹且厉行，况蒙古积习之深，十倍内地，强欲以媚俗之行，求革新之路，人知其不可矣。

一为容纳异己也。语曰："太山不让土壤，故能成其高；河海不择细流，故能就其深。"盖凡人生而才，皆欲效用当世，孰能推诚相与，倾心吐胆而赴之者，所在皆是也。居领袖地位，万流所仰，怀才自负者，莫不翘首企踵，以一瞻颜色为荣。所惴惴者，素非亲信，先未闻知，或有前嫌，不敢冒昧，趑趄嗫嚅，欲前又却。此时果能择尤任用，礼貌有加，事事公开，破除避忌，如汉高之封雍齿，光武之誓朱鲔，各党各派，各持门户之见，独我休休有容，包罗万象，片长薄技，各有安插，风声所树，汲引日多，百废俱兴，才不胜用，呈功奏效，瞬息可期，何必疑鬼疑神，自隘进贤之路，狐埋狐㩟〔搰〕，终遗自绝之讥也哉。

一为安定民心也。民为邦本，本固邦宁，此古之名言也。现在农村破产，民不聊生，虽有孔子，亦无所施其教；虽有孙吴，亦无以致其勇。乃当事者不为生聚之谋，犹行剥削之策，不思设法剿匪，只知敛钱养兵，人皆救死不遑，我以大义相勉，处势甚危，自谓得法。以此行径，即使无外人窥伺，且不易持久，况值世界列强，各思开展，妄计以伟大民族之虚名，与之一决胜负，将来如何，不忍言矣。或谓治民之道，宜利用其信仰，摄服以权威，招抚以温情政策。蒙民信仰喇嘛，凡喇嘛之大者，皆使养尊处优，到处受热烈之招待。蒙古权威，王公最大，保留王公世爵，民众必绝对服从。辽、吉、黑、热，开会救济，施一感百，闻者归心。此等收拾民心办法，宁非扼要？殊不知民心向背，以生活有无着落为准。欲使之有向而无背，必使之出死而入生。喇嘛、王公得其所，何解于民生之穷？不惟无以解其穷，且将因信仰而祈福，愈坚其靠天吃饭之心；因服从而乐输，愈减其终年生产之力，而穷且愈甚。至于救济之法，无论不实不尽，弊窦孔多，即使涓滴归公，亦嫌小惠未偏〔遍〕。以此安定民心，是不啻扬汤止沸，抱薪救火，正恐其愈扬而沸愈甚，愈救而火愈烈也。

一为整身率属，严饬纲纪也。今日风俗之披靡，事功之迟滞，半由于赏罚不明，半由于风标未立。教人勤俭，己却游惰，父不能以是教子，上峰人物，欲以是责其隶属，格及闾阎，讵非梦想。远者不论，即清季曾、左诸公，每日起居饮食，车马衣服，何等简率，巡行各地，舟车供应，更极寻常。独关于功罪之间，务要认真：虽属戚友，果罪在不赦，绝不姑宽；虽属雠仇，果功有足多，绝不漏赏。公私记载，侈为美谈，言之详矣。他如稗官野史、民间歌谣，如包拯，如海瑞，如近代彭玉麟，其正直骨鲠，铁面无私之风格，感人之深，妇孺下泪。察民心之同然，定自身之行径，风行草偃，非难事也。吾常谓伟大人物，其行事也，常揆民情所畏阻者，而身先之，民情所同好者，而身后之，如临阵先登，以利让人。此种作为，最宜学步。岳武穆云："武官不怕死，文官不爱钱，则天下太平。"谅哉此言！盖人怕死，我独不怕，人爱钱，我独不爱，必能使畏葸者怀惭，贪叨者知感，惭感交并，必且人人有效死之心，人人存毁家之念，国家之兴，可立而待。若夫让人为其难，处己居其易，殊我者虽贤亦愚，昵我者虽罪亦赏。既不足以服众，犹望凭借众力，竟其全功，难哉难哉！

一为事在人为，勿囿于小成也。语有云："将相本无种，男儿当自强。"吾见今之在社会活动分子，但得枝栖，便忍〔认〕满足。公余课暇，觅乐寻欢，束书不观，征逐酒食，否则钻门找路，谋收入之加丰，说戏谈歌，掷光阴于虚牝，似此醉生梦死，与坐而待亡，又奚以异？自应警觉于现状之危，大发其舍我其谁之感，国且不保，要钱何用？民不聊生，此身何寄？彼修洋楼，买汽车，衣狐裘，拥佳丽，望之俨如神仙中人，鞞鼓骤惊，仓皇出走，路隅坐泣，麦饭谁温？回忆向之维持公益，不拔一毛，救济灾荒，莫输半粟，至是始觉其愚，嗟何及矣！鉴此种种，翻然改图，知生此弱肉强食之下，不刻苦其身，激厉其气，与世界对抗，实无第二条路走。莫怨人之无良，我能使之有良；莫怨人民之涣散，我能使之不散。我立志在慰藉人，不望人来慰藉我。常以天下人待我而奋发，不希望坐享人之成功。知意气用事之不当，则避免之；知徇私为己之非计，则蠲除之；知色厉而内荏，不啻示弱于人；知暮楚而朝秦，终成孤立之势。一切尚虚荣，谋小利，倚外援，行小慧，皆无所用，而一以责之自身。时势造英雄，安必元太祖之伟绩，不能再现于二十世纪之蒙古哉。

一为在艰难环境之下，要奋斗到底，不改初志也。蒙古现状，地瘠民贫，强邻逼处，抵御无能，仰助中央，更有鞭长莫及之势。处此境地而谋复兴，要钱没有，要人没有，巧妇为无米之炊，执挺〔梃〕作利兵之用，以云万难，诚万难矣。然事在人为，自古伟大人物，崛起一方者，无一不恃精神能力，战胜环境，打破樊篱，而始有最后一页之光荣历史也。况我山河有天然之险，土地有不尽之藏，人民有坚强之体魄、沉毅之精神，悍勇聪明，世共惊叹。有此凭借，能专精竭虑而运用之，使之地出其利，人效其能，一丝一粟之物质不浪费，一秒一分之时间不虚度，有希望也要作，没希望也要作，有人帮助我也要作，无人帮助我更要作，精诚所至，金石为开。因此血肉之躯，同此苦乐之感。行见闻风兴起，毁我者转而誉我，仇我者转而恩我。先之笑侮者，今变为佩服矣；先之歌"孰杀吾与"者，今变为"君死谁嗣"矣。世情奇幻，盛衰无常，惟有心者能得之，惟不怕难者能成之。彼世之囿于近习，眼光豆大，方计米量柴，效牛作马，日表一文则痛欲死，岁入百金则喜欲狂。弄小聪明，故示神秘，存心恌〔恔〕刻，动辄尤人者，固不足语此。足语此者，亦必不暇顾此区区也。

　　以上数端，望去似老生常谈，而一念过去，要人种种失败之由，往往多不幸而言中。今者蒙古形势，日益紧急，凡有有志青年，知识分子，人怀畅厉之心，各憬时机之不容再失，奔走号乎，力图挽救，改革提倡，变尽方法，致足钦矣。然各走各人途径，仅有精力，不能集中。顾忌方面太多，明知无功，犹在敷衍。彼此不能沟通，意见未趋一致，民情尚多惶惑，应付未协机宜。或行事不足以服人，或稍得便觉自足。遇困难而灰心，伤我躬之不阅，逢此危难，有此现像，不经悔悟，何能改观？俗语有云："当局者迷，旁观者清。"览者幸垂察焉，裨益前途，当非浅鲜。

《新蒙古》（月刊）

北平新蒙古月刊社

1934 年 2 卷 5、6 期合刊

（李红权　整理）

蒙古的民间

子青　撰

在夏日极热的一天，有人来说，今天太热了！我们就觉到血液奔腾，遍体发烧。在冬日极冷的一天，有人来说，今天真冷啊！我们就觉到毛骨悚然，浑身发抖。在这农村破产的当中，有人来讲民间的困苦，我们就觉到心酸鼻热，触动了无限的同情。这是什么道理呢？因为我们的本身，就是热、冷、破产的当事者，来人的说，恰好冲动了我们的心情，增加了我们苦闷的分量。比方，一个在波涛中被溺者，正在挣命的关头，忽然又听见凄惨呼救的哀鸣，他心里更觉到零乱惶惧。这是人类当中，心情的自然冲动，并不是无病呻吟，自己捣自己的乱。现在各报每日登载着，某地旱涝为灾，中国农村破产，流离失所，死亡载道，种种不祥的名辞，使我们更苦的蒙人不期然而然的从心眼里，流出来同情的热泪。蒙古的民间，大概分农业、游牧两个区域。东四盟及巴尔虎、索伦、海拉尔属农业区，西二盟及阿拉善、阿金阿、土尔沪特属游牧区。现在我们先来讲农业区。

这个区域在逊清以后，从内地商民的往返，公主下嫁倍〔陪〕腠的居留，蒙人渐渐的学会了播种。乾隆以后的移民，便推遍了现在的区城〔域〕，王公、札萨克，窥见了内地官僚的荣华，就渐渐的习于奢靡，因为费用不足，便向农民身上打主意，要租税，每亩田，由一斗、斗半，增到现在的三斗，计重百六十五公斤。

按东北地质的产量，罄其所出也满足不了这个数量，但是农民可以种黑地，黑地是什么？就是不纳租的田地。比如有田百亩报租者只有三十亩，其余的便是黑地。因为王公、札萨克养尊处优，左拥右抱乐陶陶的，顾不了这些事情，也搭上他（王公）没有这种脑筋，农民便乘这个机会揩油偷生。咸、同以后渐渐的安官立县，又在农民身上每亩田拖去了五毛五。农民因为有黑地的关照，还可以狠命的挣扎。民国初年来了一个清丈，验契，黑地归公，蒙古农民活不成了，于是饮鸩止渴，卖田吃饭，狡狯的资本家除了在地价上揉擦以外，决对不承认担负旗公署的这份粮租。糊涂的札萨克，不问田的卖不卖，按档子去收粮。这种认人不认票的办法，蒙古农民如同吃了黄连，如同长了霍乱，闹的上吐下泻，口眼歪斜，真是苦不堪言。这个时间，恰好出来了仁爱的台吉、他不囊（蒙古贵族）、慈悲的军阀，鉴于他的奴隶和农民这样的苦痛，想了一个"杀身成仁"的办法，捉住农民在骨节上边密密的砸许多税钉。至汤玉麟出走时，已砸上了廿九种。他们（台吉、他不囊、军阀）还是恐怕农民死的不快，于是大讲建设，修桥、补路，拉夫运米，号粮要草，来了一个枪炮齐发，结果闹了一个尸骨不存。蒙古农业区的民间是这样。

第二我们说到游牧区的蒙民，不消说他们的生活，完全建筑在马、牛、羊的身上喽。而马、牛、羊的多寡就是牧民贫富的写照了。现在我们由绥远到百灵庙，或是由包头到伊克召，由宁夏到阿拉善、阿金阿，曲折几千里，请问有没有看见多数的牛群或马群呢？蒙古包里面的蒙民，除了他的水桶、奶桶、小小的铜锅、稀烂的毡包，排在小摊上共总不值三元钱，储存半斗炒米算是富户，以外什么算是他的财产呢？这样景况，还不算破产，还不是真苦吗？国人说"饿死蒙古八百斤"，不错，在逊清乾、嘉以前，国家太平，牛马得养，蒙地僻远，费用极其简单，他们确乎过着

蒙古乡村之一斑

优裕的生活。自咸、同以后，内忧外患相逼而来，土匪如毛，最著者如卢占魁、苏雨生、赵半吊子、王英，以至现在的杨猴小，小者上千，大部累万，成年积月，盘据草地，草地是什么？草地就是蒙古各盟旗。土匪要成就他的党羽，到草地去抢马，并连累着牛羊。军阀要练骑兵，到草地去赶马，凭良心说，已过的西北军事领袖，有没有到草地赶过马？怕不止一次吧！今天赶一次，明天抢一次，在这五六十年的当中，循环不断的抢、赶，牛马是胎生，一年一个，或是两年一个，决不像蝇蚊，一次产九十九个，一夜见九辈，那样的快。假设遇上了瘟疫、冰雪，连牛母都得饶上，更谈不到生产了。这样总计下来，西蒙民间的状况，就可想而知了。综以上两个区域看起来，蒙民还是享福呢？还是受罪呢？负责者，不去设法救济，再说他捣乱，那真是下井投石，毫无心肝了！

《新蒙古》（月刊）

北平新蒙古月刊社

1934 年 2 卷 5、6 期合刊

（朱宪　整理）

日伪亟谋吞并蒙旗之严重性

怒观　撰

报载："伪组织拟将乌珠穆沁、巴林两旗，划归伪兴安省管辖，以便实行侵吞蒙古盐滩。两旗王公以盐滩关系蒙民生计，不肯服从，因联合两旗蒙兵二万余人，在林西县境，与日伪军发生冲突，现尚在对持〔峙〕中。并闻此次蒙旗与日伪军冲突，系由苏俄从中支持。此又一值得注意之消息也。"

傀儡此举，实受日本帝国主义者之教唆，非傀儡单独自主之行动。至于日本唆使伪组织归并蒙旗之用意，乃在以此作为囊括蒙古与进攻苏俄之初步，至其劫取盐滩之经济利益，尤其余事耳。

日本之侵略满蒙，乃为其传统之一贯政策，数十年来，未尝或已。在九一八事变以前，日本派人赴蒙调查之举，既已屡有所闻，迨事变之后，日人之赴蒙考查者，更形踊跃。至对蒙古王公之利诱威胁，尤为无所不至。近复设立兴安军官学〈校〉，专门训练蒙古青年。其图蒙之积极，于此可见一斑。

反观我国人士对于蒙古之政治、经济、社会各种情形，向乏注意。政府方面虽有时注意及之，然亦不过仅对少数王公，施以怀柔之策，对于大部之蒙古民众，仍无使之归向之方。至于思想之改造，物质之建设，则更无从计及。常此以往，一任其内部之自然演进，与外敌横加侵略，欲求其不沦为东北之续，岂可得耶？

于此次蒙旗反抗日伪并吞一役中，尚有一可以注意之点，即苏俄之从中支持蒙旗是也。苏俄之支持蒙旗反抗日本，自反日之见地观之，吾人固无所反对，但自另一方面而言，则又实非中国之福。盖蒙古为我国领土，日人侵略蒙古，我应设法抵御，固不待其他国家从而支持之也。今我国实力不能达于此地，而苏俄竟能从中操纵，可见我国实力之薄弱，与苏俄在蒙势力之深厚矣。然则，将来之蒙古，即不为日本所吞并，亦将入于苏俄之版图，此又不容易忽视者也。

总之，今日之蒙古，已无异于九一八前夜之东北，倘非亟谋挽救，实不足以自保。深望国人早为之计，勿再因循自误，坐视其沦为东北之续，则幸矣！

《黑白》（半月刊）

上海黑白半月刊社

1934 年 2 卷 8 期

（李红权 整理）

察哈尔的重要性及其财富

杨实 撰

一

有些朋友以为在这个时候（帝国主义者正垂涎我们的财产，准备攫肥而噬的场合）不应当再向人家眩〔炫〕露财富，引起他们更大的贪欲。这话诚然是持重之谈，所谓君子防患于未来，作者不能不善意的接受这番忠告。但是可惜以前在我们只顾渴〔喝〕酒赌钱，睡早觉闹家务的当头，四邻八家已经详详细细把我们自己还不十分清楚祖先遗留下来的财产，用明侦暗察的手段，一笔一笔给记录在他们的分金簿上。并且早就动手勾引我们族中不肖子弟，用三文不值两文的价钱，收买这些下流痞子乘乱偷盗出来他们（收买赃物的邻居）所指定平素所觊觎的田契、房单等等值钱的东西。可惜我们还整日有天没太阳的睡在鼓里，兀自畏首畏尾，抱定财不露白的宗旨，不敢把遗产彻底清查一下。其实摆在外面我们所能知道的，他们早就晓得，还有许多旧日埋藏的窖金，我们不晓得或是不甚清楚他匿居的地点，哪一条不明明白白记在他们的簿子内？我们要想清查财产，恐怕还得向他们讨教，方才知道根根底底。所以这篇文章，断断不能够引起他们的觊觎。并且他们或许要后悔白白耗费几分钟的光阴，来读早就知道的记述。

但是这种记述，对于我们自己，或者可以引起关心素来所不注意的废园荒圃（实际上在这地下埋着了不少的金银财宝），拿起锄头把它给开掘出来。

说来也许不相信，然而事实是这样，一直到现在，仍然有许多人不晓得察哈尔究竟在什么地方。记得去年我从张家口到北平来，有许多朋友以为我是在哈尔滨作事，纷纷问询关外失地的情形。就连我自己，在十九年秋天的时候，对于"察哈尔"三字，也好似站在半天云雾中间，恍惚莫明其真象。我敢说一定有不少人相信内蒙古和察哈尔等三特别区（今已改为热、察、绥三行省）是交界的。假若听说他们就是内蒙古的地方，一定要笑说这话的人大概许是热病烧糊涂了。真是惭愧得很，我们的地理常识太缺乏，甲县的人未必知道邻县的地势，何况这个远在西北边陲，没没不为人所称道的察哈尔。

我们的邻居——日本，看的过意不去，想法子要灌输给我们一点地理学问，于是田中义一在民十六年（即昭和二年），草拟了积极侵略满蒙政策的奏折。不料中国人看他书生谈兵，并不搁在心上，哪肯把每天沉歌醉舞的时间，虚耗了去看这个毫无趣味的白纸黑字。毕竟到了二十年九月十八那天，霹雳一声，木屐的齿印踏遍了关东三省，轻轻易易掇起个木头傀儡，建树起伪满洲国的政体。日本得了个奴颜婢膝孝子贤孙的附庸国，高兴万分，哈哈一笑，惊醒了不少中国人的迷梦，睁眼看来，三四百万方里的土地，已经改变了颜色。羊是已经跑出牢外，牵在横眉瞪眼凶恶强盗的手上，不能够物归原主。仔细一看，原来他是这样白硕肥壮。羊是丢了，然而失主对于他的真象，却是比以前认识清楚。但是补牢的工作，仍旧拖延下去，存留的羊，依然是任他们自生自死，不加闻问。于是廿二年三月三日，这个吃惯甜头的贼人，公然又牵出来一只。如今更显明的要作第三次的尝试了。

二

　　田中老儿的梦境，终于是逐步实现。满蒙政策已经完成多半，辽（宁）、黑（龙江）、吉（林）、热（河）相继失陷，察哈尔眼看就要放在刀俎案上。我们应当赶快把牢补好，羊的形状，也该认识清楚，加意饲养，增加他的生产力，不能再像以前那般的放任办法，听其自然。如果我们肯努力去作，或者东隅的损失，晚半天可以收到相当的回偿。

　　不过大多数的中国人，的确是中麻醉的毒剂太深了。虽然过去受的创痛稍为惊醒了一下，曾几何时，依旧是放倒头睡他们的大觉。旧日"秦人之视越人瘠"和"各人自扫门前雪"的观念，经数千年来的遗传，深深的印在人们脑筋里，当做天经地义的信仰，况且生活饭碗问题，兀自不能解决，哪里还有那些闲情逸致去注意那块草茅未辟，穷乡僻壤地方的察哈尔！偶然看见报上登载一两段"日伪军进占多伦"或"敌人在延庆县修筑飞机场"的消息，顶多只是添助些茶余饭后的谈话材料而已，谁肯花费许多宝贵光阴去研究那"味同鸡肋"的察哈尔问题。的确，即使研究好了，仍然是要食饭穿衣，食饭穿衣的问题还自不能解决，如何能够舍近而求远呢！因为是大多数人皆存此心，皆抱此念，所以边疆问题虽然大家全知道他的重要，并且经过若干热心学者的提倡，直至现在，人们对于边疆各地的认识，恐怕仍然茫茫如在五里雾中。所以张其昀先生在他编的本国地理高中教科书（商务出版）自序上曾经说："前岁（似为民十二年）东南大学入学试验，选考地理者五百余人，诸如间岛在何省，片马在何处等常识问题，能应答者仅居五分之一有奇……"（页五），以此类推，自然误以察哈尔为哈尔滨的事情也无足为怪了。

关于察哈尔全省经济状况概略的介绍，去年夏天作者曾和友人李星源君合编一书，命名曰《察哈尔经济调查录》，同年由新中国建设学会印行。原意拟借此引起国人对于察哈尔的注意，作进一步的研究。当时因体裁、时间等等关系，草率成书，编制方面，冗杂遗漏之处，自是难免。兹特算一总账，将该省的财富重新估计，看看是否有让我们注意的价值，全国一致去作那补牢的工作。

现在多伦数县已经是名存实亡，如果仍然是这样昏食闷睡的过下去，等到邻人作第三次的举动（事实上第三步工作已经是开始发动了，不过我们还没有感觉到而已），那时再起来抵抗，恐怕就要为时过晚了。

三

假如把察哈尔财富的性质，约略分析一下，不外农田、牧畜、矿藏和盐碱四大项。如今仅就这四大项，用最低的价额来估计，看看他总值若干。不过这些还是可以用数目字来估计的，至于他在国防方面的重要性，控制蒙疆所处的地位，当西北各地的屏藩或交通咽喉要道，以及国际贸易的西北中心场所，诸如此类的各种重要性质，只要略具一端，纵然这块地方是个毫无出产的瓯脱地，也应当加意的保护他，经营他，不能够随便任意废置，不闻不问，任他自存自亡，何况他还有相当的财富！

自从热河陷落后，察哈尔已经算是在国防上的最前线了。我们应当如何的保守他，经营他，用以防阻敌人的侵入？但是试看多伦、沽源数县，去年春天，何等容易的相继失守，个中原因固然是很复杂，然而交通运输的不便利，的确是一个致命伤。察哈尔建省设治，也有好几年的历史了，为什么直到现在，口内口外的交通（注一），丝毫没有改善，以致在前线的将士，弹药、给养的需要，不能应时输送接济，叫他们如何去杀敌卫土！

照现在的情形看，口外地方无时不在惊涛危浪中，敌人要夺取他，直如探囊取物，而我们想保守他，却很困难。主客之势已然互易，国防第一道线，可以说是完全的门户开放，守尚不能，遑论反攻，收复失地的希望，不过如同痴人说梦而已。然而事在人为，假若交通问题能够解决，步步为营，节节抵抗，亦未始无相当的希望。

以前数省失地的重要，姑且勿论。单就察省现时在国防方面的地位而言，此地的存亡，关系华北全局——尤其是冀、晋、绥三省。假若察省不守，不但西北各地的出路将为敌人所切断，而上述三省俱都要感觉到唇亡齿寒的危险，只好束手待毙，一任他人宰割。这并非吾人故作杞忧，实在亦是意料中事。

平绥路为开发西北的基本铁路线，此路若失，西北各地的物产，只好停止运送，即便能够假道陕西，借陇海铁路输出，其中困难，亦甚繁多，而西北的开发，更加一重阻障，不能早日实现。此无形中的损失，恐怕比投资建设察哈尔的用费，还要超过若干倍。况且在中俄绝交以前，张家口和库伦中间的贸易额数，每年不知有几千万两，英、美、德、日、法、意以及苏俄各国的洋商麇集张垣，商务繁盛，为西北各地之冠，至堪许为西北方面国际贸易的中心场所（注二）。民十三后，张、库交通中断，始稍嫌不甚景气。然现时中俄国交业已恢复，张垣自不难有复兴的希望。仅自经济方面着眼，察哈尔已自有应予注意的价值。何况除了经济的重要性以外，还有其他国防、政治等等的条件！

去年秋天，内蒙古要求自治的风潮平地忽然掀起巨大的波浪（注三），固然内幕有许多复杂的背景，但是察哈尔如果能够像外区各省有那样便利的交通（注四），如果张库铁路和张多铁路已经修成，或者口外诸县，不似现在这样的荒凉空虚，能够有相当充实的力量，我想内蒙未必敢这般的任意妄动，不稍忌惮。外蒙怎么会失掉的？不是因为距离太远，转运不便，政府不能够控制住他，才于民国十年失守的吗（注五）？殷鉴不远，离现在不过只有十几年的工夫，内蒙又要效法骚动，总算是万幸，政府应村〔付〕得快，方才没有蹈前覆辙。试看这回起事的发动者，锡林果勒盟的德王，原来他还是前察哈尔省政府委员之一，锡盟亦属察省，在口外十县的北面（注六）。如果不是他看透了察省省防空虚，如果张库、张多铁路能够早日修竣，或者如果口外诸县能够有雄厚的实力，他怎么敢轻捋虎须呢！并且若是我们内部里没有这些漏隙，即使有少数捣乱分子，任意胡为，亦自不难调遣大兵，迅速扑灭。但是现在怎么样呢？为今之计，趁着察哈尔还自属于我国的版图，如果能够早日建设好了，内蒙还可以勉强保存。不然的话，田中义一的满蒙政策，迟早总要实现，那时救国会的先生们，又不愁没有什么工作干了。

四

我国以农立国，所以历来皆以农田的出产多寡作为衡量贫富的标准。现在虽然进入了二十世纪国际商业竞争的场合，但是全国农民生产，约占全生产百分之九十，而百分之八十的全人口，仍然是属于农民阶级。即如察哈尔的全人口，约为一百九十万，而内中一百四十九万的数目，皆属农民及其家属（注七），可知农业在中国仍然是占很重要的地位，不能随便把他一笔抹杀，不予注意。

以前我们曾经调查过，综合察哈尔全省已耕未耕的农田，共约二万万九千余万亩。这个数目的确是太惊人了，并且大多数未垦的田地，全在锡盟和达里冈崖牧场一带。以地理的关系来论，这些田地是否有开垦的价值，尚在两可之间。如今先就熟地面积和出产总数来估计一下。十六县农作物所占的总面积，约为一千万零三万四千余亩，农产总额约为十二万万斤，就中以马铃薯、高粱〔粱〕、莜麦和大小麦为大宗。近几年来因为雨量充足，收成颇佳，因而感到生产过剩、谷贱伤农的恐慌。但是只要交通问题能够解决（注八），这种普遍性的流行病，自然可以应手而愈。

农产种类	察省十六县总计（已垦熟地面积及其产额）	
	面积（以亩计）	产额（以斤计）
稻	122,629.68	52,607,847
大豆	128,613.14	10,053,506
小豆	100,931.86	8,696,101
高粱〔粱〕	1,538,828.43	203,812,176
荞麦	613,198.52	13,198,646
大麦	370,728.61	20,145,852
小麦	763,872.88	35,098,397
莜麦	1,629,336.00	87,797,773
马铃薯	570,853.32	504,045,772
麻	302,652.38	26,010,553
其他	3,892,531.35	268,377,158
总计	10,034,176.17	1,202,845,281 〔1,229,843,781〕

上面所列的表，是专指已经垦熟的地亩而言，至于可能耕种而现时尚废置未垦者，在口外六县境内，计荒地、荒山、莜〔荒〕滩及其他等等，共约五百余万亩（注九）。仅就荒地一项而言，约有四百万零八千余亩。这项田亩，以地理的关系来看，似应有开垦价值的可能性。假若拿这四百万亩地种植莜麦、小麦、豆类三

项，各以三分之一（一百三十万亩）计，按照口外农田收获的标准（注十），每年应该增加九千七百五十万斤莜面〔麦〕和小麦，四百万斗豆类。即使再把标准降低些，照着每亩最少产量计算（注十一），每年还可以收获二千八百六十万斤莜面〔麦〕，二千八百二十一万斤小麦，及三千四百五十八万斤大豆或一千四百八十二万斤小豆〈（注十二）〉。

		以每亩标准产量计	以一百三十万亩总产额计	以每亩最少产量计	以一百三十万亩总产额计
莜麦		75斤	97,500,000斤	22斤	28,600,000斤
小麦		75斤	97,500,000斤	21.7斤	28,210,000斤
豆	大豆	3斗	3,900,000斗	26.6斤	34,580,000斤
	小豆			11.4斤	14,820,000斤

口外地旷人稀，燃料缺乏，多以牛马粪替代，故此地亩向不施肥，因而收获量比较口内相差数倍。补救方法，若能发现煤脉、培植森林，以解决燃料问题，则兽粪自可移作肥田之用。或者假若牧畜事业发达，用羊群卧地之法（注十三），瘠土亦自不难变为膏壤。再若将农业方式改良，实施旱农法，采用集团制大规模的开垦——因为口外地方，广阔平坦，一望无垠，如用新式耕种机替代人力，效率当可增加若干。就中惟有水的供给，的确是一个大问题。然而口外地方，地下水源尚不缺乏，只须掘下数尺，即可见水，故凿井费用较廉，水量虽较少，多凿些，亦可弥补此短。近来法人改造北非洲萨哈拉沙漠，就采用凿井灌溉的方法，成绩甚为卓著，可知事在人为。

假若口外六县荒地开垦完竣，第二步就可动手办理沿张北、多伦、康保、商都等县北边一带的十二旗群区域内四万余顷的三六大亩地。此项地亩土质，虽属砂土参半，不尽肥沃，然即以半数计，尚有二万余顷。此二万余顷的收获量，当亦不在少数。不过在这里就有要斟酌的事情了。假若不把这些土地变成农田，而用这块草原作为有组织、大规模的牧场，其利益当更厚。只是开垦以后，容易建县设治。以游牧为生活的蒙古人，较易于被同化，免掉受人煽惑而发生盲目无意识的民族自决暴动。所以自政治、民族等等方面着眼，即便垦荒的利益较小，也应当如此去做。况且"塞外地寒，农事仅阴历五、六、七三个月……八月而后，肃霜杀草，九月即有冰雪，直至明春才能耕作。塞外农事简于内地，故耕田之外，能兼牧事，则一岁之间无废时"（注十四）。所以旗群地方，虽然开垦，仍还可以兼营牧事，一物若能两用，所得利益，似当更大。

假若十二旗群荒地垦熟后，不妨再向北推展，经营锡盟和达里冈崖牧场可垦的土地（注十五）。不过这个恐非最近期间所能办到，然而若是旗群能够改县设治，人口充实后，则是将来锡盟的地位，亦如今日的旗群，开辟工作当比现时较为容易。如果我们能够矢志不懈，积极向前作去，我想终有将草原完全化为农田的一天。而现时在这些草原还没有化为农田的晨光，我们仍然可以利用他来作牧场。这个牧场若是能够加意经营，亦自不难作到中山先生所假定的"中国阿根廷"。

此外如同现时固有的森林，约计七万余亩，多系杨、柳、榆、槐之类，共约八百万株。而口内十县山上产果甚夥，如宣化县的葡萄，怀来县的苹果，南口山里（属延庆县）的柿子，张家口的薛萝，尤为各该地方的特产，素来脍炙人口。总计各种果类产额共三千余万斤，亦值数百万元。且现时省内各县山地，大都皆呈"牛山濯濯"的现象，果若将来造林计画实现，遍山材木，则察省的财富，当更增加不少（注十六）。

五

　　察省地属蒙疆，牧畜事业素来发达，中山先生曾经赞许过他堪为"中国的阿根廷"，将来世界肉类最大供给地之一。主要的家畜有马、牛、羊、驴、骡、猪及骆驼七种。仅就十六县内这七种畜产总额计算，约如下表〈（注十七）〉：

产畜种类	羊	猪	牛	马	驴	骡	骆驼
产额	308,465	115,349	81,399	74,266	39,895	16,264	630

　　主要家禽有鸡、鸭、鹅三种，十六县产额总计：鸡六十四万六千三百七十八只；鸭三千八百〇五只；鹅一百六十一只。仅鸡一项，全年若以平均每只产卵五十二枚计（注十八），应有鸡卵三千三百六十一万一千六百五十六枚，总值约为三十余万元。

　　上面的统计，仅限于口内十六县。在这个区域内，农业为主，牧畜不过列为副产而已。主要牧畜事业，应属于各盟旗，可惜不曾调查出他们的畜产数目。但是根据张印堂先生的演讲（注十九），他说："据最近调查，内蒙及西北之马、牛、羊、骆驼等，总计之不下五千万头，内蒙有其四分之一。"（页八）

　　此处内蒙系根据自然地势区分，将热河出〔除〕外，仅包括察、绥、宁夏三省。察省畜产就算是占内蒙的三分之一，最低限度，也应该有四百余万头。再根据张其昀先生的调查，他说："张垣之主要商业，即为皮毛、驼绒、羊毛之属，如冈如岭。其次狐貂细毛，亦称大宗。张家口出口之兽皮，年值一千五百万两。"（注二十）

　　这个数目固然不能够说是属于察省一地产销的价值，因为库伦运张的主要货物，即为皮毛。然而张印堂先生也说："毛绒出产，为我国大宗输出品之一……年可五十万担，约值一千五百万元。"

（页八）

实业部天津商品检验局的报告也说（注廿一）："我国新疆、蒙古、察、绥及华北一带向为畜牧繁盛区域，各种牲畜产品，差不多都会萃天津出口……据海关统计，近年出口各种牲畜产品，价值岁达五万万两以上。兹就十九年度，由天津口岸输出的牲畜产品种类与数量，统计如下：

皮毛类　　（种类从略，下仿此）三百九十三万九千三百七十张。

鬃毛绒类　十七万八千六百四十五担。

肠衣类　　十万三千六百六十八担。

肉类　　牛肉总计六万余担。

革类　　一万四千三百七十一担。

鲜鸡卵　八千万三百〇八万四千〇四十个。

蛋制品　十四万二千五百三十八担。"（页一一二）

就看在张家口的外国商人，差不多全是专办收买皮毛营业，可知牧畜实为察省重要财富之一。蒙古的马素来驰名于世，和牛、羊、骆驼，为各盟旗的主要财富。可惜蒙人墨守旧法，对于畜种不知改良，以致质的方面，日渐退化，量的方面，也是渐次减少。即以羊来说，产毛量和西洋羊相较，为一与八之比，牛乳产量为一与十之比。质的比较，更差得许多。察省近来虽然试办把美利奴羊来和蒙古羊交配，但是不过属于试验性质而已。并且美利奴羊种似乎不如软布来羊（Rambouller Sheep）较为适宜。因为软布来羊的性质，经铭贤学校农科试验观察的结果，和本地羊交配后，所生的杂种羔，似乎比较容易保存中国羊固有伟大强健的体格，肉多味美，且能吃苦耐劳，不似美利奴羊那样弱小。因为一头羊除了供给毛绒而外，屠宰业也很重要。试看每年出口的肠衣、肉类和皮革、绒毛的数量，也还差可颉颃。可是肉类仅只牛肉一种，这固然是因为羊肉为西北各地的主要食品，需要巨大数量的消费，不能够再向外运销出去，但是假若拿美利奴羊来交配，产生出的杂种羔，毛长体小，那么肉的供给量不就要更少了吗？所以改良畜种，不能只顾到一方面，应该整个想到。因为牧畜业是察省的大富源，而皮毛肉乳各有相当的重要，不能顾此失彼，致遗后悔，实属至要（注廿二）。

六

关于矿藏这一部分，当以口内十县为重要产区（注廿三），就中尤以宣、蔚、怀三县为中心，藏量最丰，产额亦最多。盖本区属于南口系山地，岭峦重叠，怪石嶙嶙，地下宝藏，不可数计。主要矿产以煤、铁二种为大宗。煤、铁两项，据估计约：煤五万万吨，铁六千万吨（注廿四）。龙烟铁矿为中国有数的采铁企业，质甚佳，含铁自百分之四十五至六十，平均约为百分之五十，颇纯净，易于炼制。煤矿以邻近平绥铁路线的下花园及新保安一带，最有希望。假若将来张库或张多铁路修成后，自口外运入牲畜皮毛，返回可运出煤炭，如此不但口外燃料问题既可解决，口内煤炭可无生产过剩的危险，而易发展，并且铁路亦不愁无货可运而不易于维持。

至若口外六县，燃料为先决问题之一，与农产有密切关系。此区属于塞外草原地带，平沙千里，一望无垠，煤炭储藏量就该处地层观察，似不甚多，然而亦非无有。据吾人民廿年调查，除多伦县不详外，余如：（一）张北县煤矿有烟煤、无烟煤及泥炭三种。计已开办者，有成平、恒升、大德堂、大北、弓沟、狐子窝及集沙坝诸矿，就中以集沙坝官矿为最有希望。（二）康保不动寺不动淖有烟煤矿，然尚无投资者。（三）沽源第四区之煤矿，开采有年，煤苗尚旺。（四）宝昌向无矿产，惟民十八、十九两年，崩崩山及边墙沟两处，曾发现煤矿，无人投资，故成分如何，不甚详细。（五）商都小庙子、十苏木等地方，前曾发现煤矿，民十八年时，有人领采，旋即停工。

根据上面的调查，我们可以知道口外地方并非完全没有煤矿，不过因为苗脉不旺，交通运输又不便利，投资下去，得不偿失，所以废置不问，无可奈何的拿兽粪来作燃料，而任听农田无肥可施，减低生产。每年像这种无形中的损失，来日方长，积少成多，恐怕比修一条铁路的用费，要超过若干倍。假若塞外铁路能够早日修竣，往昔埋没在地下的宝藏，固然可以发掘出来，增加本省财富，即便是他的储藏量不甚丰富（注廿五），口内的过〔过〕剩炭，也可以得一个消泄尾闾，实属一举数得。

口外地方主要的矿产，除却盐碱而外，首推石灰岩中的铅矿。据黄著勋先生的调查（注廿六），知道沽源、张北两县（注廿七），全有这类的矿产，沽源的铅矿，迄今尚未为人领采，张北县曾有大矿厂一处（注廿八），系用新法开采，矿区面积占二千六百九十一公亩。前数年方始因故停办，至为可惜。

察省矿产除却煤、铁、铅三项外，宣化县下花园西，玉带山西南有硫化铁矿，其地质属侏罗系，储量不详。现时领采面积约为九千余公亩，年产十二吨。延庆县沙岭村有金矿一处，惟质不甚佳（注廿九）。沽源县桃树底产银（注卅）。宣化、张北等县产石棉。其他如石灰、陶土之属（注卅一），亦均有相当的价值。再如盐、碱两项，尤为察省重要的收入，当另章述之。

七

塞外盐湖甚多，产盐及碱，为数甚巨。据张其昀先生之推断，以为：“大抵此一带高原，涌起时代甚近，且断层发生颇邃，其上面水流失其故道，故于高原中部潴成盐湖。更以气候干寒，水分缺少，当时湖地至今且有已干者，以是遂成多数盐碱之产地。此固蒙古高原之普通现象，而于察哈尔一带，为尤著者也。”（注卅二）

察省盐湖以锡盟之达漠斯诺尔及苏尼特诺尔两处为最大。此外如多伦诺尔及安固林诺尔等地所产亦甚丰富，统称之为蒙盐。达漠斯诺尔在西乌珠穆沁王府西北四十余里，及东浩齐特王府北十三里。周围十余里，日产盐不下三百余担。供给区域：北自外蒙之车臣汗部及黑龙江省呼伦贝尔附近，至海拉尔、索伦界；东自洮南附近，及于达赉罕、扎鲁特、阿尔科尔沁各旗；南达敖汉、翁牛特、察哈尔等地；汉满人皆受其供给。

苏尼特诺尔在苏尼特左翼旗王府西南十八里，周围约三里。自此湖向西八里，有周回六里之盐湖。更西九里，又有盐湖。产额与达漠斯诺尔相仿佛，销行察哈尔、河北、山西等地。

多伦诺尔为蒙古语，译言即七星潭意，在多伦县城南面上都河曲地方。旧有水泊七个，今已涸其大半，产盐量不详。安固林诺尔在张北县城西北六十里，长可达四十里，宽可〈达〉二十里，产量不详。

以上锡盟地方所产的盐，系池盐性质，不须炼制，自然成盐（注卅三）。两池若以每日共产六百担计算，即使每年只有六个月可以采盐（实际上四季均可采取，不过冬季较少，夏季出产最富），每月以三十天计，亦应有十万余担，每担价值若干，不详。惟据多伦建设局报告，乌、浩两旗界内盐湖每年产量，约有十万车，每车市值三十元，应值三百万元（注卅四）。苏尼特诺尔产量与此相仿佛，亦应值二三百万元。多伦及安固林两处所产系白盐性质，采取手续，则先刮取湖中之土，以水过淋，然后利用天日蒸晒此盐水，使其蒸发而成。手续较繁，且限在六、七两个月

（注卅五），故产量应不若锡盟的丰富。

产域〔碱〕区域以十二旗群内之蓝、白二旗为最盛。在此二旗地方有碱泡数处，所产系天然碱，不用人工制造。每年春季，将泡冰凿一同〔洞〕窟，用筐捞取，置于岸上。俟有购户装运至张家口重行制造成块，行销各地，即是旧日所称之口碱。仅此二旗地方，每年产量约有二万车，每车价值若干，不详。

综观察省塞外地方，盐碱储藏量，不可胜计。惟此利益，率多为各蒙旗首长所垄断，他人不能至此经营，又以交通运输，极不便利，盐碱在当地售价极低，运出后，运费较物价超过数十倍，再加各盐卡巡丁，大都皆以营私舞弊为发财致富之终南捷径，以是私盐充斥，影响国库收入甚大。

八

察省的财富，仅就农田、牧畜、矿产和盐碱这四大项约略的计算，数量已然是很可观了。农田面积亩数，可分三部分来看：

（一）全省可耕荒熟土地，总计二万万九千余万亩。

（二）现时耕地面积，总计一千六百三十八万二千五百四十一亩（注卅六），有出产者则为一千万零三万四千余亩，相差六百余万亩。

（三）现时荒地比较有开垦可能性者约八百余万亩。

至于农产总额，现时约为十二万万斤，将来假若把第二第三两部分荒地开垦出来，收获量当然要增加不少。再如固有的森林、果园等等，连同农产，每年产量总值，当在一千万元以上。

牧畜方面，据王金跋〔绥〕先生的调查，他说："察哈尔牧畜甚盛，本省锡林果勒盟地实为内蒙畜牧最盛之地，盖此地接于外蒙，专恃牧畜为生，就中乌珠穆沁部，水草丰肥，其牧业又居本盟第一。其主产物为牛、羊、骆驼。计锡林果勒盟产牛二十四万五千余头，羊五十四万头，骆驼六百五十头。察哈尔牛八万头（注卅七），羊二十三万头，骆驼五百二十头（注卅八）。其为本省特产者，为马。察哈尔的马，实居全国第一位，盖以沽源、多伦、商都一带之地为最适宜养马之地……本省最北……达里噶崖牧场所产之马，尤为有名。"（注卅九）现在参考王先生的调查，和我们自己的材料，把锡盟及各旗群和十六县合并在一起，统计一下，虽然这个数目不能算是十分准确，因为两种材料不是同时调查出来的，但是总还可以知道一点大概的情况：

	羊	猪	牛	马	驴	骡	骆驼
十六县产额	308,465	115,349	81,399	74,266	39,895	16,264	639
锡盟产额	540,000		245,000				650
王氏调查察哈尔产额	593,994	208,490	102,861	52,218	11,634		520

王先生的调查（《中国经济地理》页一三二——一四一），有些地方叫我们不能十分满意。因为他书内既然没有把锡盟和察哈尔的关系给弄清楚，并且前后的数目也有好些不相符合的。如同页一三三说察哈尔的牛、羊、骆驼数目和页一三六（牛）、一四〇（羊）（即是本表内第三栏）所记的数目就不一样，到底是哪个对，的确是很难说。不过从他的书里我们可以知道点锡盟的畜产数额，虽然是不很详细，总还有甚于无。此外，关于鸡鸭鹅卵的价值，据王先生的调查（页一四一——一四二），鸡卵四万六千六百八十一元，鸭卵六百九十七元，鹅卵十七元，总值四万七千三百九十五元。这个也和我们估计的总产量差得很多，大概是根据产销数目来写的（可参阅《调查录》页五五——五六），这如何能够算是产卵总额？

矿产方面，仅煤、铁两项的储藏量，已经有五万万七千三百多万吨，再加上铅、硫、金、银、石棉、石灰、陶土等项，应该总值若干，大概也不是一个小数目吧？

再如盐、碱两项，可以说是取之不尽，用之不竭的富源，产销数目，每年亦值数百千万元，若是能够把他整顿一下，总还可以增加不少。

察哈尔的重要性，是不可以数目来衡量的，他的财富，约略的随便估计一下，每年生产价值，总在数千万元以上，财产总额当更倍蓰。然而国人对他，似乎是太冷淡了，虽然有少数书报，间或也附带着提到他，总不免有一层隔膜似的，并不曾把他十分的认识清楚，所以总难免要发生些错误。

去年秋天，我到山西太谷来，见到、听到的一件事情，觉得和中国今日的现象相仿佛。因为太谷这个地方，原先本来是山西票庄大资本家的集中地，和祁县同为全省最富庶的县份。现在他们的子孙太不争气，每天只顾吃喝嫖赌，抽大烟，吸料面，差不多都把家产给败掉了个干干净净，结果只有出卖祖先遗留下来的住宅，得些价款，以维生活。哪知道原先他们祖宗在墙壁里、地底下还埋了不少的藏银，如今却轻轻易易用三文不值两文的代价，给断送掉了。这种情形真可以说是察哈尔一个缩影，岂止是察哈尔一个地方，全中国何尝不是如此？现在假若我们情甘愿意当这类败家子弟的话，那就不用说了，否则必须要把自己祖宗遗留下来的财产，要彻底清理清理。察哈尔不过是财产的一部分而已。我们并不希望全国人士不顾别处而集全力于这一省，但是我们希望大家能够起来分工合作，把全国各处，兼筹并顾，不要有任何地方被遗忘掉，共策群力，重新复兴起来，建设一个新中国。

民国廿三年三月十五日于太谷铭贤学校

（注一）口内指长城以内十县而言，即前河北省口北道，详参《察哈尔经济调查录》（下均简作《调查录》），页二四及七。口外则指长城以外察属各地而言，包括张北、沽源、多伦等六县、十二旗群、锡林果勒盟及达里冈崖牧场。详参《调查录》页一一十二。

（注二）参阅《调查录》页一〇九——一一〇。

（注三）此处内蒙系指内蒙地方各盟旗而言，下仿此。

（注四）据李希霍芬（Richthofen，德国地质学者）的想定，把中国本部分作内外两区，以梯段断层线来划分，这条地裂线，远起于北方的鄂霍次克海方面，南下为〈兴〉安岭，至北平的西方而为太行山，南下直断秦岭作成河南的断层山脉和湖广山脉，终于东京湾的邕宁。在这条线的东〔西〕为外区，西为内区（参引谌亚达著《高中本国地理》第二章页三，世界书局出版）。

（注五）参阅陈崇祖编《外蒙近世史》（商务出版）。

（注六）参阅《调查录》第一章页二—三。

（注七）同上第二章页十三——十四。

（注八）本段可详参《调查录》页二三—三三及页六一——六五。

（注九）同前页六二—六三《口外六县垦务统计表》。

（注十）同前页十九——二十《收获表》。

（注十一）同前页三十三，每亩产额最少量栏。

（注十二）大豆小豆最后一项，系以每岁任植一种之总收获量计，若两项俱种，各以二分之一计，各该产量总计，均应折半。

（注十三）此法在晋省山地农民多采用之。盖山农多兼营牧羊业，山地本瘠，又缺肥料，故率驱令羊群卧田地土，遗矢即作肥料，废物利用，一举两得，颇著成效。

（注十四）引张其昀《本国地理》下册页三三八语。

（注十五）参《调查录》页六四——六五。

（注十六）同前页四十五—五十二《林业概况》。

（注十七）同前页五十七—六十。

（注十八）此项标准系就民廿二年山西太谷铭贤学校农科编印之《农科概况》页廿—廿一，民廿一年太谷鸡产卵平均数计算。

（注十九）见《南开大学周刊》民廿一年四月七日出版。

（注二十）《本国地理》下册页三五四。

（注廿一）系根据该局牲畜正副产品检验处印制的《我国牲畜产品在国际市场的状况及补救方法》一文。

（注廿二）参阅《调查录》页六十八—七十，及王金绶《中国经济地理》页一三二—一四二。

（注廿三）此原属河北省口北道，察区改省后，始划归察省政府管辖。详参《调查录》页二。

（注廿四）黄著勋编《中国确〔矿〕产》第一编页卅八《中国之水成岩铁矿表》，包括万全、宣化、怀来三县，估计铁矿总储量为六千六百〇九万吨，可与《调查录》页一六五—一六六相互参考。黄表多怀来马峪口一处，含铁成分百分之六十以上，储量为四百万吨。还有万全县由三叉口至大林堡地方，成分和储量皆缺。这两处可以补助我们《调查录》的不足。但是黄氏弄错了点，把龙关县误认成了〔一〕万全县，所以凡是表内"万全"都应该改作龙关县。还有同书第二编页二，三县矿石总量为七千三百二十万吨，和前表数目不甚符合，想是补庞家堡两处未注储量的不足。

（注廿五）口外因为地处僻塞，煤炭产量素来甚少，故此不甚为人注意前往勘测，迄今尚无人能知其储藏量究有多少。

（注廿六）参黄著勋编《中国矿产》页九十八，商务民十五出版。

（注廿七）王金绶《中国经济地理》上编（民十八文化学社出

版）页八十—八一，"产铅地为……察哈尔省独石县之青羊沟、桃树底；张北县之银洞沟；兴和县之九暾沟……今日铅矿之产额，各省区调查均不详确，仅知察哈尔年产十吨而已"。从自〔这〕段记载，我们可以知道较为详细一点的产铅地段，以补《调查录》的不足，不过也有几个错误：（一）独石县系民国初年的名子〔字〕，现在已经改为沽源县。（二）兴和原属察哈尔，民十七后，拨归绥远，不应再列入察省。（三）因为兴和已经不属于察省，所以年产十吨的数量，不能用了。并且现在察省内领采的铅矿已经停工，故无产量可言。

（注廿八）张北铅矿在县治西，距张家口八十里，有网形石英脉贯穿于片麻岩层中，脉宽自一寸之八寸，其中方铅矿甚易见（参引前书页一百廿三）。

（注廿九）参《调查录》页一三——一三五。

（注卅）《中国经济地理》页七十七。

（注卅一）参《调查录》页一六八。

（注卅二）《本国地理》下册页三五三。并参《调查录》页六五—六八。

（注卅三）以上参引《中国经济地理》页一二三及《调查录》六五—六八。

（注卅四）参《察哈尔建设月刊》调查栏页卅八（民廿年十二月出版）。

（注卅五）参《调查录》页六五—六八。

（注卅六）参《调查录》页十三。

（注卅七）这处的察哈尔大概是指十六县而言。

（注卅八）王先生的《中国经济地理》是在民十八年印行的，所以关于产额数目，和我们民二十年所调查的不大相同。从这两个数目的相差，我们可以知道，虽然本省牧畜的死亡率是很大，然而数量仍然是增加一些。

　　（注卅九）《中国经济地理》页一三二——一三三。

《复兴月刊》
上海新中国建设协会
1934 年 2 卷 10 期
（朱宪　整理）

改"兴安总署"为"蒙政部"

怒观　撰

日人劫据东北后，为谋更进一步之侵略，乃有所谓"由满到蒙政策"之确立。为实现此种政策，在过去三年间，曾为不少之侵略设施，如伪兴安省之设立，即其最显著者。"兴安省"之设立，始于民国二十一年三月，与伪组织同时产生，当时系就利用我兴安屯垦区之名义，改设南、北、东三个"兴安分省"，其后热河失陷，复划热河北部为兴安西分省，合原有三分省，共为四兴安分省矣。在此四伪分省之上，乃设置所谓兴安总署，以资统治。其一切行政设施均与其他各伪省不同，揆其用意所在，不外一以便于统制蒙古，一以实行分化政策。此次因伪行政区划之变革，对于伪兴安省之统制，亦改弦更张，即于伪国务院中，除民政、外交、军政、财政等各部外，特新添设一"蒙政部"，专掌各伪兴安分省事宜，可见其对于侵蒙政策之积极进行。

据伪组织所拟定之伪蒙政部官制之规定："蒙政部大臣掌理关于施行旗制地域之地方行政，警察、土木、卫生、林业、水产、矿产、工商、教育及宗教等事，并监督兴安各省长。"其权限之广泛，与伪民政部无异，而其管辖之范围，又包括伪兴安四省，其地位之重要与性质之特殊，于此更可见一斑！

又据伪组织发表，伪蒙政部大臣为蒙人齐默特，伪次长为日人依田四郎，足征日人在表面上，虽假借蒙人为首领，以资号召，但实际权限，仍然操之伪次长以下日人官吏之手，以实行统治。其愚弄傀儡之伎俩，诚无时无地不可以表演也。

　　闻伪蒙政部之设置，已经伪参议府会议通过，并决定于十二月一日实行。自此一百五十余万之蒙民，将完全归于日人之统治！不知国人对此，作何感想？其竟坐视日人之任意摆布耶？抑将准备实力以作最后之斗争耶？

《黑白》（半月刊）

上海黑白半月刊社

1934 年 2 卷 11、12 合期

（朱宪　整理）

日本侵略下之内蒙

方秋苇　撰

一　不堪回首话蒙古

目前中国之边疆，其支离破碎的现象已不堪问。东北四省为日本帝国主义占有已有三年，不用说是距离中国很远了。新疆、云南、西藏均在外力袭击之下，迟早是有惊人的事迹出现，那也是不用说的了。至于与东北和华北毗连，无论在国际上、经济上最有密切关系的蒙古，它现在是怎样的一回事呢？

是的，说到蒙古，那是谁都知道它是有着一大片土地的，在经济上和军事上的地位，以及各族在蒙古利益的重要，我们可以毫无疑问的看出来，在世界上，除开印度外，从国际的观点上看，可以说没有一国家比它更重要的了。虽然它有着这样的重要，但它早已"匿名"起来，所谓"蒙古"仅仅是一个地理上的名词吧〔罢〕了。这个区域，面积比欧西并不小多少，差不多完全是游牧地和砂漠；它的位置在东部中亚细亚，苏俄、中国、"满洲"之间。从政治上来说，可以把蒙古居住的区域分为三大部：外蒙古，内蒙古，和现在伪满的一部分，所以现在的情势是：一部分蒙古人是心向着莫斯科，并且受他们的领导；另一部分仍旧归戴中国；还有一部分则在日本支配下。所谓仍旧归戴中国这一部分，就是这里所谓的内蒙古，在地理上因它和中国近得多，所以中国的权力，以及中国的优良而难克服的文化势力，在内蒙古有很好的成就。

中国百年来的问题正和古代罗马一样，一个和平安静的社会周围是未开化的民族，在中国的东面，是未开化的满洲和蒙古，中国在过去曾用武力征服过，但晚近觉得武力征服是太霸道了，于是采用有效的"殖民"和"同化"。铁路是达到这种和平同化的主要工具，但建筑铁道以后帝国主义的势力跟随着深入这地方，结果是：中国和平同化种族的政策失败了，满洲首先被日本攫去；蒙古亦分离破碎，甚至归戴中国这一部分的内蒙古，现在亦在亲日的态度中踌躇着了。这种情形在其他国家的人看来，是非常奇怪而有趣；然而在我们看来，已成为"势所必至"的了。（以上算是楔子。）

二　东蒙之分割

原来日本帝国主义对中国领土的侵略，完全是一种"蚕食鲸吞"的政策，换言之，即是一种慢性的步步前进的侵略政策。如对"满洲"的侵略，它首先将"满洲"分为"南满"与"北满"，然后它的侵略势力，先从"南满"伸入"北满"。对于蒙古的侵略，也是一样的。因为日本帝国主义为便于侵略内蒙起见，所以将内蒙分为"东蒙"和"西蒙"。自从热河陷落，东蒙已被日本帝国主义取得，现在仅存者惟有西蒙一部了。事实上，日本帝国主义必要以侵略"南满"和"北满"的方法，而同样地施行于"东蒙"和"西蒙"的。

现在，我们就要看：日本帝国主义是如何侵略东蒙？换言之，东蒙在日本帝国主义统治下，是什么样一个形态？关于这一点，日本帝国主义对内蒙的侵略计划，是采取如下的步骤：

（1）要将东蒙的政治形态分化，将旧有政治组织粉碎，置于伪满体系之内；

（2）再扶助西蒙亲日和亲伪满的当局，组织自治政府，形成半独立的局面；

（3）然后将东蒙和内蒙熔成一体，实现"大源共和国"的计划。

日本帝国主义基于这个计划，首先对于东蒙的侵略，即施行那阴狠的宰割手段，即将东蒙的政治形态分化，将旧有组织粉碎，置于伪满体系之内。其方法，在伪满国务院之下设立了一个"兴安总署"，其职权是这样规定："掌管关于兴安省之一般行政事宜，并关于在另定地域内蒙古旗务，辅佐总理。"所以说，这个组织是在伪满系统内的一种特殊组织，可是"兴安省"的范围，实已将东北四省的各蒙旗悉直接统治于傀儡机关的"兴安"总署了，不啻与伪满分庭抗礼，而另制一小型的"蒙古国"。

所谓"兴安省"，最初分为三部分，名为"三分省"。北部为"兴安北分省"，东部为"兴安东分省"，南部为"兴安南分省"。自热河失陷以后，又添上一个"兴安西分省"，于是由三角到四角的"蒙古国"，轻轻地将整个的东蒙分裂。为便国人明了起见，兹根据昭和八年六月伪满公布的《兴安省行政区划表》及日伪方面的一些纪载，可将被宰割后之东蒙现状说明如次：

甲、东分省　即黑龙江以西，大兴安领〔岭〕以东之地域。东南接南分省，西邻北分省，北方又与黑龙江省为界。全境悉为兴安岭及其支脉所蟠结之山地，平野则为河流区域，亦仅于山与山之间有之而已。惟山岭不甚高峻，大抵成缓斜之势；河流之大者则注于嫩江之甘河以至土拉、诺敏、革尼、阿伦等河，皆无舟楫之便。"兴安总署"定札兰屯，地方分为八旗，兹列之如下：

（一）那文旗——位于最北，占有甘河之东北部，住民则以俄伦春族占其大部分；

（二）巴彦旗——在那文旗之南，占有甘河之西南地域，住民于平地为达呼里族，山地则多俄伦春族；

（三）莫力达瓦旗——简称莫力旗，在巴彦旗之西南，占有诺敏河流域，住民之分布与巴彦旗相同；

（原文中无（四）项）

（五）阿荣旗——在中东铁路之北，住民与莫力达瓦旗同；

（六）布特哈旗左翼旗——简称东布旗，住〔位〕于中东铁路之扎兰扎、哈拉苏、巴林等旗两旁，住民多为俄伦春族，亦有移来之中国人；

（七）布特哈右翼旗——简称西布旗，在东布旗之西至兴安岭之部分，住民同上；

（八）喜札嘎尔旗——简称喜札旗，在东分省之南，占有索伦山地方，住民之大部分为索伦族。

乙、北分省　即为兴安岭山脉之西斜面，西及西伯利亚，西南接外蒙古，为外交关系重要地域。此地即为呼伦贝尔，别名为巴尔虎。分省公署在海拉尔。其地分为八旗，列之如下：

（一）索伦左翼旗——东索旗，在分省之东南部，住民以索伦

（二）索伦右翼旗——西索旗，旗〔族〕居多，各旗之总管不限于索伦人；

（三）新巴尔虎左翼旗——东新巴旗，在分省之南部，住民大

（四）新巴尔虎右翼旗——西新巴旗，部为蒙古族之一派之巴尔虎人；

（五）陈巴尔虎旗——陈巴旗，陈者旧之意，系对新巴尔虎而称；

（六）鄂鲁特旗——鄂鲁旗，鄂鲁特即额鲁特，住民为蒙古族

之一派加尔马克族；

（七）布里雅特旗——布雅旗，与蒙古族一派之巴尔虎为同系，此族在俄领内亦多；

（八）鄂伦春旗——鄂伦旗，在本分省之东北部，住于兴安岭山中。

丙、南分省　南自辽宁自彰武、康平西〔两〕县之北部，北及东分省，东自辽宁省之郑家屯、瞻榆县、镇东县、突泉等县，西至西分省及热河省之西域，于南部则包围辽宁省所属之通辽县。其面积及人口，尚无确实调查。此分省设达尔罕王府（西辽河南方，通辽之西北方），所辖地方如左：

旗名	略称	俗称	旗长之爵
（一）科尔沁左翼前旗	东科前旗	宾图王旗	多罗赛图郡王
（二）科尔沁左翼后旗	东科后旗	博王旗	多罗郡王
（三）科尔沁左翼中旗	东科中旗	达尔汉旗	和硕达尔汗亲王
（四）科尔沁右翼中旗	西科中旗	土谢图旗	和硕土谢图亲王
（五）科尔沁右翼前旗	西科前旗	扎萨克图旗	扎萨克图郡王
（六）科尔沁右翼后旗	西科后旗	苏鄂公旗	喇嘛什希克镇国公
（七）札赉特旗	扎赉旗		固山贝子晋多罗贝勒

丁、西分省　自去年五月划热河省之西喇木伦河以北而设。分省公署设开鲁，地方则分为六旗二县，如下：

子、六旗：

（一）扎鲁特左翼旗——简称东扎旗，区域则为旧域中除去开鲁县之属地之部分；

（二）扎鲁特右翼旗——简称西扎旗，区域则为旧域中除去开鲁县之属地之部分；

（三）阿鲁科尔沁旗——简称阿鲁旗，区域同为旧域中除去开鲁县属之部分；

（四）巴林左翼旗——简称东巴旗，区域如旧；

（五）巴林右翼旗——简称西巴旗，区域则为旧域中除西林〔林西〕县属之部分；

（六）克林〔什〕克腾旗——简称克旗，区域如旧。

五、二县：

（一）开鲁县；

（二）西林〔林西〕县。

由以上的纪载，我们可知，日本帝国主义分裂东蒙的情形，显然是要完成田中义一内阁时代所主张之“既定计划”（即满蒙一元计划）。日本帝国主义这个作用，在现在即首先将现有东蒙的政治形态改变；因旧有的政治形态改变以后，而新的政治形态，便是伪满一个体系了。在吞并“满蒙”这一点上，此种计划实为必要的一种手段；现在我们可以说，整个的东蒙都已被日本帝国主义宰割了；并且在伪满体系之下，被统治而管理了。

三　步步加紧对西蒙之侵略

东蒙被日本宰割以后，西蒙要单独存在是不可能的；犹诸地球之脱离太阳系，而必为其他恒星所吸收有同样的意义。

上面已经说过，日本对于西蒙的侵略步骤，是扶助亲善日伪的当局，组织自治政府，形成半独立局面，然后再求东蒙打成一片，建立一个完整的“蒙古国”。这个计划开始已久，在热河失陷时，即有相当的成效。在西蒙方面，参加这个阴谋的，为察哈尔锡林格勒盟副盟长德木楚栋克〔克栋〕鲁普亲王（俗称德王），一年以来所喧传的“内蒙自治运动”即是以德王为中心的活动。据我们所知，德王现年三十四五岁，为蒙古人中之进步人物，民国二十一年曾亲自南下赴京并设蒙古王公代表团驻京办事处，此时即欲夺取蒙藏委员会委员长的职权，俨然一大有作为的野心家。彼之部下，有骑兵三千余，幕僚多日本留学青年，且利用蒙古人之宗教心理，为班禅喇嘛建筑庄严大伽蓝于傍〔滂〕江之畔，以示对人民不纯用政治手腕，其他王公多少要受他的支配。结果产生了民国二十二年十月之内蒙大会，连名电呈要求自主，显然有成见在胸。虽然中央方面煞费苦心，委曲求全，始终未获得完全谅解，如果更加上日人在背后的挑拨鼓惑，其前途之演变，更不堪设想了。

现在，我们要进而探讨日本帝国主义怎样加紧侵略西蒙？

在表面上看起来，内蒙之自治并无外力引诱，实质上的情形却充分表现日本对于西蒙之自治政府施予种种的威胁、利诱及压迫的手段：原来，日本帝国主义扶助伪满傀儡溥仪僭号称帝，即为夺取西蒙之具体计划：第一步日人拟利用傀儡名义，对蒙古汉奸封王封侯，予以虚名欺骗，使在内蒙煽惑；第二步即出兵大举侵略蒙古，预定一年，使西北版图易色；第三步即实行南寇平、津，企图以黄河以北在两年内尽成伪满势力。是项阴谋，原为日本唆使溥仪僭号时所内定（民国廿三年五月三十日上海《申报》载）。后来因有东北十五万义勇军之首领联名通电反对，日本帝国主义者甚为恐惶，于是由伪满的实际统治者菱刈隆暗令溥仪将东北的伪军尽改编为"保皇军"；也重新招编蒙古军，现有兵力二千人。此外并在齐齐哈尔设立蒙古军事学校，养成军官人材，拟设独立司令部，招集内外蒙青年，增编两师，作侵略蒙古之主力，由留日蒙人军官巴林塞任蒙军总司令。现在的东蒙（即日人所谓的"蒙人自治区"）即归蒙古军队统治；一切官吏均采用蒙人，并对该区蒙人予以种种优待，实行诱惑。而另一方面，傀儡溥仪以伪满皇帝名义，发表荒谬诏书谓：伪满以王道为治之大本，对五族

（满、蒙、白俄、日人、韩人）一视同仁。要知道，日本帝国主义指使伪满的傀儡溥仪这样去作，是含蓄了有很深远的作用：第一，所谓"五族一家"，即是说满蒙不能分离；日本要在这种"名正言顺"的口号下，使满蒙熔成一体，再进而完成"五族一家"。假如这个"五族一家"的完成，不啻亚洲门罗主义之实现；第二，在满蒙的分离问题未得解决之先，必要解决蒙古自身内部的分离；那么日本必首先要使现在的东蒙和西蒙进而外蒙熔成一体后，再和伪满熔成一体。要之，在这两个重大作用之下，日本对西蒙一切的威胁、利诱，总不外是要实现其所演〔谓〕"五族一家"的阴谋吧〔罢〕了，换言之，即是以开展其亚洲门罗主义。

不过，这个侵略方法，如果不发动武力，实在很少有胜利的把握，何况"蒙古跟满洲来"为"对俄战斗之必要步骤"；那么，在侵略蒙古领土与对俄作战准备上，采用武力政策，是非常必要的了！现在，我们就要看它怎样运用武力，怎样侵略蒙古领土为对俄作战之准备？据最近以来的报载：

"据蒙人方面消息：日人顷在林西设置一种特务机关，由名盛岛者主持其事，其任务专事联络西蒙王公，企图某种活动。四月上旬，由盛岛带蒙旗王公数人，由长春到沈参观，并予隆重招待。该王公等在沈勾留约有半月，嗣由通辽赴蒙着手工作。此间（指北平）党人闻讯后，俱极注意未来之开展云。"（民国廿三年五月三日北平《全民报》载）

"蒙委会顷据留蒙视察专员报称：日帝国主义者，又欲借游历为名，组织入蒙调查团，将由热进入察、绥二省。该会据报后，除呈报中央外，并电令蒙政委会暨各盟旗长官，一体严密注意，随时侦察具报。"（民国廿三年六月三日中央社消息）

又："某方报告：日图侵犯蒙古，已从酝酿达于实现，驻察东、热河日机，近来密飞蒙古，测绘地形，侦察动静。兼之察东日军第七师团，人数二千，有秘密向西移动说。"

又："日图蒙古益急，多伦顿成察东军事中心，每日运输车辆，不绝于途。日机无日不升空盘旋，间有向西飞去，良久始返，用意未明。"（民国廿三年六月三日上海《中华日报》载）

以上的动作，不过为侵蒙的一种布置而已。除此以外，日本帝国主义还采用积极的步骤。据报载：

"多伦、新源（沽源二、四两区）被日侵占后，对地方压迫榨取，无所不用其极。沽源第一区五十家子，地临多沽大道，形势要冲，现驻伪军李守信部百余名；多伦为日军第七师团及李守信部驻防；新源里大营子，尚驻日军六十名，防范綦严，近无异动。新源飞机场，停日机数架，汽车运输颇忙。热西军用汽车路已修成黑达子营道，道尽处为军事上重要之根据，该地距密云七十余里，延庆四海六十余里，龙门仅二十里，交通四达。日对内蒙觊觎已久，察东危机，不容忽视之也。"（民国廿三年六月廿八日上海《中华日报》载）另据察哈尔地方当局宋哲元的报告：

"日俄双方备战情形，日趋紧张。苏俄在海参崴、伯力、双城子、赤塔等处，构筑防固工事，准备充足军实，闻已有相当布置。由伯力至海参崴之双轨铁路，已铺筑完成。日本欲制胜苏俄计，对我察东（西蒙）侵略，日益露骨，刻由林西开来之部队（日伪军），约在两师团以上，并积极勾诱无识蒙古王公，作为向导，以达其夺取内蒙野心，打破进取外蒙之障碍。"（民国廿三年七月十七日南京《中央日报》载）同时南京外交界又发表如下的消息：

"据天津报告：制造九一八事件之日阀功臣土肥原，上月携有随员二名，由津秘密出发，赴西蒙各地活动；并携有大批巨款及绸缎、古物等礼物，以利诱西蒙各王公及各旗盟长，使其依附日伪。"（同上）

以上所述所纪载的这些片断消息，大多是官方可靠的情报。其他未能公布的，不知距离我们所知的，还有多少严重的事态？总之，日本积极对西蒙之侵略，已成为不可否认之事实。苏联外交人民部长加拉罕曾为此事赴外蒙访问库伦当局，随员多为陆军上级军官，其意义颇为深长。在加拉罕访问库伦回转莫斯科后，发表旅蒙论文，曾谓："内蒙方面之日本军人视察旅行，逐日增加，俄国对于日人之侵略外蒙，应急注意。良以日本为保障伪满之安全，企图吞并内蒙。就最近内蒙情势观之，因内蒙对日本感情，均抱不快，日本将以武力并吞内蒙，以遂其野心。"（一九三四年七月廿五日东京《朝日新闻》载）

我们根据以上的事实看来，现在西蒙的严重局面，谁也不能否认的；在日本对华北和西北整个侵略的路线上，一切事态的表现，决非我们在纸笔之间所可叙述详尽的。

四　内蒙的归宿如何

现在，我们要进而探讨：在日本帝国主义宰割东蒙，威胁西蒙的进行上，对于内蒙之取得，其最终的目的在哪里？关于这一点，我们根据日本帝国主义的侵蒙计划，它是要把东蒙和西蒙熔成一体以后，实现一个"蒙古大源共和国"的计划，不错的，日本帝国主义企图这个傀儡国家的造成，其手段、方法与制造伪满一样的。

这个事实，也并非我们夸张，假如大家不健忘，当能记忆热河失陷时，日本帝国主义即怂恿蒙人从事于此计划之实现。据当时中央社发表消息云：自热河陷落以后，日本采取两种政策：对于汉人方面，极力施行小惠，以收买人心；蒙人方面，极力施行挑拨，以期与汉人绝缘。又云：对于蒙人方面，则以种种挑拨之词，谓蒙汉本无关系，特以蒙古民族受汉族之欺凌所致，现日本愿以全力扶助蒙古民族建立"内蒙大源共和国"等语（见拙著《内蒙自治之前途》，《前途杂志》第二卷五期）。由这个消息看来，我们就可知道：日本帝国主义对内蒙的阴谋，露骨地表现出：（1）是造成蒙汉两族的分离；（2）因蒙汉两族分离以后蒙满便可以打成一片，于是它可为所欲为了。

基于这个计划，所以日本帝国主义将东蒙宰割，并且要用同样的方法，去蚕食西蒙。据最近报载：日本对中国侵略的计划，顷已由局部问题（即是满洲问题），而入于整个问题。至对察、绥和内蒙，已在着手进行勾结不肖王公，期造成一个"大源国"的伪局面（见拙著《最近日本对内蒙之侵略》，《新蒙古》第一卷五期）。现在日本帝国主义对东蒙和西蒙的种种措施，都是企图在使这最后计划的实现。由这一点看来，我们就可知今日内蒙处境之危殆了！

既是这样，那么今后内蒙的归宿，只有一条道路，这条道路就是：从东蒙吞并到西蒙；直树立于日本帝国主义统治之下了！无论内蒙自身愿意走向这条道路与否，无疑的日本必要这样去作！所以我们说：

（1）日本侵略内蒙为对俄作战之准备；

（2）日本侵略内蒙的主要目标，是在夺取外蒙，企图拆散苏联在中亚细亚的左翼势力；

（3）西蒙侵略的成功，即对俄作战时机的成熟，也可谓二次日俄战争的开始；

（4）还有一个目的，就是拆开中国华北本部的屏障，并打破西北的第一道门户，作将来进出的大道。

以上几点，为我们今日研究蒙古问题所透视出的"风景线"，决非推测而来。要知道，眼前这些事实，已成中国、日本、苏联政府当局所承认的事，特别是中国自身非常关切。在今日华北问题上，内蒙问题已占着重要的一班〔环〕，它实在比"长城各口交涉问题"、"滦东战区问题"严重得多，并且难于应付！纵然中国自身应付得很好，也不过多苟延内蒙的生命几天吧〔罢〕了，而日本在内蒙的动作，及为伪满国防的布置，并不因此而放松的。只要时间和空间的要求到来，这座火药库就会立刻爆炸起来！

　　作者附录：如果读者要进一步了解这个问题，得到非常明白的解答，请参看拙著《内蒙自治之前途》（《前途杂志》二卷五期）及《内蒙古之现势》（《东方杂志》第三十卷廿四期），比较对于今日的内蒙问题，可以得到一个整个的概念。

《前途杂志》（月刊）

上海前途杂志社

1934 年 2 卷 12 期

（李红权　整理）

内蒙与日本大陆政策

李绍忠　撰

日本趁着所谓伪国成立三周纪念的时候（一九三四，三，一），把傀儡溥仪由"执政"的名义改为"皇帝"，有人说这是名号的变更，于实际上无多大重要。实则，这是不然的。日人威挟溥仪称帝的意义，据我人的研讨，以为有历史上与地理上的三大作用：

1. 历史上的意义——溥仪僭号为日人拿三十年前，在朝鲜玩过的老把戏作第二次的开演。——朝鲜本为中国藩属，甲午（一八九四）中日战争后，日本强迫中国承认韩国的独立，同时怂恿韩王李熙称帝，不久，李熙的帝号被取消，朝鲜也被日本所并（宣统二年，一九一〇）。

2. 地理上的意义——日人假溥仪称帝后，可挟溥仪以恢复大清帝国口号勾引内蒙诸王公，进一步再作并吞内蒙之企图，他方又可利诱失意军人政客，组织华北国。

现在从地理上来说明日人欲并内蒙与其大陆政策推进的野心。

民国成立后，政府因外蒙的宣布独立，把内蒙设置〔设〕察、热、绥三特别区。国民革命军统一全国后，改建察、热、绥三省。内蒙的地位，在长城以北，瀚河〔海〕以南，中部阴山绵亘着，黄河贯于西境。四望平旷，蔓草接天，汉人叫做草地，因有塞外草原之称。阴山以南，为汉人居住地带；阴山以北，为盟旗（盟

旗为蒙人游牧的区境）。内蒙三省区，虽有省政府的设立，但政今
〔令〕达不到盟旗。盟旗设有王公，如报登之潘王、德王、云王等
是。内蒙区域内，畜牧事业极发达，矿产有五金及煤炭等，蕴藏
极富。单讲热河的油煤，是世界不可多得的宝藏。

　　苏俄在东亚势力的伸展，外蒙、苏俄努力的日趋巩固，这是使
日人日夜惶恐不安的大虑。因为在大陆政策的迷梦中，日人没有
一刻不在做着世界霸主的梦中之梦。日本欲称霸世界，必先称霸
于太平洋上，而欲称霸于太平洋上，势必引起美、俄的控制。所
以日本为大陆政策之推进，无日不以美、俄为假想敌，而在积极
整备战争，况且一九三六年第二次世界大战爆发的呼声，早震动
着列强每个政治家、军事家的心。

　　一九三一年九一八事件开端后，日人在短时间内，夺去了中国
整个东四省，内蒙的一部——热河——已在日人铁蹄之下。今年
（三一〔四〕）日人的威挟溥仪称帝，无非作并吞内蒙的整备而
已。日人并吞内蒙后，完成了〕字形的势力弧，一方面可包围、
抵制苏俄在外蒙势力的南侵，一方面更可积极建设交通从东三省
跨过热、察、绥三省直趋新疆而西，可以袭击俄属东亚的后防。

　　日人的野心，是以并吞全世界为最终的目的。如果日人在远东
引起第二次日俄战争，那么太平洋对岸的美国，是势不能作壁上
观的。但是，美国要以武力来干涉日本，美国海军远征队，势必
占据南国沿海诸省为对日作战的根据地。那时，日人必先进占中
国中部自平汉铁路以东大江以北地带，作抗御美国海军陆战队的
北攻。这是可拿地理来证明的局势。

　　中国失去了东四省后，在全面积上，已少了十分之一的土地
（中国全面积为四百二十万方哩，东四省全面积为四十二万方哩），
而新疆的内争，藏、康的纠纷，英人的窥滇……国土支离破碎，
四邻列强迫视，中华民族已到最危殆的关头了。远东日俄战云的

弥漫，中欧问题的复杂，这无非是大战前夕的信号。多艰兴邦，中华民族如何可渡过这有史以来极大的难关，那是须看中华整个民族在国难中能否努力奋斗而定的。

1934. 3. 10

《晨光》（周刊）

杭州晨光社

1934 年 2 卷 45 期

（朱宪　整理）

中央解决蒙古自治问题之经过

作者不详

内蒙各盟、部、旗长官，为环境之需要，曾请求组织内蒙自治政府。自十月九日开始筹议，迄十一月十一日，由内政部长黄绍雄、蒙委会副委员长赵丕廉，赴百灵庙与各王公数度磋商，将中央决定方案，与蒙民之要求，合并研讨，拟定原则六项，现已由黄部长转呈中央作最后决定。其前后经过，及中央原定之方法、蒙民最初之要求与最后所拟订之原则、《蒙古各盟部旗长官自治会议组织大纲》等项，兹分志如次。

会议经过

内蒙各盟、部、旗长官筹备自治会议，自本年十月九日至十月二十四日，计开会五次。第一次十月九日，第二次十月十五日，第三次十月十九日，第四次十月二十二日，第五次十月二十四日，结果通过《蒙古自治机关组织法》三十六条。迨十一月十一日，黄部长及赵副委员长抵百灵庙，起初三日，纯为宴会、赛马、诵经之酬应事项，自十四日至十七日，乃为黄部长与蒙王公正式磋商蒙古自治问题。当时以蒙民要求与中央方案相差甚远，无法接近，故十七日上午，几告决裂，黄部长等拟当即返绥。嗣经班禅与一部分青年，从中斡旋，直至十七夜间二时，始决定最后原则六项，十八日，黄部长等遂欣然返绥。

中央方面

（甲）变更蒙藏委员会组织方案：（一）中央特设一边务部（或蒙藏部），直隶于行政院，为处理蒙藏行政之中央最高机关，设部长一人、次长二人，主持部务。（二）边务部设各司处，分掌事务，并设各委员会，分任讨论进行之责。（三）边务部应酌定时期，分别召集各边区负有行政责任之首领，及有德望之人士，来京举行会议。（四）边务部与其他各部会办理国家行政，有互相关连者，应随时会商，决定办理。

（乙）改革蒙古地方行政系统方案：（一）已设置省治、县治地方，其行政区域，应不变更。（二）有蒙古人民聚居地方之省份，应分别设置蒙古地方政务委员会，为各该省区内，办理地方行政之专管机关。各设委员若干人，并推选委员长、副委员长各一人，均以蒙古人之有德望及有政治学识经验者充之。（三）已设置上项地方政务委员会之省份，除关于军事、外交及其他国家行政，仍由中央政府或由中央政府授权于当地省政府办理外，其余属于蒙古人民聚居区域之地方行政，统由蒙古地方政务委员会负责办理，并受中央边务部之指挥监督。（四）蒙古地方政务委员会得斟酌情形，分科或分处办理各种行政事务。（五）蒙古地方政务委员会办理地方各种建设事业，于必要时，得按各该地方需要情形，由中央拨款补助之。（六）蒙古地方政务委员会，于不抵触国家法令范围内，得制定地方单行法规，并发布告命令。（七）蒙古地方政务委员会并设蒙民代表会议，为蒙古人民之民意机关，每年定期集会一次，其代表之产生，得以盟、旗、群等为单位，并得用推选法。（八）省政府所属各厅县，办理普通地方行政，涉及蒙古行政范围者，应随时与地方政务委员会会商决定，应由省政府委员会议解决，或呈请中央解决之。（九）蒙古地方政务委员会委员长、副委员长，得列席当地省政府委员会议。（十）蒙古行政之统系表列如左：

$$
行政院\begin{cases}各部会\\边务部\end{cases} 省政府\begin{cases}各厅\\蒙古地方政务委员会\end{cases}
$$

（丙）蒙古行政之用人标准：（一）中央或地方之蒙古行政，应尽量容纳蒙古人。（二）中央政府应就适宜地点，设立中央军事政治学校分校，由熟习蒙古情形者担任教练，培植蒙古民族各种专门人才，并设法任用之。提议改革蒙古行政系统具体方案说明书，谨按总理《建国大纲》第四条规定："国内各弱小民族，政府当扶植之，使之能自决自治。"并经总理郑重声明，承认中国以内各民族之自决权。对于反对帝国主义及军阀之革命，获得胜利以后，组织自由统一之中华民国。而第三次全国代表大会，复有吾人今后必力矫满清、军阀两时代愚弄蒙古、西藏之恶政，诚心扶植各民族经济、政治、教育之发展，务期同进于文明进步之域之决议，本党主张扶植国内各民族之自治，久已昭示中外。中央为免除边民误会，增进边民利益起见，无论中央与地方一切蒙藏行政制度，自应本此自决自治之精神，以收扶植发展之实效。兹以蒙古而论，过去中央组织与蒙古地方组织联系，失之松懈，而蒙古人民，习俗各异。在省区域内，因无专管机关，对省行政极易发生误会，遂予觊觎者以挑拨离间之机会。一方对于负有一族重望之王公首领，以及曾受政治训练之蒙古青年人士，复未能代谋政治出路，每使其失望而去。此次内蒙自治之发动，原因虽甚复杂，而其重要症结，要在乎制度与政治，不能尽满足蒙古民众之要求也。根据以上理由，爰拟定改革蒙古地方行政系统具体方案，其要点略加说明如下：第一，改革蒙古地方制度，对于已设省县治地方，以不破坏其原有行政区域及其行政统系为原则。边区设省，系沿袭特别区而来。原有行政区域，早经明白划定，某省某县之名词，公私文书，沿用已非一日。中国二十八行省，尤为中外人士所习闻，倘一旦冒然加以割裂，关系良非浅鲜。故本案主张，对察、绥等省行政区域，不得因蒙人主张自治，而有所变更。至于地方行政组织，则不妨略加补充，以适合实际之需要。第二，蒙古人民聚合地方，虽已设有省治，惟以风俗、习惯、语言、宗教各异之故，过去地方政府，怜〔对〕于蒙古人民，内情之研究，改革之方案每易忽略，因而发生种种隔阂，此固无可讳言。今为补偏救弊起见，拟于省行政区域，及省行政系统之下，增设一地方政务委员会，受边务部之指挥监督，专管蒙古地方行政，以补助省政府之不及，而收分治之效。如此办理，既使蒙古行政责有专属，复可使中央与边疆之关系更臻密切。第三，中央政府为增进边民实际利益起见，所有物质上、精神上之各种建设事业，均须积极筹划，次第进行。惟此等地方，公私经济本形竭蹶，于必要时，自应由边务部斟酌各该地方需要情形，拟定建设计划及其预算，呈请中央筹拨巨款补助，以期绥辑边民，巩固边防。第四，各种民族复〔杂〕处地方，公私纠纷之争，层见迭出。省政府主持全省政务，原设有蒙古委员名额，遇有各厅县及地方政治之委员会与人民间之纠纷，自可由省政府委员会负责解决，至必要时再请命中央办理，以资便利。

蒙民要求

《内蒙自治政府组织法》

内蒙各盟旗长官应内蒙现实之需要，援国民政府《建国大纲》国内各民族自决自治之规定，召开内蒙各盟、部、旗长官全体会议，在国民政府领导下，成立内蒙自治政府，制定《内蒙自治政府组织法》，颁布如左：

第一章　自治政府

第一条　内蒙自治政府总揽内蒙各盟、部、旗之治权。

第二条　内蒙自治政府以原有之内蒙各盟、部、旗之领域为统辖范围。

第三条　内蒙自治政府除国际军事及外交事项由中央处理外，内蒙一切行政，俱依本自治政府法律、命令行之。

第四条　内蒙自治政府以政务厅、制法委员会、参议厅组织之，但遇事实之需要，内蒙自治政府暨各厅会得酌设特种机关。

第五条　内蒙自治政府设委员长一人、副委员长二人、委员九人至十五人。

第六条　内蒙自治政府正副委员长由各盟、部、旗长官共选之，各厅长及各会委员长由政府委员兼任之，各厅副厅长及各会副委员长，由厅长及委员长提请内蒙自治政府任命之。

第七条　内蒙自治政府委员长因事故不能执行职务时，由副委员长或政务厅长代理之。

第八条　内蒙自治政府以政府委员会议，由政府委员组织之，委员长为政府委员会之主席。

第九条　内蒙自治政府公布法律，发布命令，经政府委员会议议决，由内蒙自治政府正副委员长，暨该关系之主管机关长官署名行之。

第十条　内蒙自治政府各厅会间不能解决之事项，由内蒙自治政府委员会议议决之。

第十一条　内蒙自治政府各厅会于不抵触内蒙自治政府法令范围内，得发布厅令及会令。

第十二条　内蒙自治政府内置左列两处：（一）秘书处；（二）总务处。

第十三条　秘书掌理左列事项：（一）关于文书收发、编制及保管事项。（二）关于文书分配事项。（三）关于文件之撰拟、翻译事项。（四）关于典守印信事项。（五）关于编制政府公报及议事日程、会议记录等项。（六）关于登记府内职员任免事项。（七）关于发布命令事项。

第十四条　总务处掌理左列事项：（一）关于编制统计及报告事项。（二）关于会计庶务事项。（三）关于不属秘书处之事项。

第二章　政务厅

第十五条　政务厅为内蒙自治政府最高行政机关。

第十六条　政务厅设厅长一人、副厅长二人，厅长因事故不能执行职务时，由副厅长代理之。

第十七条　政务厅设左列各处，分掌行政之权：（一）内务处；（二）警备处；（三）财政处；（四）教育处；（五）司法处；（六）建设处；（七）实业处；（八）交际处。

第十八条　政务厅正副厅长及各处正副处长、特种机关主管长官，组织厅务会议，处理一切行政事宜，开会时以厅长为主席。

第十九条　政务厅经政府委员会议，及制法委员会之议决，得增置或裁并各处其他机关。

第二十条　政务厅各处及特种机关间不能解决事项，由厅务会议议决之。

第二十一条　政务厅各处，设处长一人、副处长一人，均由政务厅长提请内蒙自治政府任命之。

第二十二条　政务厅正副厅长暨各处长，于必要时，得列席政府委员会议及制法委员会议。

第二十三条　政务厅关于主管事项，得提出议案于制法委员会。

第二十四条　政务厅及各处组织法，由内蒙自治政府另以法律规定之。

第三章　制法委员会

第二十五条　制法委员会为内蒙自治政府最高立法机关。

第二十六条　制法委员会设委员长一人、副委员长二人、委员十七人至二十九人，委员长因事故不能执行职务时，由副委员长代理之。

第二十七条　制法委员会委员，由委员长提请内蒙自治政府任命之。

第二十八条　制法委员会会议以委员长为主席。

第二十九条　制法委员会之议决案，由政府委员会会议议决后公布之。

第三十条　制法委员会组织法，由内蒙自治政府另以法律规定之。

第四章　参议厅

第三十一条　参议厅为内蒙自治政府最高咨询建议机关。

第三十二条　参议厅设厅长一人、副厅长二人、参议二十一人至四十一人，参议由厅长提请内蒙自治政府任命之。厅长因事故不能执行职务时，由副厅长代理之。

第三十三条　参议厅各参议组织、参议会，其职权如左：（一）关于内蒙自治政府咨询事项；（二）关于政府委员长特交办理事项；（三）关于参议建议提案审查事项；（四）关于其他重要事项。

第三十四条　参议会以参议厅长为主席。

第三十五条　参议厅组织法，由内蒙自治政府另以法律规定之。

第五章　附则

第三十六条　本组织法自公布日施行。

中经波折

各王公提出自治政府组织办法后，黄部长以其要求过奢，以有脱离中央之倾向，几经晓以中央之德意及中央原定之方案，始由各盟、部、旗长集议，对中央方案之详细讨论，及议定十一条作退一步之表示。然黄部长仍以未副中央指导蒙古自治之意旨，复谕以汉蒙间相关之密切、利害之及肤，王公等始再度磋商，决定下列之六项原则。

最后原则

内蒙自治问题之最后决定：名称：定为蒙古第一自治区政府，蒙古第二区自治政府，以下类推。区域：锡林果勒盟暨察哈尔部编为蒙古第一自治区，乌、伊两盟暨土默特、阿拉善、额济纳各盟旗，编为蒙古第二自治区，其他盟、部、旗比照此例编区。隶属：蒙古各自治区政府直隶于行政院，遇有关涉省之事件，与省政府会商办理。权限：蒙古各自治区政府，管理各本区内各盟、部、旗一切政务。经费：蒙古各自治区政府经费由中央按月拨给。联络：蒙古各自治区间，设一联席会议，由各自治区内之各旗各推代表一人组织之，商决各自治区间共同事宜。

自治会议

内蒙各盟部旗长官自治会议组织大纲

第一条 内蒙各盟、部、旗长官为实现内蒙自治起见，在百灵庙召集内蒙自治会议。

第二条 本会议出席人为各盟、部、旗长官，或其他代表，蒙古各团体代表，及各长官之秘书得列席。

第三条 本会议互推五人组织主席团，主持本会议一切事务。

第四条 本会议设秘书处，分别各组办事，文书组、议事组、宣传组、翻译组、财务组、事务组、交际组、警卫组。

第五条 秘书处设秘书长一人，承主席团之命，总理秘书处事务。各组设主任一人，承秘书长之命，主持各组事处〔务〕。秘书处设秘书干事、书记各若干人，分在各组办事。

第六条 本会议议事规则、办事规则另定之。

第七条 本会议于内蒙自治会实现时结束之。

第八条 本大纲自大会通过日施行。

《蒙藏月报》
南京蒙藏委员会
1934 年 3 卷 3 期
（丁冉 整理）

日俄交侵下之蒙古问题

章景辉　撰

一　序言

只要是稍微留心目前边疆局面的人，都知道"蒙古问题"已进到最危迫之阶段，苏俄在外蒙之肆力操纵，日本帝国主义者对内蒙之积极侵略，"蒙古问题"之爆裂的可能，只不过是时日问题。边事日艰，民族危机日深，事实已不容许我们再漠不关心了。

我国与苏俄关于外蒙之交涉，自前清康熙年间即已开始。那时中国仍是自称天朝，目苏俄为夷狄，然在当时的威力，确也足以震慑苏俄，故外交上，颇占胜利。及雍、乾以后，却因官吏贪庸，国事多艰，于是苏俄的势力，得渐渐乘机向外蒙进展。到了辛亥革命那年，政府因无暇顾及边事，于是又给与俄人一个入寇的良机，这时，外蒙竟在苏俄的统治下宣告独立。直到现在，外蒙表面虽是仍属我国版图，然事实上一切政治军事的设施，我国早已无权过问。然此尚不过仅关系中俄双方的冲突。

自"九一八"事件发生后，日本帝国主义者始则组织所谓"傀儡政府"，继着便攫取我国的热河，内蒙东部之三盟二十六旗，亦悉为所占。近来日人更野心勃勃，企图囊括整个内蒙，这种行动，在他是有很深的用意的，因为占有内蒙，则北向可为抗衡外蒙、苏俄势力之缓冲，南向可为侵略吾国中原各省之根据，且日本帝国主义者所持之"大陆政策"的一贯底归宿，是灭韩、吞满、并蒙及统治亚洲。现在朝鲜是早被灭掉，满洲又被统属，而统治全亚洲的美梦的完成，势须在囊括蒙古以后，所以当前对于内蒙问题，正是现实的一个阶段。

这样一来，不特我国边疆问题顿形吃紧，就是苏俄也陷入严重恐怖的状态中。我们只要看最近苏联外交人民部长加拉罕所发表的旅蒙论文，便可以见到此问题之严重性："内蒙方面之日本军人，视察旅行，逐日增加。俄国对于日人之侵略外蒙，应急注意，良以日本为保障满洲国之安全，企图并吞内蒙。就最近内蒙的情势观之，因内蒙对日本感情均抱不快，日本将以武力并吞内蒙，以遂其野心。"所以蒙古问题，现在已由中、俄的双方交涉，而演化到中、日、俄三角的外交关系。

事实上是无论如何没有一个强国能够镇静地看着另一个强国席卷了某一个地带。日本帝国主义者在内蒙势力的澎涨，却正使苏俄加紧他在外蒙的侵略。此后日俄势力之保持均等，要完全看中国能否保留缓冲地带的统治，所以蒙古问题到现在已是解决的最后时机，同时也是远东纠纷的最大枢纽。我们要深切地认识这一个"时机"。作者愿就参考所得，将日俄侵略蒙古之史的发展和着蒙古的盟旗组织、经济概况以及今后之解决方法，来作一个简单叙述。

二　蒙古地理、经济的概况及其对于我国之重要性

a. 蒙古的疆域及盟旗组织

蒙古位于我国北境，为朔北的屏翰。《唐书》称为"蒙兀"。

《辽史》、《金史》统称"盟古",至铁木真崛起漠北,创业和林(按:即今外蒙古三音诺颜部地方),蒙古的名称始遍传遐迩。

蒙古壤地广袤,计南自北纬三十七度三十分起,北至北纬五十三度四十五分止;西自东经八十五度二十分起,东至东经一百二十四度止,面积共计有三百三十三万七千二百八十三平方粁,不过人口很少,仅约一千万左右。在蒙古地方中央,有一块广漠无垠的大沙漠,占蒙古全面积约三分之一,自西徂东凡三千余里,宽或二百至二千余里。这沙漠蒙古称做"戈壁",汉人谓之"瀚海"。内外蒙古的划分,即是赖着此天然之鸿沟,在漠南的叫做内蒙古,在漠北的叫做外蒙古。这个"瀚海",除很少数特殊的生物外,绝不能生存于其中,所以形成内外蒙古及各盟旗的天然隔绝。

内蒙古共分东、西六盟,东四盟当辽宁、黑龙江及河北边外,叫做"哲里穆盟"、"卓索图盟"、"昭乌达盟"及"锡林郭勒盟"。西二盟在山西、陕西及甘肃边外,叫做乌兰察布盟及伊克昭盟。共计有二十四部四十九旗。

外蒙古东接黑龙江和辽宁两省,西通新疆、甘肃两省,北接俄属西伯利亚,共分喀尔喀、科布多和唐努乌梁海三区。喀尔喀又分车臣汗、土谢图汗、三音诺颜汗、扎萨克图汗四部,共八十六旗。

民十七年,内蒙古编为热河、察哈尔及绥远三省,已跻于本部各省之林,惟外蒙则仍分为喀尔喀、唐努乌梁海和科布多三区。表面上仍旧保留着一个外蕃模样。

b. 自然环境之概况

一 内蒙古

内蒙当蒙古高原之尾闾,平均超出海面约三千尺,周围多高山深谷,绵延最远的阴山山脉,即横亘于境内。山北一带,地势高峻，且有着广漠的沙碛，所以大都不毛之地，山南的情形则不同了，地势由高峻而徐徐低落，肥沃广大的平畴，浩荡曲折的河川，都渐渐的增多。并且气候爽适，花草繁盛，它底价值，实不仅是畜牧、农作而已。

境内大川概在阴山之南，河流所经，对于内蒙农作物之灌溉，都很重要。如环流绥远南部的黄河，支干遍布于热河北部的西辽河，对于绥、热的农作物之灌溉，都有相当的价值。并且黄河自偏关入塞，河流所经，形成一大弯曲，即所谓"河套"，附近一带，因灌溉便利，土壤肥沃之故，所以很宜于种稻。其他如滦河、白河，均发源于察哈尔。而桑干河对于察哈尔南部的农产，尤擅灌溉之利。

内蒙虽系温带，然气候却属大陆性，冬夏寒暑均烈，温度变化亦甚剧，一日夜常具四季气候。然这种情形也仅限于山北。

二　外蒙古

外蒙全境山脉绵亘，地势高敞，平均约超出海面四千五百尺以上。东南有着广漠无垠的沙漠，那一带大概都是山童水枯，草木不生。大漠以北，却因着色楞格河、〈克〉鲁伦河的灌溉，故土壤非常肥沃，每当春夏之交，青草平铺，绿树荫浓，可说是天然牧场。西部唐努乌梁海、科布多一带，并且花草丛茂，森木翁蔚，不但是绝好的畜牧场所，同时也很值得我们留连玩赏。

全境山脉属阿尔泰山系，萨阳领〔岭〕、唐努山、杭爱山，大抵都发脉于此。境内诸川以色楞格河为最大，环流三音诺颜汗、土谢图汗二部北境，灌溉便利，农产丰富。乌鲁克穆河源出巴音乌拉山，北流经乌索呼图，入俄境，为叶尼塞河，支流网布，对于农作也有很大的价值。

湖泊较大的统在西北部，如外蒙第一大淡水湖库苏古尔泊，很恬静的躺在唐努乌梁海的东部，而最大的咸水湖哈拉乌苏泊，也在科布多城的东边。东南大漠附近，虽然也有不少的池沼，但面积四时不同，时而汪洋万顷，时而涸为平原，所以不值得称述。

气候纯属大陆性，寒暑均烈，并且气温变化甚骤，不独冬夏迥异，就是在二十四小时之内，也常常备着四季气候。在春二、三月拂晓之时，气温在零下十八度，至正午常升达七十度左右，空气干燥，雨量稀少，而四时狂风怒号，沙飞尘舞，尤为外蒙气象的特点。

c. 农矿及商务之概述

一　内蒙古

内蒙农产，阴山南北各异。山南有麦、豆、高粱、胡麻子、番薯之类，河套附近并且可以种稻。山北则苍翠的牧草，连天遍野，为一天然牧场。树木有桦、杨、松、杉等类，密布于阴山两麓。甘草、蘑菇每年输出亦颇多。兹据海关公布出口甘草的数量，列表如下（注一）①：

日期	1919	1920	1921	1922	1923	1924	1925
担数	157383	105958	155124	32283	75987	44531	43985
值关平银	2285114	1635387	2384405	376440	1044537	630207	675779

内蒙的矿产蕴藏甚富，最著的要算煤、铁、盐三项。北京矿层、大同煤田、大清山煤田，都是最有名的煤矿，只就北京矿层言，它的储量计有九千二百万吨，并且该矿含有纯铁百分之二十，只要凿去地面石层便可得到。盐之产量尤丰，种类有鄂盐、绿盐、吉盐、苏盐等。以鄂盐为最好，产于鄂尔多斯之北，质精而白。然内蒙人民用盐极少，与此天然给养，适成一反比例。

内蒙自恳〔垦〕辟后，汉人多移居于长城线边外的乡镇间，

---

①　未见注文，后同。——整理者注

就中以河北、山东、山西、陕西的人居多。本着他们勤苦耐劳的精神，有的设肆营商，有的致力耕作，近年前往者更繁，一片荒凉之地，已渐渐变为繁盛区域。然近来日人对内蒙之经济，已积极的注意，我国如果仍漫不经意，恐不久之将来，难免不为外蒙之续。

二　外蒙古

外蒙古地势高峻，瀚海横亘，四时朔风怒号，且气候变化无常，雨量稀乏（全年平均不过一零三粍至四五六粍），八、九月间即有飞雪结冰之可能。在这种自然环境之下，农产之不发达，自是意料中事。然外蒙农产亦非绝对无望，西部唐努乌梁海、科布多一带及色楞格河、〈克〉鲁伦河等流域，土壤都非常肥沃，灌溉也很便利，该地土人于畜牧外，亦兼耕种。他们的农产大都以大麦、小麦、燕麦等为主。据民十七年之调查（注二）：外蒙耕地面积五二五，〇〇〇亩，农产约二二，九五〇吨，价值四百八十万"蒙托"（注三）。树木只西北部有松、柏、桦、枞、樠椤等，因为蒙地树木稀少，居民不致轻易去毁坏它，所以都能够长得很高。其他如黄蓍、解菰、大黄等，每年的产量亦很可观。

蒙人习于游牧，不善经营，故商业上无多大发展，历来皆为汉商独占。自民十三年外蒙政治发生改革，一切听命苏联，于是经济政策倾向共产，而汉商遂无立足之余地。目前商务完全为苏俄所垄断。苏蒙贸易公司及蒙古中央合作社，即是苏俄经济侵略的大本营。"恰克图的商务……很少有华人的商肆，华人的商店除了库伦有一二处外，在别的地方是很少见的。苏俄垄断外蒙的经济，发行外蒙纸币，吸收外蒙的金银，物价奇昂，一盒火柴代价，几至蒙币二元。"（注四）可见苏俄对外蒙的经济侵略，是怎样的不遗余力。

d. 蒙人之畜牧事业

　　草本是一种有害于农作物的东西，然在蒙地草的地位，却反在五谷之上，蒙古人只要草茂水丰，他们的生活一切都毫无问题。草之所以如此宝贵，任何人都知道是因为游牧的关系。这种情形，内外蒙古都是相同的。昔人诗云："天苍苍，野茫茫，风吹草低见牛羊。"描摹蒙古的情境，可谓刻肖。

　　蒙古的畜类有马、牛、羊、骆驼等，而骆驼可以说是蒙古的特产，负重致远，行沙漠中能数日不食水草。羊有绵羊、山羊之分，以绵羊为最多。据俄人统计：内外蒙古共有牲畜一千五百万头，其中羊约一百〔千〕万头，牛、马约二百万头，骆驼三十六万头（注五）。牲畜既有这般之多，所以蒙古每年出产之牛乳、牛肉、羊乳、羊肉、羊毛、驼毛等，亦为对外贸易之主要输出品。据俄人克拉米西夫（W. Karamishefy）估计，外蒙的输出能力（注六）：

肉及脂肪	六〇〇,〇〇〇担
羊毛	一二〇,〇〇〇担
驼毛	一三,〇〇〇担
马毛	一一,〇〇〇担
羊皮	五〇〇,〇〇〇张
马皮	七〇〇,〇〇〇张
牛皮及其他	八四,〇〇〇张
乳及乳酪等	一,三二三,〇〇〇,〇〇〇磅

　　又据《中国年鉴》统计，内蒙各皮的出口额数，列表如下：

出口货	1911 年张数	值关平银	1925 年张数	值关平银
羊皮（生皮）	282,560	93,578	617,051	601,495
山羊皮（生皮）	7,757,222	4,438,327	7,004,902	4,438,135
皮（未洗生皮）	——	——	231,268	616,578

出口货	1911 年张数	值关平银	1925 年张数	值关平银
山羊皮（熟皮）	458,185	309,992	866,734	1,720,318
小羊皮（熟皮）	91,905	20,030	278,567	157,143
□皮（熟皮）	375,451	450,332	593,147	1,003,034
皮（生皮与熟皮）	——	——	244,784	405,907

数字的巨大，显示了畜牧事业在蒙古的重要性。

e. 宗教

蒙人迷信极深，对于喇嘛教笃信尤烈，这种情形，差不多整个蒙古族都是如此。蒙古所奉的喇嘛教，其源来自西藏。清朝征服蒙古。想利用宗教观念笼络蒙民，故特别重视喇嘛教，尊称喇嘛为"哲布尊丹巴呼图克图"，并且屡加敕封，以示优异。此种政策，在当时很收成效。魏源的《圣武记》说："蒙古敬信黄教，不独明塞息五十年之烽燧，且开本朝二百年之太平。"（注七）可是清代理边之功效虽收，而蒙人英武之风却被宗教势力渐磨殆尽。蒙古各地的喇嘛原有下列五种：

a 佛爷喇嘛：即普通所谓的活佛，驻锡库伦，称为"哲布尊丹巴呼图克图"，蒙人视之为无上神圣，最受崇拜。然自外蒙第二次独立后，政权完全操于青年党人之手，哲布尊丹巴病殁，于是所有喇嘛势力，现在已消损无余。

b 拉〔扎〕萨克喇嘛：位势亚于活佛，与各旗的首领"扎萨克"相埒。

c 大喇嘛：为一寺的座主。

d 庙喇嘛：即僧侣的通称，与普通喇嘛无异，专以参与民间冠婚、丧祭为主。

e 黑喇嘛：鳏夫寡妇出家为僧之称。不穿法衣袈裟，只手持念珠口诵佛号而已。

f. 蒙古在我国国防上的价值

最后，来谈谈蒙古对于我国之重要性。

由以上的分析，我们知道蒙古的经济对于我国关系的重大。然它的重要性并不止是经济方面，在国防上更有其重大的价值。

从地理方面言：蒙古北邻俄境，南障长城，外可以控制俄、日，内可以翼蔽中原，为我国北部绝大的屏藩；而科布多据布彦图河的左岸，西枕阿尔泰山，为新疆各镇的捍蔽，乃西北边防重地，只要稍有疏失，俄人便可急鼓直下，完成他的"中亚细亚政策"。同时，日本对我的侵略，亦有他整个的方策的，只要取得绥、察，便可以多伦为军事中心，向南北两方面发展他的武力。一路可由多伦、库伦进展，席卷内蒙全部，然后经苏治冈、古里克哈顺等地，直迫外蒙之乌得、威井，因而窥伺库伦，进而威胁西伯利亚。另一路可沿沽源二、四两区，向南发展。那时我国东北四省未复，恐怕黄河以北又不我属了。

再从历史方面言：自秦汉以来匈奴绥服，则边境宁帖；突厥构衅，则中原疲敝，蒙境的重要，已昭然若揭。《顾氏读史方舆纪要京省序》曾有这么一段："汉都长安，则置朔方之郡（注八），列障戍于河南，又间河西五郡，以绝羌与匈奴相通之路。唐人筑三受降城（注九），则守在河北，又置安西、北庭都护，则西域尽为臣属，故关中可以无患。及至德以后，河、陇之地尽没于吐番，而泾阳、渭北戎马且充斥焉，然则朔方不守，河西不固，关中亦未可都也。"即以最近的情势言之，自苏俄势力在外蒙的进展，我国西北危机已日深一日，因吉、热的失守，察东的沦陷，而整个的华北局面，亦顿形吃紧。假如一旦蒙古无论是被日本帝国主义者所攫得，或被苏俄所占有，西疆和整个华北的危机，是我们可以想像到的。所以为着西疆安全起见，我们对于"蒙古问题"不得不急谋解决，为着华北的巩固起见，我们对于"蒙古问题"也不得不急谋解决，尤其是对于东北失地之收复，愈使得"蒙古问题"有急需解决之必要。在逊清道光、咸丰间，苏俄在蒙古势力之发展已日进，林则徐曾这样感慨的说："终为中国患者，其在俄乎？"目前对蒙古的侵略者，又搀入了庞大的日本帝国主义，其来势之骤，实驾乎苏俄之上，使林公尚存，不晓得他将再作怎样的感想！

三　苏俄操纵下之外蒙问题

苏俄所属的西伯利亚，东向无通航海口，这于他是大为不利的，"东略"之志，固为俄人所夙怀，然嗣后东败于日，已显示着"此路不通"，于是不得不改弦更张折而西向了。所以苏俄对于外蒙之侵略，正是他的"中亚细亚政策"发展的初步。这一段史实至为繁复，兹为便利起见，分为三个时期来加以说明：一为中俄关于与外蒙有关系的各种条约之订立；一为外蒙之独立；一为最近苏俄对外蒙的侵略概况。

A. 中俄关于蒙古之交涉

（1）《恰克图条约》

前清康熙五十九年，理藩院议准库伦地方允许中俄人民互相贸易，是为库伦准互易之始。及雍正五年八月，复派遣郡王策凌、侍郎图理琛等，与俄使萨瓦议定边界，安设卡伦，将库伦之市移于恰克图，订有条约十一条，即所谓《恰克图条约》。约中大意如左：

（一）建立界碑于恰克图小河沟，俄国卡伦与鄂尔怀图山、中国卡伦之中央地方，作为中俄疆界，贸易区域，自此界标东至额尔古纳河，西至沙毕纳伊岭，其中如遇横有河山，则以横断河山为界，如遇有空旷地，则以适中地点为界，其南属中国，北属俄国。

（二）乌带河等处，作为两国中立地。

（三）所属之人有逃走者，于拿获地正法，持械越境杀人行窃者亦正法，军人逃者或携主人之物逃走者，华人斩，俄人绞，越境偷窃牲畜者，初犯罚所盗物十倍，再犯二十倍，三犯者斩。

（2）《天津条约》

英法联军之役，俄人以兵船随英法之后，同往天津。及天津炮台陷，英法和议成，于是俄人使布恰廷循英法两国之例，在咸丰八年五月三日与桂良和花沙纳订了一件《天津条约》。今将与蒙古有关的抄录于左：

（一）嗣后两国不必由"萨那特衙门"及"理藩院"行文，由俄国总理各国事务大臣径行文大清之军机大臣，往来照会俱按平等。

（二）为整理中俄往来行文，京城、恰克图二处遇有来往公文，均由台站迅速行走。

（3）《北京条约》

咸丰末年，英俄联军攻陷北京，那时俄使方以互换《天津条约》故，留居都城，乘机观变，挟居间调停关说之德，厚索酬报，于是十年十二月再订《北京条约》，与蒙古颇有关系。今摘录如此：

（一）俄国商人除在恰克图贸易外，其由恰克图到京经过之库伦、张家口地方，如有零星货物，亦准行销，库伦准设领事官一员，自行盖房屋一所。

（二）俄国得在喀什噶尔和库伦设立领事官。

（4）中俄陆路通商问题

《北京条约》中对于中俄通商事宜并未核定，所以在同治元年二月订了一件《中俄陆路通商章程》和《税务条款》，允许俄商在外蒙各盟无税贸易。

（一）两国边界贸易在百里内，均不纳税。

（二）俄商小本营生，准许前往中国所属设官之蒙古各处，及该官所属之各盟贸易，均不纳税。其不设官之蒙古地方，该商如有本国边界官执照，亦可前往贸易。

至宣统三年，俄国更进一步，命北京公使可斯罗德威克向"外务部"提出要求六款。其第一款"国境五十俄里（一百华里）外，俄国政府制定国境之税率，不受制限，国境彼我五十俄里线内，两缔盟国领土内之产物及工业品，皆无税贸易"。此项要求，竟包括中国内地之产物及工业品都要无税贸易了。中国到底是弱国，除了满口应允外，当然别无办法。

（5）伊犁问题

同治三年间陕甘之回教徒作乱，占领新疆天山南北两路，俄国以维持边境治安为名，由博罗胡吉尔进兵占领伊犁。光绪五年五月命崇厚为全权大臣，往俄国交涉还付伊犁事，崇厚不顾国权和俄国订立丧权辱国的条约，清廷乃黜崇厚，而改派一等毅勇侯曾纪泽赴俄交涉，纪泽与俄谈判数次，始于光绪七年正月二十六日改订《伊犁条约》，就中数条与蒙古有很密切的联系。

（一）俄国照旧约在伊犁、塔尔巴哈台、喀什噶尔和库伦设立领事官外，如科布多、乌里雅苏台、哈密、乌鲁木齐、古城五处，俟商务兴旺再行添试。

（二）俄国人民准在中国蒙古地方贸易，照旧不纳税，其蒙古各处及各盟设官与未设官之处，均准贸易，亦照旧不纳税。

俄人至此，于外蒙已建有巩固的势力基础，故不数年，外蒙卒受他的操纵而宣告独立。

B. 外蒙古第一次独立运动

自逊清道光以后，因用人失宜，官吏贪庸，以致蒙情日涣，而俄人则大展神通，尽力联络活佛、王公，主客之势既殊，外蒙离贰之念遂起。到了"辛亥革命"那年，外蒙活佛于十月初十日即饬札一件与库伦大臣三多，大意谓："今内地各省，皆相继独立，脱离满洲，我蒙古〈为〉保护土地、宗教起见，亦应宣布独立，以期美全。"此项饬札，不啻为外蒙的独立宣言。十月十九日，哲布尊丹巴果然实现他皇帝的美梦，建立"大蒙古国"。

苏俄〔俄国〕既援助外蒙独立，便更进一步乘机将唐努乌梁海占据，并且先后于民国元年与外蒙秘密订立《俄蒙协约》、《商务专条》及开矿、借款、练兵等条约。就中最荒谬绝伦的为《蒙俄〔俄蒙〕协约》和《商务专条》，今摘录其要点如左：

《俄蒙协约》

（一）俄国政府扶助蒙古，保守现已成立之自治秩序，及蒙古编练国民军，不准中国军队入境，及以华人移殖蒙地之各权利。

（二）蒙古政府准俄国人民及俄国商务照旧，在蒙古领土内享用各种特殊权利，其他外国人在蒙古享受权利，绝不能优于俄国。

（三）如蒙古政府以为须与中国或其他国立约时，无论如何，其所订之约不经俄国允许，不能违背或变更此协约各条件。

苏俄〔俄国〕与蒙人订此协约，直把我国侪于其他各国，他竟不想一想到底外蒙与我国有怎样的关系，真是"岂有此理"。

《商务专条》

（一）俄国人得在所有蒙古各地自由居住。

（二）俄国人民得在蒙古自由贸易，概免交纳捐税。

（三）俄国人民可与蒙古政府协商关于享用矿产、森林、渔业及其他各事项。

（四）俄国政府有权与蒙古政府向须设领事之处设派领事。

（五）俄国人民得在蒙古各地设立邮政。

北京政府以外蒙为中国领土，万无与外国订约的资格，向俄提出严重抗议。直至民国二年十一月孙宝琦继任外长，始与苏俄〔俄国〕订一《中俄声明文件》，规定：俄国承认中国在外蒙的宗主权，而中国则承认外蒙的自治权。及民六欧战正在剧烈之际，俄国发生革命，"过激党"蔓延于西伯利亚。外蒙乃于民国八年十一月十七日，呈请取消自治，归政中央。自此，外蒙喀尔喀、唐努乌梁海和科布多三区，终算又全行归服中央了。

C. 外蒙第二次独立

外蒙取消自治以后，仅仅一年有余，又阴谋二次独立。考其原因，实由于徐树铮之失败，与苏俄旧党之作祟。徐氏自民八任"西北筹边使"以来，对于蒙人实施"高压政策"，自活佛、王公以下，无不疾首蹙额，加以旧俄谢米诺夫欲以外蒙为根据地，遂竭力怂恿外蒙独立。民国九年冬，谢米诺夫部将恩琴和巴龙①率领所部与蒙匪结合，侵犯库伦。民十年二月一日，乘华军戒备疏忽之际，突将活佛劫出库伦。恩琴入库以后，外蒙活佛即于三月二十一日宣布第二次独立。

民十年七月远东共和政府（赤俄）进取库伦，将巴龙恩琴的党羽尽行剪除，外蒙便在苏城〔俄〕势力统治之下，建立徒具外形的国民政府，哲布尊丹巴仍旧保留着他的皇帝宝座。蒙古既以苏俄之力而独立，俄人当然是又要厚索酬报，所以民国十二年二月二十日，苏俄政府便在莫斯科与外蒙政府代表订立了一件密约，

---

　　① 　原文如此。即下文的"巴龙恩琴"，并非两人。——整理者注

内容的荒悖，较前此的《俄蒙协约》及《商务专条》更是有过之无不及。兹节录其要点如下：

（一）外蒙当局须宣告一切森林、矿产及土地以后均归国有。

（二）一切矿区，许俄国实业家雇用蒙人开采。

（三）全国矿业归俄国工团及工会承办。

（四）聘请俄国专门家入外蒙政府，以资指导。

（五）久许苏俄军队驻扎外蒙，协助蒙人保全领土，以御中国。

（六）活佛及蒙古王公之头衔，一律废除，以活佛为革命委员长。

此约实行，外蒙可说已完全"赤化"。且第五条的"久许苏俄军队驻扎外蒙，以御中国"一节，简直是反客为主，蔑视我国的主权。苏俄至此，可以说对外蒙的侵略，已达完全胜利。

D. 外蒙之政治改革运动

外蒙虽在苏俄统治下组织有"国民政府"，然因活佛的存在，表面上仍保留着"专制权力"，所以苏俄势力，终未能达彻底成功。及至民十三年三月二十日，活佛圆寂，阻力已除，遂于是年六月重复宣言独立。十一月蒙古国民政府在库伦召集正式国会，加入的区域为喀尔喀四部及科布多一区。开会结果，首先可决蒙古劳动国民权的宣言。大意谓：（一）蒙古为完全独立民主共和国，主权属于勤劳之人民；（二）土地、矿产、山林、川湖均为公共所有；（三）蒙古青年须受军事教育；（四）王公贵族等阶级称号一律取消，活佛之所有权亦同时废除；（五）世界各国之勤劳民族，均向"推翻资本主义"、"实行共产主义"方面前进，蒙古共和国取一致行动。

E. 中东路事件发生后之外蒙问题

苏俄从前对外蒙之侵略，尚不过是暗中活动，对于我国犹有所顾忌，然自"东铁事件"发生以后，侵略手段骤形积极，竟明目张胆，公然以外蒙主人自居。兹将其侵略事件，择要摘录如下：

（一）自"东铁事件"发生后，所有库伦各政务机关的职员，概换俄人，一切制度亦均依俄式。甚至度量衡，亦改为俄制，并于俄蒙交界地驻扎重兵。

（二）统制外蒙经济，组织"俄蒙协和贸易公司"及"苏联贸易公司"。

（三）发行一种不兑换纸币，以吸收华商的现金。

F. 最近苏俄在外蒙侵略之概况

近来因日人在内蒙之急进，遂愈使苏俄加紧对外蒙之侵略。故外蒙名虽仍为我国版图，实际上早已失掉存在的名义。"而外蒙人民，经苏俄政治钳制以来，已经失去他们的游牧职业。游牧之牛、羊、马均归政府所有，此乃共产制度之实行方式。是以外蒙人民除去服务、蒙兵及工人外，已经有多数人失业，面包的问题，不易解决，外蒙的政府，亦置若罔闻。这些失业的饥寒蒙民，想到中国内蒙来，亦属不易，因外蒙边境关卡，均有重兵驻扎。"（注十）

且苏俄近更在外蒙作积极的军事进展，据八月九日《申报》载："今春开始之'库伦科学兵器制造厂'，已由苏俄威利凡特摩夫少将率领三十余名技师，于九月内开始工作。又库伦之军用飞机场，亦于去年驻有空军一中队，并于今春由外蒙扩充格纳库，俾可容留二百架飞机，且已由空军第九大队长卜拉托夫，率领爆炸车〔机〕二十一架，侦察机二十三架，驻屯该格纳库。"

这种种消息，暴露了苏俄在外蒙之专横，和蒙人所感受到"高压手段"底痛苦的程度。如果"蒙古问题"不亟谋解决，将永远是我们中华民族的一个大症结，同时也是中华民族的最大耻辱。

四　日本积极侵略中之内蒙问题

日本对于内蒙的侵略，原是数十年来一贯国策，我们只要看田中义一的奏折，便可见到日本处心积虑之久远了。田中奏折说："将来欲制中国，必以打倒美国势力为先决问题，这是与'日俄战争'的意义大同小异。然欲征服中国，必先征服满蒙，如欲征服世界，必先征服中国，此乃明治大帝之遗策，亦即我日本帝国[主义]之生存上所不可不做之事。"日本为着贯彻他的大陆政策计，于是首当其冲的便是倒霉的中国，"九一八"战事未已，接着便是"一二八"事件，热河失守，察东沦陷，国耻痛史，连珠价的发生。最近日人竟更大肆猖獗，积极的向内蒙进行其丧心病狂的侵略，企图实现"满蒙一贯政策"的美梦。美国远东问题专家皮逊氏说："中国的领土，长被侵略，则将降为小国而为日本所宰制。"我们听了这句话，真有点不寒而栗。此处愿就日本对内蒙过去之野心及目前之侵略，作一简单叙述。

a. 二十一条件

民国四年，日本与袁氏私订的"二十一条件"，日本[前]提出以东蒙划入日本势力范围内。然此件所规定，仅限于经济事项，与政治权力无关，且地域亦谨〔仅〕限于东蒙之一小部，非指全蒙。而当时日本在蒙各部的活动，并无条约或法律的依据，所以我们只能认作是私人的行为，并不发生国际关系。

b. "九一八"事件后之内蒙问题

日本的"大陆政策"，若没有一个有力的"满蒙政策"便不能完成。所以日人对满蒙之处心积虑，可说是数十年如一日，我们可怜的老大民族，也只有战栗地静侯〔候〕死神降临。不幸于民国二十〔一〕年九月十八日，日本帝国主义者竟甘冒天下之大不韪，采取最后毒辣手段，我国东北四省，遂整个的被笼罩于愁云惨雾之中。

日军在占领辽、吉、黑三省，设立傀儡组织后，乃更图扩张其侵略区域。于是第一步先宣言热河应属伪满洲国，以为侵热之先声，再则扬言伪国以长城为国境，以作攻取榆关及长城各口之地步，其居心之狠毒，实驾乎英、俄之上。所以自榆关九门口之役后，去年二月，日军即由通辽、绥中根据地，分三路总攻热河、朝阳（中路），凌南（南路），开鲁（北路），各处均发生战事。然我方的血肉，终抵不过日本的猛烈轰炸，于去年（二十二年）三月四日，热河遂告陷落。同时，与热河西境毗连的察哈尔东部，于同年四月中旬，经日伪夹攻，察东多伦等地，遂亦失守。

东北四省既已完全归诸日人掌握，所以属于热河及辽宁的内蒙古，如哲里木盟、昭乌达盟及卓索图盟，均先后被日本划归伪国的版图，置于伪兴安省统治之下。其各地之蒙古王公等，亦被迫加入伪组织。于是日本与内蒙乃直接发生政治侵略关系，同时也可以说是日本"大陆政策"进展到一个新的阶段。

c. 内蒙自治运动

内蒙东三盟既随东北四省沦陷，而日人野心犹未已。去年四月六日，日人复运动察境锡林郭勒盟东区乌珠穆沁、浩齐特、阿巴〈噶〉各旗及外蒙车臣汗部，在热河赤峰开所谓"内蒙王族大会"，企图他们脱离中国而合流于伪满。

时国人之注意力，方集中于日本侵入内蒙的活动，不虞于六月二十六日，复有内蒙王公在绥远百灵庙之集会。九月十八日各王公以乌兰扎布盟盟长云端旺楚克、锡林郭勒盟副盟长德穆楚克栋鲁普领衔发要求自治通电，十月九日德王及各盟旗代表长官等，又开会于绥远百灵庙，决组"内蒙自治政府"实行"高度自治"，军事、外交归中央办理，内部问题则由蒙人自治。一方面发表宣言，一方面呈请中央组织自治政府。

十月十七日内政部长黄绍雄奉令巡视内蒙，与内蒙各王公谋解决"自治运动"之途径。黄氏抵蒙后，与各王公累次磋商，蒙人乃改"高度"为"中度"，缩小自治政府权限，后复经班禅之斡旋，于是更改为"低度自治"。十一月十八日双方议定办法十一项，其大要如下：

（一）定名为"蒙古第一自治区政府"，"第二区政府"，以下类推。

（二）乌、伊两盟及土默特、阿拉善、额济纳各盟旗，编为"蒙古第一自治区"。锡林郭勒盟及察哈尔部各族编为"蒙古第二自治区"。其他盟、部、旗照此例编区。

（三）蒙古各自治区政府直隶于行政院，经费由中央拨给。

《内蒙自治原则》既经在蒙决定，黄氏即遄归报告中央，同时蒙人亦推派代表赵泰保、僧林格沁等来京请愿，请从速实行自治办法。今年（二十三年）二月二十八日，经中政会议议定《内蒙自治原则》八项，其要点如下：

（一）在蒙古适宜地方，设一"蒙古地方自治政务委员会"，隶属于行政院，并受中央主管机关之指导，其委员长、委员，以用蒙人为原则。

（二）各盟公署改称盟政府，旗公署改称旗政府。

（三）察哈尔部改称为"旗"，以昭一律。

（四）各盟旗管辖治理权，一律照旧。

（五）各盟旗现存牧地，停止放垦，以后从新改良畜牧，发展经济。

（六）省县在盟旗地方所征各项地方税收，须割给盟旗若干成为各项建设费。

蒙代表对该项原则，极表赞成，内蒙自治运动，至此始告解决。

d. 日本最近对内蒙之野心

日本帝国主义者，最近对内蒙之侵略状况，及其所采取的手段到底怎样？我们只要看一看后列的几段新闻，就可以明了日人手段的狠毒及其计划的缜密。

《申报》八月十八日北平通讯："最近锡林果勒盟及乌兰察布盟发现由热河前往大批日人，假游历为名，调查各盟旗制度、税收情形及一般民生状况，且各持地图、望远镜、照相机、日记本，并有三人携带测量器。"

《中央日报》九月八日："六月间日外务省曾训令驻张家口日领桥本正康视察晋北、绥西及蒙古。"

九月二十二日《中央日报》载："近来日商人多名，相继来察考察，足迹遍于张家口、宣化、张北等县，并至沽源二、四两区界视察。此等商人，名为考察商业，实则均负一种使命。"

同日《中央日报》张家口通讯："'南满铁路株式会社'近又派该路局调查课员中泽达喜、那珂道雄二人及伪奉山路日人二名，偕同华人五名，由平来察，调查察、绥经济。"

察省当局为防微杜渐计，特与德王商妥取缔外人私行赴蒙境考察的办法。

1. 察省府在洴江设办事专员，管理外人游历蒙古事宜。凡外人赴蒙境考察，非持有察省府及外交部发给之护照，不准其入境考察。

2. 为便锡盟与察省府消息灵通及办事敏捷计，由察省府派驻德王府联络员一人。

内蒙情形的紧张，已可窥见一斑了。我们再看一看日人所凭借的"鬼蜮技俩"。

《申报》八月二十九日载："内蒙各盟旗近发现日人多名，携有大宗药品、医病具等，在各地自张帐幕，设立医院，为蒙民免费诊治，且备汽车随时出诊配药。"

《中央〈日报〉》九月四日北平电："日近在内蒙各盟旗遍设无线电台，同时植田复派多数蒙人组织宣传队，淆惑人心。"

《中央日报》九月二十二日载："日本派遣日僧二十名，求〔赴〕西蒙各旗之喇嘛庙，皈依喇嘛，以备将来用宗教政策侵略。"

日人此种"掩耳盗铃"的"鬼蜮技俩"可笑亦复可恨，然亦正复可怕。最近日人复变更他的方略，竟明目张胆的在张垣设立"特务机关"。

《中央日报》载："最近日关东军派日人十余名来张垣设立特务机关，并任天津日本华北驻屯军部副松井中佐为军事驻在员，于九月一日开成立大会。闻该机关成立后，即着手测量察东及蒙境地图，并勘察交通。"

据日人所持的理由是：以我方在张设外交特派员，彼为双方便利计，故新设一军事专员。此种借口，实荒谬得可笑，我们只要问日本在张垣的领馆的职权是什么？有没有担负一切地方交涉之责？并且日军深入察东，我国在事实上已无权过问，察省地方交涉，均属琐碎事件，又何庸日人设军事驻在员。总之，日本的野心已露骨的透视，假使我们仍醉生梦死，东北四省之丧失，就是前车之鉴。

五　蒙古问题与日俄战争之关系

日俄自一九〇四之战争后，两国即已成为世仇，绝少融合之可能。且日本"大陆政策"之发展，正是苏俄"西略"的最大对头，所以大家都是无时无刻不怀着鬼胎，拼命的发展经济，扩张军备，以期待看〔着〕第二次的"日俄大战"。自我国"九一八"事件发生后，日俄战氛，愈趋紧张。盖日人占据东北四省，一方面固是奴役中国人民，夺取东北富源，但另方面却在把东北变成为侵略蒙古根据地，也就是那〔拿〕东北变成为反俄战争的东方主要根据地。当时日人曾对世界各国宣言："日本愿为各国先锋，扑灭苏俄共党的势力，以作远东和平之保障，世界安全之壁垒，但现已〔以〕实力克制苏俄，不得不取满洲为根据地。"姑无论他这种动机对不对，然日俄双方的决裂的可能性，已裸露在我们的眼前。

近来因日本在内蒙势力的膨涨，愈足以使苏俄感到极度的不安，盖一旦日人西侵察绥，直趋外蒙，则贝加尔湖以东的西伯利亚土地，可以尽归日人之手，而俄人之生命，也随之操诸日人掌握。最近苏俄计划要从上乌丁斯克（Nerkhne. Udinsk）南向到恰克图建筑一条铁路，便可以表示他们对于横断蒙古平原进展的威吓是怎样的敏感。苏俄老板（Khszayen）史太林（Stalin）在今年一月二十七日苏联共党第十七届大会，曾这样报告："苏联决无威吓任何人的企图，然亦不惧他人的威吓，且对于挑战者的行动，亦必报之以打击，企图攻击苏联者，亦必自我方得一全灭之还击。"这种不屈不挠的口吻，充分地显示了日俄决裂已酝酿到最后的阶段。

日本与苏俄武装突冲〔冲突〕之难免与迫切，是不可否认的事实，然他们今后将采取怎样的战略？战争的爆发将在何地？据一般人的推测，首先发难的，大概必是日本。从俄国人的眼光看，延宕于他们是有最大的利益的，战争的爆发，能够多延长一天，他们前线的兵甲将越强厚，后方工业的基础将越巩固。同时，日俄战争，海军是不会有怎样激烈的接触，日本舰队足可称雄远东，而苏俄海上的活动，却只限于小规模的海参崴港，然苏俄对于海军防卫的设施，却不遗余力。海参威〔崴〕港口，潜水艇的密布，对于阻止日本战舰的进袭，是有相当的价值，同时还可以截断日本和大陆的交通。在另一方面，俄国的欧洲海岸，却远非日本能力所及，所以日俄在海上战争，都是不能互以为害的。

日帝国主义者早已看透此问题的症结，知道战争的最后胜利，是决定在陆空军方面，此次对内蒙的积极侵略，即是想从陆路制俄人死命的先声。据我们的推测，日人此后对俄的军事行动，将以多伦为出发点，向西北循多伦、库伦进展，希图囊括锡盟而占有西蒙之全部，然后经锡盟之苏治、滂江等地，直迫外蒙车臣汗部交通枢纽之乌得，日军至此，便可切断中俄交通，而威胁西伯利亚。最近日人在沿长域〔城〕及察东一带，积极建筑炮台、堡垒、无线电台、飞机场、铁路、公路等军事设备，即为此事的明证。

且战衅一启，则"日俄两国之间，其唯一决胜点，是在攘夺足以为扫荡对方的根据的地方。在俄国方面，是与西伯利亚对峙的外蒙古，在日本方面，是伪满势力下的内蒙古、海参威〔崴〕和乌苏里、黑龙江前线，是属于位置与策略上的问题，而蒙古乃是军事所必争的地方"。

"蒙古问题"无疑地是"日俄战争"的导火线，然返顾我国的情形是怎样？边事废弛，历有年所，只要日人肯光顾内蒙，攫取是易如"探囊取物"的。近来日人所以徘徊于沽源、多伦间而不即进，这并非对我国有什么顾虑，实因在抗俄准备犹未布置妥切以前，雅不欲劳师丧财，减损实力，并且日人心目中以为最适宜的对蒙政策，莫如以威迫利胁的手段，操纵西蒙王公，使其自行内向，不战而服。这样，则既不致引起国际重大的反感，又无需负兴师动众的责任，为计之得，孰过于此。同时，俄人也抱着"不愿轻启战端，但有侵及苏俄寸土者，则苏联固不辞一战"的决心。远东和平便在这样相对峙的局面下得以暂时维持。

时局已到了极端尖锐化的现在，不但处于危险万分的环境中的蒙古人底命运是摇曳无定，并且也是整个中华民族生存的问题。所以，我国今后对于蒙古全局，应该抱残守缺，整饬师旅，巩固边防，扑击对我国的野心家，坚实我们民族生命的基础，我们不要畏葸懦怯，只有"自强不息"才是图生存的要道。土耳其的复兴，便是我们的好榜样。

六　结论

由以上的分析，我们知道日俄在蒙古的政治、经济势力的膨涨，是我国边陲的致命伤，同时也是中华民国全民族的残贼。然蒙古所以成为"问题"，实由于我国政府对于蒙事向来放任太甚，名虽隶属，实则毫无联系，以致敌人得能利用我们的弱点，而肆行侵略。自此次"内蒙自治"发生，中央始亡〔忙〕于补救，对于蒙事已积极的注意，这种态度是值得我们钦赞的，但是我希望政府不要把"内蒙自治运动"作为已告结束，日本帝国主义者的毒辣手段，随时都可以把他们捣碎的。同时，对于外蒙我们也要积极的加以整顿，我们今后要拿出全副精神来应付这个问题。兹就愚见所及，把它来写在下面，或许对此问题之解决，也有一些补助。

I. 致意外交事务

我国对于边事的外交，向来是太不活动。如前光绪年间的《伊犁条约》，最初命崇厚充使俄大臣，交涉收还伊犁事宜，结果总还算他手段高明，除于西、南界各割地数百里给俄外，并且偿军费五百万卢布，又允许开放许多通商口岸，这种代价，居然博得俄人允许交还伊犁。后来若不是曾纪泽使俄改商条约，则今日不但新疆早已沦丧，恐怕俄人在华的势力还不止这样猖獗？又如一九二四年《中俄协定》规定："苏联政府承认外蒙为完全中华民国之一部，及尊重其在该领土内之主权。"假使我国当时如果积极的作进一步的干涉，要求苏俄不干涉外蒙内政，我相信绝不至酿成目前"反客为主"的现象。现在中俄是早已复交了，"外蒙问题"应当赶快乘机解决，与苏俄开正式谈判，促其注意国际义务，尊重我国在蒙古境内的主权。至于日人在内蒙的鬼蜮手段，我国一方面应严厉加以限制，一方面寻获真据向日本提出交涉，在日俄战氛紧张之下，我相信日本是不敢轻易多启衅端的。

II. 训练蒙古的新的青年

我国对于蒙古，历来都是采取一种羁縻政策，竭力拉拢蒙古的王公、喇嘛。如清朝曾尊称他们的喇嘛为"哲布尊丹巴呼图克图"，其实蒙古青年的势力更不容忽视，他们从苏俄、日本和其他各国留学归来，便竭力向蒙民灌输新的思想。民十七年"呼伦贝尔的独立运动"，即是蒙古青年所主持。日俄在蒙古所以能够建筑他们的巩固的势力基础，也就是利用他们的青年党底力量。现在蒙古王公们的权力，也仍然受大部分潜伏着的强有力的蒙古青年运动所侵蚀。

这里，我有一点要申明的就是，这种说法并不是反对"对于蒙古王公、喇嘛之拉拢和推崇"，不过我想最低陆〔限〕度二者是应当并重的。一方面联络他们的王公元老，一方面切实地训练和组织蒙古的新的青年，使他们不要被敌人所利用，而变成一种离心的力量。

III. 促进蒙古自治及派重兵驻扎蒙境

最近"蒙政委会"曾电中央云："日对东樊〔蒙〕、锡盟已采积极侵略的军事政策，锡盟民众在其铁蹄之下，徒唤奈何。刻内蒙仅有西二盟完整，倘锡盟不为我有，则西盟门户洞开，内蒙将完全沦亡。我内蒙有十五万骑士，即时训练，足以抵抗，全蒙民众亦均觉悟，非团结不足以图存，决拼命牺牲以尽守土固边之责，请中央予以协助。"这种悲惨的呼声，代表着中华民国全民族团结的精神，同时也充分地显示了汉蒙关系有完全融合的可能性，所以我们为着要使"蒙古问题"能得到安全的保证，今后一方面应尽力促进和协助蒙古的自治，一方面应派重兵驻扎蒙境，这有两种作用：一可使很少数外倾的蒙人心怀畏惮，同时也可使敌人的侵略进行上多所顾忌。

IV. 发展蒙古交通灵通蒙汉消息

蒙古素有"谜土"之称，无论何项消息，内地都无从得知，这种现象，虽然是敌人控制的结果，然交通上之不便利，也是一个主因。以外蒙交通而论，差不多全恃驿站、军台，交通的工具，只不过是笨纯〔钝〕的牛、马、骆驼而已。然自民十八年以后，就连这些行程不便的通蒙孔道，也竟完全被苏俄所阻塞，于是外蒙的进出货物，不得不取道俄方，受着他严重的剥削，同时，外蒙的一切消息，也更神秘得不可思议了。所以我们要解决"蒙古问题"，对于"发展交通"、"灵通消息"实是当前一个急务（最近中央曾发给"蒙古地方自治政务委员会"无线电台大小八座，收音机八架，分别装置于各盟旗，以便与南京通报，可见中央对于灵通蒙古消息早已顾及）。

其他如改善蒙民生活，宣谕中央意旨，都是刻不容缓之事，深愿中枢当局及蒙政委员会指导长官等注意及之，俾"蒙古问题"前途能得到安全的保障。

《大道》（月刊）

南京大道月刊社

1934 年 3 卷 6 期、1935 年 4 卷 1 期

（朱宪　整理）

中国对俄外交之回顾与前瞻

徐道邻　撰

上　对俄外交失败之原因

中俄两国边境，壤地相接，蜿蜒不下二万余里，惟以其比邻而居，故其间发生之关系，视欧美各国较早，而交涉之事件，亦较他国为繁。

当中古之世，我国为亚东上国，俄于斯时，尚处部落时代。元太宗七年（一二三五），于扫荡东亚，统一中国后，更向西北进展。以拔都为统帅，率兵六十万，征服俄罗斯诸部，奋其威力，长驱西进，直抵地中海以北，不惟占其土地，奴其人民，即俄罗斯之王公贵胄，亦莫不慑伏于元军铁蹄之下。在彼时之国家，仅知以武力征服四邻，固无所谓外交之关系也。迨至明代，天顺四年（一四六〇），俄国乃有英主伊万第三崛起，愤发图强，抱侵略西伯利亚之雄心，俾东西俄领，归于统一，以造成一斯拉夫族之大国。由是中俄之间，接触愈多，而反感亦时起矣。明穆宗于即位之初（隆庆元年即一五六七），俄皇伊万第四突遣二使来京，请修两国之邦交，此为俄国派遣使臣来华之嚆矢。当时明廷以其未赍贡礼，斥不予见，俄使被拒归国，终明之世，未尝再来。迨至清初，俄人屡侵东三省，中俄军队，叠起冲突，俄人以未悉中国内情，乃复遣使至京，以请互市为名，欲借以窥察形势。我国向有自大之习，对于外国使臣，素存藐视之心，答词倨傲，俄国不得要领而返。

康熙九年（一六七〇），因酋长罕特穆尔归服俄国之故，清廷乃遣使臣至莫斯科，令还回罕特穆尔，俄国亦遣使与我国使臣同赴北京，是为两国正式派遣使节之始，亦即两国间直接交涉之发轫时期。

康熙中叶，我国内乱已平，国库充裕，圣祖雄心未已，乃暗派郎坦以行猎为名，潜赴俄土，以侦察俄国。彼时俄皇大彼得亦正在变法图强，革新政治之时，彼此均怀侵略之志，虎视眈眈，皆有不达目的不止之势。而两国间之观感，亦从此分歧，两国之军队，亦屡生误会，冲突之事，无时无之。嗣经荷兰宣教师徐日昂，居间调解，双方始各罢兵，在尼布楚议定和约，我国代表索额图领精兵万余人，作谋和之后盾，声势逼人。俄方在此情形之下，只得承认中国所提各条，此为中俄间所订第一次之条约，亦为中国外交史上差强人意之一事。

中俄两国既正式于康熙二十八年（一六八九）签订《尼布楚条约》。两国此后之交涉，日见其多，而两国之关系，亦日渐密切，兹就两国间各种关系，分述如左。

一　通商

中俄壤地毗连，两国边疆人民间之互相贸易，自属难免。在未正式订约以前，彼此仅为局部之往返，自《尼布楚条约》成立以后，两国间商业交换，日形发展。至康熙三十二年（一六九三），俄人要求与我国正式通商，乃复签订《中俄通商条约》。是时我国生产技术、手工制造，均超越于其他国家，且地大物博，无需外货，足以自给，故严守闭关主义，对于国际贸易，无丝毫之措意。

而所以对俄国订立商约者，亦不过顾念边民之贫困，借以调剂之意耳。故对于俄货之输入，概无税率，听其推销，一任其吸收我国之资本，此为我国对俄通商失败之第一原因。

咸丰八年（一八五一〔八〕），俄国鉴于欧美各国，向我经济侵略之急进，乃派遣代表，亦向我要求援照各国之例，扩充通商范围，以上海、广州、福州、宁波、厦门、台湾、琼州七处均准俄人自由通商，并许俄人得在各通商口岸，驻留军舰，以资保侨。我国此时既缺乏外交经验，复昧于世界大势，对俄国之无端要索，竟予允诺，签订《中俄天津条约》十二条，此为我国对俄通商失败之第二原因。

然回溯以前两次（雍正五年一七二七，及乾隆五十七年一七九二之《恰克图条约》）与俄国所订之商约，我国虽间获利益，至此则已不能抵偿所失。俄商奸险成性，以拥护商约为名，攫取我国商业之实权。嗣后俄商逐渐蔓延，竟在库伦、张家口一带，推销俄货，我国人民之财富，被其吸取者，难以数计，此为我国对俄通商失败之第三原因。

同治八年（一八六九）中俄两国复改订《陆路通商章程》二十二条。光绪七年（一八八一）又改订《商约》二十条。光绪十八年（一八九二）中俄又签定《电线条约》（北京与恰克图间，修电线所用之材料，须向俄国购买）。大凡中俄两国所订之商约，凡关于俄商在中国之便利者，无不逐条详书，明白规定，而对于我国商人在俄国经商之办法，则概不提及，中国亦不加以注意，此则我国与帝俄通商失败之要因也。

迨至民国六年（一九一七），苏俄政府成立，对于帝俄时代与我国所缔结之一切不平等条约，完全宣布废止。于是民国十三年（一九二四），中俄两国，乃得重新订立协定，以备续议商约。不意国交中断，致商约未克订立，但俄货仍时时发现于我国之市面，而我国之物产，则不得进入俄边。迄乎中俄二次复交（民国二十一年，一九三二）以后，两国皆有意缔结商约，解决悬案，然复交虽已经年，商约仍未成立，而俄货则到处推销，我国货物输入于苏俄者微乎其微。此又我国对于苏俄通商之失败情形也。

二　交通

交通为发展商务之利器，经济联络之骨干，于政治上、经济上、军事上，在在均关重要。中俄自正式通商以后，俄国对于交通，即竭力筹划，借谋侵略我国，以贯彻其向外发展之唯一企图。当大彼得之际，即拟修筑西伯利亚铁道，经满洲而达太平洋，以为扩张其远东之势力。自此政策决定后，继之者遂于一八九一年，开始兴筑西伯利亚铁路，更向我国运用其外交手腕，诱我允其接修中东铁路。我国是时对于满洲之荒地，本不十分注意，并不洞悉俄国之谋我，夺取我市场，吸收我经济，劫掠我原料，以作侵我之工具。故自铁路筑成后，满洲之全境，几为俄国之属地，所有之实权，悉被帝俄所攫取，我国限于条约所载，无可置辩。迨至苏俄政府成立，为要求我国承认计，乃于民国八年（一九一九）向国际上对于我国正式发表左列之宣言：

> 苏俄政府愿将中东铁路及租让之一切矿产、森林、金矿与其他产业，所有由俄皇政府、克伦斯基政府及霍尔瓦特、谢米诺夫、高尔恰克（白党）等叛徒，并从前军、民、商及资本家等侵占得来者，一概无条件交还中国，毫不索价。

自此项宣言发表后，我国当局因国际环境之关系，未能立与苏俄谈判。苏俄政府因急需我国承认，借以和缓其国内外之空气，故复于一九二〇年发表第二次宣言：

> 苏俄政府宣言：所有俄国各前政府与中国所缔结之条约，皆属无效。放弃侵占所得之中国租界，并将俄皇政府及俄国资

产阶级掠自中国者，皆无报酬的永远归还中国。

第二次宣言发表后，我国当局仍未与其谈判，直至民国十三年（一九二四），始与苏俄签订协定，名为以公平之原则，解决两国之悬案，实则我国之权利，仍操之于彼。并为侵略我新疆计，复于民国十五年（一九二六），修筑土西铁路，包围我西北之边界。除上述各铁路而外，在蒙古者，现已有苏俄交通之路线，在商业上，以库伦为其中心，而乌里雅苏台、买卖城、科布多等处，均行联贯，直达苏俄，以为商业之特区，而作经济之侵略。

至于中俄两国水路交通，远不如铁道之发达。因中俄边境，概借陆路通行，故俄国以铁路侵略我国，水路方面，仅以东北之黑龙江、乌苏里江、松花江为干线。帝俄时代，实权操之于彼，我国毫无过问之余地，苏俄成立以后，虽被我国收回，然同江以北之航线，仍为苏俄所强占。此则为我国交通上之失利之点，足使我国国防受其影响者也。

三　界务

中俄两国，东自满洲，西迄新疆，边界之辽阔，已如上述。其中除新疆西境有阔沙拉岭、塔尔巴哈台、谢留格木岭，蒙古北境有沙彦岭，皆以山脉为中俄两国之疆界者，及在黑龙江省以水道为界者外，余者如新疆之伊犁、塔城，蒙古之恰克图、库伦等，均一片平原，无自然地理可以凭借。以前虽经两国派员勘定疆界，然以我国对于界务，日久玩忽，授俄国以侵略之机，遂致俄国得寸进尺，肆其蚕食之野心，以我宽大为可欺，迭移界牌，侵占我西北之地数万方里。且自苏俄土西铁路告成后，凡新疆西境之宝藏，悉在苏俄势力之内。因苏俄感觉国内经济之破碎，为谋国家之复兴计，除开发国内之富源外，对于新疆之富源，如英吉沙之铁，哈密、吐鲁番之煤，迪化、焉耆之石油，均思染指。我国格于环境，未能力争，以致特殊之权利，为苏俄所占据。此为我国对俄界务上所受之损失不能不加以注意者也。

四　侨务

中俄两国之人民，因交通便利，均依照商约，得自由互相贸易，是以两国间之侨民，与日俱增。然以国际地位之关系，俄国对于我国之侨民，恒不与列强侨俄之人民，一体待遇。其原因固在我国之外交之柔弱，及驻俄外交官之措置失宜，然其重大之原因，乃在我国对于商务向取放任主义，是以我国侨民易受彼国之欺虐。且我国边民，时自由出入俄境，致我国对于旅俄侨民之确数，无法得为详切之统计，故对俄交涉，恒苦无应付之资料。当帝俄时代，俄国以华人贪图取巧，私藏违禁物品，乃对于我国人民，迭加苛待，虽经我方严重抗议，俄人置之不理。此在帝俄时代，我国侨俄之人民，受不平等待遇之情形也。迨至苏俄革命军兴，旅俄华工，因恨帝俄之虐待，乃群起与苏俄结合。苏俄本以劳工神圣号召于世界，并宣布在苏俄一切民族，均一律平等，一切权利，同俄人一体享用，故对于华人，较帝俄时代之待遇为优越，因此华人相率投入赤军，以死力与白俄奋战。赤军在西伯利亚一带，所以能迭获胜利者，悉我华人之功也。按之事理，对华人自应特别优待，借资酬劳，然事实上则适得其反。当苏俄政府成立以后，对于华人，又复沿袭帝俄之惯技，加以歧视，不得与他国之旅俄之侨民，受同一之待遇。我侨民因战事所受之损失，更置之不理，其他虐待之事，较帝俄时代为尤甚。兹略举一二，以见一斑。例如俄人可不经法律之手续，任意搜检我侨民之住宅与商店，随意拘捕侨民，封闭营业，没收我侨民之财产，任意放逐我侨民于荒漠之地，强迫为其开垦，因而丧失生命者，日有所闻。又如华工之在俄国工厂工作者，工资较任何国之侨工为少，且受极苛刻之虐待，每月所余之工资，不准寄回，强令购买其无息之公债券，倘一拒绝，即加以反抗之罪，轻则拘押，重则枪决。若欲要求回国则不允，罢工则立遭奇祸，以是我侨民之死于非命者，不可胜计。

据上列之事实以观，我国侨民，不啻一处身水火之中。民国十三年（一九二四）中俄签订协定，侨民方庆有复苏之望，得以重见天日矣。然事未果行，而中俄旋告绝交，此昙花一现之曙光，徒使侨民画饼充饥，增无限之感痛，反观我国之处待俄侨，真有霄壤之别。此为我国外交上最大之失算，应即设法补救者也。

五　债务

自中俄两国发生关系以来，凡商务、交通、界务等等，无不受巨量之损失，而债务方面，中国受害尤烈，仅就近数十年之经过言之，其数亦不可胜数。当俄国之修筑中东路也，即以纸币（卢布，名羌帖）替代现金，发给我国工人，迨至通车以后，即以纸币购办我东三省之出产，人民亦以为惯，时间既久，为数益巨。凡东三省之人民，均有此种积储，其后我国各通商大埠，亦被侵入，其数更无法以统计，尤以蒙古、新疆为更多。人民缺乏常识，竟全以俄币为金融流通之工具，其始帝俄为求其经济流通计，尚予兑现，以保信用，是以我国人民，皆乐于收受保存。迨至光绪三十年（一九〇四），日俄战事初起之际，俄币更形加增，几布满于我国西北各地，我国人民向具宽大信仰之心，故对于俄币之普遍，毫不加以注意，而俄国亦以我人可欺，又兼其国内空虚，遂利用吾人信仰之坚，竟任意滥发，毫无顾忌，积至为数奇巨。逮欧战爆发，俄国纸币，价格奇跌，我人受害已烈，乃俄人狡而无信，为自身之利益计，更变本加厉，重新发行新币（名曰大羌帖），以中东路之财产作为基金，实行兑现，对于已发之旧帖，折扣收回。国人对此诳骗之技，未加疑虑，仍受其愚。统计帝俄所发行之新旧纸币，为数达到数十万万之巨。降至民国六年（一九一七），苏俄十月革命告成，宣布帝俄所发之纸币，不能承认，我国人民因受俄币之损失而破产者，不知凡几。

由上列各项以观，俄人之寡信鲜耻，罔顾理义，帝俄如是，苏俄亦如是，故我国与其交涉，事事失败，处处受其利用。观乎已往之事实，即可明了此后对俄之外交，万不可不加以慎密之讨论，以作交涉之准备。故作者特将对俄已往外交之失败，略举颠末，以资参考，而后再将今后对俄外交应取之途径，详加说明，以促国人之注意焉。

下　今后我国对俄外交应取之途径

世界无论任何国家，欲办外交，若不洞悉对方外交之策略，必不能获得胜利，我国对俄已往外交之所以失败者，皆因未能彻底明了其外交政策故也。故每与交涉，即堕入彼之诡计，使彼饱尝所欲而去。今后补救之计，对于苏俄之外交，必先明了其对外之策略，而后方能采取应付之途径。查苏俄自革命告成以后，因其组织特异，重招列强之反感，故其对外之政策，亦随时而转变。自一九一八年至一九二〇年，在此三年内，为苏俄外交急进之时期。因苏俄此时内有白党之骚扰，外受列强之环攻，大有不能支持之势，故积极求世界革命之从速推进，以与资本主义之国家抵抗，而达到无产阶级革命成功之目的。自一九二一年至一九二七年，在此七年内，为苏俄外交缓进之时期。因苏俄为环境所迫，一面施行新经济政策，以调剂国内之财政，一面复扶助各小民族，单独发展革命之运动，以破坏资本主义国家经济之营垒，而达到消灭彼等统治经济之基础。自一九二八年实施五年计划起，以迄于今，在此数年内，为苏俄和平外交之时期。因苏俄自施行五年计划以后，国内经济渐裕，建设因之发展，乃得次第与各邻国缔结互不侵犯条约，以巩固其社会主义国家之基础，而徐与各帝国主义者相周旋，以实现其世界革命之目的。故世人谓苏俄外交之主体有二：一为其合法之外交机关（即苏联外交人民委员会）；一为其不合法之革命机关（即第三国际）。前者任务，系在可能之范围内，用其圆滑外交之手腕，力倡国际和平，资本主义与社会主义共存之理论。后者责任，系在苏俄外交的掩护下，依旧散布其共产种子于各国社会之内，二者分头进行，以期得到最后之胜利。故此二种主体，名虽各自独立，实则互相负有连带之任务，错综参互，极尽变化灵活之能事，所谓苏俄之曲线外交者，即以此为原则者也。故其近年来之外交，异常活跃，一面以努力世界和平相号召，一面乃竭力充实军备；一面以柔软之策略，事事退让；一面以雄厚之武力，强硬到底，恍惚迷离，使人不易捉摸。故对于苏俄之外交，不得不审慎周详，加以精密之考虑，否则，必蹈已往之覆辙。且此时之苏俄，较帝俄更为技巧，自共党秉政以来，迭次对我宣言，放弃侵占之所得，表示亲善，我国以彼出于诚意，乃曲以周旋，以怀柔为主，乃签订《中俄协定》，以解决两国间之悬案，冀免以后之纠纷。讵知协定成立未久，一转瞬间，便事反汗。乘我国政局不定之时，竟进行其"赤化"我国之策略，借口扫除白党，居然侵我边疆，蹈隙犯境，时有所闻。而犹巧言遁饰，无微不至，阳假亲善之名，阴行宣传之便，虽经我国迭次责问，而彼终未敛迹，且反指斥我国庇护白党，对彼怀有阴谋，颠倒黑白，淆乱听闻，不顾国际信义，莫此为甚。嗣以其宣传"赤化"，经我当局查获有据，彼乃将其驻北京代表调回，后因（民国十八年即一九二九年）在哈尔滨领馆搜得巨量宣传品，乃造出中俄事变，两国邦交，因之复告中断。其后虽由我国忍痛派遣代表赴莫斯科与议，然彼以延宕手腕，屡次无理反拒，以致迁延经年，毫无结果。迨至暴日强占我东北后，中俄交涉，遂因之而消灭，此中俄第一次复交后之经过也。

民国二十一年（一九三二）冬季，我国颜代表与苏俄外交委员长李维诺夫复正式换文，成立两国二次复交。当斯时也，国人以为与苏俄提携，必能转变远东之局面，收回失地，颇有可期。不意复交以来，转瞬年余，任何条约，尚未订立，而俄货乃极力向我推销，反观我国之输入俄国者，仅少许之茶叶耳。由此以观，则我国之对俄外交，无形中又为其所利用。今后若不积极对俄谋一相当之策略，则俄国于经济上，亦可以先发制我，其他问题之损吾利彼，属意中事矣。然则宜如何而后可？曰：必先由自身设想，综合对俄已往外交失败之原因，以作殷鉴，而后分别若干要点，详加讨论，效中俄第一次复交后中俄交涉署所组织之俄事委员会，分组研究，巨细靡遗，然后对俄外交庶可得良好之结果。然时至今日，局势日益严重，若仍仅作空泛之讨论，而无具体之办法，则其难得成效，不言可喻。故必集各方之人才，先作周密详细之研讨，而后制成方案，以供参考。然中俄悬案，多如牛毛，若事事均集中人才研究之，则任重事繁，断难收敏捷精致之效。今后对俄之外交，应取左列各节急切进行之策略，以作迅速收效之准备，并依照对俄已往外交失败之各节，加以补救，而为对俄外交一劳永逸之计。兹将各项问题分列于后。

一　通商问题

我人鉴于已往对俄通商失败之原因，及现时俄货在我国推销之热烈，自宜积极权衡利害，预谋对策，加以缜密之筹划，确立一适当之方案，以为将来缔结商约之准备。然两国贸易方式，远不一致，苏俄系为实行统制经济之国家，对外贸易，采国营主义，完全遵照政府所定之整个计划进行。近以五年计划成功后，生产之剩余，尽量向外倾锁〔销〕，故意跌价，以排挤他国之货，借谋国外商场之独占。对于输入之外货，则凡为其所必需者，概由其驻外商务代表随时随地购买，外国商人不得自由往彼国内贩卖，故各国对俄之商业政策，时常变更，以防中其狡计。我国商业落后，用何方法始可应付苏俄对我商业推销之策略耶？管见所及，不外下列三则：

第一，对俄国货物之入口，必须由我国政府特准，并拟定监察之办法，俾可随时调查控制。不许俄华商人直接擅定包销契约，庶可以堵塞已往之弊端，而开中俄商业之新途径。

第二，两国贸易之年额，务须切实规定，双方各宜预定一最低之限度，即苏俄每年至少应向我国购买价款若干之货物，以与其对我输出货值相调剂，而求双方贸易之平衡。否则，俄货源源而来，尽量向我推销，经济利权，成为彼方之片面利益，我国所受之损失，将伊于胡底？若仍为商业失败之继续者，则又何贵乎与苏俄之复交耶？

第三，我国对俄，自来无具体之商业政策，向持放任主义。故民国十三年（一九二四）之《中俄协定》对于平等互惠之原则，仅为俄方之片面利益，我国从未沾丝毫之实惠，且我国向来订立商约，只以收税为目的，并无别项取缔之意，是以商业屡遭失败。为今之计，对俄商务，应先由事实上着手，凡苏俄向我输入之货物，在未正式签订商约以前，科以特殊之关税，以促其反省（因苏俄为无特约国，故我国应有此特殊之取缔），并设各种严厉之规定使之就范，然后与之订立平等互惠之商约，以收回我国之权利。

二　交通问题

中俄两国之交通，以陆路为主，两国交通之最便利者，莫如中东铁路。该路自"东北事变"后，在事实上，已非吾能力所可及，故只能与苏俄暂缓谈判，以待将来之解决。现时对俄交通上急宜解决者，当为土西铁路，该路固在苏俄界内，与我无直接关系，然全线包围我新疆西北境界，在经济上，必将我新疆全境之市场，变为苏俄货物推销地及攫取我国之原料所，为其实行经济侵略我国之利器。在政治上，该路实为苏俄"赤化"新疆之工具，因苏俄对外政治之宣传，几无处不有，无孔不入，交通便利之区，即为政治散布迅速之地。故新疆沿边之交通主权在俄，则我国感受政治上之威胁，必较猛烈。倘对于苏俄之土西铁路，无防止之方，则他日之新疆，恐将作外蒙之续，因交通所及之地，即为军队到达之区，其危险之情形，诚有不可言喻者矣。然则宜如何救济耶？救济之方，当积极开发西北，以谋新疆之繁荣，而与苏俄决战商场，并竭力建筑铁路，以作运输之准备。惟此乃治本之策，对于目前危机之情形，亦宜设法，以解燃眉，故必先于事实上作有效之防御，而以开发西北为后备。所谓事实上之防御者，即于中俄未正式勘界以前，将由俄入新疆之要塞，严密戒备，对于俄国货物之输入，科以特税，以作将来订立中俄各约之基础是也。

除土西铁路之外，外蒙之交通，关系我国尤巨。因外蒙现在苏俄势力范围之内，其周围之交通，亦在苏俄指导监督之中。故我国对于外蒙之交通，须直接采取对俄之政策，先将张库间之国道，就原有者，迅速加以整理，其次则库恰、赛乌（赛尔乌苏与乌里雅苏台）、乌科等线，亦均应刻日兴工。上述各路，本为驿站大道，扩充增补，事易办理。再次则为克唐一线，亦宜从速修筑。上列各线，均系干道，一旦完成，则不啻缩外蒙于咫尺。异日军队之运输，官署之联络，呼吸相应，指臂相助，运用全局，必可裕如，非但可以阻止苏俄之侵我，且可以将外蒙收回。苏俄对于我国整理交通，自无理抗挠，则我国既获行军上之便利，复得经济上之充裕，是者对俄交通上所应注意者也。

三　界务问题

中俄两国之边界，东、西、北三面均相毗连，以前两国条约上之规定，每三年会勘一次，民国以来，迄未举行，沿边界牌，为苏俄私自移动者，不知凡几。今于两国复交之后，宜速与苏俄重新划定边境，以清界限，而重我国之主权，并约定彼此不得有越境侵权行为，以免冲突，而维两国之友好。然俄人素乏信义，朝三暮四，背信绝义之事，征之既往，历历可指。苏俄立国之初，便以不侵占邻国土地为宣言，最近苏俄当局复发表"我们不需要任何国家的土地，但我们亦不顾〔愿〕让寸土与人"之言论，然苏俄言虽悦耳，而实际则适相反，占据我外蒙，即其明证也。故对于苏俄之外交，事事宜均从事实上着手，对俄界务上之解决，除已有天然（山脉、河流）之疆界者外，凡两国之边境，均须依照已废之旧约，实行会勘，若因特殊之关系，而不能进行者（如东三省），则从缓办理。在未会勘以前，由两国共同组织勘界委员会，并请沿边各处曾经办理界务并熟谙边情地理之人员参加。沿界各处，一律会勘，以前各约所定之原地，分别补立界牌；从前未曾定界立牌之处，亦应就边地，树立界牌。界牌宜由两国出资，用石质镌刻，经纬度数，东西方向，前后距离均详载于界约之内，以免有潜移暗侵之弊，是者对俄界务上所应注意者也。

四　侨务问题

我国旅俄之侨民，为数极多，而所受之虐待，亦较在任何国家为苛刻。当民国十六年（一九二七），中俄国交中裂时，在俄华侨之富厚者，被其监禁，被没收之财产，约达数千万卢布之巨。至十八年（一九二九）"东铁事变"，全俄华侨之被拘者，竟达七千余人，仅海参崴一埠，华侨之损失，约八百万卢布之多。反观他国之待我侨胞，虽苛例百出，然究尚不至如此。而俄侨之在我国者，则处处享受特约国侨民之待遇，其生命财产，未曾受丝毫之损害，两相比较，真有霄壤之别，其所以如此者，不得不归于我国外交之失败矣。今当中俄尚未正式订约之先，宜根据以往失败之原因，加以慎密之考虑，以资救济，而救济之要，不外以下各点：

（一）向苏俄交涉，自今以后，凡搜检我侨民之住宅与商店，须先通知我使领馆，俟派员会同后，方可执行。

我国之对于俄侨，亦取同样之手续（但因宣传"赤化"，应加搜检之俄侨，不在此限）。

（二）在俄之华工应与俄工受一律平等之待遇，同样劳动，须得同样之工资；我国之待俄侨，亦采用此原则。

（三）凡两国侨民之犯罪，应协议互交普通法院，不得移交军事法庭或侦缉局。

（四）公债证券之购买与数额，必须互相协议，不得加以强迫，亦不可因侨民之拒购，而施以非礼。

（五）凡华侨之自由及正当所有权，在法律范围以内者，不得受俄人之侵犯。

（六）凡华人研究任何学科，于地方治安无碍者，不得受俄人之取缔。

（七）依照俄德、俄兰侨民汇兑之协定，我国侨民得自由汇款回国。

（八）华人不得缴纳法外之捐税，并不得受俄人征兵之任务。

（九）在可能之条件内，华人得有集会结社之权。

（十）我侨民在俄国境内，须有营业之自由，不得受俄方之任何限制。

除以上所列者外，凡两国侨民在法律上之地位及引渡等问题，均须有相当之规定，以作彻底之救济，免为苏俄独享片面权利。

五　债务问题

中俄两国国家间之债务，为数虽不多，而我人民受卢布之损失，则为数奇巨，人民固受直接之影响，国家间接感受经济上之枯竭，宜用何法使苏俄如数偿还耶？曰以左列之方案，方可促苏俄偿还。盖以卢布系帝俄之国币，苏俄乃承继帝俄之国家，对于帝俄所借各国之巨债，均已分别承认，而对于我国人民因卢布损失之额数，以法律论，以情理言，均宜照数以现款收回。然在我国卢布之额，为数极多，仅据对方片面之要索，苏俄恐不能承认，故必由中俄双方组织清理卢布委员会，依照左列之方案办理，苏俄应有偿还之可能：

（一）由双方组成之清理卢布委员会，详细调查我国人民所存卢布之额数，以我国政府之名义，与苏俄商洽偿还之办法。

（二）以卢布之额数，作为苏俄向我国政府之借款，以有相当收入之财产（因东铁路现失直接关系性），作为抵押品，倘因卢布之额数甚巨，可许苏俄分期清理。

（三）发行卢布公债券，苏俄既无力立即清理，而我国政府亦不能代垫巨款，只可发行卢布公债券，以所存卢布之额数，换取公债券。但此种债券，与我国发行之国家债券，性质不同，须将债券上注明，何年偿清，由何机关负责办理，以何项之财产为担保品，并须在该项债券上，以合法之手续，由中俄双方代表签押盖章，以资信守，而防苏俄届时抵赖。

（四）搭用卢布公债券之办法（另有详章，兹不叙述），未到期之卢布债券，准许持券者以相当之折扣，当作现金使用，我国之侨俄者，可以此种债券在俄境通用，以资周转，而得实际上之救济。

上列各项之方案，对于我国人民之损失，可以得到相当之抵偿，对于苏俄偿还旧债之办法，亦易于办理，一举数得，想苏俄或可同意也。

六 收回外蒙问题

当苏俄进兵外蒙之初，饰言白党朝除，而红军夕退，我国向重信义，准其所请。迨白党败亡，苏俄乃饵蒙人独立，以操外蒙之实权，我国因限于环境，未克与其交涉，而彼竟将外蒙"赤化"矣。我国对于收回外蒙之策略，本宜与苏俄交涉。然外蒙系我国属地，主权所在，宜由内部着手，俟事机成熟，而后再向苏俄提出方案，则轻而易举，不致与苏俄直接发生冲突矣。然以何项策略能使蒙人归顺，而将外蒙之主权，仍属我有？曰：宜利用时机，采刚柔互济之策，使蒙人心悦诚服，自愿来归。据近日报载蒙人之对俄暴动，可知时机已到，俄人虽狡，恐亦无可如何。兹将收回外蒙应取之方略，陈列于左：

（一）宜仍许外蒙自治

蒙人自受苏俄之煽惑以后，便恃俄助，以独立自居，现以苏俄之强取，以及种种之虐待，渐觉悔悟，方知我国之待遇宽大。故今日欲谋蒙事之解决，必先予以自治，以优柔之手腕，使其心悦，对于新党之倔强派，宜施以羁縻，应以包容之态度，内蒙自治之先例，以完整我国之领土，而固国家之防务。

（二）宜驻军队于蒙边

许蒙人以自治，未必易于就范，怀柔政策，必以兵威为后盾，始克有济。为国防计，不得不于蒙边，驻屯军队，为镇慑蒙人就范计，亦不得不于蒙边驻军。因蒙人性愚，而富于依赖，惑于俄人之援助，故敢对我独立。今以大军压境，以示吾实力之雄厚，足以防御俄人，蒙人恃我之声威，感我之优遇，惧我之兵力，必俯首遵命，以回复昔日之关系矣。

（三）训练蒙军

蒙人天性，勇敢善战，故宜利用其特长，广事募集，厚之以军饷，加之以训练，以蒙民之勇敢，复益之以新式战术，当可成为劲旅，作我边防军之前茅，以补我驻蒙军力之不逮，而达到我国收回外蒙主权之目的。

（四）开发实业

驻蒙之军队既多，军需之供给必巨，以我现时之财政，恐难如数拨给，若取之于蒙人，亦必发生纠纷。故为万全计，必先开发外蒙之实业，以供军饷，既可以富国，复足以裕民，一举三得，利莫大也。然开发实业，须首先修筑道路，以屯驻蒙边之军队，分别担任交通、开垦、工业等事，数年之内，必有优良之成绩，蒙人方将悦服之不暇，焉有反抗之意，苏俄虽百计以谋侵略，恐亦无能为力矣。

此系专由整理外蒙之内部着手，内部整理清楚，呼吸便可相通，指臂得以互助，彼时俄人虽黠，当亦无法久据，故对于外蒙之事，宜先归服其内部，而后对俄严重交涉，自可收事半功倍之效也。

综上所举，则知中俄邦交之复杂，与我国已往对俄外交失败之原因。今为补救之计，自宜绳已往以备将来，而免再蹈覆辙。然国家之处于国际关系中，有如个人之立于社会，上下左右，无论自然环境或社会环境，在在与个人之生存发展，均有莫大之影响，彼之能光耀而发达者，以其能驾驶上下左右之环境，以为己助也。人既如此，国家又何尝不如是，而求存之道，则不外对内与对外。对内者即充实国力与民力也，对外者即外交上之折冲樽俎也。欲外交之胜利，必先将内部［之］充裕，语云："弱国无外交"，斯言也，未必无据。然实则弱国必须借重外交，方可以补国力之不逮。特借重之意，不宜以信赖为主，而宜以外交上之实际收获为准则。故对于俄国之外交，宜本诸国际大势之所趋，而作应付之准备，应依据已往之事实，而为将来胜利之预备，以人民为外交之后盾，上下同心，刻苦奋斗，详审何者为本，何者为末，预加规划，以转变国际间之观感，则苏俄虽狡，想对我亦不敢有所觊觎矣。

《外交评论》（月刊）

南京外交评论社

1934 年 3 卷 7 期

（朱宪　整理）

外蒙琐谈

江昌绪　撰

　　蒙古人本来是醉心喇嘛教，主张摒弃欲念，以期免除肉体的痛苦的。他们像偶像般的恬淡悠闲，无所用心，因此便失掉了求进步和发展的雄心。

　　所以一向尚未脱离游牧生活的蒙古民族，其生活形态是非常简单的。他们集三四间小屋，成一家族，合几族成一部落或种族，各种族的言语习惯，都是不相同的。他们都很贫乏而缺少新的知识。他们所住的小屋，是用几根木棒插入地中，上面覆以树皮而成的。无论春夏秋冬，他们都住这样粗陋的房屋里；他们不知道卫生，举凡日用的家具，如桶、台、石臼、酒瓶等，都随时排列在睡床上，屋中虽很肮脏，但好像和他们的生活是无害的。男子的工作，是饲养家畜、出外狩猎和照料马厩；女子的是整理家事和看管小孩；从早到晚都很少休息的时候。无论大人或小孩，都嗜好烟草，滥饮浊酒，似乎不这样，生活上就有缺点。

　　但自俄罗斯十月革命后，外蒙古多年的静寂的空气便动荡了。一九二五年，布尔什维克的人们，回到家乡，便组织阿耶洛特族的集团农场。最初参加这个组织的不过是十二个人，后来渐渐地增加起来，到一九三二年，已有四十五个人了。耕种的面积由海格脱雅儿（一海格脱雅儿等于三百六十方呎），增加到九十海格脱雅儿，且种植了以前从未种植过的马铃薯，解决了粮食恐慌。此外更建筑了许多学校、浴场、育儿院和暖房、牛舍等。蒙古人的游牧生活将从此告终，永久的家屋也陆陆续续地建筑起来了。

蒙古人的住宅——蒙古包

一九二五年末，九个集团农场中，参加的家族，仅三百二十九个。到一九三二年，阿耶茶地方的家族已经有百分之五十参加这集团的组织了。这不但提高了阿耶洛特族的生活程度，且使他们的生活样式为之一新：从游牧到定居，从小屋到暖房，从原始的器具到复杂的机械，这飞跃的进展，使阿耶洛特族的农夫眼界扩张，增加了不少的知识。我们看他们在工作的闲暇，集合男女在一块儿，请人教授 ABC 的情景，即可知道他们并不是天生的不可教化的民族。现在他们能够运用新式的耕作器具，和用科学的方法饲养家畜了。讲到教育，在前阿耶茶地方的人民有百分之九十四是文盲，那里虽有六所小学，但也不过教授俄罗斯语的课程。到一九二二年，阿耶茶地方已有二十六所小学，在这二十六校中有十六所学校是自己经营的，学生也有七百二十一人。到一九三〇年，学校数增加到五十七所，学生也达三千三百八十人，一九三一年——一九三二年中，学校增〈加到〉七十七所，而学生也增到五千六百人了。

赤俄的教化已逐渐深入荒漠的外蒙，现在那里，甚么党务学校、师范学校、农学校、消费组合学校、劳动技术学校、美术学校、高等专门学校等，都次第成立。

比雅河上流，塔勒克湖畔，正在计划设立发电所，如果一旦实现，即可供给阿耶洛特共和国全领土的电力。外蒙政府组织许多的探险队，金银铜铁矿也陆续地发现了。

外蒙古将变为苏维埃的瑞士。山明水秀，清丽动人。将来或竟作为苏维埃联邦全劳动者的适宜的疗养地带。

鸣拉拉在前不过是一污秽的偏僻的寒村，革命后成了阿耶洛特自治国的首府。昔日的草棚，变为现代摩登的建筑，昔日的泥路，变为现代式的通衢，一切都改变了旧观。据说现在剧场也已建筑起来了。

革命前，阿耶洛特族是没有文字的，到现在却已有四种新闻和一种杂志，都用阿耶洛特语出版。

库伦银行

一九二二年六月一日，阿耶茶地方，由苏联中央执行委员会指定为自治区域。到一九三二年六月一日，适值十周纪念，于是那里的居民遂举行盛大的纪念仪式。加拉罕从莫斯科匆忙地赶来参加盛典，增加了那里人民的兴奋与狂欢。那里的人似乎已忘记了他们与中国在历史上悠久的关系，但是我们又怎能便把他们忘掉呢?！

《申报月刊》

上海申报馆

1934 年 3 卷 10 期

（陈静　整理）

东北失后之蒙古

作者不详

（一）自暴日以武力劫持我东三省，并制造伪满洲国以后，蒙古问题，即日臻严重，以满蒙关系的密切，蒙古问题，原不能离满洲而独为论列，满洲的争夺，实可说是蒙古争夺的序幕。当日人占领满洲后，识者固早知其必取内蒙之热河，因熟〔热〕河重山险阻，屏蔽冀、察，控制辽西，自我国国防言，热河为我华北与整个蒙古的要户；自伪满洲国方面言，不得热河，则无以固其防守，所以热河的争夺，实为不可避免之事。至去年春间，此世称为天险的热河，果以失陷，热河既失，华北震动，察、绥自危矣。

蒙古为一大高原，在长城以北，新疆以东，辽宁、黑龙江两省以西，俄属西伯利亚以南，地域广大。因戈壁大沙漠横梗中央，分为内外二部，即漠北为外蒙古，漠南为内蒙古。内蒙古因民国以来，汉人移至农垦者日多，汉蒙杂居范围，日益扩大，政府乃依照行省之制，改设为热河、察哈尔、绥远三行省。又将西套蒙古一部分划分归新设的宁夏省管辖，所以实际上内蒙古的名称，已不复存在。

（二）蒙古地广人稀，据一个美国人调查说，外蒙古的面积，约百万平方里，又合计蒙古人总数，为三百五十万乃至四百万。这数字表示在极广大的土地上，只住着极少数的人民。据吴稣先生说，外蒙古面积一百六十七万平方里，人口约二百六十万，其人口密度，每平方里不过一二人。即除一望千里、寸草不生的大沙漠而计算之，其密度至多亦不过每平方里十三人。再看申报馆所出版的《申报年鉴》的统计，外蒙古面积六二二，七四七方哩，人口六，一六〇，一〇六，热河面积六七，一六六方哩，人口六，五九三，四四〇，察哈尔面积九九，九二八方哩，人口九九七，二三四，绥远面积一一七，三九六方哩，人口二，一二三，九一五，依此计算，外蒙古的人口密度，为每平方哩约十人，内蒙古为每平方哩约三十七人。内外蒙古合计的人口密度约为每平方哩约十九人。人口密度最最高的热河，每平方哩约为九十八人。以此与内部十八省的人口密度（为据竺可桢先生《论江浙二〔两〕省人口之密度》统计，江苏人口密度为每平方哩七百三十二人，浙江人口为每平方哩六百〇三人）相较，相差甚大。所以上述关于蒙古的面积与人口的统计，虽有不甚确实之处，然其土地广大、人口稀少的情形，亦可想见。

（三）蒙古荒凉，仅限于中贯的沙漠一带，除沙漠而外，俱是可耕可牧之地。如内蒙各省，阴山所在，黄河所流，四望平旷，尽是绿色草场，地学家称为塞外草原，清代康、乾以后，汉人出塞移殖，络绎于道，初则半耕半牧，行居莫定，后则在大河南北，筑室开垦，渐有富庶景象。自平绥铁路告成后，移民益便，草莱日辟。据近年统计，内蒙耕地约居十分之五，农牧之地，约居十分之三，牧畜之地，约居十分之二，足见塞外农业，已有长足之进步。绥远一省，尤宜提倡农垦，因此地土质为冲积层，最宜农耕，又当河套，河套有八大干渠，和无数支渠，引渠灌田，甚称便利。所以渠列〔到〕之处，农民咸集，溪渠纵横，村落相望，故从来即有"黄河百害，为〔惟〕富一套"之谚。后以当地垦务局员舞弊，将耕地改为包租，后复有军阀杨某，承办官渠，蹂躏农民，渐致各渠昼〔尽〕行淤塞。农民不堪重租频催，多弃地他逃，于是沃变壤〔壤变〕为石田。年来国人高唱发开〔开发〕西北，移民实边，而乃已垦之地，复成荒芜之区，实为可惜。

外蒙的沙漠以北，草地渐盛，甚有开发的希望。如色楞〔楞〕格河、克鲁伦河〈及其〉子流域，土壤均极肥沃，唐努乌梁海及科布多一带，更可从事农业。

蒙古是一最大最适宜天然牧场。专以牧畜为业的，多为蒙古人。可惜蒙人牧畜，但知墨守旧法，一任其自然，而不知改进。冬季无避寒之所，家畜每不免于冻死。所用饲料，仅赖旷野之牧草。至若干秣，则毫无设备。每年增加之牲畜，为数甚微。如能提倡新法牧畜，则蒙古可为世界产畜最多之地。所以孙中山先生曾说："阿根廷为供给世界肉类之最大出产地，可代美国而以肉类供给世界。如蒙古地方得铁路便利，又能以科学之方法改良牧畜，将来必取阿根廷之地位而代之。"

蒙古交通极不发达，除平绥铁路、张库长途汽车路（库伦至恰克图，现亦有汽车通行）外，余则运输均靠牛、马、骆驼。所以虽有丰富的牲畜和畜产，亦不能尽量输出。中央社旅行记者在《赴绥即〔印〕象记》中曾说："绥远出产丰饶……时见平绥线上，沿途均有粮食，堆积如山，尤以平地泉一带，更有大量的集中。然而……由于交通梗塞，有物运不出，故在这方面闹饥荒，在别方面，又有闹谷贱伤农的恐慌。"所以要开发蒙古，首先需要大量资金，来开发交通。

（四）如上所述，蒙古实为一个出产原料极多的地方，一个可以销售大量商品的市场，也是一个尚未开发，可以殖民，可以投资的地方。这就够使帝国主义者的垂涎了。这里我们首先遇到的，便是日人二十年来积极进行着的满蒙政策。日人为便于侵略起见，既分东三省为南满和北满，又分蒙古为东蒙古和西蒙古。他们所谓的满蒙，即是指满洲与东蒙而言。我们知道，满洲与西北〔伯〕利亚的界限很是明白，但是他们所指的满洲与蒙古的境界，是非常混沌，东蒙古的境界，更是暧昧不清。这无非只为便于侵略者得寸进寸的侵略而已。日帝国主义者，实则为实现世〔其〕帝国主义的侵略，名则借口人口过剩与食量〔粮〕的恐慌，以满蒙为其生命线，鼓动世〔其〕国民来侵略蒙满。自世〔其〕占领满、热后，即欲倡立"满蒙王国"，卒因蒙人反对，而未曾实现。然而我们应指出的，是现在的伪满洲国，实包含着很多蒙古人民。因一内蒙共有五十七旗，人口总数约五百余万，自九一八沈变后，东北沦亡，于是在辽、吉、黑各旗，即入于日人势力之下及，热河失陷，卓、昭两盟又在敌骑之下，今则仅存察哈尔、绥远两省境内之锡、乌、伊三盟及察哈尔特别旗暨土〈默〉特独立旗而已。据此，内蒙盟旗，已失半数。考内蒙各省，源〔原〕是汉蒙杂居，大抵设县治之区，为汉人区域，盟旗之地，大都黄沙白草，穷〔穹〕庐簇簇，尚保持纯粹的蒙古游牧民族之风，世人尝称此等地方为"蒙古岛"。蒙人民族意识甚强，现在伪国下之蒙人，不过暂时屈服于日人暴力之下，他们实很易联合军队，而起反日战争。且在满洲无论从人口说，从经济说，其中最重要分子，又都为汉人。日本币原外相曾说，日人吞并满洲，无异吞一个炸弹，实则他们并吞东蒙，亦然。

（五）外蒙与帝俄。外蒙因有大沙漠的阻隔，与西北〔伯〕利亚联成一片，住在西伯利亚的一种布里雅特的俄人，又同与蒙人信奉喇嘛教，这就给予俄人侵略外蒙以种种便利。帝俄在一八九九年，与英国缔结《英俄协定》，规定长江流域为英人势力范围，长江以北，即满洲与蒙古为俄人的势力范围。至日俄战争，俄人败于日人之后，又有《日俄密约》，约定内蒙、南满为日人势力范围，外蒙、北满为俄人势力范围。此后俄人即积极侵略外蒙，煽动外蒙独立，于是当我国辛亥革命时期，外蒙即在帝俄卵翼之下，第一次宣告脱离。至一九一九年，俄国发生国内革命的时期，外蒙又属中国，但在旧俄白党侵入外蒙时，外蒙又有第二次的独立。

日人所倡议的"满蒙王国"，虽未实现，但是他们应用煽惑朝鲜独立、煽动满洲独立的故技又来煽动蒙人独立。他们以为建立了满洲皇帝执改〔政〕的"满洲国"，这对于蒙古王公们不能不说是一种大的刺激，然而一般蒙人，不会容易上他的当，他们明白，现在的伪满洲国，不过是朝鲜第二罢了。即使他们对于朝鲜情形，不十分清楚，然而他们确曾看见许多的朝鲜人，受不过日人的压迫，一批一批的逃到满州〔洲〕来，逃到蒙古来，他们直觉的感到朝鲜人受到日人压迫的痛苦，也会预感到自身前途的命运吧。所以暂时届〔屈〕服在伪满洲国下面的蒙古人，将永是日人的劲敌。

日俄的缓冲地带现在的伪满州〔洲〕〔日〕国是〈日〉俄的缓冲地带，日人极力想把苏联的势力，从北满驱出，同时他又把帝国主义的魔手，伸入至蒙古各地，将日俄的缓冲地带延长开去，日俄势力的消长，影响于蒙古的前途，关系至大。

《蒙藏半月刊》

南京蒙藏委员会

1934 年 4 卷 2、3 期合刊

（李红权　整理）

决定内蒙自治原则

作者不详

中央政治会议，前曾决定《蒙古自治问题办法原则》十一项，旋以蒙古盟旗代表，以不合蒙情，施行困难，请求修正。中央询〔徇〕蒙人之请，遂提交中政会复议，决定解决蒙古自治问题办法原则八项如下：

一、在蒙古适宜地点，设一蒙古地方自治政务委员会，直隶于行政院，并受中央主管机关之指导，总理各旗政务，其委员长、委员，以用蒙古人员为原则，经费由中央发给，中央另派大员驻在该委员会所在地指导之，并就近调解盟旗省县之争议。

二、各盟公署改称为盟政府，旗公署改称为旗政府，其组织不变更，盟政府经费由中央补助之。

三、察哈尔部改称为盟，以昭一律，其系统组织照旧。

四、各盟旗管辖治理权，一律照旧。

五、各盟旗现有牧地，停止放垦，以后从改良牧畜，并兴办附带工业方面，发展地方经济，但盟旗自愿垦殖者听。

六、盟旗原有租税及蒙古原有私租，一律予以保障。

七、省县在盟旗地方所征之各项地方税收，须劈给盟旗若干成，以为各项建设费，其劈税办法另定之。

八、盟旗地方，以后不再增设县治或设治局，但遇必要设置时，亦须征得关系盟旗之同意。

《蒙藏半月刊》
南京蒙藏委员会
1934 年 4 卷 2、3 期
（朱宪　整理）

蒙事训练组训练大纲

作者不详

一、本组以训练熟谙蒙古情形，养成办理蒙事专门人材为宗旨。

二、本组由蒙事处负责办理，即以蒙事处处长为主任，各科科长为副主任。

三、本会蒙事处科员、办事员及书记，均为本组当然组员，其他各处室人员，经委员长指定为本组组员者，亦受本组正副主任指导训练。

四、本组训练方式分为三种：一、阅览卷宗；二、阅读书报；三、本组正副主任就各科主管事项，分别指定，或由各组员自由认定，于一定期间，编制统计表册及有系统之纪录。

五、本组编印日记簿分发，各组员应将每日所阅书卷名称及其内容重要之点，或将所编表册之种类，分别简明记载，于每月月终，送呈正副主任核阅。

六、本组各组员，应于每三个月就研究所得结果编制表册，呈由正副主任转呈委员长核阅。

七、本组正副主任，应于每半年将各组员研究成绩呈报委员长，酌予奖惩。

八、本大纲自委员长核准之日施行。

《蒙藏半月刊》

南京蒙藏委员会

1934 年 4 卷 2、3 期

（朱宪　整理）

任定蒙古自治长官

作者不详

国民政府八日明令任定蒙古自治长官

（一）兹制定《蒙古地方自治政务委员会暂行组织大纲》公布之，此令。（二）兹制定《蒙古地克〔方〕自治指导长官公署暂行条例》公布之，此令。（三）派何应钦为蒙古地方自治指导长官，赵戴文为蒙古地方自治指导副长官，此令。（四）任命云端旺楚克、索诺木喇布坦、沙克都尔札布、德穆楚克栋鲁普、阿拉坦鄂齐尔、巴宝多济、那彦图、杨桑、恩克巴图、白云梯、克兴额、吴鹤龄、卓特巴札普、贡楚克拉什、达理札雅、图布升巴雅尔、荣祥、尼玛鄂特索尔、伊德钦、郭尔卓尔札布、托克托胡、潘第恭察布、那木洛勒色让、阿育勒乌贵为蒙古地方自治政务委员会委员，并指定云端旺楚克为委员长，索诺木喇布坦、沙克都尔札布为副委员长，此令。

蒙古地方自治指导长官公署暂行条例

第一条，蒙古地方自治指导长官，依国民政府颁布之《蒙古地方自治办法原则》，承行政院之命，指导蒙古地方自治政务委员会，并调解省县与盟旗之争执。第二条，指导长官一人，副长官一人，由行政院呈请国民政府特派之。第三条，指导长官公署设参赞二人，由指导长官呈请行政院简派之。第四条，指导长官公署其他职员另定之。第五条，蒙古地方自治政务委员会开会时，指导长官、副官长得派参赞出席指导。第六条，蒙古地方自治政务委员会，凡呈报行政院及蒙藏委员会之公文，均须同时呈报于指导长官公署。第七条，蒙古地方自治政务委员会处理事件及发布命令，如指导长官认为不当时，得纠正及撤销之。第八条，蒙古地方自治政务委会〔员〕会经费，由指导长官公署转发。第九条，本条例自公布日施行。

蒙古地方自治政务委〈员〉会暂行组织大纲

第一条，蒙古地方自治政务委员会，依国民政府颁布之《蒙古地方自治办法原则》组织之。第二条，本会直隶于行政院，并受中央主管机关及中央指导大员之指导，办理各盟旗地方自治政务，遇有关涉省之事件，应与省政府会商办理。第三条，本会会址设于贝勒庙。第四条，本会设委员九人至二十四人，由行政院呈请国民政府任命之，并于委员中指定委员长一人、副委员长二人。第五条，本会每两星期开会一次，遇有必要时，得召集临时会。前项会议，以委员长为主席，委员因事不能出席时，得派代表列席。第六条，本会委员长执行前条会议之决议，并处理会务，监督所属职员及机关。副委员长辅助委员长处理会务，委员长不能执行职务时，以副委员长一人代理之。第七条，本会设左列各厅处会，分别承办一切会务：秘书厅办理文书、纪录、统计、编译、会计、庶务等事项。参事厅撰拟审核本会之计划、法案、命令。民治处办理关于民治事项。保安处办理关于保安事项。实业处办理关于实业事项。教育处办理关于教育事项。财政委员会办理关于财政事项。前项各厅处会，除参事厅外，均分科办事。除秘书、参事两厅外，各处会应斟酌情形，分别呈请设立之。第八条，本会各厅处会设职员如左：秘书厅秘书长一人（简任），秘书四人（荐任）。参事厅参事长一人（简任），参事四人（荐任），参议（名誉职）由处属各旗各推选一人，任期一年，得连任。各处处长各一人（简任）。财政委员会主任委员一人（简任），委员六人至十人，由委员长就秘书、参事、参议中指派兼充之，各处长均为当然委员。各厅处会科长共十二人至十六人（荐任），各厅处会科员共四十人至六十人（委任）。本会得酌用各项技术人员及雇员。第九条，本会委员，以用蒙古人为原则，本会所属各厅处会职员，由行政院就国内遴选熟悉蒙古情形及有尊〔专〕门学识者任用之。第十条，本会会议规则及办事规则，由本会议定呈请行政院核准行之。第十一条，本大纲自公布日施行。

《蒙藏半月刊》

南京蒙藏委员会

1934 年 4 卷 2、3 期合刊

（李红菊　整理）

中俄外交与外蒙现状

胡效韫 撰

绪论

自从敌人的铁蹄踏遍我东四省之后，世界二次大战之导火线，已被侵略的日本军阀燃烧，当此公理伏尸，魔力横流之日，不但太平洋之恶潮高涨，美俄携手之呼声将成事实，而中断五年之中俄邦交，亦早已宣布恢复！此种断然之处置，为世界和平，为中俄前途计，均不失为贤明之举，远者不论，兹就华北近年商业萧条之关系于外蒙，以及外蒙被苏俄宰割之种种恶劣现状论之，此等问题之解决，胥待于中俄之复交，而后始有商议之余地。

据熟悉华北贸易情形之天津西商会长毕德氏，于民十九年二月间发表之报告中，申述津埠衰落之状况，最引人注意者谓：民十八津埠各种进口贸易，都有巨额之跌落，例如对美输出一项，较前减少百分之四十二，合美金一千七百万元。氏称华北商业衰落原因之一即蒙古市场为苏俄垄断，致津埠毫无沾润，因为苏俄禁止蒙古与中国通商，对于中国一般商务有重大的影响，此种影响，尤以平、津商务所受为大。俄国在帝制时代，对于侵略领土，虽属野心勃勃，但是对于外商贸易之扶助却十分周到。自苏维埃政府成立以后，凡是俄国势力所能到的地方，财政就有破产的危机，试以张家口商会之呼吁，就可以明了俄人在蒙古之独霸淫威！

从毕氏这段论说里可以知道苏俄垄断外蒙商业的结果不只是中国西北各省在贸易上受最大的影响，就是平、津两埠，也渐受其摧残。

平、津在清代虽为首都要埠，然以当时官吏之检约，风俗之朴实，政治的力量，不能称为繁荣的原则，而对蒙古贸易的交通，与商业的发达，倒是一个重要原因。按平、津和外蒙通商之交通，盛于民国八年平绥路告成之后，那时平绥货运之繁盛，要驾各国有铁路而上之，输出货以粮食、胡麻、菜子、绒毛、皮革、牲畜、药材为大宗，运到津埠后，大半由洋行转运销欧美，只拿羊毛一项说，就有二万零数百万磅，牛皮出口，每年也不下七十万张，价值一百七十万元以上，由内地输入之货，以砖茶、糖食、布匹、煤油、洋货为大宗；销售于平绥沿线各地，或由包头转运新疆、甘肃等省。

沿平绥线而为西北贸易之中心市场者有二：一为东部之张家口，一为西部之包头，天津为北方商埠重镇，坐收土洋货进出转口之利，市面十分活跃，而北平直接间接，也占者〔着〕不少的利润。但自外蒙独立，华商破产，整个经济大权，完全移入俄人之手：彼以国营贸易，操纵商场；所有外蒙一切出口皮毛货物，非经俄国境内，不准自由运输，中俄交通，至此直告断绝，平、津各业商人，无处不受其威胁。

据客岁察哈尔财政厅呈财政部，要求中央拨款之呈文称："自民十八年冬，中俄失和，库伦封锁，运往之货不准销售，既办之货，不准运回，售货之款不准出境，商人回张者，限制每人带旅费二百元。计我国商人，在库伦所受损失，约达六千万元，自此张家口商业一蹶不振，商号破产者纷纷，金融机关牵连而闭歇亦比比皆是；张多关税，及地方损〔捐〕税，亦骤然锐减。现时张家口出入之货，仅及内蒙，内蒙沙漠中区，水草不丰，牲畜不繁，每年出入口之货，各约千万元。"

该文最末称："计惟有中俄复交，使张、库贸易复通，借其入口之货，征收销场税，或可补派解军需之不足。"

现在中俄复交虽早告成功，双方大使亦早已派定，而中俄急应交涉之事，时逾数月，竟一无所成，吾人以为现在急应交涉者，除东三省问题之涉及于俄国者外，便为外蒙僵局之打开，与商业〈之〉复兴［之后］。兹将外蒙史地之概略，与中俄外交之关系，以及苏俄宰割下之外蒙现状，列陈于后，以供留心中、俄、外蒙关系者之参考。

外蒙之史地概要

蒙古为中国极北部之一大高原，以戈壁沙漠横亘中间，而分内外蒙古：漠南者为内蒙古，现已划为热、察、绥三省，漠北为外蒙古：北邻西伯力亚，与后贝加尔、伊尔库次克、叶尼塞斯克及多木斯克等州为界，界长凡四千四百余里；东与黑龙江毗连，西与新疆接壤，南接甘肃、宁夏、〈绥远、〉察哈尔、热河五省；西北〔东西〕之最广处为三千八百七十里，南北最长处为二千三百六十里，疆域之广大，几等于甘、陕、晋、冀、宁、绥、热、察八省面积之总合，约占中国全面积三千四百九十六万六千四百五十八方里的六分之一，为中国五大边疆中最大的一个区域。

蒙古在史书能稽考者：当夏、商、周三代时，蒙古为猃狁、獯鬻、山戎等所据，至秦汉时为匈奴，累寇中原，始皇筑长城以御之。后魏时为柔然，其势力较匈奴时微弱。唐时为突厥，声势较大于柔然。至宋末酋长成吉思汗崛起漠北，雄才大略，造成一个地跨欧亚两大州〔洲〕空前未有的大帝国，及忽必烈出，更亡宋而入主中原，是称为元朝，此为蒙古族的极盛时期。但不久便被明太祖驱逐出境，于是退守蒙古，而有喀尔喀诸邦。明亡，满人入主中原，先征蒙东，后平漠北（即内蒙），蒙古遂为中国领土之一部。其初尚属安静，光绪以后，派往库伦之办事大臣，类皆贪墨昏庸，蒙人视之多不满意，他方苏俄却利用机会，极力买活佛之欢心，怀柔王公、喇嘛，并以财力、兵力作实际的援助，多方怂恿，蒙情日散；清廷见俄国阴谋日亟，乃任三多为驻库大臣，并添设库伦兵备处、边防营、交涉局、宪政筹备处、车驼捐局等机关，欲作实际之经营，而各种费用，悉令蒙人供给，更建营房四百余间，准备驻兵，张惶很久，一兵未练，徒使蒙人疑惧，致相率逃避，近城各旗，大有十室九空之概，从此蒙人益感不安。中国后有辛亥革命巨变，乘此时机，哲布尊丹巴遂借俄人之助脱离中国，宣布独立，自称为蒙古大皇帝，在民元间曾与俄国订立许多秘密条约，遂将开矿、借款、练兵、装电线等特权，全盘贡献于俄人，遂造成今日之局面。

中俄外交与外蒙

　　在十三世纪的时候，蒙古族曾西征俄罗斯，使其臣服者二百余年。计十五世纪末，俄国渐次强盛，遂逐蒙古族而据莫斯科，从此俄势蒸蒸日上，经营东方之野心因之咄咄逼人！自明万历四十一年（一六一三年），至清顺治六年（一六九四〔四九〕年），俄国东侵之步骤跨叶尼塞河流域，一跃而达黑龙江，再进至不勒喀河畔，筑尼〈布〉楚城为根据地，从此俄人足迹踏入外蒙，中俄交涉亦因之开展，兹分期述之：

　　一、俄国初期侵略外蒙：自顺治十一年清世祖第一次和俄国通书之后，内地始有俄商之足迹。康熙二十一年，圣祖见外蒙俄商日多，货财之流入俄国者日甚，曾令喀尔喀、车臣汗两部，拒绝俄商内地之贸易，而断其交通之路，然而喀尔喀之土谢汗部与西伯利亚相接，贸易自难断绝，边疆时起纠纷，俄皇彼德虽于康熙二十八年遣人至北京，向清廷请求改订商约（指前《尼布楚条约》），恰好当时在库伦之俄商，有不受监督官指挥之事，同时天主教又有对俄人交恶之感，因此清廷逐俄使，拒绝改约。一直到了俄皇加太邻一世即位之后（雍正五年），俄复遗〔遣〕使，重伸前请，遂有《恰克图条约》之订立，划清两国之界线，自此俄蒙比邻，贸易互通，边疆恐怖因之开展！该约之第四条：

> 按照所议，准两国通商，既已通商，其人数仍照原定，不得过二百人，每间三年进京一次，除两国通商外，有因在两国交界处，零星贸易者，在恰克图、尼布楚，择好地建筑房屋，请前往贸易者，准其贸易……

自该约订立之后，我国内地商人，运烟、茶、缎匹等货赴库伦、恰克图贸易者日盛，而外蒙及俄国输出之皮革反减少，因此北京贸易受到影响，日就衰落，监督俄罗斯馆御史赫庆遂奏请清廷，停止北京贸易（乾隆二年），令蒙古交易统归恰克图，该处贸易，因之较前益甚，高宗曾令台吉等董理其事，并置库伦办事大臣二人（乾隆二十七年），专理边务及中俄交涉事宜。但以俄国奸商，时有渝约私理税务之事，高宗怒，曾一再查封恰克图市场，与苏俄断绝交通者十余年，最后复在《恰克图市约》第二条中规定：

> 中国与俄国贸易，原系两边商人自相定价，俄国商人应由俄国严加管束，彼此货物交易后，各令不爽约期，即时归结，勿令负欠，致起事端。

当时俄国因有事于西欧，对东方侵略之野心，虽后〔没〕有一天忘怀，然而忽续忽断，并不采取积极行动，尤以俄国东侵之初，倾全力于满洲，外蒙情形尚称缓和，所以从中俄开始交通至《恰克图市约》订立之过程中，蒙俄贸易，和中俄之外交关系，可以说是平等，俄国侵蒙此时也可以说是初期。

二、俄国强迫改约：鸦片战败，《南京条约》成立以后，中国内部之弱点暴露，列强对华之轻视毕至，俄国乘机遂联合美法与中国订立《天津条约》，顺势而以调解英法联军居功，擅自求报，复订《北京条约》，兹将该约关于外蒙之第五、九两条摘录于后：

第五条：俄国商人除在恰克图贸易外，其由恰克图照旧到京经过之库伦、张家口地，如有零星货物，亦准行销库伦，准设领事官一员，酌带数人，自行盖房一所，在彼照料。其地基房若干，并喂养牲畜之地，应由库伦办事大臣酌核办理。

中国商人愿往俄罗斯国内地行商亦可。

俄罗斯国商人不拘年限，往中国通商之区，一处往来人数，通共不得过二百人，但须本国边界官员给予路引，内写明商人头目名字，带领人多少，前往某处贸易，并买卖所需，及食物、牲口等项，所有路费，由该商人自备。

第九条：现在买卖，比前较大，且又新立交界，所以早年在尼布楚、恰克图等处所立和约，有应更改之处，应另订新约如左：

向来仅只库伦办事大臣与恰克图固毕尔那托尔总办与伊犁将军往来行文办理边界之事，至今此外拟增阿穆尔省、东海滨省固毕尔那托尔省边界事件，与黑龙江、吉林将军往来行文；恰克图之事，由恰克图边界廓米萨尔与恰克图部员往来行文，该将军、总督等往来行文，俱按《天津和约》第二条，彼此平等，且所行之文，若非所应办者，一概不管，遇有边界紧要之事，由东悉毕尔总督行文军机处或理藩官办理。

自《北京条约》订立后，俄国侵略满蒙，前后凡三四次，其版图扩张至现在之大！所以外蒙经济侵略之色彩，便特别浓厚起来，不只贸易范围力求扩大，商人团体亦渐有组织。由此更进一步想打破关税壁垒，做操纵外蒙商业的一个事前的准备，因之二十一条之《陆路通商章程》遂告成立（同治元年即一八六二年），其重要的两节是：

（一）两国边界贸易在百里内，均不纳税，其稽查章程，任便两国，各按本国〔俄〕边界限制办理。

（二）俄国小本营生，准许前往中国所属设官之蒙古各处，及该官所属之各蒙贸易，亦不纳税。其不设官之蒙古地方，如该商愿往贸易，中国亦断不阻拦，惟该商应有本国边界官执照，内用俄、汉、蒙文铃〔钤〕印……

观此则俄国侵略外蒙之努力，由野心的阴谋，已变成有组织、有计划之具体的事实，这种事实的表现，不在通商章程上，而在强迫改约的问题中：

中俄于光绪七年伊犁问题发生后，曾改订条约，其第十款规定："准俄国在内外蒙古各处贸易，照旧不纳税，并准俄民在伊犁、塔尔巴哈台、喀什噶尔、鸟〔乌〕鲁木齐，及关外之天山南北两路各城贸易，暂不纳税，俟将来商务兴旺，由两国议定税则，将免税例废除。"第十五款规定："此项通商条约，每十年酌改。"至光绪十七年为酌改之期，我国当局囫囵过去，迨二十七年改期又到，因中国内有拳匪之乱又作罢。而俄国自该约成立以来，于已设领事等处，添设专管居民地，华俄银并〔行〕支店，及邮便局等，故俄国商业之在外蒙者日见发达。到第三期俄国改约期迫时，俄国有另立新经济侵略政策计划，迭次赴外蒙调查俄国商务实况，以备改约时提出进一步的交涉。其后俄政府果乃先发制人计，突于宣统三年正月十八向外务部提出六项要求，迫令中国承认，其重要者有：

蒙古及天山南北诸地方，俄国臣民得自由移转居住，不受何等独占及禁止之防〔妨〕害，且一切商品，皆为无税贸易（第三项）；

俄国政府于设领事馆地方之外，交子〔更于〕科希〔布〕多、哈密、古城三处有设领事之权，此权利之实行，虽应与中国协商，然斯等地方，两国人民屡起诉讼，足见实行此权利之不可缓（第四项）；

中国官吏须认俄国领事对于管区内之权能，关于两国人民诉讼，不得拒绝俄国领事会审（第五次〔项〕）；

俄国于伊犁、塔尔巴哈台、库伦、乌里雅苏台、哈〔喀〕什喀〔噶〕尔、鸟〔乌〕鲁木齐、科布多、哈密、古落〔城〕、张家口等处，俄国人民对于此等地方有购置土地、建筑房屋之权（第六项）。

此等要求提出之后，俄兵同向新疆、伊犁动员，中国处于武力威吓之下，只好委曲承认，从此外蒙全局，已陷入岌岌恐怖之状态，同时也是俄国侵略外蒙的一个严重猛进的时期！

三、俄国助蒙独立：俄国自从西伯力亚铁道完成之后，向外蒙侵略，穷极智谋，不遗余力，直至强迫改约之时止，整个经济财源，已被俄人操纵，而政治大权尚未完全入于掌握，因此一方面对于贝加尔等处之佛教徒备极优待，以联蒙之感情；他方更以珍藏宝类、犬马、下女贡献于活佛、王公之前；种种怀柔下策，不仅小惠蒙民，而活佛亦渐被耸动，加以当时活佛哲布尊丹巴有鉴于达赖之被清廷裁撤，时存自危之念，在此恐佈〔怖〕诱惑之下，俄人更以蒙古独立先锋队自任，直向我国提出：限我政府刻日裁撤兵备，调回练兵人员！火线既起，哲布尊丹己〔巴〕遂借俄兵之力驱逐中国官吏，于宣统三年十月改称大蒙古国。

俄政府更进而向中国提出在外蒙享有的特种权利，要求承认，我国虽未予答覆，而《俄蒙协约》在威挟劝诱中订立，该约内容虽极复杂，要以"赤化"外蒙为要旨，当时清廷曾几次撤换外交总长，多方提出抗议，最后才有民国二年之《中俄申〔声〕明文件》之订立，民国三年《中俄蒙协约》之成立，然而协约终属具文，实际上除了"外蒙承认中国宗主权，中国、俄国承认外蒙自治，为中国领土之一部分"（《协约》第二条），所有殖民、派官、驻兵，皆在不规定〔允许〕之列，至其独立之名虽去，而内政则完全自主，此种自治，仍属变相虚伪之独立。因为我国既承认俄蒙之商务专条，又不收外交监督之实权，所有蒙古之政治实力当时即已握入俄国之掌握。

俄国自从空前之大革命起（一九一七年，即民六年），红党勃兴，外蒙顿陷于恐慌，此时虽有不能自治之觉悟，而向中国呈请撤销自治，请求出兵防俄之机会；然以北京政府派之徐树铮处理不当，不能深得蒙人而〔之〕信仰，而且俄人在外蒙政治基础，亦已巩固，又不易动摇，当时苏俄对中国虽有三次亲善之宣言，不承认帝俄时所订之一切条约，然此不过为求得中国一时之同情，以扩张其对列强声势；因为这种原故，虽在最后的中俄协约上（一九二四年即民十二年）也始终没有把外蒙弄个清楚，除了将《中俄协定草案》，改成《中俄协订》，三月十四日宣布的日期改为五月三十一日，外交总长王正廷改成顾维钧。

当时外交总长顾维钧，因《中俄协订》中丧权辱国之处甚多，故于条文中向俄国改三点：

（一）废约一节，苏俄仅限于废止前俄帝国时代与第三者所订之约而止，而俄国改政后，凡俄国与第三者所订有妨害中国主权之约，则未提及；

（二）外蒙撤兵问题，苏俄应负有较为详切之责任；

（三）移交教堂产业于苏联一节，应暂缓办理。

其间经过几次秘密交涉，只把属于该约第四条之第一点略事修改：

第四条：苏俄政府根据其政策，及一九一九与一九二零两年宣言，声明前俄帝国政府，与第三者（即外蒙）所订立之一切条约、协定等项，有妨害中国主权及利益者概为无效。两国政府声明，嗣后无论何方政府，不定立有损害对方缔约国主权利益之条约及协定。

事实上《蒙俄秘约》依然有效，俄国对蒙侵略并未放松一步，协定不过一张表面文章。

苏俄"赤化"外蒙之步骤

俄国侵略外蒙方法，系抄日本亡韩的旧文章，而分为两种步骤：（一）唆使外蒙独立，脱离中国，而自己在背后操纵，此点在上述文中已证实俄国成功。（二）对于独立后的外蒙，渐渐使其"赤化"手段，并借武力，使成为苏维埃联邦之一。其侵略的步骤，可分为左列几种：

一、以留学俄国的蒙古青年为中心，组织蒙古共产党和革命青年团为革命的原动力。

二、编成蒙古民军，和苏俄的红军联合，协力扑灭窜入库伦的白俄残军。

三、召集国民会议，建设蒙古国民政府。

四、废除活佛，成立共和政府。

五、实行社会及经济各方面的革新。

当一九二〇年白党温格林在俄境战败之后，率领谢米诺夫的残部退入外蒙，想以其地为复兴之根据地，一面占领库伦，驱逐中国在蒙之官吏，排除中国之势力；一面驱逐蒙古老年人及稍有知识者；当时蒙古有不少思想左倾的青年，不堪温氏之压迫，相率逃至恰克图、贝加尔湖沿岸一带，以避温格林之屠杀。

苏俄政府得机会，便于上乌丁斯克、伊尔库次克等地成立蒙古人招待所，对蒙古亡命之青年隆礼优待，并命在蒙之赤俄加入此辈亡命青年之中，徐作"赤化"之宣传，未几便在苏维埃指导之下，成立蒙古革命党，推定巴图鲁为领袖，而为"赤化"外蒙之急先锋！

一九二一年三月，蒙古革命党在恰克图产生外蒙国民政府，借口讨伐白党温格林，恢复外蒙古为名，派遣代表赴莫斯科，请求苏俄政府与以实力的援助，苏俄当局以此种请来〔求〕，正中所愿，慨然允诺，立刻派赤军会同蒙军攻占库伦，肃清白党，捕获温格林！因是又在赤卫军之下，成立一个有名无实的伪政府，自此外蒙与中国二百年来藩属的关系全告终结，而中国政府亦无力过问。

当赤卫军占领库伦成立政府之初，知蒙人对活佛信仰之深，如果立时将其推翻，必不足以资号召，因此哲布尊丹巴遂摄外蒙皇帝，但其附带之条件为：国会通过之条件，皇帝只能宣布而不能加以修改，此等有名无实之傀儡皇帝，较满洲伪国之溥仪有何差异！兹将外蒙政府之设施，及俄蒙修好条约列举于后：

外蒙政府成立不久，即举行小国民会议，通过建国纲领五条：

第一条：政府宜以铲除封建制度的根本为目的，另定新法律，切实施行阶级的制度，使全国〈国〉民一律有服兵及受法律裁判之义务。

第二条：制定纳税制度，凡全国国民不分阶级，负均等的纳税之义务。

第三条：废除奴隶制。

第四条：以立宪君主之资格保存活佛，立于其下之政府，务求民权之扩张，活佛无否决权，政府与国民会议制定的法律，报告活佛后，即以国民之名义颁布。

第五条：宣战、媾和及制定预算权皆属于政府及大小国民会议，除决定政纲外，并决议废止一切旧法律，另行制定新法律。

该项纲领极为苏俄不满，乃以威胁之手段，迫外蒙承认其赤色之条文，蒙人不得已而承认如下之条文：

一、外蒙之森林、土地、矿产皆为国营。

二、分配外蒙的公有土地于蒙民之贫困劳动者。

三、外蒙之天然财源不得变为私有财产。

四、外蒙之矿产，由苏俄劳动者共同开发。

五、外蒙金矿让与苏俄工会，由俄职工会管理之。

六、外蒙土地之分配，须照苏俄办法。

七、除专利事业及特别权利事业外，并保留私有财产之日用品的制造自由。

此条件承认后，外蒙国民党重要分子，愤恨苏俄，联合反抗，但因党内已受苏俄怂恿，发生分化，外面又有专横的赤军，反抗运动，终归失败，几个重要人物，竟遭枪杀，革命党之总理包〔巴〕图鲁亦在其中！

一九二四年夏外蒙政府已实行左倾，其时党内人物，已非昔比，主持者多是亲俄之辈，于是外蒙政府实行苏维埃之共和政治之决议，竟于是年冬大国民会议中通过，并通过《劳动民权宣言》，并将库伦改为赤勇城，其宣言大意如左：

一、蒙古为独立共和国，主权属于劳动国民，以国民会议产生之政府行使之。

二、蒙古共和国目前之国是为铲除封建之残余势力，而树立民主制度的新共和政府。

三、据此原则，而依左列之方针进行：

1. 土地、森林、水泽，及其他的土壤，皆为劳动国民之公产，以前之私人所有权一律废止；

2. 在一九二一年革命前所缔结之国际条约及借款一律无效；

3. 外国人在蒙专横时代借给个人之债务，在国民经济上为不可忍受之负担者一律无效；

4. 政府采取统一的经济政策，国外贸易皆由国营；

5. 为保护劳动国民权，防止内外反动势力之发生，编制蒙古革命军，对于劳动者受〔授〕以军事教育；

6. 为确保劳动者的精神自由，应政教分离，使宗教信仰有〔为〕各个人之自由；

7. 政府应将言论机关，付与劳动者之手，以确保劳动者表示意思之自由；

8. 政府应供给劳动者之集会场，以保证劳动者一切集会之自由；

9. 为保证劳动者之自由，政府须与以关于组合之物质上及其他援助；

10. 为增进劳动者之知识，政府须普及劳〔全〕蒙民众之免费教育；

11. 政府对蒙古人民应无民族、宗教及男女之差别，承任〔认〕一律有平等权；

12. 旧日五〔王〕公贵族之称号，及其特别权利一律废除；

13. 鉴于全世界劳动阶级，咸趋向于覆灭资本主义，建设社会主义，蒙古国之对外政策，应尊重全世界被压迫民族，及劳动阶级革命之利益，以期与彼等之根本目的相合；

14. 在情势上对于其他资本主义国家，虽以保持友谊关系为务，但对于侵害蒙古之独立者，须断然抵抗之。

此项宣言发出，苏俄政府首先承认，不久两国政府即派全权代表在莫斯科缔结《俄蒙修好条约》十三条：

一、苏维埃联邦政府认蒙古政府为蒙古惟一的合法政府。

二、蒙古国民政府认苏维埃联邦政府为俄国的唯一合法政府。

三、两缔约国负有左列之义务：

1. 两缔约国无论何方之领土内，不许有"以反抗他方，或颠覆其政府为目的之团体及个人"存在；

2. 不得"以与他方战争为目的的军队"在自国民内动员，或募集义勇兵；

3. 不得输运武器，或从其领土内通过与缔约国直接或间接为战斗行为之团体。

四、苏维埃政府派遣全权代表驻蒙古首府，派遣领事驻科布多、乌里雅苏台、恰克图等地。

五、蒙古国民政府派选全权代表，驻苏俄政府之首府，派遣领事在与苏俄政府协定各地。

六、俄蒙间之国境，应于〔由〕两国政府间特定之委员会特〔划〕定之。

七、各缔约国国民，居留于缔约国地方之领土内，享有最惠国国民之权利与义务。

八、各缔约国之司法权，无论关于民事或刑事，在其领土内适用于缔约国他一方的国民，但均基于文明与人道原则，两国皆不适用体刑刑法，在执行刑法上之审判及判决，若对于其他国家与以特典时，此特点〔典〕亦宜自动的适用缔约国他一方的国民。

九、由两缔约国的他一方输入或输出之贸易品，宜纳法定之关税，但此等关税率，不得超过由其最惠国国民所征之关税。

十、苏俄政府对于存在蒙古境内的俄国所有的电信局及电信装置，无条件的让与蒙古国民政府。

十一、为增进两国之文化及经济关系，俄蒙间邮便、电信之交换，及经由蒙古电信问题之解决，皆甚重要，两国对于本问题宜特行协定。

十二、蒙古国民政府对于在蒙古境内所有土地及建筑物之俄国国民，宜与以适用于最惠国国民同意之土地所有权及赁借权；但俄国国民对此宜担负征纳〔立〕租税，及赁贷费之义务。

十三、本协约以俄文及蒙古文作成两则，从签名之日起发生效力。

吾人观此冠免〔冕〕堂皇之条约，煞像蒙俄在平等的原则上结合，事实确〔却〕大谬不然！

《外交月报》

北平外交月报社

1934 年 4 卷 3 期、5 卷 2 期

（李红权　整理）

远东纠纷中之蒙古

[美] Owen Lattimore 撰　　　徐仲航　译

　　作者 Owen Lattimore 君，系太平洋国际学会总会所出版之《太平洋季刊》总编辑。此文原载该刊第七卷第一号（本年三月出版）。文中要点：（一）中西交通始于蒙古；（二）蒙古在远东国际关系中已成重要因素；（三）日俄冲突以蒙古为焦点；（四）中国对蒙政策之批评；（五）内外蒙古之歧途发展；（六）日俄战争将由蒙古爆发。

译者

一

　　意大利前任驻华公使斯法萨（Count Carto Sforza）伯爵，最近在《都鲁斯快报》（La Fepehe de Toulouse）上发表了一篇文章，他说："满洲是今日的巴尔干，海参崴将是明日的塞拉耶窝（Serajevo）。"他在论及东方与西方之日渐隔离的时候，申言那权威的西方文明，自从一九一四年来，已将其伦理的价值毁弃了。

　　斯法萨伯爵对于研究远东国际关系，是素有权威之称的。可是，他在这一篇文章里，忽略了一个重要的原素，就是陆路与沿海价值在亚洲命运上的关系。他完全堕入于西方人的传统之中了，不从历史与陆路关系上，不从万里长城与西比利亚边疆的关系上，以观察中国与西方的关系，而单从海路上着眼，这是一个很大的错误。从最近一百年来的历史观察，西方各国在中国所获得的不平等条约上的利益，以及那些通商口岸，乃知"满洲国"的成立，便是以陆地上的万里长城以北的领土的势力，以替代由沿海而来的西方的势力。这就是说，在"满洲国"方面，蒙古前线较之海参崴更有重大的意义。也就是说，假使说海参崴是明日的塞拉耶窝的话，爆发于海参崴方面的战事，其成败利盾〔钝〕还须取决于蒙古。因为东北问题，在新的意义说来，有由于暴力而成的"满洲国"之存在，对于蒙古问题，开了特别重要的关键。

在全部的历史中，中国一向未曾征服或统治蒙古全部。分析近代中国与蒙古关系的历史，发现了两条路线：一个是满洲人征服中国，一个是满洲人君临蒙古。满洲人与东蒙古人的联盟，是满洲人征服中国的开端。满洲人用了与少数蒙古人同盟的手段，而统治了蒙古全部。经过了几次对蒙古的战事，取得了与蒙古同盟的关系，从此并不以战胜者的资格，而倒是以同盟者的资格过问蒙古的事情了。由于种族的历史和地理的原因，内外蒙古之间常是存着一种割裂的鸿沟。但是，现代的内外蒙古关系之乖离，应当从满洲人的历史说起。满蒙联盟之第一阶段，建筑了满洲人征服中国的壁垒；满蒙联盟之后一阶段，使满洲人在由〔内〕蒙古取得了决胜的地位以伸张其势力于外蒙。

中国与蒙古的关系，由于满清帝国之崩溃而截断，总而蒙古人便开始从事于组织蒙古人自己的国家。除了一九一九到一九二〇年那一瞬间而外，自从一九一一年以来，蒙古一向都是脱离中国而独立的。虽然除了苏俄以外，对于蒙古的独立都施以外力的压迫，然而终是无补于事的。

外蒙古由于对中国的独立，而必不可免的导入于其内部的社会革命，这主要的是因为那些世袭的统治君主们，未能把他们民族的利益放在前头，反而把他们皇族的阶级利益放在最先了。由于外蒙古与中国的敌对，于是俄国的势力占了上峰〔风〕。然而这并不是说外蒙古被苏联并吞了，因为在政治的意义上，外蒙古还没走上这条道路呢。可是在经济方面说来，外蒙古因为她和中国敌对，经济上已入于俄国的范围了。经济方面的改革与进步，大都基于苏俄的方式，因为除了苏俄，她已没有别的经济来源了。

"外蒙古共和国"采用国家社会主义的方式而组织的。旧的优越阶级已经不复存在了，然而很奇怪的便是，新的领袖多是出身于旧的贵族阶级。

在今日的外蒙古，所谓"共产主义"，还不能说是已经存在，只能说是由于把握其政治的、社会的以及经济的诸问题上，将来能够建设成采用某种成分共产主义的社会。她将来势将成为一种没有制造工业，一小部分农业，而完全以牧畜为主的国家。

在一九一一年满清帝国崩溃的时候，内外蒙古之积久的裂痕，便马上表显出来了。内蒙古革命运动之发作，实在先于外蒙的，但是他永未成功，于是许多往日反对中国的领袖们又跑到外蒙古了。在中国革命的期间，内蒙的革命运动，曾经数次的想与外蒙联合，但事实上都没有成功。这一半因为内蒙的亲王们认为，独立有使外蒙亲王的势力凌驾内蒙的危险，一半是因为她在经济上大部的，还须仰仗于中国缘故。内蒙的多数亲王，他们操纵蒙古的商业，对于和中国通商是极端愿意，而又极不愿意担负捐税。关于这一层的理由很简单，就是蒙古人以为在中国这样软弱的国家之下，他们可以随其所欲者而行事。他们也恐怕俄国的势力在外蒙日渐高涨，他们认为在中华民国的名义下存在着，比较在苏俄的统治之下面保存独立的名称，可以多有一些真实的自由，这是毫无疑问的。因为如此，所以在内蒙第一次的独立运动之顷，虽然中国征蒙的军事道〔到〕处失败，可是内蒙的独立运动，并不见有分毫实际的成就，并且到了最后，内蒙一部分的王公反而被中国收买，做了中国政府的高官了。

内蒙方面所希望的在她和中国的关系上，使中国的力量微弱的企图失败了。这有两种原因使蒙古不能取得此种优越的地位，那就是她没有现代的兵器与铁路。这两件事情，主要的还不在中国，乃是因为西方各国直接在中国施行统治所致。现代化的兵器，使中国对于蒙古处于军事的优越地位，铁路的兴筑使中国永远享受蒙古的利益，使几世纪以来用手车或大车运载其输出的农产品，一旦改为铁路运输，稳定了中国人在蒙古的地位。

在这个时期以前，中国人逐渐的往内蒙移住，尤以东部内蒙古为最多。这块地方，即是现在满洲与大部分的热河，在十七世纪时代被满洲人结盟的蒙古人所占据的。中国人移住的地带即是现在的热河，和现称为"满洲国京城的新京"之西部与其南部。满洲人倒是反对这种移民的，因为他们想使蒙古人永远保持那种野蛮的状态，于是可以为他们的军事后备队。但是蒙古人自己却很欢迎这种事情，因为这样一来，蒙古人荒废的土地可以有人耕种，并可以有谷物与地租的收获。于是蒙古的地主们就得以君临于中国人之上，而享受其安逸的幸福，就像他们的同盟者满洲人那样的。

中国人之深入蒙古，由于铁路修筑，其性质乃与从前大不相同了。中国人开始压伏了蒙古人，蒙古人对于这种压迫纵有戒心，然而也是没可奈何的。

平绥铁路筑成以后，开始往察哈尔、张家口以北及归化以北乌兰卡盟旗等的蒙古地方移民了。可是主要的铁路系统还是在满洲，而主要的受痛苦的还是满洲方面的蒙古人。从而热河问题，在此种意义上，只有满洲的铁路与之接近，所以他的问题也就以满洲为关键了。蒙古人的前线，也曾进展到长春与哈尔滨一带，并到达仅距沈阳八哩之遥的地方，后来他们把热河领土的三分之二，满洲领土的三分之一都失掉了，才从这些地方退出了。

中国人在蒙古突然占了优势，使蒙古人踌躇起来了。屡次发作的蒙古的叛乱，使中国人的进攻迟缓了，但是蒙古的王公们，对于中国频频输诚，怀着一种拯救全部蒙古的观念。中国人采行了一种政策，对于未经移民地方的王公们，在各种事情上支持他们，并且于移民的利益也分给他们一部分。于是蒙古王公与庶民在利害间划分了一道鸿沟，而王公们从此变成了反对蒙古"革命"运动的一阶级了。但是我们很可以说蒙古人每次护卫领土的运动，都是由王公或是由王族的人们领导的。

二

蒙古人以日本人制成的"满洲国"的对蒙政策，而希望阻碍中国人的发展，这是一种无望的企图，但是这些事情也有相当的成功。在"满洲国"那些未经中国人移住的地方，都已取消了蒙古自治的名义，是凡在兴安岭区域的地方，现在都属于兴安省的统治之下了。在兴安区域之内，中国人口尚不到绝对的多数，而蒙古人的利益又是在"蒙古事务署"的保护之下。在自治的省份之内，在内务方面，比较"满洲国"内其他地方的自由多些。蒙古人是受两种人统治的：一部分是他们传统的王公们，一部分是他们选举的与官方委派的官吏们。他们也可以有自己的军队，这是"满洲国"省份中最大的一省，它对于"满洲国"内政上的重要是显然的。兴安省位于"满洲国"铁路系统的西方，形成了"满洲国"西部的边疆。兴安省无形中成为这样一种组织：他天然的分划了中国人的利益，使中国人与日本人的利益成为敌对的，使蒙古人与日本人的利益成为友好的。这就是因为这块地方是从中国移民影响拯救出来的。从他边防上的情形考察，至少在某种限度之内，与印度西北部的边疆比较，那实在是经济与社会的性质都与内地分离的一部边疆领土，那儿有很多具有传统的好战性质的居民，可以组织起来军队，以为压服东南方面人数很多而却不好战斗的中国人民。

"满洲国"内这一个庞大的蒙古人的省区，其经济方面的蕴藏还未完全表现于世上。中国人所施于此地的开发，除了农业而外，工业、矿业、林业每样都是微弱无力的。不只农业是单独的发展，而这种单独超越的农业还是以一种低级的方法从事的，就是把那些离去故土的大地主们的地产，以移居过来的没有资本而又没有独立经济的贫民，从事于手工的耕种。在饲养家畜方面，中国人也是外行。实在说来，为中国人所移住的蒙古土地，真是一种头等的牧场，在数年之内被他们耕耘得地力涸竭了，嗣后无论用之于农耕或是牧畜都是不中用了。这就是说满洲在中国人的统治之下，缺少经济的改进。至于日本统治这块地方，自然能以改正此点。因为日本不只需要"满洲国"的谷物与大豆，就是矿产、木材、肉类、羊毛与兽皮等等，也都是需要的。日本现在是从澳洲购买羊毛，日本在"满洲"自然必十分积极的使羊毛的供给充足。在蒙古人的领土之内，以法律保护蒙古人对中国移民的反抗，开辟了有经验的改善牧畜的人们的进路，于日本人与蒙古人都有利益。南满铁路的实验农场，几年以前已经试配出一种蒙古与西班牙合种的绵羊，还有几样别种畜类，从前也都没经试验过，因为蒙古人和中国人对这类事情都不感觉兴趣，在这种试验阶段之完全成功，蓄养大量畜类的工作，便马上可以开始了。

所有这些情形，我们可以想到，这对于"满洲国"与日本都是极感兴趣的。这不但在"满洲国"国防上居于特殊地位，即在蒙古这部分边防上说，也是极端的重要。在一种较大的意义上说，

"满洲国"的成立，实在是亚洲历史的新页，是接续那旧记录的一章新书，是回溯两千年以前，在西方的海盗所掀起的中国历史的波浪，与万里长城防线所统治的历史中的一段插话。

统治东亚大陆的势力是日本自己，以与美国和国联会员国所代表的西方的海上势力相平衡，那问题就比较的简单了。但是，这儿有不可避免的日俄的对抗。好像是无稽之谈似的，无论俄日哪国都是希望战争的。实际的问题乃在用什么方法可以避免战争。假如战争是不可避免了，那就两国都希望战争，都认为战争于自己有利，与对方有损的。

在一次日俄战争的事实中，西比利亚——"满洲国"前线在军略上的重要是两国都知道的。铁路哩数的距离是知道的，两国能够到前线实际行动的军队，以及由后方到前线活动中间所需用的时间，都可以大致的计算出来的。很显然的，日本必需顾及俄国的空军以海参崴为根据，向大阪与东京进行攻击是很有可能的，因之必需准备预防这种攻击。在另一方面，说日本能够将俄国的海参崴与西比利亚的东海滨省取到手里，也是笑话。其实，在日俄两国，任何一方前线上的失利，只是单单的退却而已，于他们的相互关系，并不能发生根本的变动。所以，一九〇四到一九〇五年的日俄战争之不能成为两国决胜的战争，而只是一场开端。

日俄两国之间，其唯一决胜的地方，足以为扫荡对方的根据的地方，在俄国方面是与西比利亚对峙的外蒙古，在"满洲国"方面是"满洲国"的内蒙古。海参崴和乌苏里、黑龙江前线是属于位置与策略上的问题，而蒙古乃是军事所必争的地方，这一个战场是开辟了。西比利亚大铁路蜿蜒其旁，"满洲国"的铁路与之针锋相对，这一个壁垒广延了数百英里。于是，不如中国被人所知之多的蒙古、西比利亚或是"满洲国"，实在是远东全局命运的关键。

三

蒙古人总计起来在五百万以内，其中居于外蒙的一百万，所占面积有美国东方的密赛赛比区之大。居于内蒙、张家口与绥远之北的有一〈百〉万人，在"满洲国"兴安省的有二百万人，所占面积有十万方哩，等于法国全面积之半。还有一百多万散处于新疆、青海，与外蒙毗连的西比利亚的布利爱特（Buriat）共和国，以及俄国伏尔加下游的阿斯达干区。所以在"满洲国"的蒙古人比较在外蒙古的实有两倍之多。

蒙古人的弱点就是在一块庞大的面积之上，几乎有美国那么大的地方，人民分散于各处，经济的发展，显然大受限制。然而，在军事上却处于显然的有力量的地位，这在日俄战争中，他可以对于某一方面，施以有力的动作，就能够影响其胜负。

"满洲国"握有内蒙古的一半，包含呼伦贝尔（黑龙江省的西部）、黑龙江省嫩江流域的一部分、哲里木盟（包含北宁路关外段辽宁省地方和吉林、黑龙江的一部）、热河的卓索图和昭乌达盟。哲里木盟的三分之二，卓索图盟的全部，昭乌达盟的二分之一，已被中国人稠密的居住了，这连拥有十万方哩的兴安省还没算在内呢。

现在可称之为中国内蒙古的地方，足有满洲蒙古之大，分成绥远与察哈尔两省，中国把这个地方划归省份制度，便是积极的移殖中国人，同时消灭蒙古人的计划①。这些蒙古的地方，原为锡林戈勒、乌兰察布、伊克昭三盟及绥远、察哈尔二省之土默特部。

_____

① 原文如此，用语不恰当，后文"中国人不住的蚕食侵略"等同此，请读者注意。——整理者注

至于阿拉善额鲁特和额济纳土尔扈特乃是与内蒙古毗连，而在政治上是属于西部或中亚细亚蒙古的。察哈尔省南部西至绥远，已有百分之七十为中国人民所移住了；绥远归化左近之土默特部，也几乎全为中国人所居了；绥远西部伊克昭的全部，也已被中国人所移住了；绥远北部乌兰察布盟有百分之四十的地方被中国人所移住，唯有锡林戈勒区，有察哈尔省之北很长的地方，北至外蒙古，东至兴安省，这块中国内蒙古的地方是完全没经移住的。锡林戈勒的蒙古十旗，因此成了抵抗中国人侵入运动的骨干了。

于是我们可以看到"满洲国"之建立兴安省，已经在默默中使蒙古紧张起来了。到了一九三一年日本侵入以来，有两种主要的势力在蒙古极力活动。在外蒙古，"蒙古共和国"已经建立起来了，虽然是民族主义性质的，也是在俄国强力的影响之下的。在内蒙古，中国人不住的蚕食侵略，蒙古人逐渐的消灭了，蒙古的王公们被中国的官吏支持着，在中国人的剩余领土之内，更多了一些权力，比他们纯粹蒙古人传统的政权还要大些。然而同时，他们的土地每年对中国人有新的交割。

这就把蒙古人自然的领袖夺去了，而使他们不得不在末路中选择一条出路，他们是仍旧在中国的统治之下，以与独立运动和社会革命相对抗，或是要脱离这样环境。王公这一阶级，在利害上必需反对与外蒙联合，因为那会意味着多数的王公将若〔会〕被杀，其余的也将把收入与政权完全解除。可是在兴安建省的时候，又给蒙古人一个从新选择的机会。后来"满洲国"的蒙古人得到了局部的自主，这是在与日本联合的形势下存在的，蒙古的王公们由此又能以取得蒙古人民自然领袖的地位了，并且可以一时的与蒙古人联合并恢复其国籍。蒙古的王公们，由于地位的关系，已不再为战败的人了，而内外蒙古便陷入了危险的公开的争逐之中了。整个的说来，摆在蒙古人面前的两条可以选择的道路：一个是与俄国联合实行革命的民族主义；一个是与日本联合实行保守的民族主义，而以王公们领导着。

内蒙古仍旧在中国统治之下，还有些新的希望。他们的领袖即是报纸上所称的"德王"，他以为内蒙的人民，现在若有决心，就可以实现太平与独立。他还认为这种复兴运动，可以由内蒙而延及外蒙，这件事情，在德王谒见溥仪登极的时候，便是一个象征。溥仪从前为"满洲国"的执政，无疑的被"满洲国"的人民，尤其是蒙古人感觉这是极其含糊的事情，因为执政这种仿佛是地方官吏性质的地位，如果"满洲国"决定联合日本的时候，这个官职便容易被消灭。而溥仪的登极就是告诉日本，说满洲是独立的。（"满洲国"的情形和高丽是不同的，因为高丽的政权固属是被日本解除的，然而当初并不是日本给树立起来的。）

蒙古人，特别是承认"满洲皇帝"继承"满洲国"的政权为正统的主张者，是很重要的事情。蒙古人一向未曾以异族的征服者看待"满洲皇帝"，尤以在满洲的蒙古人，因为他们在满洲人征服中国以前就已和他们联合起来了，于是他们自己认为在开创"满洲帝国"的功绩上他们是相等的。而且，一位"满洲皇帝"，在他为蒙古人联合之集中点上，还远胜于任何蒙古人的名义。统治蒙古的王公们，都是成吉思汗各族的后代子孙，或者以统治热河的喀尔沁王子说，那是他的女儿。他们之中，这一个人比那一个人的地位高超了，这倒没有什么公认的理由。最初"满洲皇帝"，其地位被蒙古人所承认，大致是由于成吉思汗的后裔们互相火并，而为结束此种战争的结果，因而满洲人方面便被那保安的蒙古人所推重，而仍认为是蒙古人的本来的皇帝了。

在中国内蒙古境内的蒙古自治运动，首先是他们想要从中国方面取得比较从"满洲国"方面更好的条件。南京方面表示，对于中国移民，甚至对于省政府的监督，都愿意保证废除了。中国对于边疆省份、对于蒙古，取了一种极端"宽大"的政策。从前，对于蒙古的事情，是由南京政府的特设机关监督的，而同时以由蒙古划分出来的省区的地方长官参与其中的，于是造成了中国人对蒙古人长期压迫的结果，同时对于蒙古人的要求，总是中央与地方互相推委，永远没有正确的答覆。现在蒙古人要求不经地方官吏之手，而有与南京直接的作最后决定蒙事之权了。中国人这种因循，使人不快意的而又是时机已晚了的让步，即使完全答应了，对于蒙古问题，也不会有什么彻底的解决，这是很明显的事情。那只不过是给蒙古的领袖们一个时机，使他们有更多一点的时间，做成对"满洲国"与对外蒙的政策罢了。

从"满洲国"的立场上看，以不在中国内蒙古挑起事变为佳，这也是很平常的事情。但是可以由蒙古人自动的发作，而由"满洲国"支持着。假若蒙古人发动起反抗中国的事变，他们自然要要求"满洲国"的支助的。可是从蒙古人的立场说来，以取得"满洲国"（也即是日本）的支持为好，这样首先可以得到公开的军火的资助。这还可以保证蒙古不再受中国的压迫，而按照保守的蒙古人的计划，依附于日本与"满洲国"的长期支持的政策，对于蒙古人自己，实在是受赐非浅的。

四

日本的"大陆政策"，若没有一个有力的"蒙古政策"，便不能完成。日本已树立了"满洲国"，而其建立兴安省为树立其对蒙政策的张本，不久必将再进而侵及西部内蒙古。

日本对内蒙古的前进政策，若是必不可免的话，则内外蒙古间的冲突，也是不可免的了。由〔内〕外蒙古在地理上、在政治上都是紧相联接的。内蒙在东、西与南面都把外蒙包围起来了，"满洲国"的南满铁路及其海口，是外蒙古物产出口的通路。最近几年来都是被西比利亚方面垄断的。内蒙古的统一，以及她和"满洲国"的联合，将开辟成一道新的蒙古前线，这对西比利亚与"满洲国"双方，都造成容易受攻击的局面，若缺少有力的准备，便不能够持久。

总而言之，蒙古人自己的前途是走向战争的道路，所有的蒙古人都得想到，蒙古的统一是必不可免的，就是内外蒙古在历史上那些分离的往事，也不足以改变这种自然的统一的趋势。"蒙古帝国"基于外蒙而使蒙古人联合起来了。"满洲帝国"也把蒙古人联合起来了，只不过是从内蒙古着手的。在现代的情形说来，内蒙的各部落，还正在患得患失之间踌躇不定呢。蒙古统一，在社会的与政治的意味上，都是对外蒙的革命政府投降。现在，想到外蒙古以反革命的名义统一起来，也是可能的，那就得以世袭的复古的王公们为领导，以及那古旧的传统和喇嘛教堂。

然而，外蒙古政府是很坚强的，事实已经证明了，她不用俄国军队的助力，已□统治的能力，那是一个幼稚的政府，是不可否认的。她防止反革命的能力，是依附于俄国军火的供给，也是不可否认的。他们的领袖，大概都是蒙族中的优秀分子，但是在旧社会生活惯了的分子还没淘汰净尽。在新社会造就的人物还没长成以前，优秀分子是不会占国内的大多数的，蒙古那些反革命的领袖最怕的就是这个。他们知道，假使反革命运动成功了，古旧的人物仍旧可以活动起来。许多人相信，若实现"保守的民族主义"而战胜了外蒙古，并不需要多大的兵力，只要有军火的供应与领袖人才就行。因此，在外蒙第一次独立运动成功的时候，外蒙由于随时随地的躲避，内蒙由于避免冲突的行动，双方得以相安无事。

一个蒙古人的朋友想到了几乎即将实现的蒙古内战的时候，不能不发生矜怜与遗憾之感的。无疑的，今日蒙古民族中的优秀分子，都是些少壮的知识分子，他们认为蒙古的复兴，决不能由于旧秩序的恢复而完成，并且还须需要肃清那些传统的王公们，至少对于喇嘛教会也要彻底改革一番。这些青年领袖们，在外蒙古有，在内蒙古也有。另一方面，那些守旧的领袖们、王公与喇嘛，多半都是诚实而忠于国家的人，也有许多是有能干的人，他们的困难乃在他们已经是不合时宜的人了，旧的传统现在衰落了，若想使这些人再起而为其部落的精明强干的首领，虽有可能，但事实是很困难的。对于他们最不利的事情，乃是他们在那些少壮人们中的声名太坏了。为最近几年以来，大家都知道王公阶级的人们，都把他们阶级的利益放在前头，而不顾及全民族的利益，虽然这些不诚实的事情是终于失败了。还有于他们不利的事情，便是这些守旧的人们对教育与改良都持反对态度，因为他们认为"进步"便是观念革命的意思。

现在的情形，蒙古对于日本的纠葛实多于其对苏联的。俄国全部的政策不得不是保守的，她在等待一个时机，等着那些苏联化的青年们完全长成了，国家经济的力量也充实了，于转变这种不幸的境遇，就易如反掌了。日本方面，若从边疆上进攻俄国，实不能处于有利的地位，但是她若挑起蒙古人的部落战争，从而乘机把外蒙纳入其势力之下，这倒是一个很好的政策。假使这件事情成功了，日本在事实上就无须与俄国战争了，因为外蒙古一归她的统治，全部西比利亚和西比利亚大铁路也就在日本的包围之中了。

但是，俄国能够把蒙古事情置之不闻不问吗？日本与俄国纵然希望免除战祸，可是由于蒙古问题的牵掣，他们很有堕入战争的危险。日本不能够不接济与组织"满洲国"境内的蒙古人，这就使日本不得不和全部蒙古事情发生密切的关系了，相同的道理，俄国也是不能不资助外蒙的。而且，即使俄日两国都希望停止战争，但是整个蒙古事情的内部自己是酝酿战争呢。

　　没有人能说出，在什么地方，以什么方式蒙古的部落战争开始了。也没有人能够预言，这种战争能够延长多少时间。世界各列强尽管在那儿计划和平，但是"满洲国"是在战争的命运笼罩之下的，而这位战争之神现在是走向蒙古的。

《外交月报》

北平外交月报社

1934 年 5 卷 2 期

（李红权　整理）

论察东地位之重要

寓公　撰

日军侵略察东，据报章所载，范围不至扩大，究竟事之内情如何，我政府因应此事之方略如何，吾人皆不能得其真相，无从加以批评。吾所欲国人共知者，察东地位之关系重要而已。

所谓察东，包沽源、多伦诺尔、赤城、独石及东西二牧场皆在其内。沽源之地，在元为上都，在明为开平卫所，所在独石口外，最为重要。明初边疆控制，内设九边，外设大宁、开平、大胜三卫，大宁卫在今热河，大胜卫在今偏关以外，开平卫踞其中权，遮断东北与西北之交通，故热河之兀良哈部，不能西至开平，炒花兔燉、毛里孩诸部落，不能东越大同。满洲之地，则建设四十二卫所，虽为羁縻，而广宁一城（今兴城县），居中驭远，屹为关外重镇。明初边境，所以内外相安，略无侵扰者，以外有可恃也。自三卫内徙，大宁徙于保定，开平徙于口内，大胜徙于偏关，而九边遂乃多事。及其末造，广宁不守，表〔袁〕崇焕五年收复全辽之策，不可复行，虽以孙承宗之才，只能经略关门，不复控扼辽右。兀良哈部，遂为满人之臣仆，满人内犯，有时出喜峰口，有时越嬗子岭，有时且直趋独石口，凭陵宣化，绕蔚州而出紫荆、倒马二关，转犯北平。终至引寇入室，明祀斩而国家沦于夷狄，此详考有明一代历史而可得其大凡者。是故大宁之徙，为满洲添羽翼，开平之徙，为满洲辟一通途，虽无张、李之祸，明之外患，亦不能解免。而且明当外患紧急之时，山海关一督师，辽蓟一巡抚，蓟门〈一〉镇、古北口一镇、昌平一镇、黄花一镇、居庸一镇、宣大一总督，关内备御之密，古所未有。然不能牵胡人之马足者，地形既失，防守益难，一处有事，各处皆受牵制，所谓备多力分，终不足以言国防也。

　　自东三省为日人所占领，平东十县，在在皆属可危。山海关、一片石（即九门口）、冷口诸险，皆在敌人撑〔掌〕握之中。今所谓津东问题者，即东三省已失之影响也。自热河失陷，而喜峰、古北诸口，又为敌人所控扼，而密云、顺义、怀柔诸县，亦时在包围之中，故东省之失，无异于弃广宁，热河之失，无异于大宁内徙，孤悬于外，而为绥远、宁夏之屏蔽者，全系于察东。保察东，非仅以固平津，实所以卫西北，比于明之开平卫，又加甚矣。而且往昔獉狉未化之区，交通犹不甚便，今则林西、经棚、围场一带，交通大启，日人于此修筑公路，步步西侵，其视察东，久为囊中之物。今之有事于此，实为别有远图之侵略，非漫然之冲突，限于一地而已者。此谋国者之所当知也。

　　察哈尔一省，往时全为盟旗，后乃附以沽源、赤城、多伦、凉城、丰镇数县，多伦为其省会，万全（张家口）乃其所借驻也。及民国十八年，划河北之口北十县归入察省，万全始为真省会，而多伦尤为唯一之重镇，故多伦果失，不啻全省沦亡。其南之沽源，则西距宣化不过三百数十里，其于口内之危险何如。此又谋国者之所当知也。

　　今之希望察东事件不至扩大者，不过为苟安一时之计，甚或不知察东关系之大，一时纵可苟安，后患乃无穷也。昔苏子瞻作《六国论》，谓祖宗斩蒿莱、辟荆棘而有之地，“子孙视之〔亦〕不甚惜，举以与〔予〕人，如弃草芥。今日割五城，明日割十城，然后得一夕安寝，起视四境，而秦兵又至矣……故……以地事秦，

犹抱薪救火，薪不尽，火不灭，斯〔此〕言得之"。此其言本感于
宋与金人之事而发，不专为六国设想，然土地之不得轻易予人，
与以地事人之终取灭亡，则为古今不易之论，此又谋国者之所当
知也。

《国民外交杂志》（月刊）

南京国民外交协会国民外交杂志社

1934 年 5 卷 3 期

（丁冉　整理）

唐努乌梁海问题及其与中、俄、蒙三方之关系

何璟　撰

一　绪言

唐努乌梁海，现称都温斯基人民共和国，位于中亚细亚之北部，在北纬五十度至五十三度，东经八十九度至一百度之间。北与苏联米奴辛斯克·哈卡斯克管区及鄂衣洛脱斯基自治州相接境，东南及西南则与外蒙古罕·拓依希尔乌里斯克、钦达玛尼乌里斯克两"阿伊马克"毗连。全国面积计有一七〇，〇〇〇平方公里，几与欧战后比利时、葡萄牙、瑞士三国面积总和相若。人口据一九二七年调查，有七万零二千人，其中乌梁海人占五万八千，俄人占一万二千，平均每一平方公里约有居民〇·三八至〇·四一。首都设于寇齐尔·霍佗，城内居民有三千人（一）。

（注一）见《苏维埃百科全书》第八册，pp. 895—896，论"都温斯基人民共和国"一节，一九三〇年莫斯科出版。

唐努乌梁海地处叶尼塞河上游之盆地，四境高山环绕，高达二，四〇〇米突，北为萨彦岭，南为唐努鄂拉山，西为东阿尔泰山，东为哈尔廷·沙尔第克山。故水陆交通，极称不便，自俄境米奴辛斯克至霍佗城，为程虽仅六百俄里，然苟取道叶尼塞河，

则在米奴辛斯克上流二百俄里之内，俱为急流，奔腾澎湃，不易行舟。陆路则山道崎岖，森林丛密，积雪难化，且往往须上升至一万英尺以上之高峰，其困难盖可想见。是以苏联与唐努乌梁海间之交通，每值叶尼塞河开冻期间，自三月以至六月，及十月至十一月，依彼险狭之山径，赖冰鞋、驼背之力，以达其目的。迄至近年，苏联除自布里雅特蒙古自治共和国之首都上乌金斯克城，经脱洛依兹科沙夫斯克、库伦，至霍佗城，实行航空交通，传递邮件、公文外，更拟建筑二百俄里之长途汽车路，以乌梁海首都为中心，与科布多方面乌兰阔穆，及外蒙古之库布库苏尔大湖相联络。此项计划，使果成功，则此后不特俄货运入乌梁海者，时间、运价，均可节〔减〕少，即外蒙科布多各地之皮毛原料，亦将源源捆载而去。苏联得此宝藏，经济经营日趋积极，政治侵略，踵迹随之。吾人试一展望外蒙西部今日之近状，非特唐努乌梁海已随十月革命高潮，惑于俄人甘言利诱，独立建国，组织苏维埃政府，即漠北平原，亦经河山变色，徒呼负负。回忆民国九年二月库伦都护使陈毅呈报收复唐努乌梁海情形，备述"海地丰腴〔腴〕（按海即指唐努乌梁海），实为蒙疆之冠，且形势横亘乌、科北面，实为西北要塞。俄人视为天府，负嵎抵拒，不肯少让。不但海民受害，华商失业，其处心积虑，实欲凭借唐努，居高临下，为异日进窥乌、科之计。蒙疆固属危险，而我甘、新一带，亦将受其影响"（二），更不胜为我西北国防，抱无穷之杞忧也。爰特根据我国旧有典籍，参证苏联最近文献，将唐努乌梁海之历史沿革、建国现状，以及与中、俄、蒙三方面之关系等，分别缕述如次，以唤起国人之注意焉。

　　（注二）见陈崇祖编：《外蒙古近世史》p. 158，载库伦都护使陈毅民国九年二月一日呈报收复唐努乌梁海全文。

二　唐努乌梁海之历史沿革及其地理形势

按唐努乌梁海，在元时本有乌梁海一路，明时为兀良哈部族所居，在蒙古诸部之北，久役属于蒙古。清初，蒙古喀尔喀四部既相率内附，其所属之乌梁海等亦皆归顺，但未供贡役。康熙二十五年（一六八六），有扎萨克图汗部人名根敦者，世居和托辉特，其地为喀尔喀之极边，西近厄鲁特，北近俄罗斯，其俗好战。而乌梁海人复错处其间，捕貂射猎，依木而居，并纳赋于和托辉特，有事则从兵役。圣祖乃授根敦为该部之扎萨克，使领其众。五十二年（一七一三）乌梁海头目和罗尔迈以越界射猎，为根敦子博贝缚献，圣祖宥而遣之。五十四年（一七一五）复遣博贝招抚乌梁海。已而准噶尔台吉策妄阿喇布坦以争克木可穆齐克地方，煽众构兵，且依乌梁海以为援。博贝请以兵取之，清廷遂议征乌梁海，借杀准部之势，是为清朝经略乌梁海之始。其后雍、乾两朝又屡出兵征之，迨至乾隆十九年（一七五四）平定准噶尔，于是唐努乌梁海、阿尔泰乌梁海等，始全归入我国版图（三）。所置佐领，则分隶于定边左副将军，及哲布尊丹巴呼图克图、扎萨克图汗、三音诺颜汗等部，其有徙牧于阿尔泰山者，别归科布多参赞大臣管辖。境内初分三部，即一、唐努山乌梁海，凡四十六佐领；二、阿尔泰乌梁海，凡七旗；三、阿尔泰诺尔乌梁海，凡二旗。同治三年九月七日（一八六四，九，二五），与俄订《勘分西北界约》，复将阿尔泰诺尔乌梁海二旗，及隶定边左副将军所辖之跨阿尔泰河及阿穆哈河两岸十佐领地，划为俄有。故自后我国实际所留者，仅为阿尔泰乌梁海七旗，及定边左副将军所属十五佐领，扎萨克图汗部所属五佐领，三音诺颜部所属十三佐领，与哲布尊丹巴呼图克图门徒所属三佐领而已（四）。兹就各佐领牧地所在，与四至疆界，分别列表如次，用供参证。

（注三）清朝经略乌梁海之始末，详载何秋涛《朔方备乘》卷五《征乌梁海述略》；张穆《蒙古游牧记》卷十《札萨克图汗部》，及《大清一统志》卷之四〇四至四〇七诸节，可供参考，文长兹不备述。

（注四）按唐努乌梁海，据《朔方备乘》卷五《征乌梁海述略》末页所载，称唐努乌梁海凡分四十五佐领。又钦定《大清会典图·舆地》百二十九至百三十二《外蒙古唐努乌梁海游牧图》，则称共有四十八佐领。此处所引三十六佐领，系据姚明辉著《蒙古志》卷二第四十七至五十页，光绪三十三年十二月出版。

一、定边左副将军所属乌梁海凡十五佐领					
佐领数	牧地所在	东界	南界	西界	北界
佐领二	在德勒格尔河东岸	土谢图汗部	扎萨克图汗部	扎萨克图汗部所属一佐领	扎萨克图汗部所属一佐领
佐领二	在库苏古尔泊东北	（同右）	扎萨克图汗所属一佐领	哲布尊丹巴呼图克图所属三佐领	俄属西伯利亚
佐领四	在贝克穆河折西流处	扎萨克图汗所属一佐领	一佐领	科布多	三音诺颜部所属十三佐领
佐领三	在谟和尔阿拉尔河源	（同右）	科布多及扎萨〈克〉图汗部	一佐领	四佐领
佐领四	在噶哈尔河源	哲布尊丹巴呼图克图所属三佐领	扎萨克图汗所属三佐领	扎萨克图汗所属一佐领	俄属西伯利亚
二、扎萨克图汗部所属乌梁海凡五佐领					

续表

佐领一	在库苏古尔泊北	土谢图汗部	定边左副将军所属二佐领	定边左副将军所属三佐领	哲布尊丹巴呼图克图所属三佐领
佐领一	在德勒格尔河西	定边左副将军所属二佐领	扎萨克图汗部	科布多	定边左副将军所属四佐领
佐领一	在贝克穆河南、华克穆河东北	定边左副将军所属四佐领	（同右）	一佐领	（同右）
佐领一	在谟什克河西	一佐领	（同右）	扎萨克图汗部	一佐领
佐领一	在扎库尔河源	定边左副将军所属三佐领	科布多	科布多	定边左副将军所属四佐领
三、三音诺颜部所属乌梁海凡十三佐领					
佐领十三	依鄂尔噶汗山在贝克穆河西	俄属西伯利亚	定边佐副将军及扎萨克图汗部所属	科布多	俄属西伯利亚
四、哲布尊丹巴呼图克图喇嘛所属乌梁海凡三佐领					
佐领三	在陶托泊北华克穆河东	俄属西伯利亚	扎萨克图汗部所属	定边左副将军所属四佐领	俄属西伯利亚
五、阿尔泰乌梁海所属七旗					
七旗同牧	在阿尔泰山，为额尔齐斯河与贝克穆河之分盘〔界〕线	额鲁特部	东南界扎哈沁部	西南界新土尔扈特部	西及北界俄属西伯利亚

而其境内重要部落，据光绪二十八年五月十二日（一九〇二）

乌里雅苏台将军连顺，及科布多参赞大臣奎焕等奏案，凡分五部，即陶迹、沙尔基克、马提、阿拉及克木奇克是。陶迹族居于贝克穆河之上流，南至华克穆河，西至乌迁河。沙尔基克族居于华克穆河以南，迄于乌鲁克穆河南支爱里格斯河一带。马提族居于贝克穆河之北支流、乌迁河及乌杰克河之间。阿拉族居于乌鲁克穆河之南北西〔两〕岸，东临沙尔基克族为〔及〕马提族，西则与克木奇克族之领域相接壤。克木奇克族掩有克木奇克河之全流域，人口之多，为各族冠。宣统二年（一九一〇）有英人 Douglas Corruthers 者游历其地，据所著书，亦称乌梁海分五旗：一、Toji（陶迹），二、Caljak（沙尔基克），三、Mardi（马提），四、Oina（阿拉），五、Kemchik（克木奇克），足证当时海地行政区划，正与旧制相合符节（五）。及后辛亥革命，外蒙宣告独立，唐努乌梁海为俄人所据，沙尔基克旗乃暗投外蒙扎萨克图汗部，库布苏库〔库苏〕尔湖乌梁海则又编入土谢图汗为一部。民国元年（一九一二）八月北京政府公布《蒙古待遇条例》，裁撤乌里雅苏台将军，设副都统以管理乌梁海各旗事务。民国四年（一九一五）《中俄蒙恰克图协约》成立，陈都护使箓即根据该约第七条，于外蒙古他处，添设佐理专员，征求蒙古官府同意。翌年十二月政府乃着驻乌里雅苏台佐理专员，兼管唐努乌梁海事务。民国七、八年间（一九一八——九），复经库伦郡〔都〕护使陈毅，派严调查员式超、黄宣慰使成堮，及驻海大官贝子朝克图瓦齐尔等，以武力收复其地。八年六月事定，政府即遣严式超为驻唐努乌梁海佐理专员。民国九年（一九二〇）苏俄红白党人相继侵入其地，对乌梁海内部政权，擅加干涉，且盘踞不去，于是乌梁海一区，至是又复落于俄人之手。迄至民国十三年（一九二四），乌梁海在彼俄人指挥向导之下，采用苏维埃制度，组织独立政府，自称都温斯基人民共和国，俨如苏联之属国矣。

（注五）见屈戭著《自治外蒙古》pp. 193—94 小注，民国七年四月出版。

至若乌梁海之山川形势，则东界喀尔喀土谢图汗部，西界科布多所属诸部，南界喀尔喀扎萨克图汗部，北与苏联接壤。唐努山自西徂东，绵亘全境，其支脉伊都克温都尔山，在乌布萨泊之北，贝克穆河之南，为科布多、乌梁海之界山。又东至额尔齐特山，为才〔扎〕萨克图汗与乌梁海之界，更东行接于杭爱山脉之北，折向东北，而成章哈山、塔尔噶克山，及〈布〉拉汉诸山，环绕于贝克穆河之上游，崇山峻岭，高至八千二百尺，山阴之水，汇合而成贝克穆河，山阳则多湖泊。又此山自塔尔噶克山至布拉汉山一段，亦称萨彦岭，其间自努克图岭以东，塔尔噶克山以西，为中俄两国之边界，沿途筑设卡伦鄂博，天然境域，只萨彦岭不变，即我国国境不变，苏联固不能将地舆条约，一概抹杀，以掩尽天下人之耳目也。

三　唐努乌梁海建国后之社会、
政治、经济的概况

乌梁海既于民国十三年（一九二四）十月宣布建立都温斯基人民共和国，一九二六年九月二十四日即行公布宪法，将全国行政区域，划分为六"贺旬"，即一巴扬汗达衣金斯基，二乌兰汗达衣金斯基，三伊河开姆斯基，四卡开姆斯基，五欠辛高尔斯基，六陶迹奴尔斯基。各"贺旬"复分为若干"索蒙"，每"索蒙"分为若干"巴克"，每"巴克"又领若干"阿尔班"不等，兹列表如次：

（一）乌梁海现行地方行政系统表（六）

贺旬（旗）	索蒙数	巴克数	阿尔班数
巴扬汗达衣金斯基	一二	四三	一五二
乌兰汗达衣金斯基	一三	四八	一八〇
伊河开姆斯基	一〇	三五	一三六
卡开姆斯基	一〇	三二	一三〇
欠辛高尔斯基	七	二三	一〇四
陶迹奴尔斯基	二	八	二八
合计	五四	一八九	七三〇

（注六）见俄文薛伊谢洛夫氏著《都温斯基人民共和国》一书P.6，一九三〇年莫斯科出版。

据此，可知现在都温斯基人民共和国，系由六"贺旬"，统一境内五十四"索蒙"，与一百八十九"巴克"及七百三十"阿尔班"而成。故其全国地方行政基础的单位，乃为"阿尔班"及"巴克"。且此直辖中央政府之五级地方行政机关，均各自治独立，各选举其机关执行委员，委员任期为一年，人民年达十八岁者，不分男女，即有选举权。但厉加限制，即凡依自己劳动能力为生活，与国民革命军之兵士，始可有选举权。其他若喇嘛、疯狂人、精神病者，以及一般为法庭判决之罪犯等，均无选举权。至各"贺旬"之人口、僧侣及财赋状况，略如左表：

（二）乌梁海各旗人口、财赋状况表

贺旬（旗）	财赋	人口（七）	僧侣	各旗僧侣所占人口百分比
巴扬汗达衣金斯基	二，八〇四	一三，六二七	一七二	〇·〇一
乌兰汗达衣金斯基	三，三〇四	一六，五五九	七八〇	〇·〇四
伊河开姆斯基	三，三八五	一〇，六〇〇	二六六	〇·〇二

续表

贺旬（旗）	财赋	人口（七）	僧侣	各旗僧侣所占人口百分比
卡开姆斯基	一，八九一	八，五三〇	三八七	〇·〇四
欠辛高尔斯基	一，二四七	四，九四五	二二〇	〇·〇四
陶迹奴尔斯基	四五四	二，〇一五	一六	〇·〇〇八
合计	一二，〇八五〔一三，〇八五〕	五六，二七九〔五六，二七六〕	一，八四一	〇·〇三

（注七）按此处人口总计数字，仅专指乌梁海人而言，尚未算入约及一万二千之俄人在内，见薛著《都温斯基人民共和国》P.7小注。

全国财政预算，依一九二六至二七年度之统计，收入为六三五，〇〔八〕一七卢布五四哥比，支出为五八八，三四〔四三〕一卢布零八哥比，合共为一，二二三，三〔一〕五八卢布六二哥比。兹将其收入与支出两方的税收资源与支配情况，依据财政部向第四次大国民会议之报告，分列于后：

（甲）收入方面

一、直接税	1. 农业税	乌梁海人八三，〇〇〇	一一七，〇〇〇·〇〇
		俄人占三四，〇〇〇	
	2. 所得税	六九，〇〇〇·〇〇	
	3. 土地税	五二，四六〇·〇〇	
	4. 特种税（如印花税、登记税等）	四〇，五六七·〇〇	
	5. 其他征税（如兽医及市场税等）	五，一二五·五〇	
二、间接税	1. 物品税	三〇，〇〇〇·〇〇	
	2. 关税	一七〇，〇〇〇·〇〇	

续表

三、各官署及各企业机关补助金	六〇，五二四·二三
四、上年度决算盈余	九〇，一四〇·八一
总计	六三五，〇一七·五四〔六三四，八一七·五四〕

（乙）支出方面

一、国务会议常务委员会	四，一六〇·〇〇
二、国民政府常务委员会	八，〇二四·四〇
三、外交部	三七，六二九·二五
四、内政部	一六九，一四二·五七
五、司法部	九，六六四·二〇
六、财政部	二七五，二六三·四〇
七、其他支出	八四，五四七·二六
合计	五八八，三四一·〇八〔五八八，四三一·〇八〕
八、非常及意外的支出	四六，六七六·四六
总计	六三五，〇一七·五四〔六三五，一〇七·五四〕

　　至人民职业，大都以游牧、捕猎为生，经营农业者甚鲜，且以俄人为最多，盖乌梁海人所垦殖之农地面积，仅为五，〇〇〇"华克塔尔"，俄人则占一五，〇〇〇"华克塔尔"，普通均播种大麦、小麦及蒸〔燕〕麦三种，故发展农业，实为今后之急务。家畜牲口方面，据一九三〇年莫斯科出版《苏维埃百科全书》所载，绵羊与山羊占五〇〇，〇〇〇只，有角大家畜有八五，〇〇〇头，马有一〇〇，〇〇〇匹，壮鹿有二〇，〇〇〇头。狩猎以灰鼠、貂、鹿（西伯利亚一带所特产者）等为多，每年出品（指皮张等）可值一百万卢布。境内养牧区域，以开姆斯克与开姆去克斯克两区为最良，人民亦约有百分之七十以上聚集其地。陶迹奴尔斯基则因地处萨彦岭山中，人民钧〔均〕住于森林繁茂之窝集茅棚中，终日四出巡猎，寻觅野兽以捕获焉。兹将各旗所有牲畜现状，列

表如左（八），以见海地富产之一班〔斑〕：

（注八）见上书 P. 8。

（三）乌梁海各旗所有家畜统计表

（单位 Bodo 系蒙古语为人民付税之单位）

贺甸（旗）	属于普通人民所有者	属于僧侣所有者	总数	僧侣所有家畜对于普通人民百分比
巴扬汗达衣金斯基	三一，二四九	一，三六八	三二，六一七	〇·〇四
乌兰汗达衣金斯基	三八，五九五	三，九四三	四二，五三八	〇·〇一〔〇·一〇〕
伊河开姆斯基	二九，四九三	五一一	三一，〇〇四	〇·〇五
卡开姆斯基	二〇，七三二	一，八六一	二二，五九三	〇·〇八
欠辛高尔斯基	一五，一七八	二，三七二	一七，五五〇	〇·〇一〔〇·一五〕
陶迹奴尔斯基	三，五三八	一五四	三，六八三〔三，六九二〕	〇·〇四
合　计	一三八，七八五〔八四，五四七·二六〕	一一，二〇〇〔一一，二〇九〕	一四九，九八五〔九五，七五六，二六〕	〇·〇八〔〇·一三〕

　　然此犹为一九二六年之调查统计，至一九二七年则又增至一八五，四八〇 Bodo（译音）之多，迄至近年，想更繁殖多多矣。

　　抑乌梁海境内有重要市镇五，今亦略为介绍其近况。五市者何？一为乌素呼图，在乌素河之上游，分上下两镇，夹河对峙，今已沦入俄境。二为寇齐尔霍伦，旧名别落插尔斯克，在乌鲁克穆河之南岸，为今都温斯基人民共和国首都所在，俄人尝以汽船上溯至此，其西尚有俄商住宅二处，一在佳河入口之东，一在额勒格斯河入口附近。三为加达库伦，濒加达克河，自杭达盖图逾岭抵此，交通颇便，昔为肯木次克旗总管所驻，当该旗投诚时，我国且尝拟以此为治乌梁海之根基云。四为肯木毕其尔，当贝克穆河入乌鲁克穆河之口，旧有俄国官员、营兵驻扎，电报局亦设于此，俄人移殖其他，或营商业，或事垦牧，俨如当地土著。五为哈特呼尔，地在库苏古尔泊溢为鄂格河处，自伊尔库次克抵此，南行至乌里雅苏台，西行达肯木毕其尔，若能发展交通路线，亦乌梁海边防、商务之重镇也。

他若内地矿产之富，尚待开发，金、银、煤、铜、销、铅、石绵、石油等，遍地皆是，惟交通不便，货弃于地，为可惜耳。

四　乌梁海问题与中、俄、蒙三方之关系

（一）乌梁海为苏联属国　乌梁海自独立建国后，苏联即首先承认，且至今亦只有苏联承认，各国无有继者。两国互遣代表，于一九二五年七月二十二日，更实行缔结友好条约，约中并特申明拒绝苏联之保护，与脱离帝俄时代一切之羁缚。同时又与苏联国家银行签订协定，以为组织都温斯基工商银行经济之协助。一九二六年乌苏关系，益形密切，此观诸前新疆督办杨增新氏屡以苏俄合并乌梁海之事实，报告北京政府，从可窥见。而据日人调查，且谓乌苏当时并有密约之缔结，约中要旨，略如下列（九）：

　　一、唐努乌梁海之各旗内，俄国得驻扎军队，但其数不得超过唐努乌梁海之兵数。

　　二、王侯之尊称，均永远保存，世袭如故。

　　三、乌梁海须聘请俄人为政治顾问，以整顿内政。

　　四、凡外交事宜，均由俄人担任，乌梁海不得与他国自由缔结条约。

（注九）见日人东亚同文会调查编纂部一九二七年所发行之《支那年鉴》P.318。

如此则乌梁海内政、外交、军事，莫不受苏联之管束，重要政权，完全入于俄人之掌握，又安有独立之可言，属国而已矣！

其与外蒙古之关系，一九二六年八月十六日，亦曾彼此缔结友好条约，惟我宗主权之中国，至今默然不闻不问，政府对之既不承认，亦不反对，一味听凭苏联自由处置。国民对之，亦若淡然罔闻，毫不关痛痒，殊可异也！

（二）清廷治海之失策　考清时我国政府治海方略，本甚疏忽。乌梁海五旗，每年仅贡貂皮五七四张，由乌里雅苏台将军奏进，清廷且颁以如数绸匹，以示优遇；乌里雅苏台将军每三年亲查卡伦一次，所有往来路程，及沿途需用各品，均由地方各总管承当，事毕即归。海南沿边各卡伦，政府禁令森严，绝对不许汉人前往贸易，如嘉庆二年（一七九七）上谕云："乌梁海地方，系在卡伦之外，商民等私自前往贸易，俱由该将军大臣等平日不能留心所致，不可不亟为禁止。将此通谕西、北两路各城驻扎办事将军大臣等，嗣后内地商民，各宜留心体察，如有应与外藩贸易物件，俟该处人等到后，再令互相交易，毋得任意越界妄行，永著为令"云云（一〇）。故内地商民罕有至其地者，是以乌梁海一区，虽曰内属，实则形同化外，人民并无直接交接机会。迨晚清之际（同治八年），禁令稍弛，商民始有前往肯木奇〔次〕克、沙尔基克等旗贸易，然亦未闻有进一步之经营，坐令俄人占我先着，经之营之，得步进步，终莫如之何。语云"涓涓之水，浸成江河"，又曰"星星之火，可以燎原"，则苏联之得有乌梁海今日地位，固非一朝一夕之功矣。

（注一〇）见屈燂著《自治外蒙古》P. 195。

（三）乌梁海对华俄贸易之现状　乌梁海近年对外贸易，以与苏联占最多数，约值百分之八十，对中国与蒙古，则仅占百分之二十而已。其自苏联输入之货物，以粮食与制造品为大宗，输出则以皮张、牲畜等为多。自中国输入之货物，以茶叶及工业品为大宗，输出亦以皮张、绒毛及鹿角等为多。兹据都温斯基人民共和国税务管理局之报告，将年来对俄对华输出入货别统计，列表如左，以观最近商务贸易关系之近况（一一）：

（四）乌梁海输入华俄货物价值统计表（一九二三—二六）

货　别	自苏联输入者	自中国输入者
丝　茶	一七七，一七六·五八	五六，三八二·八六
烟　草	二，一六〇·一—	二〇，八四五·三〇
粗洋布	四〇，一九五·〇七	三〇，一九五·五〇
工业制造品	三三六，六七二·二〇	六五，三九四·一—
杂　货	七四四，六七二·九三	九一，五〇〇·三〇
总　计	一，三〇〇，八七六·七八	二六四，三一七·九六 （单位卢布，小数点以下哥比）

（五）乌梁海输出至华俄货物价值统计表（一九二五—二六）

货　别	输出至苏联者	输出至中国者
绒　毛	三六，九七一·九七	四四，三〇二·七七
牲　口	四六，二二六·六〇	三八，一〇八·二〇
皮　革	二九，五六五·二六	一六，八〇七·一—
马　鬃	一，一三五·三五	——
谷　物	一三，四八七·一五	五，四二六·一—
农产品	三四，一七三·八〇	八五九·一—
鹿　角	一三·八〇	三三，二七六·三五
麝　香	二三〇·六〇	
杂　货	五，四九八·一〇	
矿产类	一六四，七七九·三二	——

续表

货　别	输出至苏联者	输出至中国者
总　计	三三二，〇八一·九五	一三八，七七九·三二 （单位卢布，小数点以下哥比）

（注一一）见薛著《都温斯基人民共和国》P. 9–10。

至其贸易总额，自一九二五年至一九二八年，逐年增进，进步甚速，其中尤以一九二七至一九二八一年，对俄贸易，输出且与输入平衡，创乌梁海对外贸易史上之新纪录，兹将三年贸易概况列后：

年　份	对俄贸易	对华贸易	总额（单位：卢布）
一九二五—二六	八九七，〇〇〇	四〇三，〇九一	一，三〇〇，〇九一
一九二六—二七	一，一三四，〇〇〇	六二二，二八〇	一，七五六，二八〇
一九二七—二八	二，六七八，〇〇〇	五〇〇，〇〇〇	三，一七八，〇〇〇

五　唐努乌梁海中俄界务沿革纪略

唐努乌梁〈海〉与建国后之现状，暨其年来与中、俄、蒙之关系等，既略如上述，兹再就两国界务沿革史略，一伸述之，以代结论。

查唐努乌梁海与俄境犬牙相错，其所有两国交界地址，曾经两次勘订界约，其一为雍正五年（一七二七）九月七日中俄《恰克图条约》，自恰克图迤西北，至广〔唐〕努乌梁海所属萨颜〔彦〕岭之沙滨达巴哈①止，凡立界牌二十有四，今将所立各鄂博地名，与各书所载译音之异同，一并列表于后：

―――――――――――

①　后文又作"沙宾达巴哈"。——整理者注

（六）恰克图迤西至唐努乌梁海所立鄂博地名及其译音异同表

《色楞额约》		《喀尔喀界会议通商定约》（理藩院本）	钱书界牌名（据洪钧氏界图）	赫德《恰约》注（据内府舆图）
布尔古特依	一	布尔古特依	布尔古特（即第一牌）	布尔古特（鄂图作布尔古特阿林谟鲁）
鄂尔怀图山	二	鄂尔辉图山	鄂罗海图（二，水四）	哈尔该图
卑勒苏图山	三	贝勒苏图山	布列苏图（三，水四）	贝勒苏图山
永霍尔山	四	庸科尔山	彦霍尔鄂拉（四，水四）	永和尔山
黄果尔鄂博	五	黄果尔鄂博	欢果尔鄂博（五，水四）	黄果尔鄂博
贡赞山	六	椇眢山	衮藏鄂拉（六，水四）	衮宝山
胡塔海图山	七	呼他海图山	呼他海图（七，水四）	胡塔海图
库库那鲁楚	八即削粱〔梁〕	科山渠	库库那鲁楚（八，水四）	科谟鲁
额古德恩昭梁	九	额古登昭山梁	乌丁作音（九，水四）	额古登
切日河	十布约无	无	切日河（十）	无（鄂图作集尔格特）
莫敦库里	十一布约无	无	莫敦库里（十一）	无（鄂图作谟敦库勒）
波罗尔河	十二布约无	无	无（十二，无名）	无

《色楞额约》		《喀尔喀界会议通商定约》（理藩院本）	钱书界牌名（据洪钧氏界图）	赫德《恰约》注（据内府舆图）
伯果托达巴哈	十三布约无	无	无（十三，无名）	无
固尔毕岭	十四	固尔弼岭	克思尼克图（十四）	古尔必达巴汉
乌尔依河	十五布约无	无	无（十五，无名）	无
罕夏河	十六布约无	无	罕夏（十六）	无（鄂图作杭哈）
努克图岭	十七	努克图岭	无（十七，无名）	努尔图达巴汉
额尔寄克塔尔噶克台干	十八	额尔吉克塔喇噶克台噶	额尔吉尔塔尔罕台夏（十八，水四）	额尔吉克塔尔哈台达巴汉（吉克额图作吉尔）
托罗斯岭	十九	托罗斯岭	托罗斯塔班（十九，水五）	托罗斯达巴汉（鄂图作托罗斯岭）
柯讷满达	二十	肯哲玛达	肯结灭达（二十，水五）	柯讷满达
乌斯河	二十一布约无	无	乌斯（二十一）	无
霍尼音岭	二十二	霍尼音岭	霍宁达巴哈（二十二，水五）	无（鄂图作合尼音岭）
柯木柯木查克博木	二十三	克木克木齐克之博木	克穆克穆池克博穆（二十三，水五）	克穆克穆齐克博穆
沙毕纳依岭	二十四	沙弼奈岭	沙宾达巴哈（二十四，水五）	无（鄂图作沙毕萧岭）

　　按恰克图迤西鄂博地名译音，据《布达斯奇约》、《色楞额约》、钱书《恰约》注（《中俄约章会要》所录者）、赫德《恰约》注及《理藩院则例》所载《喀尔喀界会议通商定约》，各有不同，惟数目二十四个，均相符合。且此约中有一部分为外蒙土谢图汗部与俄交界之鄂博，其为广〔唐〕努乌梁海与俄直接划界者，系以第十四界牌为起点，至沙宾达巴哈止，沿线均以天然山脉萨彦岭为界限。

　　以上界约，至嘉庆二十三年（一八一八）又会勘一次，至今仍为有效。其二即为同治八年（一八六九）七月二十八日《乌里雅苏台界约》，由乌、科交界赛嚼格穆岭之柏郭苏克坝起，迤东北行，亦至沙滨达巴哈止，凡立界牌八处，至今此约亦未废。兹将该约第一、第二两条原文列后（一二）：

　　第一条

　　　　议定俄国交界以乌里雅苏台西北为界，自萨留格穆斯克山岭之柏郭苏克山东北，顺萨留格穆斯克山岭至塔奴额拉山岭西末处，再顺萨杨斯克山岭往北往东，直至沙滨达巴哈界牌，俱经两国分界大臣定立为界，柏郭苏克界牌，经俄国分界大臣会同科布多分界大臣，于柏郭苏克山岭西设立为界，即名柏郭苏克。中国界牌于乌里雅苏台、科布多中间之柏郭苏克山设立为界，乌里雅苏台界牌由科布多界牌往北，经俄国分界大臣会同乌里雅苏台分界大臣，往东至塔斯客哩山岭上设为第二界牌，即名塔斯客哩。自塔斯客哩往东北，至珠卢淖尔，由珠卢淖尔东南至哈尔喀山岭，设为第三界牌，即名哈尔喀。自哈尔喀山岭顺珠卢淖尔北岸，至塔奴额拉南察布产，设为第四界牌，即名察布产。从此顺塔奴额拉山岭西南逾莫多图、扎拉都纶、乌尔图、查罕扎克喀图四河，再他苏尔亥山从沙克鲁河往东北，至库色尔山，设为第五界牌，即名库色尔。自库色尔山往西北，至塔奴额拉山末处，逾哈拉毕拉河，靠该山角迤西初哩查河口，设为第六界牌，即名初哩察〔查〕。自初哩查河东北，顺萨阳山逾玛奴胡、穆奴克霍、额拉什三河，由哈拉淖尔至索尔山，设为第七界牌，即名索尔。自索尔山往东北，自沙滨达巴哈附近、乌里雅苏台，设为第八界牌，即名沙滨达巴哈。此处原因雍正六年恰克图所定和约内，业经建立牌界，此次俄国毋庸再行建立。（下略）

第二条

为重整查阅界牌事，应由两国分界大臣另派员弁，自同治八年五月十五日起，扣至三百六十六日，该员弁等应按照拟定处所会齐，前往查阅。俄国所派员弁，会同乌里雅苏台所派员弁，查阅俄国与乌里雅苏台接壤之地，应按照定期，于萨留格穆斯克山岭之柏郭苏克界牌会齐，自此前往东北，查至现定沙滨达巴哈界牌为止。乌里雅苏台分界大臣派员查阅界牌时，亦应照此办理，此章既定，应行永守勿更，俾免界牌迁移损坏。是以两国分界大臣，将地册录清，书写俄国字四份、满洲字四份共八份，并将现交界绘为地图二页，其内将界牌数目，用俄、满文字注明，该大臣等画押用印后，各持四份，地图一页，于同治八年七月二十八日在昌吉斯台互换，永持为凭。

至此约缔结及其查勘界址之经过详细情形，并有该约《节录约记》，可供查考（一三）。其他又据雍正五年（一七二七）七月十三日《中俄布连斯奇约》第三节所称："恰克图、鄂尔怀图山之间，应即作为两国疆界，由第一鄂博起，往右段一面（俄人从北向南，故以恰克图迤西为右），应经鄂尔怀图山、特们库朱浑、毕齐克图、胡什吉、卑勒苏图山、库克齐老图、黄果尔鄂博、永霍尔山、博斯江、贡赞山、胡塔海图山、嗍梁、布尔胡图岭、额古德恩昭梁、多什图领〔岭〕、克色讷克图领〔岭〕、固尔毕领

〔岭〕、努克图领〔岭〕、额尔寄克塔尔噶克台干、托罗斯领〔岭〕、柯讷满达、霍必音岭、柯木柯木查克博木、沙毕纳依岭（即沙滨达巴哈）等处，按以上各山岭，均须择其最高之处，适中平分，以为疆界。其间如横有山河，此等山河，两国应适中平分，各得一半，山之阳为中国，山之阴为俄罗斯。"（一四）是知唐努乌梁海沿边中俄国境之划分，史册舆地，约章分明，班班可考。吾故曰："只萨彦领〔岭〕不变，即我国国境不变。"愿我外交当局，注意及之！

（注一二及一三）见外交部出版《同治条约》内乌里雅苏台界约及节录约记二节。

（注一四）见外交部出版甲种《康雍乾道四朝条约·中俄布连斯奇约》全文。

一九三四，五，二十五日于北平

查唐努乌梁海问题，我国出版界迄今尚无专书问世。因之国人对该问题亦从无具体的、有系统的整个之认识，尤其最近十余年来之变迁，内部改制建国，俨然以小朝廷自居，苏联且公认之为东亚都温斯基人民共和国，而国人竟亦未之前闻焉！呜呼，国土日促，边难未已，展望前途，后患堪虞，此边疆问题之所以日趋严重，为我国人所不可不急切注意，潜心研究，以求整个开发，固我边围也。至若苏联方面，除本文所据为参考之薛著《都温斯基人民共和国》一书外，尚有万鲁姆·葛尔齐玛依罗所著之《西部蒙古与乌梁海区》一名著，可供吾人参考。葛氏为苏联国家地理学会及德国皇家地理学会之名誉会员，全书册数未详，现国立北平图书馆所藏者，仅为该书之第二、第三卷两册，其第二卷系专述西部蒙古与乌梁海对于中央亚细亚方面历史之关系，第三卷则为论述西部蒙古与乌梁海各地民族之人类学及人种学的研究，内容颇为详尽，一九二六年列宁格勒苏联国立地理学会出版。其他零星散篇之著述，时有发见于苏联出版之各种定期刊物及蒙古问题著作中者，兹不赘叙。

作者附识

《外交月报》
北平外交月报社
1934 年 5 卷 3 期
（李红权　整理）

察哈尔蒙旗旧制之改革

作者不详

内蒙察哈尔十二旗群，根据中央制定之内蒙自治方案，正式改为一盟，已将公选盟长、副盟长经过，由十二旗群各总管联名电呈中央蒙藏委员会，请由中央明令委任。该部落自清初废止林丹汗后裔世袭位后（约在公历一六三六至四零年），迄今三百年，受政府直接委任之都统管辖。各〔该〕盟地位，逊于世袭王公管辖之各盟，因要求自治而得政府准升为盟。实制度上之一大改革，亦内蒙自治中值得特记之大事，惟按照中央法令，各盟长均非世袭，系由政府遴选各旗扎萨克之资深贤明者委充。察哈尔新正、副盟长，均由公选推定，尚须经中央正式加委，始能就职。该部新选出之盟长为卓特巴扎普，现充该部十二旗群之保安长官，以资格言，宜充此位。副盟长为富龄阿，现充正红旗总管。帮办盟务为特穆尔博罗特，为商都牧群总管。富、特二氏，均为总管中资格较深者，因未得补自治委员会委员，故选充今职。盟所前拟设于保安长官公署所在之牛羊群庙，刻因该地距多伦太近，易受日伪威胁，故拟改在左右翼中心地点，另建盟所，为盟长办公之地。根据自治方案，称盟政府，惟该部三百年来，向系隶属张家口都统，改省以后，则仍未变更。总管地位，与盟内之王公不同，一归都统或省府委任，一由世袭。王公与省府不生多大隶属关系，总管则受省府之严格管辖，与县长相似，但一旦改盟，名义上与其他各盟无别，权力上、隶属上，均发生根本问题，即是否只有盟之名义，实权仍操于省府，抑脱离省属关系，与已有各盟立于同等地位，均待中央用法律或命令规定。闻察省政府，对该部改盟自始即反对，因察省辖境，以口外向归十二旗群管辖之地方为多，如商都、宝康〔昌〕、康宝〔保〕、多伦、沽源，均为十二旗群牧地开辟新设之县。在现制之下，旗、县同隶属于省府，治理极便。改盟以后，纠纷立起，该部改盟进行乃趁自治案而起，选举盟长，亦未经省府同意，省府对之，深为不满。闻已建议中央，主张虽经改盟，仍应保留现在隶属关系。同时该部以自治方案中本已允各盟旗在自治委员会监督之下，以中央直辖关系，施行自治，不再受省府干涉。日内派代表进京，向中央陈述改盟经过，并请加委已选出之正、副盟长，并明定省、盟间之关系，以免纠纷云。

《中华法学杂志》（月刊）
国立北平研究院
1934 年 5 卷 7 期
（朱宪　整理）

日俄角逐下之蒙古

Owen Lattimore 撰　　希仁 译

前意大利驻华公使斯福擦伯爵（Gount Garlo Sforza），最近曾于 La Dépéche de Toulouse 杂志中发表了一篇很有价值的论文，根据一种不愧称为标准的国际观点，来观察钩心斗角的远东外交。他断定满洲是今日的巴尔干，而海参威〔崴〕却是未来的塞剌耶服（Serajevo，一九一四年六月二十八日奥皇子被刺之地——译者）。东西两方的距离，愈趋愈远。西方文化，自一九一四年而后，已日趋衰落，代之而起的当然为东方文化。

可是，斯福擦在他的论文中，忽略了一项非常之重要的原动力，即在亚细亚的命运中，大陆和海洋所赋的价值关系是，他不懂得长城与西伯利亚之间，边疆一带的历史，因袭信仰及其所具之国防上的意义，他只是像一般传统的西方学者一样，自海洋方面去讨论亚洲。其结果，当然讨论不出西方与中国的真正关系来。如果满洲伪国的创造是有意义的话，那末，它的意义就是在以长城北诸边疆为基础的大陆势力，代替统治中国（最近百年的中国史，"不平等条约"和西方各国在通商口岸内所拥有之特殊利益，均足以说明之）的西方海洋势力。换言之，即若以满洲伪国的海参崴边疆，与其蒙古边疆相较，其重要性盖有不可同日而语者，就令未来的大战将爆发于海参崴，但决战的地点还是要属于蒙古。因满洲伪国之创立而起的满洲问题，如果不将蒙古包含在内，那等于是一件毫无意义的事。

中国何时开始征服（或者，甚至可以说是统治）蒙古，史无可考。但当满清入关之初，与满清联盟以图中国者，仅东蒙而已。清廷借东蒙之力始得将其势力由关外伸入关内，并由内蒙扩张至外蒙。至是，内外蒙古均正式属于中国。清廷既覆，民国成立，中国与蒙古之间，遂缺乏一种维系之物。外蒙虽于一九一一年宣告独立（一九一九和一九二〇年曾经取消独立），但除苏俄外，国际间未有承认其为独立国，并与之发生任何关系者。

外蒙独立的结果，使外蒙内部产生一种势不可免的社会革命。主要的原因，就是因为在过去统治外蒙的世袭的王公中，缺乏一个伟大的领袖，把整个民族利益放在贵族阶级利益的上面。中蒙感情不洽，俄国势力遂得乘机侵入外蒙。但却不能因此就说外蒙已为苏维埃同化，因为，无论从蒙古的苏俄的政治观念说，它们均与西方的政治术语不大相同。在经济上，蒙人与汉人的感情既遭破裂，自然容易使他们投到苏俄的经济势力范围内去。他们的一切"改革"和"进步"，均须以俄国为标准。因为除此而外，他们是无从借镜的缘故。

外蒙是一个国家社会主义的共和国。从前的特权阶级，现在虽已被逐出境了，但大部分的新领袖都是从贵族阶级中蜕化而来。"共产主义"在外蒙，此时虽然尚够不上，但外蒙的政治、经济以及社会上的一切设施，都是朝着共产主义化这一条路走的。其结果，将使几乎全都以畜牧（间有少数农业，但制造工业则绝对没有）为主的蒙古民族，逐渐进入新式工商业的境域里去。

一九一一年，满清政府推倒，外蒙与内蒙之间固有的种族裂痕，立刻就扩大起来。内蒙的革命运动，其发生实际上较外蒙为早，不过它的进行比较缓就罢了。其结果就是内蒙许多反对中国的领袖，都纷纷逃到外蒙去。

在中国的革命进行期中，内蒙曾经几度酝酿独立，并企图与外蒙合并，但结果终归于失败。其原因，半由于内蒙王公对于外蒙王公深怀疑惧，前者以为一旦独立，其权柄将为后者所夺；半由于内蒙的经济，大部分依赖于中国，许多内蒙王公，对于操纵蒙古贸易的中国商店庄行，均有很大的股份参加其中，他们不愿因独立而使其本身的利益发生危险。在一般的蒙古人中，他所具有一种最重要而最单纯的观念，即在共和政体之下的中国，一定是一个弱国。即令与弱国发生统属的关系，他们仍得为所欲为。而在另一方面，他们却深惧外蒙的俄国势力扩张到内蒙境内去。他们以为名义上属于中国，比较名为独立，实则受俄国人的统治，似乎要自由得多。当内蒙第一次宣告独立，华兵进击，被蒙人一击而溃的时候，内蒙的独立运动，并未真正终结。但到最后，若干内蒙王公终于为中国"牧〔收〕买"，而公然接受中华民国的高官厚爵了。

蒙人欲离汉人自立企图之失败，适是为日人在满洲伪国准备一种现成的蒙古政策，而得到了很大的成功。伪国将满洲境内兴安岭一带未经汉人移殖之蒙古土地，划为自治的蒙古省，名曰"兴安省"。凡系汉人数量超过蒙人之区域，其土地不划归兴安省管辖。此等地方，蒙古人的利益，由伪国设立地方"蒙古事务所"（Offices of Mongol Affairs）保护之。自治省对于其本身的内部事务，赋有一种比较伪国境内任何其他部分更自由的处理权。蒙古人一方面受他们的世袭的王公统治，一方面为他们所选举或为政府所委派的官吏所管理，他们甚至于得自行设置军队。在伪国境内，该省面积最大，且因几乎是全部位于伪国现有的铁路网以西，形成了一种军队运转非铁路所能力的边疆地带，所以，在伪国的国防上，它的地位是很重要的。自治省成立之后，汉人和蒙人的利益遂属于对立的地位，而使满洲伪国的组织愈加巩固。因为前者，本来是比较仇视日本的，但后者则因日人拯救他们，得免于全部为汉人所移殖，而比较亲近日本的。

在经济上，兴安省所蕴藏的富源，迄今还没有为世人所估量过。中国对于满洲的开发，除农业外，关于制造业、矿业、森林以及其他等等工商业，均无若何成就。在满洲境内，不只是农业优于一切生产事业而已。同时，此等农业大部分并只是呈现一些低级的生产方式——拥有很多的不动产的在外地主，他们的土地，大半系为既无资本又无经济上的独立能力的难民所耕种着。所以，汉人垦殖的步骤，首先是选择水草丰盛的优美牧场以资耕种。数年之后，地内肥料吸尽，即行弃而不顾。此等土地既不能从事耕种，又不能恢复为牧场，这就显示在中国的统治之下，满洲的经济并无若河〔何〕实质上的变更。日本的统治或者足以补救此项弊端，因为日本对于满洲需要吸取的，不只是谷类和豆类货物而已，就是矿物、木材、肉类、羊毛和兽皮，也是在需要吸取之列。现在，日本自澳大利亚购买羊皮，如在满洲境内发展此项工业，那是不费吹灰之力的事。兴安省之设置（并以法律保护蒙古人的利益，俾得免受汉人移殖的痛苦），给予日人和蒙人试验其改良满洲境内一切生产事业，尤其是家畜的机会。南满铁道社会〔会社〕农事试验场曾于过去数年中，亟力从事于杂种的蒙古螺角羊（Cross-bred Mongol-merino Sheep）以及其他各种家畜之改良，但因为此等事业对于汉人和蒙人没有多大的利益，故收效尚未见宏。一旦试验稍有成效，兴安省内的羊毛业，立刻就会有很大的发展。

日本借满洲以经营蒙古，并借满蒙以经营中国本部，挟其强大的大陆势力，与美国以及国联会员国所代表的海洋势力相颉抗〔颃〕。但在这里，尚有一为日本所不可忽视的另一大陆势力，即苏俄是。日俄虽立于互相反对的地位，但却不能因此而断言日本或苏俄必有一方需要战争。真正的问题只是在战争是否可以避免。

如果是不能避免的话，不论是日本或是苏俄，都将"需要"战争，因为彼此均亟愿战争于本身有利，而于对方感觉困难的时候发生着。

在未来的日俄战争中，西伯利亚和满洲伪国边疆上所具有的各种战略上的价值，系为两国战争当局所熟知的。铁路哩数，他们是已经知道了，各该国所可抽调，以资从事于战争的军队的数量，也是可以大概推算得出的。日本必须把俄国以海参威〔崴〕〈为〉根据地，向大阪和东京轰炸的空中袭击的可能性推算进去，同时并将加以某种的准备。但在另一方面，如果有人断定日本占领了海参崴和西伯利亚的沿海省，即可将俄罗斯屈服下来，这是最好笑不过的事。事实上，一种正面的战败，对于交战国之任何一方，都只可说是一种直线的撤退而已，并不是以彻底变更其根本的作战形势。

交战国之任何一方，均可以一种足以决定战争之胜负的势如破竹的军事行动，摧毁对方的战斗力，实现此项行动的惟一的侧击区域，就是西伯利亚之外蒙古，或满洲伪国之内蒙古两翼。海参崴和乌苏里黑龙江边疆（Ussuri-Amur Frontier）等问题，不过是一些局部的和战术上的问题而已，只有蒙古问题才是一个战略上的问题。此地的作战地面，空洞旷达，毫无边际。西伯利亚铁路依附于其北，满洲伪国的铁路萦绕于其东，军事行动的范围，达数千方哩之广。所以，较中国，西伯利亚或满洲还更不为世人所知的蒙古，对于整个远东的命运，实赋有一种生杀予夺之权。

蒙古人为数不过五百万，其中，住于外蒙者约一百万，散布区域之广，约与密士失比（Mississippi）河以东之美国相当。住于绥远和张家口以北之内蒙古区域者，为数亦约一百万。住于满洲伪国之新〔兴〕安省者约二百万，该省土地面积计达十万方哩，约合法国面积之一半。此外尚有一万以上的蒙古人分散于新疆、西藏之可可诺地方（Kokonor Province），西伯利亚之布里雅蒙古共和国（Buriat Republic of Siberia，与外蒙接境），以至远及于俄罗斯伏尔加（Volga）河下流之阿斯脱剌罕（Astrakhan）地方。所以，在满洲伪国境内的蒙人，超过外蒙古境内的蒙古人约达一倍之多。

蒙古人分散于一种面积几与美国相等的广大区域内，经济的发展甚属有限，势力之薄弱，那是无待卜龟的。但在战略上，他们所处的地位却是极其优越的。在未来的日美战争中，他们，具有一种左右战事之胜负的能力。

满洲伪国几占有内蒙古土地之一半。其中，包括黑龙江省西部之贝尔池（Barga）区域，嫩江西岸一带，耶利盟（Jerim League）（实际上平沈铁路以西之辽宁省境，以及吉林、黑龙江两省境内之若干区域，均归此盟管辖），以及热河省境内之卓索图盟（Josoto League）和昭乌达盟（Jooda League）。经汉人垦殖之耶利盟的三分二，卓索图盟之全部和昭乌达盟之一半的土地，尚未算入上述兴安省一○○，○○○方哩的土地面积之内。

现在的所谓中国内蒙古，其面积约与满洲伪国的蒙古相当。计分为察哈尔、绥远两省。此等地方，原有的政治区域计分为锡林郭勒（Silinghol）、乌兰察布（Ulanchab）、伊克昭（Yeghe Jo）三盟和察哈尔、绥远两部。自察哈尔省南部向西扩张以入绥远境之察哈尔蒙古，已有百分之七十的土地为汉人所垦殖。归化附近，几已全部属于汉人势力范围。在绥远省西之伊克昭盟，优美的土地已全部入于汉人之手。在绥远省北之乌兰察布盟，经汉人垦殖的土地，已达百分之四十。位于察哈尔省北部，东与新〔兴〕安省，北与外蒙古接境之锡林郭勒盟，是在中国的内蒙古境内，未经汉人垦殖过的惟一区域。因此，锡林〈郭〉勒盟的十旗蒙古人，遂成为今日反对汉人的"侵略"运动的主要骨干。

满洲伪国兴安省之设置，使蒙古境内的空气骤然之急张起来。在九一八事变前，对于蒙古人，有两大势力在激荡着。在外蒙方面，有以俄国为后援的独立国之建立，但在实质上并无民族主义的意味存在其间。在内蒙方面，遍地呈现着中国蚕食鲸吞的形势，汉人蜂拥而至，蒙人一扫而空。中国政府当局以大力支持并鼓励蒙古王公，采用极端的高压（比较蒙古传统的专制政治还要残暴些）政策，镇守此等地方，同时并强迫其每年让与若干新的土地给汉人耕种。自成一阶级的内蒙王公，他们是要反对与外蒙合并的，因为如果不是这样，那末，他们就要遭杀头之厄，其权位、财产亦将荡然无存。但自兴安省成立而后，蒙古人就有另一条路可走了。他们一旦归附日本之后，即可实现其保守的民族主义，与以苏俄为背景的革命的民族主义相对抗。他们可以继续拥戴成吉思汗的子孙为其领袖，并可保持为外蒙所破坏的喇嘛教。

在中国的内蒙古境内，最活动而最有力的王公，就是锡林郭勒盟境内的德王（Te Wang）。他具有一种新的自觉心，他以为只要住于内蒙境内的蒙古人具有一种坚固的和充分的决心，即可直到独立和安全的境地。他信相〔相信〕，恢复蒙古的旧观，即在目前。此项工作，足以防止内蒙为外蒙所并吞。这正与溥仪之僭称满洲伪国皇帝的信念相符合。"执政"这一个名词，使满洲伪国人民感觉到这是一种过于暧昧不明的称谓，尤其是蒙古人感觉是这样。执政似乎只是一种文官的称谓而已，一旦满洲伪国为日本所并吞，此项职位即将废掉。但如果溥仪以皇帝自称，那末日本之维持满洲伪国的独立，似乎比较要具有一种更确定的义务。

最近之内蒙自治运动，在蒙古王公方面，他们是具有一种深刻的作用的。他们在考究比较自中国方面和自满洲伪国方面所得的要求条件，以何者为最有利。中国政府似乎愿意保证不再向内蒙方面移殖，甚至连省政府的监督权也愿意给它放弃。可是，中国的边区省份，却是很激烈地反对〈对〉蒙古人采取"宽厚的"政策的。过去，国民政府关于蒙古的事务，一方面于中央设置蒙藏委员会从事监督，但另一方面却于蒙古境内设置省政府［可］处理之。其结果，就是中国对于蒙古人的压迫永远留存着。蒙古人提出来的各种要求，搁置在省政府与中央政府之间，履〔屡〕进履〔屡〕退，前后移动，始终得不到一个明白确切的答覆。现在蒙古人要求享有一种高于省政府当局的权力，俾得与南京方面作直接的和最后的协商。此等让步显然系为中国人所不愿意的，就令完全允许了，也未见得能够彻底解决蒙古问题。最高限度，也只能使蒙古领袖，暂时不朝向着满洲伪国和外蒙古走去罢了。

为满洲伪国设想，与其以武力侵入中国的内蒙古，毋宁赞助蒙古人本身现在业已开始发作的独立运动。如果蒙人一旦被中国目为乱党，那末他们即将向满洲伪国方面请求援助，但在另一方面，如果我们为蒙人设想，那末，他们就应该先使满洲伪国（实际上就是日本）非以武器供给他们不可，然后要求其他一切公开的援助。

日本的大陆政策，如果没有具备一种现实的蒙古政策，决不能称为一种完备的政策。日本既经创立了"满洲国"，并经设置了兴安省，树立了有效的蒙古政策，势将再进一步扩张她的利益到内蒙古的西部去。如其这样，那末，内外蒙古之间的利害冲突就将成为一件不可避免的事了。无论在地理的形势上说，或是在政治的情况上说，内外蒙之间均有一种势不可免的利害冲突在。外蒙古之东、南两方，业已为内蒙古所封锁着。近年来为西伯利亚所操纵垄断的外蒙出口贸易，可借满洲伪国的铁路港口，由内蒙输出海外。而且，内蒙合并于满洲伪国的结果，势将产生一种新的蒙古边境，使西伯利亚和满洲伪国都非以武力争夺此等边疆不可。

蒙古人本身只有等待着战争而已。凡属蒙人均应彻底觉悟，蒙古的统一，那是一件不可避免的事。内外蒙间固有的裂痕，并不足以变更此种统一的趋向。过去的"大元帝国"，是以外蒙为基础而将蒙人统一起来的。同样，大清帝国也已经把蒙古人统一起来了，所不同者，只是先从内蒙着手而已。从近代的形势看起来，内蒙各部落，现正逡巡于统一的途程中，因为统一对于他们利害兼有，不能得其全。在社会制度上，以及在政治组织上，统一无异是向革命的外蒙政府投降。他们现在所希望的统一，是一种在外蒙方面认为反革命的统一，即恢复世袭的王公、喇嘛教堂以及古代的因袭信仰是。

虽然外蒙政府是一个比较强有力的政府，即令没有俄军的援助，亦能保持其独立，可是，它如果没有俄国的武器的供给，要想防止外蒙境内的反革命行动，那是不可能的。外蒙政府的领袖，固然是蒙古民族的一些精华，但在怀抱旧思想和旧观念的蒙人尚未完全死亡以前，他们是不能称为代表蒙古民族的大多数的。反对革命的蒙古、旧式领袖，充分了解这一点。他们相信，如果反对革命的政权成功了，旧的蒙古子孙，仍然可以结成为一种强有力的民族。他们并相信，无须以伟大的武力征服外蒙，即可使其倾向于新的"保守的民族主义"运动，他们所缺乏的只是武器和领袖而已。

蒙古之内争，那是一件极可慨叹的事。今日一般急进的蒙古青年，相信蒙古的复兴要想达到成功之境，非先破坏旧的秩序和制度不为功，这样，世袭的王公必须加以打倒，至少是喇嘛教会制度必须加以改革。此等青年领袖，在内蒙境内，也像在外〈蒙〉境内一样，随处皆可发现。但在另一方面，旧式的保守的领袖，王公和高级喇嘛，大多数都是最忠实而最爱国的蒙古人，其中有若干具有很大的干才。他们感觉到最困恼的，就是他们生非其时。因为旧的因袭信仰，现在已经是被打倒了，就令能够把信仰恢复坚固起来，也将无济于事。他们最感觉到不利的事，就是在一般青年人的脑海中他们的声名太过于狼籍了。因为近年来，他们曾经把阶级的利益放在民族的利益上面。此外，尚有一不利于他们的事，即反对教育并反对一切的革新是，因为他们深惧"革新"将引起一切新的革命思想。

现在摆在蒙古人面前的事实就是这样，即与其归属苏俄，毋宁归属于日本，日本虽然不能在对苏俄的正面袭击上取得一种良好的地位，但她不难先在蒙古境内，促进一种种族战争，然后乘机将外蒙置于日本的统治之下。如果日本的政策成功了，那末，他就无须以武力向苏俄挑战了，因为此时整个的西伯利亚和西伯利亚铁路均已为其所截断了。

可是，苏俄能够坐视蒙古为日本攫去，而不进行干涉么；目前最危险的事实却是这样，即就令日俄两国均愿意避免战争，但不能不因蒙古而发生战争。日本既不能不组织并扶助满洲伪国境内的蒙古人，那末，凡属于蒙古人的事务，均不能不与日本发生关系。但在另一方面，苏俄对于外蒙也是一样。就令日俄双方均愿意将战争忽然搁置下来，可是蒙古人本身的纠纷和冲突，也足以促进战争的爆发。

现在，我们不能预先断定一种种族战争将于何时、何处边疆并以何种方式发生于蒙古境内。同时，我们并不能预先断定此顷〔项〕战争将蔓延至何等区域。世界上的强国均将从事于和平计划的实现，但蒙古人则将适得其反。战争之神，业已驾临于满洲，并将其炯炯的目光注射到蒙古方面去。未来蒙古人的命运，将系于未来的残酷的战争中。

译自 Pacific Affairs 三月号

《国际译报》（月刊）

上海国际译报社

1934 年 6 卷 6 期

（朱宪　整理）

内蒙自治问题之内在原因和外来背景

赵殿诰 撰

一 绪言

外蒙独立，"赤化"于苏俄，西藏内犯，受使于英人，倭寇强占于东北，劫持溥仪以倡乱，新疆战乱，亦有国际之背景，加以国内军阀交争，"匪共并炽"，内蒙"高度自治"之呼声，突出现于此时，这确实是个严重问题。于是惊醒了政府当局，一面先命班禅喇嘛就近宣化，继派黄（内政部长黄绍雄）、赵（蒙藏委员会副委员长）二氏前往宣慰，一面计划变更蒙藏委员会组织，改革蒙古地方行政系统，及确定蒙古行政用人标准诸方案，可见中央对这个问题是如何的重视了。但中央年年以忙于内乱和迫于外患的关系，不但对蒙人的利害，毫不过问，即对整个国防的安危，也未曾顾及。在这外蒙脱离中央，东蒙（哲里木、卓索图、昭乌达三盟及呼伦贝尔部）沦于日寇之后，西蒙（锡林格勒、乌兰察布、伊克昭三盟及察哈尔部）已成了第一道关防线。而国人尚不知注意，内蒙人民为民族生存计，确有自决的必要，为抵御外侮计，也应有自卫的举动。这次内蒙自治之主动人物，锡盟副盟长德王，是受过新教育的青年，精通蒙、汉、满、英、日五种文字，富有新的知识和思想，特具政治经验和能力，的确是蒙古的一个领袖人才。他一方面感到内蒙封建制度的腐败，有改革的必要，一方面不满中央政府的现状，有攫取政权的野心。遂于七月下旬，在百灵庙召集全体长官会议，决定采用"高度自治"，设立"自治政府"。九月上旬，向平、津各地蒙古王公人士发出通启，约定九月二十八日在百灵庙成立正式会议，到会者甚少，改于十月九日在百灵庙草草集会，参加会议之各王公都不表示意见，德王虽有各种提议，仍以附和者甚少，终无结果而散。会后，德王乃领衔发出宣言，并于十月二十日拍电南京请愿，于是这个内蒙自治问题，遂由无形的酝酿进为有形的呼吁了。

当民国十七年时，察省蒙民代表杭锦寿、尼玛鄂特索尔、纪伦等曾赴京请愿，要求自治，设立内蒙自治委员会，脱离地方政府，直接隶属中央，与现在所谓"高度自治"无大差异，只以力量薄弱，未能成功。此次德王乃趁着国难严重，政府自顾不暇的时候，以御侮图存为题目，奉行总理遗教为口号，要求建立自治政府，以图自握政权。这种事件的发生，在表面上固然是由于政治的斗争，其实并不这样简单，其中暗情，颇为复杂，兹分为内在的与外来的两方面来说。

二　内在的原因

（一）政治的原因

清末以来，中原多故，内蒙的一切政权〔治〕都未能顾及，以致渐渐与中央疏远。及至国民革命北伐成功后，更以连年内战和鞭长莫及的关系，对于蒙事根本未及注意。虽有蒙藏委员会的设立，而主管人员多为汉人，对内蒙情形，既多隔膜，与王公、青年，又无联络。以此蒙人自不满意。去冬德王、卓王等十余王公赴京，原意在整理蒙古王公驻京代表办事处，并有自任处长及蒙藏会委员长的意思，因未得中央采纳，遂拂袖离京，这又使其不免生离贰之心。而内蒙一般新进青年毕业内地及日、俄学校者，十九投闲置散，政府既不设法安插，以尽其才，即有入京、平活动者，亦大遭排斥，积愤而去，只有回到本盟以自谋发展，而偿其志愿。

　　且地方官吏，下则剥削民众，上则蒙蔽中央，蒙人之痛苦，既不能上达中央，中央之恩德，又不能下及蒙人，中蒙间的联系已失了效用，岂能再有好的效果？北平蒙古救济会呈黄绍雄之意见书云："蒙古民众鉴于外蒙既被赤俄侵略，东蒙复为倭寇盗据，且不堪再受省县之压迫，万不得已，而出此自救救国要求自治之举动。"这虽是借题发挥，然证诸内部各地官吏之压迫民众的事实来看，恐怕也是实情。

　　有势力、有声望之王公贵族，既无参加中央政治的机会，用以改善其政治生活，遂生政自我出之野心。一般有志向、有学问之进步青年，既不得志于中央，因受潮流之影响，而有实现民族自决之心理。两者因所处之环境相同，所走之目标又是一样，遂结合起来共同寻找适宜的政治出路。在这时候政府的一切设施既不能满足他们的要求，掌理蒙藏会的人员又为他们攻击的目标，自然很容易走到变向的独立路上去。

（二）　经济的原因

　　在这二十世纪的时候，蒙人尚过着他那整个古代的游牧生活，且保守性很强，改革不易。而近年来谈开发西北者，每以开荒屯垦为口号，以气候和地势的关系，尤着重在内蒙地方。此举固然与整个中国有莫大的好处，确〔却〕与当地之游牧民族的利益发生冲突，所以最容易伤害民族间的感情，增加汉、蒙人的隔阂。

盖土地多开辟一尺，则牧地即少一尺，且办此垦务者，必移内地人民去承耕垦地，是多一部分的耕地，即增一部分的汉人势力，蒙人即减少一部分的牧畜利益。且设省置县后，一切权利操诸省县官吏之手，蒙民不得过问。在蒙人看起来既侵其利益，又夺其地权，无异是鹊巢鸠居，杀其生路。十月二十四日北平电德王对某君言："王公在前清时，有封地俸银，民国成立尚付俸银，后来不但不给俸银，对其所辖盟旗各地，又逐渐实行划归省界，设立县治。故蒙人今日之要求，只为自存自治。"观其谈话可知，德王之所以要自治者，一是为的中央政府断其俸银，使生活顿受打击，故为生活安适而要求自治。一是为的设置省县，侵占其所辖盟族〔旗〕之土地，故为争地权而要求自治。也可以看出他之所以要求自治，全是为着个人的利权问题，并不是为着谋整个蒙古民众的利益。

至于与蒙古民众直接发生利害，使蒙民最感觉痛苦的即是税捐的繁重。因蒙民尚在"物物交换"时代，多半是以所有之牲畜，换所需要的东西，其交换的目的是为的自己应用，并不是为的取利赚钱，所以最怕重税的剥削。例如在多伦卖一头羊（其他牲畜也是），要完五道税捐：一国税，塞北关收；二地方税，察省统税局收；三教育捐，多伦教育局收；四军事捐，多伦商会收；五各行会捐，如卖羊即由羊行收。有时一头羊交换上三次，所纳之税，比这个羊的本身价值还要高。蒙民因不堪此剥削，多躲着这个内蒙贸易中心的多伦，往那穷乡僻壤的蔽塞地方去交换。近年来多伦市面所以日渐式微者，这是一个最大的原因。由此看来，收税一事，不但不能保护商务的发达，反阻断蒙民的贸易了。固然这个税捐的繁重问题，不止内蒙为然，但在蒙民身上乍由前清之无税贸易，而到现在之如此剥夺，觉得这是一种最大的压迫。实因为他们全靠牲畜为生存，抽牲畜税即等于榨他们自己的血，食他们自己的肉一样，直接于他们的生命发生影响，所以最容易增加蒙民的反感。且自东北事变以来，土匪遍地，大肆掠夺，军队云集，任意骚扰，这于他们又是极大的不利。

由以上的种种情形，于是蒙民每日所感到的只是自己财产的日见损失，生计日就穷蹙，所见到的也只是汉人如何剥夺他们的权利，如何榨取他们的鲜血。怎样可以保护自己的财产，延长自己的生命，怎样可以抵抗汉人的势力，免得受汉人的宰割，这是时时刻刻深烙在他们的脑里不易忘掉的。今次要求自治，即是他们计划好久的一种企图。

（三）　民族的隔阂

蒙古的民族，语言文字、风俗习惯、宗教信仰与内地不同，且各盟有各盟之特征，各旗有各旗之殊点，中央若采纳一二蒙籍要人的意见，处理一切蒙政，已嫌隔靴搔痒，何况办理蒙事的又非蒙人？即王公驻京代表办事处及各地蒙民代表团，自称代表王公或民众者，试问他们能代表哪个王公或人民的意见？其实他们对蒙古的关系，与汉人比起来，正如半斤对八两。蒙古的民意既无代表以贡献中央而备采纳，中央的政令又无代表以指导蒙盟而便推行。于是蒙盟对于中央的政令或接而不布，或布而不行，中央对蒙盟的要求也只用照准、核办等字样了事。在中央以为是与内地一律的同等待遇，在蒙人觉着是以塞外异族的关系，才有这样的鄙弃，汉蒙间的隔阂，遂日益加深。

中央对蒙古民众既是如此隔阂，若能对新进青年、重要王公有相当的联络，也还可以补救，但中央不但不与他们联络，反给他们另一个看法，觉着蒙古地处边陲，势力薄弱，既无称兵反抗中央的能力，又无割据自雄的仗恃，自然不能与内地的军阀、政客相开比例，所以对于入京活动的蒙古青年，不怕给他们以闭门羹，对于入京请愿之蒙古王公，也无妨置诸不理。这般素具宏愿和野心的王公、青年，焉能不另想办法，自找出路？

再在地方上来说，自清末蒙疆开放以来，汉民深入，智愚攸分，汉民以蒙人之智识浅薄，性质古朴，每每加以轻鄙憎恶，视同异类。当满清时代，在蒙古服官者多曰"吃鞑子油"，管经营商业者多曰"蒙鞑子钱"，现在也还未免除这种心理。作官的往往傀儡王公，欺侮诈骗；为农的多有侵其牧地，辟作耕田；经商的常常盘夺榨取，无所不至。汉、蒙人民间发生纠纷时，地方官吏对汉民或有庇护，蒙人就不免有冤曲的地方。内蒙留平学生呈黄氏之请愿书说："省县当局对于蒙籍知识青年，复歧视嫉忌，摧残陷害……蒙人与汉人争讼，不论曲直，蒙人必然败诉。"这种处理纠纷的不平，正足以增长汉、蒙间的恶感。所以汉人对蒙人既持有卑视和憎恶的眼光，蒙人对汉人又存着恐惧和怀疑的心理，汉蒙间的交恶，也就可想而知了。

蒙古人民对于宗教信仰是绝对的服从，对于原有的风俗是极端的遵守；无所谓法律和道德，只有宗教和风俗是他们唯一奉行的要件。如有侮辱其宗教者，他们要誓死反对，有破坏其风俗者，他们也要极力抵抗。在那里的汉人，对他们所信守的宗教和风俗，时有诋毁或破坏的地方，因此而引起了不少的误会和冲突。当革命势力初来之时，内地到处都有破坏庙宇，驱逐僧侣，收回庙产建立学校的纠纷事情发生。这般被驱逐的僧徒，乍由那种安享富裕的生活而到饭碗被夺，安身无处的地步，既不能吃苦，又不能耐劳，只有向着别人摇尾乞怜，或是流入盗匪，以逞不法。在其同一信仰的人们，觉着这是一种最大的压迫和耻辱，对于国民党，都有恐惧之心。内蒙虽不比内地这样厉害，但废除喇嘛寺庙，改建学校的事情却有。蒙人听到（或见到）内地僧徒的厄运，感到宗教前途的危险，自然对其同一信仰者表示同情，对于汉人表示反抗，来维护他们的宗教，保持他们的信仰。这次德王极力拉笼班禅，即是利用他的宗教势力当作号召蒙众的工具，可见宗教之在内蒙是维系蒙民的重心。

自中央党务宣传侵入以来，打倒封建制度之口号，时常见诸报端，以此而引起王公的自危；破除迷信思想之标语，随处可以见到，以此而造成喇嘛的不安。这是破坏蒙古的旧势力，他们觉着有害，当然要极力反抗的。同时"扶植弱小民族自治自决"，既载之总理遗教，实行民权，平等解放，又为全世界民众一致的要求，内蒙青年受此潮流的激荡，思想大为一变。这是建设蒙古的新生命，他们觉着有利，自然也要欢迎了。于是在这一则主张反抗，一则主张欢迎的两种矛盾现象将要同时加在他们身上的时候，王公和喇嘛思想，怎样可以使盟族〔旗〕组织和寺院财产，能够永保；青年思想，怎样可以使民族自治自决，早得实现，这是时时在他们的脑里萦回不住的。结果由这两种根本不同的思想和感觉，反倒生出来了一种相同的反应和对策，即是要来自己掌握政权。

三　外来的背景

（一）东蒙沦亡的影响

这次内蒙问题，人多疑惑和日本及伪国有关，但据内蒙盟长电京表示："在拥护党国之下，求得自治权。"蒙古王公驻京代表及蒙人旅平同乡会皆声明："请求自治，并无若何背景，更非受人利用。"即蒙藏会委员长石青阳也说："内蒙宣布自治，并无其他秘密行为，亦无其他作用。"班禅随员又谓："内蒙自治，旨在自卫，一切党政大计仍由中央处理。"中央委员白云梯更露骨的说："各盟族〔旗〕统共兵力不满三万，不致别有作用。"这样看来，内蒙的要求，对外是要自卫，对内是要自治，毫无其他背景。中央不但应当绝对的允许，并且要十二分欢迎的。那么事实上是否真有背景？因现在尚无确实的证据，不能加以武断，若放着眼光一看，人们的億〔臆〕想恐怕即与事实有几分附〔符〕合了。

日本数十年来相传如一日的"大陆政策"，第一步计划是要亡我满蒙，现在所谓"满洲大同共和国"已由阴谋变成事实，不用说，日本要积极进行其亡我整个蒙古的第二步计划了。她夺我蒙古的政策，一是应用亡朝鲜和东北的故技，煽动蒙古王公建立独立政府；一是收买蒙匪蒙民，教练军队，使其对抗中央政府。于是即实行其军事秘密的间谍，去作王公、喇嘛的诱惑和蒙匪、蒙民的收买。去年正月，在开鲁附近被中国军队击毙之日本军部派遣员松井清助大佐，发觉出来他早已在内外蒙古结合蒙匪，训练军队，计划组织"蒙古大源共和国"，包括内外蒙全部及新疆，并有各种组织文件和军队编制（见二十一年十二月二十一日上海《时事新报》沈阳特信）。日人为实现其计划，故在热河未失陷以前，即在黑省设兴安岭署，其中长官，多为蒙人，以作政治上的布置，在呼伦贝尔教练蒙兵，以作军事上的活动。又在热河大坂地方，密设机关，从事王公、喇嘛的诱惑。更不惜以巨资收买蒙匪，使与中国军队作对抗的形式，被中国剿匪军队夺得之枪械，有日本最新式之步枪，可知日本与蒙匪的关系了。日本又为收买内蒙人心，鼓动内蒙独立起见，一面高唱救济蒙人，除豁免一切杂税外，又每族〔旗〕发给贷金十二万元，或六万元金票，年息六厘，以地亩之多寡为分配之标准；一面宣传蒙汉本无关系，只是受汉人的欺残，彼愿以武力扶助蒙人独立，且将汉人在开鲁一带早已购有之房地，以强力收归蒙人。这般无知无识的蒙人，经此诱惑和煽动，能不上其套吗？日本除利用蒙匪和蒙民以外，对于宗教也是用煽惑手段，在东蒙的喇嘛僧徒，极力加以优待，并拟以五十万金在呼伦贝尔建筑大喇嘛庙，以图麻醉喇嘛的心理，利用他们广行宣传中国的罪恶，以便号召民众和勾串王公。

日本对内蒙的用心既如以上所述，更使人怀疑的是，今年四月间，传说德王等七人乘日机飞往长春，谒见溥仪，其会议要点："西蒙宣布独立，东蒙各盟划归德王，不归伪国，伪国以友邦关系，充分接济。"如果属实，好像内蒙独立已经在长春决定好了。又传九月二十五日，日本驻热河特务机关长松室孝良到多伦召集各王公会议，内里真情外人虽无从明了，而日人的阴谋，也就不待智者而知了。德王亟信任以前被十二族〔旗〕〈群〉所逐之牛羊群协领布英达赖，布氏与日本的关系最为深密，他一方面代德王筹划计策，督催自治的进行，一方面代德王联络各王公，增加自治的力量。德王既有日本这样雄壮有势的后台，又有布氏这样赤心抱忠的谋士，自然对于自治运动有最大的决心，故于十月九日的自治会议显然由其一人包办。由以上的情形看来，说是内蒙自治没有背景，谁肯相信？

（二）　外蒙独立的刺激

苏俄侵略外蒙，在帝国时代已有显著的事实，及至民国十年，外蒙受苏俄革命的影响，旧俄白党窜入库伦，又造成了外蒙二次脱离中国的政变，后来赤俄入蒙，逐白俄而代握外蒙政权。民国十三年，《中俄协约》成立，苏俄虽允许退出蒙境，但交还政权，却不肯放手，并且极力扩张他的势力，而外蒙也即走到半"赤化"的路上去了。外蒙的"赤化"分子很想使内蒙与其取一致的行动，故打着实现大蒙古主义的招牌，煽惑内蒙青年。内蒙留俄归来之青年以及新进分子，对中国政府，以不能达到其政治的欲望，既怀着无限的愤怒，对内蒙现状，以不能实现其改革的心理，更抱着很大的不满。且外蒙近来政治的改良，社会的安定，实业的发达，教育的进步，都有雄飞突起的趋势和表现，到库伦一看，很可证明外蒙已由部落生活而逐渐走到近代文明的路程了。这般内蒙青年既受了"赤化"的薰染，又具有改革的切心，一旦被别人引诱，能不心向往之吗？

外蒙自独立以来，全受苏俄的操纵，其制定的共和宪法，几乎完全与苏俄相同，无异是一个苏联的联邦。虽然有的王公贵族，因政见不同回到内蒙或别处去，以示不合作主义，但大多数王公却极受外蒙政府的厚遇，而外蒙王公，虽厌恶"赤化"，然感到财产、权位之被汉人剥夺，盟旗制度之难于终保，又见到外蒙王公之受优渥的待遇，难免不生与其受汉人统治的剥削，不如自握政权以自由的心理。所以对外蒙王公常有暗通款曲，以希借外蒙王公之势力以取得赤俄的供给。

近十年来中国政府既无方法以取消外蒙的独立政府，又无力量以铲除苏俄的侵略和"赤化"行为，这是很显明的事实，只好在民国二十年国民会议上通过允许外蒙自治议案，以不了了之。因此而与外蒙种族、语言风俗、宗教，都无不同，关系最深的内蒙问题，也就应运而生了。但内蒙在内务上既无如外蒙之军政力量，在外交上又无如外蒙之实际援助，且与中国内地毗连，困难殊多。德王知道若用暴烈手段，反不如用和平的方法，正当的手续，较易进行。且中央政府既有扶助"民族自决"的党纲，又有允许"外蒙自治"的先例，既不能以无理的要求视之，又无法以绝对的不许对待。若内蒙以和平的要求，于中央可失不了感情，于内蒙可得到了实惠，这不能不说是德王的高识远见了。然而由外蒙的独立成功，激起了内蒙的自治运动，其根本罪恶还是在苏俄身上，又是无容否认的。

四　结语

就以上的事实看，内蒙自治之发动，对于外交的关系，尤重于内政。其要求自治之理由，在其致平、津蒙族〔旗〕王公书内说："现蒙古北有赤俄嚣张，东有暴日侵援〔掠〕，加以中央政府因我远处边陲，其政力之保护势难达到。本盟长等为谋地方种族之维护与安全，议决组织自治政府。"又致南京电谓："吾蒙邻近日、俄，创痛尤烈。广漠之地，弱小民族，抵拒无力，固守无方。俎上之肉，宰割由人。十年以来，外蒙夺于赤俄，东蒙亡于日寇……当局尚不暇自救，吾蒙何忍以协助责望中央。"又曰："凡事自决自治，庶几眉急可救，国疆可守。"这明是不满中央，不过以御侮图存为题目而已。但当国难严重之际，整个中国尚无力抵抗，岂容再行分化？且内蒙本身无论在军事、政治、经济、教育各方面，都不够自治的程度，中国政府即允许其实行"高度自治"，其将何以"抵抗有力，固守有方"？只是减轻自己的力量，给敌人造机会，结果恐怕仍免不了蹈朝鲜、东北、外蒙之覆辙，真实〔是〕所谓"俎上之肉，宰割由人"了。何况内蒙所定之《自治政府组织大纲》，又几等于美国之《独立宣言》，出乎自治范围之外，中央岂能有容许之理？好在黄、赵二氏在百灵庙与德王等经过十数日的会商，对于自治大纲已得到相当的结果，即在已设县治之外的各盟旗区域，设立察、绥两个区自治政府，直接隶属中央。这个大纲还算与政府所定的内蒙自治方案大致相合，政府与察、绥两省府都已接收〔受〕了。酝酿数月的内蒙问题，中间虽费了不少的周折和困难，现在总算得到圆满的解决，这是吾们应当大为庆祝的一事。否则内蒙固是难于保持，而整个中国也就更加危急了。

　　德王对内蒙自治早已抱着事在必成的决心，观其对某君谈话，有"自治只系内部，外交仍归中央处理，故甚望中央能容纳蒙民一致之要求，使其实现，否则蒙人将自寻其另一方之出路"之语，其意志之坚决，由此可知。所以当着与黄、赵商议时，其态度非常强硬，几有决裂之势。然而终是接受了中央政府的方案，固由于黄、赵的开导和班禅的调解力量，及各王公意见不同的原因，依我看来，最大的原因，是日、俄情势突呈紧张，都在秣马厉兵，拔剑张弩之际，对于内蒙问题都无暇顾及，德王因失了背后的力量，自然也就软化了。现在这个问题既是告一段落，吾们希望政府赶快照着已定的方案去实行，千万不要再与从前一样空发支票了。不然的话，内蒙问题这还不算解决，恐怕不久的将来更有大的纠纷随着要起，望政府当局，深加注意。

《新亚细亚》（月刊）

上海新亚细亚月刊社

1934 年 7 卷 1 期

（朱宪　整理）

内蒙自治运动之经过

佘贻泽　撰

一　内蒙自治运动之原因

（甲）政治原因

（一）中央政府之漠视　内蒙各地之情形，与内地不同，各盟各旗皆有其特征，历来中央当局颇为忽视，采纳一二蒙籍要人之言，处理蒙政，早嫌隔靴搔痒，故蒙盟对中央政令，或接而不布，或布而不行；中央对蒙盟要求，亦只用照准核办字样，存案了事，既无一定之策略，更乏深切之认识。试观内蒙要求自治传出以后，中央各当局发表谈话之空疏肤浅，不切实际，适以表示政府对蒙古情形之颠顸隔阂。内蒙政治，王公握有大权，而中央对蒙古重要王公，不相联络，即德王等对于蒙古种种问题，亦曾请愿中央，乃以无人理会而失望。其他蒙古一切困难问题，中央亦从无实力扶助，甚至东蒙古王公如达喇罕亲王等于东北事变后，间关逃平，亦始终不闻政府有何救济安插之法，其疏远如此。此漠视蒙情之大要也。

（二）王公之离心　蒙古王公，在清时年俸甚优，金珠牛马取之不尽。民国以来政府断其年俸，彼等挥霍成性，自难甘居贫苦，而于内地荣华，素所艳羡，中委、司令等之荣衔，尤足动其内向之心；但狡者已著先鞭，后至者乃受排挤，不免积忿于心；又兼日本支配下之东蒙各旗，其待遇王公，又无不备极优隆，蒙古王公对政治认识，甚为幼稚，经此诱引，遂不免心生离贰。再者自国民革命成功，民族、民权，日见宣传，平等解放，时腾口说，打倒王公、废除阶级之口号、标语，无处无之，于是王公恐封爵之不保，感受不安，此其离心之又一原因也。

（三）民族平等之宣传　欧战以后，民族自决之口号，充满宇内，近年国民党三民主义、民族平等之说，国内民族解放之宣传，散见各政策党纲，一般蒙籍青年，或受党义之薰陶，或受新思想之传染，更感受蒙古民族之落后，于是乃有自决之要求，自治之运动宜其然也。

（四）建省问题　自热、察、绥改定行省，成立省政府，一切制度，皆有变更，而与蒙旗盟之关系，又无显明之规定，致使蒙人杞忧。热、察、绥三省每省不过一二十县，须负担重大之财政支出，于是收捐浩繁，蒙民难受其苦，此亦倡自治之一重要因素也。

（乙）外来之诱惑

日本侵略东北，向来满蒙并列，民四条约，可见一斑。彼对于东蒙之探险、研究、经营已历多年，九一八变后，即成立兴安总署，以齐默特色木丕勒为总长，更设兴安南、北、东三分省，省长用蒙人，而其下则皆用日员；近更以日本军官在呼伦贝尔教练蒙兵，并派蒙古青年赴日留学，其用心概可想见。日军进据多伦，不许我军进驻，以为扩大经营内蒙之中心点，内蒙高度自治之要求，不论主倡者之真意何在，而其受日人之诱惑，究不能毫无影响。

再细读各蒙古王公之言论、人民代表之宣言等，皆有赤俄虎视于北，日人侵略于东，内蒙已去其三，形势更为险极。又因中央漠视，不得不要求自治，以保土保族，是其动机，完全因外来之侵凌而起。要之，外患迫切，时逢其会，但亦为其主动力之一也。

（丙）经济原因

（一）土地问题　查内蒙自热、察、绥改省后，东部划入热河，中、西两部则并于察、绥；所有土地，除已改设县治外，其余各为该省之一部，而保存其盟旗制度。近年来开垦蒙荒，多系汉人，其中并有〈以〉欺骗手段夺得蒙人土地者，蒙人一方面感土地之日少，牧场将尽，又感受汉人官吏之欺压，故有蒙地还诸蒙人之口号。但此乃关系各省地域之划分，困难甚大；因一经实行，察、绥势将难以成省，行政上必起重大改革也。关于开垦蒙荒之事，政府并未有切实规定，一任地方官厅主持，每每欺骗蒙民，巧夺土地，致蒙人时有反抗之举，如二十二年八月达拉特旗之督规（注一）风潮，即其例也。

（二）税收问题　内蒙自建行省后，对于旧日王公制度犹未废除，省政经费，与王公旧税，双管齐下，剥削蒙民。蒙民生产简单，得不敷出，苦痛情形，日益加增（注二）。其在土地上有官租、岁租等之捐，牲畜十一之征，至于商人之重利剥削，更无待言。查蒙古各旗对于境内原设税局之收入，向有劈成之例，俗称旗赏，大约以劈三成为案。今者各税局对此应劈之数并未核实劈分，以致蒙人啧有烦言，怨声所激，往往捣毁税局，此种经济上之不规则行动，形成蒙人离心之又一原因也。

（丁）领袖欲望之冲动

此次倡自治运动最力者，乃为锡林果勒盟副盟长德木楚克栋鲁普郡王（简称为德王）。欲明了此次运动之真象，对德王之认识不能不清楚。德王为一三十余岁之青年，幼袭爵为苏尼特右旗扎萨克，为人精明强干，故被推继乃父为锡盟副盟长。盟长为乌珠穆秦扎萨克索诺布拉布坦[①]，年逾七十，病老不易行动，盟务乃为德王所主持。德王曾受教育于内地，精通汉、英、日文，颇富新思想。袁政府曾委彼为乌德漭江警备司令，现为绥省府委员。彼在漭江设中央军校内蒙分校，又设修械厂，造步枪及子弹，收纳蒙古青年多人，其能指挥之兵力约在六千人以上。德王常以复兴蒙古领袖自居，而在官场活动亦颇努力，民国二十一年彼曾同卓王等十余王公赴京，原意在整理王公代表团驻京办事处，并有自任处长兼蒙藏委员会委员长之意，后因计划不行，乃拂袖而去，别谋活动。报上常见德王出入于东北日人之门，实则为其活动地位之一种工具也。德王资望、财力，在内蒙原在一般王公之上，又尽量容纳新青年，倡改革之志，此自治运动之由来也。

　　德王容纳蒙古青年，并许以政治上之地位，此辈青年以察、绥为多，接近内地，求学机会甚易，所学既成，饱载新思想而归，对于所处环境，当然不能满足，又感于政府之漠视蒙事，本身出路太少，对同胞之同情心大炽，改造环境之意识更为坚决。王公中较有新思想者如锡林郭勒盟阿巴噶右旗扎萨克郡王雄诺敦都布，及苏尼特左旗扎萨克郡王郭尔卓尔扎布，阿巴噶左旗扎萨克贝勒巴拉贡苏隆等，其帐下均有曾受新教育之青年秘书，对于德王颇抱若干同情者也。此外如黄埔军官学校第六期毕业之云继贤，日本士官学校毕业之韩凤麟，以及丁吾愚、余福堂、王石清（汉人）、程绍五、王元仁、包悦卿、苏鲁岱等，皆德王幕下收罗之人材也。

-----

　　① 后文又作"索诺木喇布坦"。——整理者注

（戊）过去要求自治之失败

内蒙自治问题，久有酝酿，回忆辛亥年曾因反清一度独立之事，但旋即取消，服顺民国。民国十七年国民政府根基初固之时，察哈尔蒙旗代表，赴南京作自治之请愿，其请愿书列有十条建议，其最重要之三、四、五三节，兹录于下，请不以事属过去忽略之也：

（三）察哈尔各旗、群、翼与各县离脱统治及与都统同等之混合委员制。缘各县制之积弊太深，未易刷新，蒙汉之言语不通，蒙人之通晓汉语者，亦不能使用汉语为法律上之研究及辩论，委员中即有蒙员一席，亦不过供驱策、被利用而已，欲推行三民主义于内蒙，毫无效果。

（四）察哈尔内蒙须联合各旗、群、翼，自设政治委员分会，即名曰察哈尔内蒙自治委员分会，直接中央，不受其他高级委员会支配（说明从略）。

（五）察哈尔内蒙自治委员会，设于各旗、群、翼适中地点，以现任总管为委员，推资望深者为主席，遇有缺席，由各该旗另选补充，不再补放总管。

但此建议，中央不甚注意而被打消。故今日之自治运动，初非突然而来者明矣。

二　内蒙自治会议之经过

（甲）自治会议之酝酿

（一）德王之事先准备　德王自揽政权之心，蕴藏已久，班禅东来以后，各方咸思资为号召，蒙古青年党领袖郭道甫，曾邀班禅赴呼伦贝尔，德王力阻之，首在滂江为建庄严伟大之佛寺，并为筹款训练骑兵卫队千余名，供奉唯谨。德王自南京北返，即利用班禅向各盟旗发号施令，妄称班禅为自治倡道之人。此其宗教上之准备工作也。

民国二十一年春间，德王以日顾问之介绍，率卓王等七人乘日军飞机，往长春，谒见溥仪，闻其会谈内容有三要点：其一，西蒙宣布独立；其二，东蒙各盟划归德王，不归伪国管理；其三，伪国以友邦关系，充分接济（注三）。德王返滂江后，请示班禅，并召集要员会议，咸以事体重大，应持慎重态度，会议虽无结果，但德王相信内蒙如有政治变动，日伪必能帮忙。又外蒙各盟王公，亦多与德王通款曲。此其外交上事先准备之概要也。

至于军事之准备，前款已言及，兹不重叙。要之，其计划在事先甚为周密也。

（二）德王之事先活动　以德王之资望，尚不足以号召全部王公，而正盟长索诺木喇布坦，虽不公然反对，亦不愿假以大权，故德王乃求教于乌兰察布盟盟长云端旺楚克亲王，欲借乌、伊二盟之赞助，促成此举。又许云王之侄沙拉多尔济以权利，扶助其进行。沙氏为二十二岁之青年，位封贝勒，将来袭云王之喀尔喀扎萨克，亦欲趁此机会提高地位，为将来当选盟长地步，乃愿与青年派合作。德王更派某某等四出拉拢旅外蒙人，故自治要求一经宣布，旅外蒙人群起响应也。

（乙）自治会议之情形

（一）召集会议　民国二十二年九月二十二日内蒙锡林果勒、乌兰察布、伊克昭等三盟，联名发出召集平、津及驻各地之王公委员赴达尔罕王镇〔旗〕贝勒庙（注四）举行自治会议之文告，其言曰：

现蒙古北有赤祸嚣张，东有暴日侵扰，加以中央政府因我远处边陲，其政力之保证极难达到。本盟长等为谋地方种族之维护与生存，用特决定九月二十八日在乌兰察布盟达尔罕王镇〔旗〕贝勒庙地方成立正式大会，除通知全内蒙各盟旗外，特此邀请旅外王公、扎萨克、族众贤达，务必一律亲自前往参加，将我濒于危亡之蒙古民族，共图挽救，以尽蒙人之责，不胜祈祷之至！

先是六月中旬，德王召集锡盟各王公会商自治意见，在此预备会议中，已草定《自治政府组织大纲》，并电中央请求准许，中央未覆，故定于九月二十八日在百灵庙（即贝勒庙）召开内蒙自治会议，向各蒙盟及国内外蒙籍人士，发出通启，其后又改期十月九日，此召集经过之大要也。

（二）到会之代表　内蒙各盟旗长官自治会议出席、列席人员衔名如下：——

乌兰察布盟

　　盟长亲王云端望楚克

　　喀尔喀旗扎萨克郡王根敦扎布

　　贝子协理台吉沙拉布多尔济

　　协理台吉色林敦鲁布

　　前管旗章京那孙鄂齐尔

　　管旗章京朝克德勒格尔

　　委管旗章京林泌〔沁〕多尔济

　　梅伦章京宝达希利

　　委梅伦拉希色楞

　　副盟长贝子巴布多尔济

　　乌拉特中旗扎萨克贝子林泌〔沁〕僧格

　　协理台吉那孙瓦齐尔

协理台吉包彦巴达尔呼

管旗章京拉希根敦朝克

前旗代表梅伦章京骚德那木

后旗代表梅伦章京朝伊如克陶都勒尔核

四子部落旗扎萨克多罗达尔罕卓里克图和硕亲王潘德恭
　　察布

协理台吉扎玛巴拉

梅伦章京拉希多尔济

茂明安旗扎萨克贝子齐墨特林沁阔尔罗

协理台吉龚苏荣扎布

管旗章京阿迪雅

锡林郭勒盟

副盟长苏尼特右旗扎萨克霍硕固陵亲王德穆楚克特〔栋〕
　　鲁普

管旗章京齐米德

扎兰章京阿拉坦格尔勒

阿巴噶右旗扎萨克多卓里克图郡王雄诺敦都布

管旗章京林泌〔沁〕旺济勒

阿巴哈那尔左旗扎萨克贝勒巴拉贡苏隆

协理台吉巴济尔高尔达

记名协理台吉乌尔根济慕毕

管旗副章京巴拉锦尼玛

苏尼特右旗代表达尔罕郡王郭尔卓尔扎布

管旗副章京策旺

乌珠穆沁右旗扎萨克亲王代表协理图布敦尼玛

阿巴噶左旗扎萨克亲王代表协理台吉未达克贡桑敏珠尔

浩齐特左旗扎萨克代表协理□吉黎克登速苏尔

乌珠穆沁左旗扎萨克代表扎兰章京伊庆阿

阿巴噶那尔左旗扎萨克贝勒巴勒恭苏荣

察哈尔部十二旗代表

商都牧群总管特穆尔博鲁特、布呼巴图尔、哈斯瓦齐尔

正黄旗代表棍布扎布

西土黑〔默〕特旗代表参领苏鲁岱、巴推尔

（以上系出席者，下为列席者）

锡林郭勒盟驻张办事处处长补英达赖

内蒙各盟旗驻平代表会代表萨彦巴雅尔

蒙古留平学生会代表墨勒根巴图尔、拉希

蒙古旅平全体同乡代表贺什格、赛巴图尔

蒙古文化促进会代表阿克达纯

蒙古各盟旗联合驻京办事处代表思和阿木尔、陈赓扬、吉
雅图

蒙古救济委员会代表吉尔格朗、赵那索图

乌伊两盟驻张办事处处长沙拉布多尔济

其他各王公秘书十余人。济济多士，齐集于百灵庙永荣会仓大厅，共同讨论蒙古民族整个生存之问题。盖自有元以来，诚破天荒之第一次，其在历史上之重要，固不待言也。

（三）五次会议之情形

（1）第一次会议

地点：百灵庙永荣会仓大厅。

时间：二十二年十月九日下午二时至五时。

出席者：四十一人，列席者二十八人。

主席：云端旺楚克。

记录：库巴图尔、朝克巴图尔、赛吉拉呼、色丹札布、超克巴
都尔呼。

（一）内蒙各盟、部、旗长官自治会组织大纲案，决议修正通过。

（二）互推云端旺楚克、德穆楚克栋鲁普、巴布多尔济、根敦扎布、雄诺敦都布五人组织主席团。

（三）内蒙自治政府组织法如何起草案，议决推德穆楚克栋鲁普、根敦扎布、雄诺敦都布、郭尔卓尔扎布、林沁僧格、沙拉布丹多尔吉等二十三人起草，开会时由德穆楚克栋鲁普召集。

（2）第二次会议

时间：二十二年十月十五日下午二时至五时。

地点、主席、记录同。

出席者：四十一人，列席二十七人。

讨论《内蒙自治政府组织法》案，决议：修正通过，即日呈请中央备案。

（3）第三次会议

时间：二十二年十月十九日下午二时至五时半。

地点、主席、记录同。

出席者：四十人，列席二十八人。

（一）内蒙自治政府说〔设〕立地点案，决议：在西苏尼特、四子部落、达尔罕三旗交界处（按即天池），择适当地点设立之。

（二）政府房舍如何建筑案，决议：暂由各旗共出毡幕一百二十座备用。

（三）政府警卫队如何编制案，决议：暂由各旗共派骑兵一千名编制之。

（四）政府开办、经常两费如何筹备案，决议：暂由大盟、部、旗分担之。

（4）第四次会议

时间：二十二年十月二十二日上午十时至十二时。

地点、主席、记录同。

出席：四十一人，列席二十七人。

（一）政府人选应即推定案，决议：公推。

乌盟盟长云王为内蒙自治政府委员长，锡盟索诺木那布坦、伊盟沙克都尔扎布盟长为副委员长。

（二）公推乌盟正副盟长、锡盟正副盟长、阿拉善亲王、达里〈冈厓〉、察哈尔部二人、土默特二人为内蒙自治政府委员。

（三）公推乌盟副盟长八宝多尔济为制法〔法制〕委员会委员长。

锡盟副盟长德穆楚克栋鲁普为政务厅厅长。

伊盟副盟长阿勒坦鄂尔济为参议厅厅长。

（5）第五次会议

时间：二十二年十月二十四日上午十时至十二时。

地点、主席、记录同。

出席：四十三人，列席二十六人。

（一）大会是否派代表前往欢迎中央大员案。决议：派包悦卿、特穆尔、博勒特吉雅图、苏鲁岱四人前往欢迎。

（二）本会议重要事项，均经决议有案，中央大员尚未莅临，是否暂行休会静候大员案，决议：暂行休会，休会期间，本会议一切事务，均有主席团负责主持。

此内蒙自治会议公报上会议记录（注五）之情形也。云王年高德隆，尊为首座，戴正紫顶珠，穿黄缎黄褂，左右坐紫顶〈珠〉、黄马褂者各五人，以次为正红顶珠、黄马褂，再次则多为西装革履之青年。开会时，并无若何重大仪式，只按身份、年龄，依次而坐，会中禁用汉语，一切文件皆属蒙文，以示其精神也。至于会议尚有数事而未见诸公报者，如内蒙自治政府第一年预算及筹款办法案，曾议决第一年预算为三十二万元，由各盟、部、旗分担，但先筹半年十六万元，后半年则视政务繁简，由法制委员会决议增减。又如职员薪俸，决议概不支薪，家庭生活由政府供给，按年由盟、部、旗贡羊若干头为政府职员伙食（注六）。

（丙）内蒙自治会议之结果

（一）自治会议对中央大员提出之十一条要求：

（1）内蒙设一统一最高自治机关，定名为内蒙自治政府，直隶国民政府行政院，揽内蒙各盟、部、旗之治权，其经费由中央补助之。

（2）蒙古各盟、旗、部之管辖治理权，一律照旧。

（3）蒙古各盟、部、旗境内，以后不得再设县或设治局，其现有之县或设治局不及设治成分者，一律取消。

（4）蒙古现有荒地，一律划为蒙古牧区，永远不得开垦，其现有突入牧区以内之零星垦地，一律恢复为牧区。

（5）凡蒙古区域以内各项税收，均由内蒙统一最高自治机关详定统一办法征收之，其由省县设在牧区以内之各项税收局卡，一律取消。

（6）蒙古已垦土地，另订妥善办法整理之，其所得临时收益及每年租税，以蒙古统一最高自治机关与各关系省政府平分为原则。

（7）蒙古已垦土地，在未整理以前，按照左列各项办法办理之：

（甲）蒙旗对于境内之土地、矿产、山林、川泽等蒙旗固有权，一律照旧，其间有征收者，照旧征收。

（乙）蒙旗境内所设之各省县府征收土地、矿产、山林、川泽租税时，由内蒙统一最高自治机关派员会同征收之，所收款项，一律即时平分。

（丙）蒙民对于本旗应有负担外，省县不得再加任何负担。

（8）凡在蒙古境内关于土地以外由省县所设之各项税收机关，一律由内蒙统一最高自治机关派员会同征收，款项一律即时平分。

（9）凡在蒙旗境内已设之各级机关，均由内蒙统一最高自治机关派专员，对于汉蒙诉讼事件，实行会审制度。

（10）内蒙统一最高自治机关各项收入，均作为卫生、教育、实业、交通各项事业费。

（11）内蒙统一最高自治机关，在各关系省政府所在地，各设一办事处，以资联络。

（二）《内蒙自治政府组织法》下之自治政府：

正委员长一人，副委员长二人，委员九人至十五人。

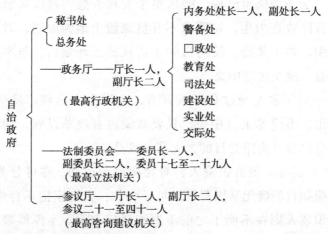

《内蒙自治政府组织法》共计五章三十六条，规定自治政府组织之内容，已如上表。各盟、部、旗长官全体会议当为最高机关，自治政府有政府委员会议，政务厅有厅务会议，制法〔法制〕委员会会议及参议会等，皆为各厅会之最要会议，而以委员长及厅长总其成。

三 内蒙自治动运〔运动〕之分析

（甲）蒙汉人士之态度

（一）领导附和者之分派。此次参加百灵庙集会者约六七十人，但细别之，可分为三派，略述如下：

（1）德王及其幕下少数人，大半以改造蒙古民族自居，德王要求脱离省治，成立蒙人之自治政府，以蒙人有特殊经济组织，要求政治之改革。同时自治政府成立，彼等可握大权，不问将来收获如何，亦可一偿其领袖欲支配欲之愿。

（2）云王等阅世已深，能从整个大局着想，再以乌盟人民十之八九皆以牧畜为生，仅要求不开垦该盟土地为原则，对自治政府之组织，并不坚持。反躬自问于实现德王计划后，与本人亦无若何利益，故主接近中央。

（3）青年蒙人受过高等教育者，为谋个人出路，趁此机会，脱颖而出，不问德王或中央，只要对蒙古有改革设施，均有活动余地，全以自身出路为目的，无其他成见。

（二）其他一般有识蒙人，对此次自治运动，亦可分为两派：甲派主张如自治确无某国背景，可予合作，否则宁抱不合作态度；乙派有识蒙人则在不明了之前不愿有任何表示。至浑浑噩噩之蒙古民众，对于自治确无条件赞成，盖蒙民政治认识幼稚，认为自治就是不受汉人干涉，至对谁来领导，如何自治等问题，则不求甚解（注七）。

至于旅外蒙人意见，以赞成自治者占多数，而间亦对宗教发表意见者如旅平蒙古同乡会之意见书，内有"章嘉（注八）入蒙宣化，蒙古极端反对，而该氏复对于自治，加以阻碍，尤为蒙民所愤懑，倘其仍本以往主张，恐必激起意外事变"等语。北平蒙古救济会之意见书内，亦有"喇嘛之责任，只是唪经供佛，不应稍涉政治行动……而章嘉阻碍自治，尤为全体民众所愤懑，如其仍本过去之主张，必将激起意外事件"（注九）。可见其拥护自治之热忱，不惜对全蒙信仰之活佛加以反抗也。

（三）至于汉人，平时对于蒙古既缺乏了解，又值国内国外危机四伏，全民各自谋生活不暇，注意及此者甚少，一般所谓学者，多注意国外情势，以西学而观察中国，至于边境民族之问题，初非彼等所道及；少数对此有研究者，亦无若何意见发表；但众口嚣嚣，群疑其自治运动，显有某国背景，实则此肤浅之论也，以后当谈及。绥远各团体，曾有意见书呈黄绍雄氏，内中述叙蒙人之内容，优遇蒙人之过去情形，及对自治之意见甚详，大半乃反对其自治之主张，谓不能脱离省府而实现其计划，否则反促自亡，因事实之不可能也。

（乙）高度自治

考内蒙各盟、部、旗本为自治，非但中央政府对于盟旗之制度，无所变更，即各次会议（蒙古会议）亦多主保持其制度，中央政令不及旗境，旗盟之要求，中央亦漠然置之，两者之间，并无如今日江、浙省之与中央政府之关系也。国民党主持训政，以实现地方自治为要务，查此种地方自省〔治〕，原为乡、县、区、市国民参政之实现（详见国民政府二十年七月一日之通令各省实行地方自治文），比之内蒙与中央之关系，不能相提并论。故原来内蒙旗自治程度之高，出于内蒙地方自治之上也。今日蒙人之要求"高度自治"，查高度自治之来源，出于《李顿报告书》（国联调查东北事变之报告）对东三省解决案之建设〔议〕，其性质则中国或中央只有主权之名，而于实际行政之一切，并无若何权力过问。《内蒙自治政府组织法》第三条曰："内蒙自治政府，除国际军事及外交事项由中央处理外，内蒙一切行政俱依本自治政府法律命令行之。"是又非如李顿所建议之东三省之高度自治，因李氏所建议者，东三省之军事，中央政府不能过问也。依第三条之解释，则与《训政时期约法》第五十九条采均权制度（中央与地方之权限）之规定相背违，而其性质又为联邦国家制度下之邦之位置相同，此种高度自治，更与中国整个国家政制相抵触，因我国数千年来，全采中央集权制（春秋战国各国实际已无中央，而为一国际之情势），无邦联或联邦之先例也。但其高度自治又非如常人所谓之独立。盖若独立，则彼等无须请明中央，更无某某事由中央处理之规定，独立之中央只一，故其自治运动与独立甚有区别也。

（丙）背景问题

蒙境与内地远离，消息难通，道途传闻，易生误会。当百灵庙自治会议传播之时，国内人士群疑有某国人士暗中主持之谣，一时内蒙自治背景问题，最引人之注意。著者过细考察，知受某国人挑拨主持之谣，或有未妥，请引证言之。

原来日人之经营满蒙，可谓筹备尽致。自东蒙三盟失陷，西蒙乃在吞并之计划中，察哈尔之役，即其例也。当九月二十五日（百灵庙开会前），日方曾召集东蒙会议，主其事者日人松室孝良，并请西蒙各王公参加，结果无人前往（注十），此日人引诱西蒙之又一例也。但西蒙王公并不因此引诱而竟顺日，观德王之与黄绍雄氏谈话一节，可以知矣。其言曰："就事实论，近年外患频临，尤以西蒙更觉危险，时有日本飞机、汽车开往威吓，并派军人时来内蒙各地调查地势……日本军人曾建议组织蒙古国统治蒙古地域，蒙人为便于对付日人及减少日人之借口，故要求组织自治政府……"（注十一）信如此言，则不但无有日人背景，而其自治运动之动机乃在反日也。

行政院派出宣慰察、绥各盟旗之蒙藏委员会蒙事处处长巴文峻氏之谈话曰："……本人足迹，遍历此三盟各旗，与各方官民谈洽，得知此自治举动，既非独立，又非投敌，若言独立，则深知各盟旗领袖以及民众，莫不自知自身之能力，断无作此梦想者；若谓投敌，则数月前热河败退之时，中央及地方对于锡盟，确未有如何维护之实施，以情势言之，彼时尚不投敌，则今日当不应及此矣……"（注十二）

班禅大师为内蒙人民宗教上之主宰，其随员谈话，证明德王之无外人背景，曰："德王英明，绝不致受外人利用……前者察事风云紧张时，冯（玉祥）曾委德王为蒙军第一军军长之职，而彼严词以拒……"（注十三）

再看德王之自白，其对黄绍雄氏谈话曰："外界加我们种种罪名，将来总可水落石出。如果我们真与日本有关系，我们也不必呈请中央，直接做了再说……外面有德王勾结日本之传说，假若我有这个计划，我也许做了司令官了，但是日后他必定杀我的头，我很明白我自己地位，我决不受利用……"参谋本部边务组委员桂永清，曾因此事电讯德王曰："……顷闻日人介绍开鲁蒙匪胡玉峰投效阁下，已向滂江西进，并闻自治主张，纯系台端个人意见，果尔，则暂虽有利，终必覆亡……"德王之电覆有"……查蒙匪投效，实无其事，且胡玉峰者，弟更不知其人，谣传飞来，可发一噱……即以此次自治事件证之，倘谓有背景，何不倡言独立，而必以要求自治出之，概可明同人及弟之衷曲矣。强邻逼近，宰割堪忧，如不力矫各自为政之弊，难免不被利诱威胁，当此存亡关头，舍自治团结，更有何法？兄其为吾蒙三思之……"（注十四）

然德王过去之活动，究难乎人有背景之谣，但以人废言〔言废人〕，亦非智者之虑，德王固亦有借日人之力以实现内蒙宣抚使之计划，只以日人为工具耳。观黄绍雄氏赴百灵庙之谈话，及归来后之报告谈话，绝无有背景之词，虽不能谓为毫无外力影响，但受人利用主持，则殊未必也。总之，此事之唤人注意者，因以复杂之外交环境为然，而其自治运动多属于内在之原因，又适与外感相遇合耳，若谓全起于外力之引诱，忽视内在之起因，殊为危险之判断也。

（丁）纠纷中心

自治运动，既为发生于内在之原因，而内在原因甚多，何者究为此自治运动之中心，是亦值得吾人探讨者，若纠纷之中心既得，则可迎刃而解决矣。依《大公报》发表之黄绍雄与内蒙王公谈话笔录，吾人可从中探得此运动之原委，节录重要者如下：

　　德王　民国成立二十余年，蒙古绝对服从……当民国十七年中央建省之时，蒙古人民要求不必建省，中央绝不理会，毅然建成行省，现在我们希望中央听蒙古人民之意见，比阅省府之报告的成分多一点，同时更盼中央以过去毅然建立行省之精神，来毅然决然允许蒙民组织自治政府。

　　部长（黄绍雄氏，以下同）　中央处虑〔理〕任何问题，都是采取双方的意见……过去省县与盟旗有许多误会，或许是不能避免的。我们现在希望中央与省，中央与盟旗，省县与盟旗三方面共同商量，得一和平解决方法。

　　德王　部长此次北上，路经两省政府，未知省府有何种意见，希望部长告诉我们！

　　部长　我到张家口时，宋主席不在，只与省政府各委员谈话，他们对中央方案皆赞同。到了绥远，比较有长时间讨论，省政府的意见，也觉得此事有彻底解决之必要，同时省府也信赖中央……

德王　现在蒙古蒙旗与省府的冲突……完全由于制度之不良，现在蒙古是一地二主，所以即使双方有良好之感情，因为权利关系必会发生冲突，而这种冲突不是一句话可以解决的，必须在事实上着想。

部长　现在我们谈到真正问题了……我们要开诚商量，总可得一良好解决办法，例如租税、畜牧等问题……不是空名的自治政府可以解决。

德王　中国像一个大家庭，弟兄五人，过去家长理家不平，希望现在的家长从新平均分配。（十一月十四日谈话录）

德王　当自治会议决定组织自治政府时，原拟以盟旗受辖之区域为区域，故自治政府成立时，省政府就不能存在，自治政府如能受辖旧有之盟旗区域，则经济自不致发生若何困难。再有了整个组织之后，边防也比较可以巩固些，废省而成立自治政府，在事的表面上看来，好像是非常重大，但实行亦很简单，因为蒙古自治政府之确立，只是某一部分土地、人民组织之内部变更……

部长　这样在理论上固然有一部分的理由，但是我们要顾全各种事实的问题，如察、绥两省蒙汉人民之多寡，蒙古民族现在力量之充分与否，及察、绥所处国防地位之严重，都应先事考虑。

德王之倡自治，其所以能得到王公们之赞助，与一般蒙人之信仰者，其原因乃在利用过去省县与盟旗在行政上、经济上、财政上之冲突是也。若谓德王个人之领袖欲，而能得年长王公等之拥护，未之有也。

自绥、察、热建行省后，蒙盟旗既然保存，又与省政府同一区域，一地二主间之关系，未有任何明文规定，其对于盟旗政制之冲突，与蒙民之双重负担，在所难免，故德王言此乃制度不良耳。是此次运动之中心，姑无论德王之私人计划如何，而为迟早必然之情势，则可断言也。

四　中央政府之对策

（甲）西蒙盟旗电京请愿自治

十月中旬南京国民政府接西蒙各盟旗长官要求自治电文，其原文云：

（衔略）年来吾国兵荒饥馑，纷扰鼎沸，边疆蹙削，外患日深，吾蒙古邻近日俄，创痛尤烈，广漠之地，弱小民族，抵抗无力，固守无方，俎上之肉，宰割由人。十年以来，外蒙剥夺于苏俄，哲盟、呼伦贝尔沦亡于日本，近且卓、昭等盟，亦相继覆没，西蒙牵动，华北震撼，千钧一发，举国忧心。吾蒙积弱民族，坐受宰割，亦固其所。中央虽负扶植救济之责，顾内乱频仍，事势分异，当局尚不暇自救，吾蒙抑何忍以协助责望之中央。况兵燹之余，不时劳遣专使，远方存问，足证休戚相关，患难与共，吾蒙深为拜嘉。边疆不警，委蛇偷安，未为不可。尔来强邻俱侵，刻不容缓，燕雀处幕，覆亡之祸已迫，因循偷安，已为事实所不许。煎急难耐，应付无方，倘不黾勉自决，一旦劲旅压境，所至为墟，风波所及，积弱之蒙疆，势必蚕食殆尽，深贻中央之忧，藩篱破决，将以亡吾蒙古者，累及同胞，一肢摧折，全体牵动，关系至大，为罪滋深。《传》曰"鹿亡不择荫"，凡我同胞，设身处地，试为蒙民三思，舍自决自治，复有何法。伏念我孙总理艰难定国，以人民自治为基础，以扶植弱小为职志，煌煌遗训，万世法守。中央军事鞅掌，既不惶忧远，吾蒙敢不投袂而起，遵奉总理懿训，自任自决，以自策励。盟长、扎萨克等谨查民国二十年国民会议议决案，已有特许外蒙自治之先例，乃于今年七月二十六日，在乌盟百灵庙招集内蒙全体长官会议，签日高度自治，建设内蒙自治政府，急谋团结促进，以补中央所不及，凡事自决自治，庶几眉急可挽，国疆可守，民意淳淳，亦咸以是为请，于是毅然进行，气象为之一振。所有顺应民意应付环境施行自治之情形，除由盟长、札萨克、王公等会衔联印正式呈报中央鉴核外，爰将吾蒙推行自治真相，谨先电达，悉其自治真意，实因事急境迫，日暮途穷，志切自救救国，不得不亟图自决，以补救危亡。至于军事、外交，关切国家体制，吾蒙能鲜力薄，平时尤仰仗中央多助，况当危亡关头，一切对外措施，更惟中央是赖。幸当局诸公，一本总理民胞物与之旨，天下为公之意，谅其苦衷，悯其衰弱，辅导箴勉，弥缝其阙，而教以所不及；策励其自决自励之精神，促成其发愤图强之苦心，革其固陋，新其治化，上有以翊赞中央殷殷图治之心，下有以慰吾蒙喁喁望治之意，俾五族之民众，互助互存，打成一体，庶几危亡可挽，边疆可固，蒙民幸甚。（下署各蒙旗长衔名）

（乙）中央决定对蒙方策

自此电接收后，南京中央政府对于蒙事，方如霹雳一声，大梦初觉，渐知抛弃以前因循泄沓之方，而别谋应付之策。行政院长汪兆铭氏，遂于十月十七日之第一百三十次行政院会议，提出变更蒙藏委员会组织方案、改革蒙古行政系统及蒙古之行政用人标准案，当日通过后即送中央政治会议，至十八日之中央政治会议通过原则，是为中央对蒙之最新方针；而改革蒙古地方行政方案最关重要，由黄氏携赴内蒙，将来解决方案，系根据此案增删而成，内容共十项。兹录汪院长之说明书于下，可以窥见提此案之理由也：

谨按总理《建国大纲》第四条规定，国内各弱小民族，政府当扶植之，使之能自决自治；并经总理郑重声明，承认中国以内各民族之自决权，对于反对帝国主义及军阀之革命获得胜利以后，组织自由统一之中华民国，而第三次全国代表大会复有"吾人今后必力矫满清、军阀两时代愚弄蒙古、西藏之恶政，诚心扶植各民族经济、政治、教育之发展，务期同进于文明进步之域"之决议。本党主张扶植国内各民族之自决自治，久已昭示中外，中央为免除边民误会、增进边民利益起见，无论中央与地方一切蒙藏行政制度，自应本此自决自治之精神，以收扶植发展之实效。兹以蒙古而论，过去中央组织与蒙古地方组织之联系，失之松懈，而蒙古人民习俗各异，在省区域内，因无专管机关，对于省行政极易发生误会，遂予觊觎者以挑拨离间之机会，一方对于负有一族重望之王公首领以及曾受政治训练之蒙古青年人士，复未能代谋政治出路，每使其失望而去。此次内蒙自治之发动，原因虽甚复杂，而其重要症结，要在乎制度与政治不能尽满足蒙藏民众之要求也。根据以上理由，爰拟定改革蒙古地方行政系统具体方案，其要点略加说明如下：

第一，改革蒙古地方制度，对于已设省治、县治地方，以不破坏其原有行政区域及其行政系统为原则。边区设省，系沿袭特别区而来，原有行政区域，早经明白划定，某省某县之名词，公私文书，沿用已非一日。中国二十八行省，尤为中外人士所习闻，倘一旦贸然加以割裂，关系良非浅鲜，故本案主张对察、绥等省行政区域，不因蒙人主张自治而有所变更，至于地方行政组织，则不妨略加补充，以适合实际之需要。

第二，蒙古人民聚居地方，虽已设有省治，惟以风俗、习惯、语言、宗教各异之故，过去之地方政府，对于蒙古人民内情之研究，改革之方案，每易忽略，因而发生种种隔阂，此固无可讳言。今为补偏救弊起见，拟于省行政区域及省行政系统之下，增设一地方政务委员会，受边务部之指挥监督，专管蒙古地方行政，以补助省政府之不及，而收分治之效。如此办理，既使蒙古行政责有专属，复可使中央与边疆之关系更臻密切。

第三，中央政府为增进边民实际利益起见，所有物质上、精神上之各种建设事业，均须积极筹划，次第进行。惟此等地方公私经济，本形竭蹶，于必要时，自应由边务部斟酌各该地方需要情形，拟定建设计划及其预算，呈请中央筹拨巨款补助，以期绥辑边民，巩固边防。

第四，各种民族杂处地方，公私纠纷之事，层见叠出，省政府主持全省政务，原设有蒙古委员名额，遇有各厅县及地方政治委员会与人民间之纠纷，自可由省政府委员会负责解决，至必要时再请中央办理，以资便利。（注十五）

（丙）变更蒙藏委员会提议与特派巡视使

蒙藏委员会之不能满足蒙藏人士之要求，固无可讳言，变更其组织，亦为事实之需要。十九日行政院通过变更蒙藏委员会组织方案，其内容为特设一边务部，或称蒙藏部，直隶于行政院，为处理蒙藏之最高机关。设部长一人、次长二人主持，并应斟定时期，分别召集各边区负有行政之责任之首领，及有德望之人士，来京举行会议。惜此提议，并未见诸实行，或则有待于国民党中央委员会全体会议之决定也。

同时行政院议决特派内政部长黄绍雄前往巡视内蒙各盟旗，并派蒙藏委员会副委员长赵丕廉襄助办理。黄、赵二氏工作之范围，据其向新闻记者谈话，自谓有三：

（一）调查过去及现在察、绥两省各县及各盟旗之政治状况。

（二）调查过去及现在察、绥两省各县及各盟旗之经济状况。

（三）巡视内蒙要求自治之情形，并慰问蒙民。

但黄、赵二氏赴内蒙之重要工作，乃在于第三点，而黄、赵二氏此次赴内蒙之最大收获，亦在第三点，因内蒙自治运动乃为其所解决者也。

（丁）行政院告蒙民书

行政院除派黄、赵二氏赴内蒙巡视外，更于十一月十三日编印华蒙合璧文告，派专员送往内蒙各盟旗张贴。内容大意谓中央极愿辅导蒙人自治，外患日亟，尤望精诚团结，末有吾五族一家，国民凡有意见，均宜尽情吐露，开诚磋商，以祛除误会，敦睦感情，一致团结，精诚无间，国族之复兴，国民之光荣，实利赖也等语。此为中央正式对蒙人表示其态度之文告也。

五　黄、赵解决此案之经过

（甲）赴内蒙前之准备

黄氏奉命巡视内蒙，于十月二十二日抵平，当即接见蒙古在平各王公、旅平蒙人等，听取其意见，又晤蒙旗宣化使章嘉，乃于十月二十八日率总务主任李松风、行辕秘书卓宏谋离平赴绥远，随行人员分三组办公：（一）军事组，调查国防，办理警卫，组长刘朴忱，组员杨君励、岑维球、池中宽、张庚金、赵芷青等；

（二）政治组，调查政治之已往及现在情况，旗县分治及蒙汉关系，组长孔庆宗，组员贺杨霖、杨文炤、鄂奇光、阮雨民、谭惕吾等；（三）经济组，调查经济情形，组长贺杨霖，组员孔庆宗等；内蒙在百各王公，事先来电欢迎。黄、赵二氏抵张垣，与察省府各委员谈话，并接见察哈尔旗、部代表。抵绥后，接收绥省法团之意见书，接见伊克昭盟副盟长阿勒垣鄂尔济王。此次百灵庙会议，伊盟只有数人列席，而阿王为斡旋解决此事之最出力者。黄氏先派李松风等赴百灵庙作事先接洽，然后自身前去会晤，内蒙自治运动遂在黄氏莅百后即告完满解决矣。

（乙）百灵庙解决之经过

黄氏到绥后及其赴百解决之经过，《大公报》记者叙述甚详，兹节录于下，原文见十一月二十二日《大公报》。

　　黄氏于十日由绥动身，十七军军长徐庭瑶氏偕往，视察国防问题，省府派团长薄鑫率兵一连，铁甲车三辆，随同警卫，及各方代表等共约二百余人，军容振奋，武器坚利，尤非蒙人所习见。清静岑寂之漠南古刹，顿成逞才奋威之场所。是日上午八时许由绥开车，下午五时半抵百。王公、青年列队迎于河干，仍衣翎顶辉煌之亡清制度。彼等蒙古之王公贵族，对此虚荣犹不肯摈而去之，守旧思想之深，于此可见。黄、赵抵百之日，天色将暮，当日除周旋外，未谈公事。十一日着各王公准备意见，先用书面送来，约于十三日正式会商。十二日正午由云王、德王率各王公，公宴黄、赵、徐三氏于行辕，并有音乐、角力助兴。是日由各王将意见书送来。十三日上午黄氏请班禅活佛为主席，率领百灵庙全体喇嘛在正殿讽平安经，此为前清钦差每到有活佛之地例行故事也。十三日上午由云王、德王至黄氏处正式谈话，历时甚久，当日仍无结果。十四日继续谈话，下午由各王骑赛马，邀黄等往观。是日晚由黄氏根据两次谈话结果，将中央原定方案略加增删，容纳德王等若干意见。十五日班禅邀全体人员宴会，下午再约各王谈话，讨论实际问题，将修正之方案交与德、云二王。黄表示此为中央所能容纳之原则，过此即不能允许。德王称俟与各王商酌后，于翌日由双方各派代表再详细讨论。十六日由德王约黄氏派代表与各王公代表会议于根王蒙古包内，黄派李松风、贺杨霖等六人，德王方面出席八人，李询彼方对新方案意见，彼方代表开口即称，仍希望部长容纳组织自治政府要求，并出各王呈请中央准许自治政府之呈文，请黄氏代为转呈。李答称：如坚持组织政府之意，即不必再谈，可即散会。彼等坚留，改作普通谈话，约二小时始散。黄得报告后甚为不满，决定十八日返绥，另谋应付之方。十七日令随员准备起行，上午着李松风将德王等送请转呈中文核准之自治政府备案呈文，及筹备自治政府之会议录、意见书等全部送还云王，表示拒绝接收之意。云王之主张自始即与德王不同，至此颇为失措，坚请李向黄说项，谓本人对中央方案早欲接受，请部长再住一二日，本人当劝德王接收。李去后，云王急找德王谈话，称君如不按〔接〕收中央方案，余将单独接收。德王称班禅佛已允代留部长略住，并代疏通，二人往谒班禅，班禅乃请黄氏再留一日，彼愿使各王接收中央意见。黄氏向班禅代表称，修改后之方案，为中央所能允许之最大限度，彼等如愿全部接收，可用书面告余，否则余决定明晨返绥，亦无再谈必要。代表向班禅覆命，德王至此处于云王、青年之间，莫展一策。至夜一时云王将向黄表示接收中央方案之公函草就，着德王署名，德王至是颇有四大皆空之感，署名后，送达黄处。十八日上午各王晤黄，讨论实施方案之细部问题，下午由黄氏随员与青年讨论细部问题，各青年一变其论调，力示好感。黄氏对于各派均能调和，有所安慰，诸人亦极信仰黄氏。十八日在百班禅、王公等在寺拍照电影，晚间设宴欢送，并互馈赠品。黄氏并派杨君励、孔庆宗等八人，分二组巡视各旗，返绥后，又开汉蒙联欢大会，轰轰烈烈之自治运动，遂于欢乐声中告一段落矣。

（丙）解决原则之内容

黄氏与内蒙王公等解决之原则未见公布，根据各报记载，内容大要如下：

名义　绥、察两省旧有蒙地，实行设立自治区政府，名称为蒙古第一自治区政府、第二自治区政府，与察、绥两省并不发生冲突，其余类推。

区域　以锡林郭勒盟、察哈尔部各旗编为蒙古第一自治区政府，以乌兰察布盟、伊克昭盟、土默特独立旗编为第二自治区政府，其他各盟旗比照此例编区。

权限　各自治区政府，直隶于中央政府行政院，遇有关涉省县事件，与省政府会商处理。蒙古各自治区政府，管理本区内各盟、部、旗一切政务。

组织　各自治区设主席一人，副主席二人，专任委员二人至四人，各旗长官为当然委员，按照实际情形，设立厅处，分别职掌。自治区政府设各该区内适当地点，各自治区为联络进行设联席会议，各自治区各旗得派代表一人组织之，商决各自治区共同进行事务。

经费及细则　自治区政府经费，由中央直接拨发。其详细细则须待行政院提出详细讨论，经过立法院审核。呈请立法院审核事项：（一）第一、第二自治区主席、副主席、专任委员人选。（二）自治区内部组织细则。（三）自治区政府经费数目。（四）察、绥设县蒙地蒙汉民之管理法，又察、绥已设县蒙地税收问题由察、绥省政府与第一、第二自治区政府派员共同管理税收，采均分政策。

（丁）中政会通过之蒙古自治办法

中央政治会议于民国二十三年一月十七日开第三九二次会议，决议通过《蒙古自治办法》如下：

（一）内蒙古自治之限度　对蒙古代表最后所提出之甲种办法，分区设置自治区政府一节，认为与中央政府所定原则尚属相符，可以采纳，至其区域、隶属、组织、权限、经费各项，分拟办法于后，另定法令颁布施行。

（二）蒙古自治实施之程序　在未正式成立区政府之前，筹备处似有成立之必要，但须中央派员切实指导，或由中央简派当地省政府主席为指导专员，其派员人选办法另定之。

（三）蒙古自治区之范围　蒙古自治区之编制，应以未设县治地方为范围，察哈尔省、绥远省内各设两区，其名称为中华民国蒙古第一自治区政府、第二自治区政府，余类推，但察哈尔省内或绥远省内所设之两自治区如愿合并为一自治区时，得由各该省报由内政部、蒙藏委员会议呈行政院核定。其察、绥两省已设有县治地方，并完全属于省行政区域，或因区域错综，应详细划分者，由省政府会同区政府实施勘划，报由内政部、蒙藏委员会转呈行政院核定。至原属宁夏省管辖之阿拉善、额齐紤〔济纳〕〔赛〕旗地，不列入自治区范围。

（四）自治区政府组织　一、自治区政府设委员五人至十五人，以一人为委员长，二人为副委员长，均以所在地人民充任为原则，由中央任命之。二、区政府分科办事。三、为商决各自治区间共同事宜，每年由中央派员召集各自治区联席会议一次。四、自治区为区、旗两级制，区、旗各设人民自治组织，其详以法令定之。五、区政府所在地由中央核定。

（五）自治区政府之隶属　蒙古各自治区政府直隶于行政院，并受中央各主管部会之指导监督。

（六）自治区政府之权限　蒙古自治区内国防上军事支配之权，以及应付外交等事务，均由中央统筹办理，或授权于当地省政府执行之，其他经中央核定，认为有特殊性质者，亦得授权于当地省政府办理。其未经中央授权于省政府办理之蒙旗行政，统由区政府办理之，区政府于不抵触中央及当地省政府之法令范围内，得发布区令，及制定单行规则，但关于限制人民自由、增加人民负担者，非经国民政府核准不得执行。

（七）省政府与自治区政府之关系　关于蒙古自治区内各种蒙旗行政，由中央授权于省政府者，仍由省政府统筹办理，中央未授权于省政府者，由区政府秉承中央处理，遇有关涉省行政范围者，仍须与省政府会商办法，已设县治地方之一切蒙旗行政及蒙汉纠纷，仍由当地省政府处理，必要时并得专设委员会负责解决省区间之争议事项，中央得委托省政府代表中央指导蒙古区政府办理地方自治。

（八）自治区政府之政费　自治区政府行政经费，应制定预算，由中央核准，拨款补助。所有各项税收，应按照中央规定标准，分为国家税与地方税两种。凡属国家税性质者，由中央直接征收，或授权于当地省政府代理征收，凡属地方税性质者，其在已设县治区域内，由省政府征收，其在未设县治区域内，由自治区政府征收。

（九）自治区之经费问题　在早经开垦及已设有县治地方，所有蒙汉人固有之土地权，一律照旧；其未经开垦与未设县治之蒙旗地方，以畜牧为主业，农垦副之。中华民国人民应不分种族，凡在本区域内继续居住满一年以上者，均得享有游牧、垦种之权利。区政府对于本自治区内之土地，认为有开垦之必要时，得随时呈报中央核定，自由开放，任蒙汉人耕种。未开垦地方之畜牧，应设法改良，并由中央在适宜地方，设立牛羊防疫处，及血清制造分所，以利畜牧，而重卫生。其森林、矿产应归国有，由实业部筹划开发，并由财政部在各该自治区地方，设立中央银行分行，以为活动金融机关。

（十）自治区之教育问题　关于变通蒙人教育制度，及补助蒙人教育经费问题，拟请交由教育部会同蒙藏委员会通盘筹划，拟具具体办法。

（十一）自治区之司法问题　交司法行政部会同蒙藏委员会，拟具具体办法。

中政会所通过之《蒙古自治办法》十一条宣布后，蒙古代表认为与黄氏在百灵庙解决之大纲及内蒙自治会议所要求之十一条不符。（一）其范围愈见狭小，本为内蒙全境，无论设县治与否，皆为自治政府之区域；黄氏之解决方案为设立二自治区，现中政会所通过者则为四自治区，以一盟为一区，并将阿、额、土三特别旗除外，故其区域愈为减小。（二）依中政会所通过之办法，则察、绥二省政府无形中成为蒙古区政府之监视人，中央可以授与任何权于省政府代处蒙旗事件，故省政府可为中央与蒙古区之中间人。（三）中政会通过之自治区政府组织，有所谓区、旗两级制，是以盟为区也，而黄氏之解决案，盟属于区之下。因此，内蒙各盟旗王公代表赵泰保等十四人氏，闻此种更变，甚为不满，要求重议，维持原案。但依吾人意见，中政会所通过者，亦为适宜可行之办法；且据黄氏声明在百灵庙所允许转呈中央者为蒙古王公最后提出之甲种办法（见前），而非十一条，是则蒙古代表等又有误会，再经解释，当不难解决也。

六　结论及建议

蒙古民族，原为东亚历史上最有荣誉之种族。当其追风逐马，驰驱沙碛，威名所至，四海归服。但自满清以来，因宗教之关系，与柔怀愚民政策之施行，其积弱不振者垂二百年。今者外蒙既倡独立，无论其背景如何，而其为一种民族自决之觉悟则甚明显。吾中华民国近年受外患内忧之侵凌，内部民族已失统治全国之机能，东邻野心，益促内蒙人士之自悟。改元以来，中央对内蒙之漠然态度，固无可讳言，今乘彼等自救自决之际，而谋改良发展之方，能本此解决方案，努力进行，则将来不只蒙民之幸运，亦复兴中华民族之基也。愿我政府、国人，不以事过境迁，忽然置之也！

由上所述，自觉对于此重大问题之经过与内容已概略的提示于读者诸君之前。如能因此而唤起注意，以共同研讨而谋解决之方，是作者之志愿也。

方今国内状况，愈趋瓦解之途；中央政府难有余暇以处理此边外事务。但吾人须知，中国边防一日不能巩固，则中国一日不能安宁，而谋边防之巩固，必先解决边疆民族问题，是蒙古问□之严重，不仅一国内民族而已，实关系中国之存亡，至巨且大也。编者愿以愚见所及，提出重要对策数点，作为蒙古问题之建议，以终吾篇。

吾人今日应先确定蒙古整个民族与中华民国之关系，而后再言实施方案。其关系为何？必曰：本五族共和之旨，蒙古民族应如其他民族努力共同维持中华民国之生存。其土地、人民、政制等均为统一的中国之一部分而不可分离，因此各民族应以平等之权利义务以复兴中华民族是也。但此不过为一虚空理论上之原则，而其实施办法，尚待海内有识者之详细筹划也。请先言愚见如下：

（一）对于政治之改善，先维持其王公制度，巩固盟旗之组织，渐使蒙民得有参与盟旗政治之机会，再扶助有识青年，徐图改善。

（二）宗教在内蒙之势力，极为重大，但不利用亦不干涉，听其自由信仰，不许喇嘛干涉政事，对于西教士之取得王〔土〕地权，应有特别规定以限制之。

（三）经济改善政策，最关紧要，而亦应最先施行，因蒙民近年来生计之穷困已不堪言状也。为今之计，宜先放弃开荒计划，俾使游牧之蒙民不致感受地荒，并应极积〔积极〕提倡畜牧，发达畜牧业，以维持其生计。提倡之道，如：一、改良畜种；二、预防兽疫；三、保护草地；四、改良畜牧法；五、由游牧改进为定牧，是为因地制宜之法，不可忽略也。经济改善策中，另有一点，亦属重要者，乃统制蒙汉贸易是也。过去蒙汉商务多由奸商把持，操纵谋利，欺哄无知蒙人，现应有适当之统现策略。最好应规定一定之法规，由官家督率，以免再蹈前辙也。

（四）定牧以后，始能提倡教育；因游牧时十里一蒙古包，教育颇不易举。定牧后，采普及教育方针，使其促进文明。

此种方案，应积极实施，但另有一重要之先决问题，乃为维持蒙民之安宁是也。现内蒙各地匪患甚大，故先须除匪患，使其生活秩序得以安宁，然后一切施设，乃能按步实行也。

（注一）"督规"，蒙语，请愿革命之意，其详情见《大公报》民国二十二年八月二十五日及九月六日之通讯。

（注二）例如多伦为蒙汉商务中心，但卖一头羊即须完五道捐税：（一）国税塞北关收；（二）地方税察省统捐局收；（三）教育捐多伦教育局收；（四）军事附加税多伦商会收；（五）各行会捐，如卖羊，羊行收是也。

（注三）见民国二十二年十月九日《大公报》。

（注四）贝勒庙一名百灵庙，为西二盟最大之喇嘛庙，有屋千余间，北赴库伦、西往新疆必经之道，山水雄丽，内蒙不可多得之胜地，属乌盟辖。

（注五）上项公报记录见二十二年十二月十一日《上海晨报》。

（注六）见三十二年十一月一日《上海时报》。

（注七）见二十二年十月九日《大公报》。

（注八）第五世达赖喇嘛大弟子章嘉者，在多伦诺尔建汇因寺，雍正年间，因其转生，又在多伦建善因寺，遂为内蒙部落皈依之宗主，俗称章嘉活佛，现任者受蒙旗宣化使，此次内蒙自治，章嘉有电请中央取断然处置之事，故一般蒙古青年反对甚力，此亦宗教上派别之暗潮也。

（注九）见二十二年十月二十七日《大公报》。

（注十）见二十二年十月二十六日《时事新报》。

（注十〈一〉）见《黄绍雄与蒙古王公谈内蒙自治问题》，二十二年十一月二十三日《大公报》。

（注十二）见二十二年十月二十四日《大公报》。

（注十三）见同年十月四日《大公报》。

（注十四）见同年十一月九日《大公报》。

（注十五）见二十二年十月二十三日《大公报》。

《新亚细亚》（月刊）

上海新亚细亚月刊社

1934 年 7 卷 2 期

（李红权　整理）

蒙古之政治

刘熙　撰

总说

　　蒙古全部，位置于全国之北，有大沙漠横亘于其间，因此，在漠南者，称为内蒙古，在漠北者，为外蒙古。在察哈尔、绥远之一部，又称为内属蒙古。至于称为西套蒙古者，则隶属宁夏；称为青海蒙古者，则隶属青海。今之东三省与热河、察哈尔所辖之蒙地及外蒙车臣汗部，又有东部蒙古之称。以地理上之区分，遂形成政治上之差异，然其政治之重心，则不外盟旗制度。盟为清代新制，盟名以会盟之地冠之，旗为其固定办事机关，一切政治皆由旗出之。旗袭满洲八旗之称，又有所谓部者，亦与盟相同，统属各旗，为蒙古之旧制，外蒙古尚沿用之（内蒙古亦有沿用之者）。迩来，俄之于外蒙，日之于东蒙（指哲、昭、卓三盟及呼伦贝尔部依克明安旗而言），国际间发生极严重之趋势，苟欲解决此国际间严重问题，非由政治上入手，实无从求一彻底方法。以故关于蒙古政治之递嬗，清及民国对于蒙疆之政治，俄对外蒙、日对东蒙之侵略政策，研求者必一一知其情况，庶乎其可。古人有言："辅车相依，唇亡齿寒。"蒙疆之兴亡，内地之安危系焉。

一　蒙古政治之递嬗

（一）成吉思汗时蒙古之政治

　　蒙古名称，始于成吉思汗，故言蒙古之政治，当以成吉思汗为起始。成吉思汗统一蒙古内部以后，乃设驿递之制，以便交通。凡盗马及骆驼者，处死刑，盗小物者，赔偿三倍，以保护社会秩序。限制饮酒，以维持治安。限期射猎，以保护野生动物。有大事，则开库鲁泰会议，万机取决于公论。

　　库鲁泰者，合宗室诸王、大将及群藩（如俄罗斯之类）、列酋而为一大会，开议于东方鄂嫩、克鲁伦两河之源（为成吉思汗肇基之地），推戴智勇兼备者为蒙古大汗，载诸《蒙古国典》之内。

　　政治寓于兵制之中，盖其时，几人尽服务于军也。其兵制，典兵官视兵数多寡为爵秩崇卑，长万夫者，为万户，千为千户，百为百户，皆直隶于大汗。凡家有男子十五以上，七十以下，无众寡，悉为兵士，上马作战，下马牧畜。万户、千户、百户，皆有封地，或世袭，所部民事皆统治之，不须上请，故能事权统一。军士出征，征徭由妻子代输之，以牧畜之事，妇孺亦可承乏，故虽频年用兵，而上供无缺。

　　当彼时，以兵制为政治上重心之际，欧东新建国之俄罗斯，政治上尚乏重心之所在。以此，蒙古军得披靡东欧，铁骑所至，几握有全欧之霸权。蒙古既征服欧亚，乃建立四大汗国，曰窝阔台汗国（西伯利亚），曰察钦〔钦察〕汗国（俄罗斯），曰察合台汗国（新疆、中亚细亚），曰伊儿汗国（中亚细亚、小亚细亚、阿剌伯），以统辖欧亚各民族。然至是中央集权之制度，遂根本动摇，瓦解之势，伏于此矣。

（二）　元时蒙古之政治

太祖（成吉思汗）崩，历太宗、定宗、宪宗而至世祖，于是灭宋，而缔造一旷世之大帝国。是时，蒙古政治，仍依旧章，毫无改革痕迹之可寻，以至四大汗国，交哄不休。至顺帝时，蒙古大帝国，遂形成瓦解。

（三）　明时蒙古之政治

鞑靼、瓦剌，迭为雄长，其政治虽不可考，殆亦不外承成吉思汗之遗规。

（四）　清时蒙古之政治

清代崛兴，蒙古全部归附，于是部落制度，乃一变而为盟旗制度。昔之以部落为政治之所出者，今则以盟旗为政治之所出矣。

（五）　民国时蒙古之政治

民国成立，五族一家，蒙古为五族之一，其政治自应与内地相同。无如盟旗制度，相沿已久，一时骤难改革。内蒙虽由特别区改为行省，其盟旗制度，仍以因时制宜而存在。外蒙先为白俄所诱惑，继入于赤俄势力范围之内，因之其政治不循正轨，而呈病态之变化。

甲　最近蒙古盟旗系统

呼伦贝尔部

索伦左翼旗、索伦右翼旗、新巴尔虎右翼旗、新巴尔虎左翼旗、陈巴尔虎旗、额鲁特旗、布里雅特旗、鄂伦春旗。

依克明安旗。

哲里木盟

杜尔伯特旗、札赉特旗、郭尔罗斯后旗（以上在黑龙江省），郭尔罗斯前旗（在吉林省），科尔心〔沁〕右翼前旗（扎萨克图旗）、科尔沁右翼中旗（图什业图旗）、科尔沁右翼后旗（镇国公旗）、科尔沁左翼前旗（宾图旗）、科尔沁左翼中旗（达尔罕旗）、科尔沁左翼后旗（博王旗）（以上在辽宁省）。

卓索图盟

喀喇沁右翼旗（王旗）、喀喇沁中旗（马公旗）、喀喇沁左翼旗（南公旗）、土默特右翼旗、土默特左翼旗（蒙古真旗）、唐古特喀尔喀旗、锡埒图库伦旗（小库伦旗）。

昭乌达盟

巴林右翼旗、巴林左翼旗、克什克腾旗、翁牛特右翼旗、翁牛特左翼旗、敖汉右翼旗、敖汉左翼旗、敖汉南旗、奈曼旗、喀尔喀左翼旗、札鲁特左翼旗、札鲁特右翼旗、阿鲁科尔沁旗（以上在热河省）。

锡林郭勒盟

乌珠穆沁右翼旗、乌珠穆沁左翼旗、浩齐特左翼旗、浩齐特右翼旗、阿巴噶左翼旗、阿巴噶右翼旗、阿巴哈那尔右翼旗、阿巴哈那尔左翼旗、苏尼特左翼旗、苏尼特右翼旗。

察哈尔部

商都牧群、牛羊群、左翼牧群、右翼牧群、察哈尔左翼正蓝旗、察哈尔左翼镶白旗、察哈尔左翼正白旗、察哈尔左翼镶黄旗（以上察哈尔省），察哈尔右翼正黄旗、察哈尔右翼正红旗、察哈尔右翼镶红旗、察哈尔右翼镶蓝旗。

乌兰察布盟

四子部落旗、喀尔喀右翼旗（达尔罕贝勒旗）、茂明安旗、乌喇特后旗（东公旗）、乌喇特中旗（中公旗）、乌喇特前旗（西公旗）。

归化土默特旗。

伊克昭盟

鄂尔多斯左翼前旗（准噶尔旗）、鄂尔多斯左翼中旗（郡王旗）、鄂尔多斯左翼后旗（达拉特旗）、鄂尔多斯右翼中旗（鄂托克旗）、鄂尔多斯右翼前旗（乌审旗）、鄂尔多斯右翼前末旗（札萨克旗）（以上在绥远省）。

阿拉善霍硕特旗。

额济纳旧土尔扈特旗（以上在宁夏省）。

青海右翼盟

霍硕特前左翼首旗（默勒王旗）、绰罗斯南右翼首旗（尔什克贝勒旗）、绰罗斯北中旗（哈尔贝子旗，又水峡贝子旗）、霍硕特北右翼旗（郡贝子旗）、霍硕特前首旗（河南郡王旗）、辉特南旗（端达哈公旗）、霍硕特东上旗（巴汗俄尔札萨克旗）、霍硕特南右翼中旗（河南札萨克旗）、霍硕特西右翼前旗（默勒札萨克旗）、霍硕特西右翼后旗（巴隆札萨克旗）、喀尔喀南右翼旗（喀尔喀札萨克旗）、土尔扈特南中旗（永安札萨克旗）、霍硕特南左翼末旗（宗札萨克旗）、土尔扈特南前旗（河南札萨克旗）、察罕诺们汗旗（白佛旗）。

青海左翼盟

霍硕特西前旗（青海王旗）、霍硕特北左翼旗（柯尔洛贝子旗）、霍硕特西后旗（柯柯的贝勒旗）、霍硕特北前旗（布哈公旗）、霍硕特南右翼后旗（托莫公旗）、霍硕特南左翼后旗（阿喀公旗）、霍硕特北左末旗（茶卡札萨克旗）、霍硕特南左翼中旗（河南札萨克旗）、霍硕特西右翼中旗（台吉爱尔札萨克旗）、土尔扈特西旗（托尔和札萨克旗）、土尔扈特南后旗（角昂札萨克旗）、霍硕特南右翼末旗（居力格札萨克旗）、霍硕特北右末旗（阿尔果札萨克旗）（以上在青海省）。

巴图塞特奇勒图部

中路霍硕特中旗、中路霍硕特右旗、中路霍硕特左旗。

乌纳恩素珠克图部

南路旧土尔扈特汗旗、南路旧土尔扈特中旗、南路旧土尔扈特右旗、南路旧土尔扈特左旗、东路旧土尔扈特右旗、东路旧土尔扈特左旗、西路旧土尔扈特旗、北路旧土尔扈特旗、北路旧土尔扈特旗、北路旧土尔扈特右旗、北路旧土尔扈特左旗。

青塞特奇勒图部

新土尔扈特右旗、新土尔扈特左旗、新霍硕特旗、乌梁海左翼旗四、乌梁海右翼旗二（以上在新疆省）。

三音济雅图右翼盟

杜尔伯特前旗、杜尔伯特前右旗、杜尔伯特中右旗、辉特下前旗、札哈沁旗、明阿特旗、额鲁特旗。

三音济雅图左翼盟

杜尔伯特汗旗、杜尔伯特中旗、杜尔伯特中左旗、杜尔伯特中前旗、杜尔伯特中后旗、杜尔伯特中上旗、杜尔伯特中下旗、杜尔伯特中前左旗、杜尔伯特中前右旗、杜尔伯特中后左旗、杜尔伯特中后右旗、辉特下后旗（以上外蒙科布多）。

唐努乌梁海部

托锦旗、萨拉吉克旗、库布苏库诺尔旗、唐努旗、奇木奇克旗（以上外蒙乌梁海）。

毕都哩雅诺尔盟（札萨克图汗部）

西路札萨克图汗旗、西路中左翼后末旗、西路中左翼左旗、西路左翼中旗、西路中左翼右旗、西路中左翼末旗、西路左翼前旗、西路左翼后旗、西路右翼右旗、西路右翼右末旗、西路左翼左旗、西路中右翼末旗、西路中右翼左旗、西路中右翼末次旗、西路右翼前旗、西路右翼后旗、西路右翼后末旗、西路辉特旗。

齐齐尔哩克盟（三音诺彦汗部）

中路三音诺彦汗旗、中路中左末旗、中路中右旗、中路右翼右后旗、中路中左旗、中路中前旗、中路额鲁特前旗、中路额鲁特旗、中路中末旗、中路中后旗、中路左翼左旗、中路右翼中左旗、中路右翼末旗、中路右翼前旗、中路左翼中旗、中路中右翼末旗、中路中后末旗、中路左翼左末旗、中路左翼右旗、中路右翼中右旗、中路右翼中末旗、中路右翼左末旗、中路右翼后旗、中路右末旗。

汗山盟（图什业图汗部）

后路图什业图汗旗、后路右翼左旗、后路中右旗、后路左翼中旗、后路中旗、后路左翼左后旗、后路中右末旗、后路左翼前旗、后路左翼左中末旗、后路右翼右旗、后路右翼右末旗、后路中左旗、后路中次旗、后路中左翼末旗、后路左翼中左旗、后路左翼右末旗、后路左翼末旗、后路右翼后旗、后路右翼左末旗、后路右翼右末次旗。

克鲁伦巴尔城盟（车臣汗部）

东路车臣汗旗、东路左翼中旗、东路中右旗、东路右翼中旗、东路中左旗、东路中末旗、东路左翼前旗、东路中后旗、东路右翼中右旗、东路中前旗、东路左翼后末旗、东路中左前旗、东路中右后旗、东路中末次旗、东路中末右旗、东路左翼左旗、东路左翼后旗、东路左翼右旗、东路右翼中左旗、东路右翼中前旗、东路右翼左旗、东路右翼前旗、东路右翼后旗（以上外蒙喀尔喀）。

达里冈厓牧场（在察哈尔省）。

乙　苏俄侵略下之外蒙政治

1. 外蒙现行政制之三大机关

国务会议　由外蒙国民政府之国务总理、各部总长与其主事员或秘书之组织而成。一切重大政务，悉经议决施行。

临时国会　由喀尔喀四部、科布多、达里冈沙毕等处（乌梁海已自成一共和国）选派之代表组织而成。凡关于立法事件，经议决，咨由国民政府施行。

蒙古国民党中央执行委员会　所有大政方针，与临时重大事项，均有讨论并指挥之权。虽经国务会议、临时国会议决之案，亦得否认。又有苏俄顾问，亦操政治实权，事之可否，常取决于顾问，直无异于外蒙国民政府之太上机关也。

2. 外蒙地方制度

地方制度　系采选举委员制，划分外蒙全部（除乌梁海）为八十六区，而以蒙古包一百五十顶为一地方行政单位。每区设一行政委员会，委员至少三人，至多七人，本区一切行政，悉经议决呈准施行。

3. 外蒙蒙古国民党与蒙古革命青年团

蒙古国民党　为外蒙革命中坚，初因平民缺乏政治人材，故贵族及资产阶级，亦有参加。其后厉行清党，将贵族及资产阶级逐出党外，甚者加以屠杀。据一九二四年调查，党员出身之资格，平民占百分之八十八，贵族占百分之四，喇嘛占百分之八。至一九二五年，再行清党，则党内悉为平民，赤色更为浓厚。蒙古国民党领袖林基为彻底"共产主义"者，虽自其党纲观之，与中国国民党大略相同，且亦以三民主义为口号，然实质上，则不啻第三国际之一分部也。

蒙古革命青年团　其党纲与组织，概与蒙古国民党同。惟党员入党年龄，以二十五岁以下为限，盖亦仿行俄国青年共产党制度也。而其使命，则尤为重大，不受国民党指挥，直接与苏俄发生关系，专监视蒙古国民党及国民政府之右倾与腐化，或有反俄之趋向，为外蒙之极左派。蒙古国民党两次清党，皆由青年团执行监视，活佛之撤废，亦青年团宣传之力。一九二五年，团员达七八千人，乃举行团内清除，减至三千人，皆为贫民之彻底"赤化"者。

二　清时对蒙之政策

蒙古全部之于清代得以相安无事者，二百六十年，实清初对蒙之政策，有以使然也。其政策之要点，不外愚民与牢笼二者。虽能收效于一时，然遗害则至于无穷。迨及清末（光绪二十八年至宣统三年），鉴于俄国势力南侵，始知愚民之不可恃，乃废止汉、蒙不得通婚之令，又准蒙人用汉文，奖励汉人赴蒙，而尤提倡携带妻子赴蒙者。废止开垦蒙地禁令，实行"殖边政策"。允许王公放荒招垦，并特派大臣督办开垦事务。改理藩院为理藩部，着手调查蒙古状况，并规定牧政、垦务、矿产、森林、渔业、学校等调查纲领十四条。及汉蒙杂居之局已成，遂于内蒙各地，设置建平等县，又设洮南府及大赉等厅。今日东蒙之繁盛，与绥远农业之兴，张家口、归绥、包头之得成口外三大镇，与内蒙其他各地之得免于"赤祸"者，未始不基于此也。

（一）喇嘛之待遇

蒙古信仰佛教，盖始于成吉思汗之尊崇也。明季乃改称为喇嘛教，清初特加奖励，于是喇嘛教益盛。昔时外蒙即欲投俄，哲布尊丹巴活佛力劝之事清，以故清廷特封哲布尊丹巴为大喇嘛以酬之。雍正时，发国币十万，于库伦建大刹，使各〔承〕达赖治藏故事。全蒙政教，乃为活佛所统一，其权位驾于诸汗。因之，蒙古社会之三阶级，喇嘛居于贵族、平民之上，凡民家有二子者，必以一子为喇嘛，俨然以教为治，终清之世，得以相安。然蒙古亦因是而人口减少，人材希出矣。

（二）贵族之待遇

蒙古贵族，皆为元室嫡裔，清室对之，施以极优渥之待遇，崇之以王公爵位，更为满蒙通婚之制，科尔沁部之一旗，其女入为清室帝后者凡三人。至清室之下嫁于蒙旗王公者，则更难于枚举矣。

爵位　蒙古王公之爵位，清廷别为六等（将原有汗号免去）：一、亲王；二、郡王；三、贝勒；四、贝子；五、镇国公；六、辅国公。不入六等者，为台吉、塔布囊。爵位皆世袭罔替，所以补盟旗实官之不足，而尽其牢笼之术，且定有封叙典礼诸项则例焉。

（三）政治之组织

蒙古初只有部之称，其以旗称者，乃清廷使之袭用满洲八旗之名也。旗以山河、鄂博为界，置扎萨克为一旗之长官，统治一旗事务，有管辖旗众及治理、裁判之权。旗长为世袭之酋长，下有协理、台吉、管旗章京、拜达生等官，帮同办理旗务。每年各旗之旗长会盟曰盟，设盟以后，蒙古旧制之部长（在昔之部长，以本部扎萨克中强盛者充之），仅有名义，而无实权矣。盟设盟长、副盟长，汇治盟内各旗事务，由各旗札萨克互选之，无固定之办事机关也。清廷所恃以制驭蒙古者，则有驻防大臣，分驻乌里雅苏台、科布多、青海蒙古、内属蒙古等处，惟内蒙古与西套蒙古则无之。又有库伦办事大臣，初仅监督恰克图等处与俄通商及交涉事件，其后事权扩大，有处理外蒙一切政治之全权，转在驻防大臣之上矣。

三　民国时代对蒙之政策

（一）北京政府时期对蒙之政策

民国肇兴，当局对于蒙藏，虽有扶植之诚意，惟无发展之计划，不过沿袭清时之旧制，敷衍塞责。以故对于蒙古，仅为任命地方官吏、承袭王公爵职、颁赐喇嘛名号、办理觐见进贡及其他例行公文等事。至于应兴应革之一切事项，未见有切要设施。复以外蒙古独立，乃就内蒙古及内属蒙古，设热河、察哈尔、绥远三特别区，置三都统，以管辖军政、民政及一切旗务。又将西套蒙古二旗改为特别区，归宁夏护军使管辖。理藩部改为蒙藏事务局，旋改为蒙藏院，以办理蒙藏行政，及计划蒙藏兴革事宜。于是陈箓、陈毅则设立中国银行于外蒙，以兴商务，开办张库汽车，以利交通。徐树铮又设立边业银行，注销外蒙旧债，弭政教之争，申待遇之令，大体未为非是。然以放垦之举，事前既未剀切晓谕，使蒙洞知其利，事务复未妥慎处理，使蒙人尽释其疑，蒙人惟见牧地日狭，以为土地将尽入于汉人之手，不免有所误会。且徐树铮用事操切，措置失当，致招蒙人之反感。外蒙之一再独立，虽为俄人之煽动，亦徐树铮有以促成之，不无遗憾也。

（二）国民政府对蒙之政策

国民政府定都南京，遂将热河、察哈尔、绥远、宁夏等特别区，与青蒙海〔海蒙〕古一例改为行省，俾与内地各省一致，以示毫无歧视。呼伦贝尔改隶于黑龙江省。科布多改隶于新疆省。蒙藏院改为蒙藏委员会。民十九，召集蒙古会议，于政治、外交、教育、建设诸大端，莫不详密规划，且极端避去以我为主，对人为驾驭之怀柔及侵略之开拓两种政策。其关于政治之决议案有八，于蒙人之心理、蒙地之政治习惯，以及将来蒙事之改进，均顾虑及之。兹录出如下。

1.《蒙古盟旗组织法》

第一条　蒙古各盟旗管辖治理权，概仍其旧。

第二条　蒙古各盟旗以其现有之区域为区域，但遇必要时，亦得变更之。

第三条　蒙古各盟旗境内住在之蒙人，即为各该盟旗之属民，权利义务，一律平等。

第四条　蒙古各盟及各特别旗，仍直隶于中央，惟遇有关涉省之事件，应商承省政府办理。

第五条　蒙古各旗仍直隶于现在所属之盟，惟遇有关涉县之事件，应与县政府会商办理。

第六条　蒙古地方之军事、外交，乃国家行政，均统一于中央。

第七条　蒙古地方所设之省、县，遇有关涉盟、旗之事件，应与盟旗官署妥商办理。

第八条　蒙古各盟盟长，总理盟务，监督所属职员及机关。蒙古各盟备兵札萨克，照旧设置。

第九条　蒙古各盟副盟长，辅佐盟长处理盟务。蒙古各盟得置帮办盟务，帮同盟长、副盟长代理之。

第十条　盟长遇有不能执行职务时，由副盟长代理之。

第十一条　盟长、副盟长、备兵札萨克、帮办盟务之任用办法另定之。

第十二条　盟长得用随行秘书一人，或二人。

第十三条　盟长公署内，分设总务、政务二处，各置处长一人（荐任）。其佐理人员之额数及办事规则另定之。

第十四条　盟长公署下为办理各项事务，得设各项专管机关。

第十五条　蒙古各盟，各设一盟民代表会议，代表由所属各旗旗民代表会议推选之。其名额定为大旗三人，中旗二人，小旗一人。其任期定为一年。

第十六条　盟民代表会议之职权如左：

一　关于盟务之立法事项。

二　关于盟务之设计事项。

三　关于盟务之审议事项。

四　关于盟务之监察事项。

五　其他特别规定之事项。

第十七条　盟民代表会议，置常任代表五人至九人，由全体代表互选之。其任期定为一年。

第十八条　盟民代表会议及常任代表会议之议事规则及办事规则另定之。

第十九条　蒙古各旗札萨克，总理旗务，监督所属职员及机关。

第二十条　蒙古各旗协理、管旗章京，一律改为旗务员，佐理旗务。其名额定为大旗六人，中旗四人，小旗二人。

第二十一条　蒙〈古各旗〉札萨克，遇有不能执行职务时，预指定旗务员一人，或由旗务员互推一人代理之，呈由该管盟长咨报蒙藏委员会备案。

第二十二条　旗务员遇有缺出，由旗民代表会议推选加倍人数，札萨克保荐加倍人数同，由札萨克呈报该管盟长，咨请蒙藏委员会选择荐任之。其特别旗旗务员出缺时，由旗民代表会议推选加倍人数，札萨克保荐加倍人数同，由札萨克呈请蒙藏委员会选择荐任之。

第二十三条　各旗重要旗务，须由旗务会议决定之，旗务会议以札萨克、旗务员组织之，札萨克为主席，其会议规则另定之。

第二十四条　各旗公文，以札萨克、旗务员之连署行之。

第二十五条　旗札萨克，得用随行秘书一人。

第二十六条　旗札萨克公署内，设总务、政务二科，各置科员一人。其佐理人员之额数及办事规则另定之。

第二十七条　旗札萨克公署下，为办理各项事务，酌设各项专管机关。

第二十八条　蒙古各旗，各设一旗民代表会议，由本旗所属各佐各推代表一人组织之。其代表任期定为一年。

第二十九条　旗民代表会议之职权如左：

一　关于旗务之立法事项。

二　关于旗务之设计事项。

三　关于旗务之审议事项。

四　关于旗务之监察事项。

五　其他特别规定之事项。

第三十条　旗民代表会议，置常任代表五人至九人，由全体代表互选之。其任期定为一年。

第三十一条　旗民代表会议及常任代表会议之议事规则，及办事规则，另定之。

第三十二条　本组织法各项施行细则均另定之。

第三十三条　本组织法经蒙古会议议决，呈准国民政府之日施行。

2.《蒙旗保安队编制大纲》

一　蒙古各旗原有之各项队伍，一律改为蒙旗保安队，专任保卫地方治安之责。

二　蒙古各旗带兵梅伦，一律改为保安队总队长，秉承札萨克，统带全旗保安队。带兵参领，一律改为保安队副总队长，帮统全旗保安队。

三　蒙古各旗保安队，以每三十人至五十人为一分队，置分队长一人。至中队数目之多寡，应按各旗之需要及财力酌定之。

四　蒙古各旗保安队经费，由各旗收入项下开支。

五　本大纲各项施行细则另定之。

3.《解放奴隶办法》

一　蒙古各处之属丁、黑徒、家奴、炷丁等一切奴隶，由蒙藏委员会呈请国民政府，一体明令解放。

二　前条明令颁布后，由蒙藏委员会督促各盟旗认真执行。

三　蒙古一切奴隶，自被解放后，与其往日之主人间，因主奴而发生之权利、义务、称呼、礼节等一切特殊关系，完全废除。

四　蒙古一切奴隶，自被解放后，与其往日之主人在政治上、法律上一切平等。往日之主人，不得再以奴隶视之，往日之奴隶，亦不许再以往日之主人为主人。

五　蒙古一切奴隶自解放后，与其往日之主人间，或以生计困难，或因人口孤单，有相依为命之情形者，应以友谊或雇佣等合法手续，维持其关系。

六　蒙古一切奴隶自解放后，与其往日之主人，无论有何仇，然均不许因解放，而有任何报复之行为。

七　蒙古一切奴隶自解放后，即完全由其所在之蒙旗，编入旗民册内，与本旗原有平民同等待遇，同等管理之，不得歧视。

八　蒙古一切奴隶，在未能解放前，所有已经取得所有权之财产，其往日主人，不得借口解除关系而收回。

九　蒙古一切奴隶解放后，毫无私产，或有少数私产而不能生活者，应由该管之旗速为妥筹生计，不许玩忽。

十　凡违反本办法之规定或奉行不力者，均严重处罚。

十一　本办法未尽事宜，由蒙藏委员会另行规定之。

4. 解放奴隶

蒙民各种奴隶，及供应差使各制度，须明令废止，一律解放，就地给予生计田产。

5. 关于蒙古土地之决议

凡蒙旗土地，不宜耕植之处，一律保留，永远作为各该蒙旗之牧场。其可耕植之处，必须由各该蒙旗报垦方得开垦，而开垦之处，又必须先为蒙民留给优厚之生计地。

6. 奖励蒙民改良生活以期渐进大同案

一　奖励蒙民开放牧地，自行垦植。

二　严定蒙旗佃田规约，以保障蒙民地权。

三　奖励蒙民开采矿产。

四　运送多数农具、种籽，予蒙地垦民以物质上之援助。

五　蒙民所垦农田，所用矿产，准其自行管〔营〕业，并于若干年内免租免税。

六　奖励蒙民建筑固定房屋，造成农庄村舍及市镇，渐次革除"蒙古包"生活。

7. 呼伦贝尔地方永远定为牧区案

呼伦贝尔前定根河以南地方，永远作为呼伦贝尔蒙民牧场。根河以北地方牧场问题，暂行保留，由呼伦贝尔与黑龙江省政府自行妥商办理。

8. 关于呼伦贝尔行政之决议

呼伦贝尔所属各蒙旗管辖治理权，概仍其旧。

四　俄国侵略外蒙之政策

帝俄之侵略外蒙政策

自日俄战争后，俄为日败，俄人在我国之满洲势力，受一顿挫，乃改变方针，注意于我国之外蒙古、新疆，而尤以外蒙古为其最活动之地域。其对于贝加尔之佛教徒及库伦之活佛哲布尊丹巴，极意施以笼络之手段。活佛果为其诱惑怂恿，遂于清宣统三年中国革命之时，驱逐内地官民，宣告独立。同时，俄国又向清廷提出五项之要求。时清廷危殆，无心与俄交涉。及民国政府成立，又因忙于南北统一之要务，将俄之要求，搁置不理。俄国遂于民元之十月，与外蒙订立《俄蒙密约》。此密约为我国所闻，乃于同年之十一月提出抗议，俄国态度强硬，卒于民二之十一月，缔结《中俄协约》五款，另声明四款，大致如俄之要求。虽协约内有俄国承认中国外蒙古之宗主权一款，然关于外蒙古之内政、外交，我国皆无权干涉，有名无实，直不啻断送外蒙古领土于俄国也。民三，我国政府依据前约，与俄磋商四十余次，至民四之六月，乃订《中俄蒙协约》，自此条约订立后，我国无异承认外蒙之独立，而失去北方重要之屏藩。至是，帝俄之侵略外蒙政策，于以圆满。

苏俄之侵略外蒙政策

民八之十一月，外蒙取销独立。先是日人联络蒙匪及白俄谢米诺夫之残部，谋取外蒙。及民十之二月，谢米诺夫之部将恩琴突攻库伦。其时我国驻军单薄，事先又未防范，以致兵溃，库伦遂为白俄所占据。赤俄乃借口进兵，于七月攻入库伦。至此，外蒙之统治权，又移入赤俄之手。当赤俄占夺库伦之后，即拘禁活佛，而拥戴活佛之妻额尔多尼为号召，操持外蒙之一切实权。民十二之二月，苏俄与外蒙代表在莫斯科缔结密约矣。同年三月，又有《中俄协定》，于五月签字。其关于外蒙者，仍"承认外蒙为完全中华民国之一部分，及尊重在该领土内中国之主权，并声明一俟有关撤退苏联政府驻外蒙军队之问题，即撤兵期，及彼此边界安宁办法，在本协定第二条所定会议中商定，即将苏联政府一切军队，由外蒙尽数撤退"。不过苏俄既承认外蒙为我国之一部分，则前所驻外蒙军队，显然侵犯我国主权，应立即撤退，不当留在中俄会议时解决之。可见其侵略之野心，亦已毕露，何待《中俄协定》之后哉。且苏俄之侵略外蒙政策，不外"赤化"外蒙。盖苏俄因采取共产主义，不得同情于各国，国际上陷于孤立，遂假援助弱小民族之美名，而扰乱及于旧式社会。其施于外蒙者，乃利用一种强有力之组织，以行其严重监视，使之与彼同化，而趋于共产之一途。以故煽动外蒙二次（外蒙二次独立，虽不始于苏俄，然不久即入于苏俄之手）、三次独立，与我国脱离关系，以便收取外蒙为苏联共和之一邦。尤可注意者，苏俄对于蒙事，已在实际上着着进行。民十五，报载："俄国决敷设全蒙铁路，出资三千万卢布，先建筑由库伦至恰克图一段，与西伯利亚铁路相连，此外尚有库乌、库科、库桑、库萨军用轻便铁路四线。"民十六，又载："苏俄拟筑蒙古之路线共六条，长二千八百里，凡新疆之迪化、阿尔泰及乌梁海、科布多等处，均拟达到。"民十七，世界新闻社又谓："赤塔经库伦至张家口之铁路，已在建筑，中亚知恩斯克经乌里雅苏台路线将于年内动工，古利亚至买卖城之路线亦正在计划中。"所谓中俄会议者，不过对于我国虚与委蛇耳。外蒙现在政治上之组织，大抵仿自苏俄，观于上述苏俄侵略下之外蒙政治一节，可以知之。

五　日本侵略东蒙之政策

侵略哲盟及呼伦贝尔等之政策

日本侵略，有所谓"南进政策"与"北进政策"。自南进着着失败，即主张北进。北进，即"大陆主义"也。而东蒙之哲里木盟因处于东三省之故，乃首当其冲，最先开始其经济之侵略。日本展进之野心不已，于民二十本其"大陆主义"，不顾一切，袭夺我东三省，造成"九一八"事变。于是在辽、吉、黑之哲里木盟，在黑之呼伦贝尔及依克明安旗，均陷入于日本所组织之满洲伪国之下矣。当南满铁路告成时，其沿线为哲里木盟所属博王、达尔汉、郭尔罗斯之旗地，一切行政，即已归诸日本管辖。在我国由外人所筑之铁路中，附带有行政权者，惟此南满路线。但日人之获得此种权利者，实帝俄强开恶例于先，日本遂变本加厉，以施行其侵略之政策。其他之四洮铁路、洮昂铁路、长洮铁路、洮热铁路殆莫不如是，使所有铁路沿线地方，不啻日本之国土也。

侵略卓、昭两盟之政策

民国二十一年三月，曾有蒙匪叛变事件发生。其时有"蒙古独立军"五千人，由通辽、开鲁等处骚扰。初以为只系蒙匪扰边之惯技。嗣由热军努力击败，于乱军中，发现一日本军官尸身，检其衣袋，验其徽章，始知其人于十余年来，即潜伏内外蒙受日军委任之松井清助大佐也。更由所获蒙匪及乔装之俘虏中，发现日本大阴谋之文件。盖日本于制造伪满洲国外，尚有"大源共和国"之组织，包括内外蒙全部，并欲使两伪国相互提携，令我国东北、西北，尽陷于日本之手。其首发难开鲁者，以热河为其阴谋最关重要之地区也。大阴谋之文件内，有"内蒙自治宣言"。所幸日人松井事败于一朝，制造大源伪国计划，乃完全暴露于世界矣。

结论

谈开发西北者，每以开垦为口号，而不知开垦一举，实与游牧民族之利益冲突。盖土地多辟一尺，则牧地缩小一尺。且办垦务者，必移内地人民承办垦地。自蒙人视之，无异逐之他去，而占有其旧有之土地，最足以离间民族感情。故欲开发内蒙，莫如就蒙人牧畜事业，加以改进，使其生产增加，受到切身之利益。则内蒙自可巩固，虽有外来之煽惑，亦无分裂之虞矣。此其一。内蒙地带，虽经中央设置热河、察哈尔、绥远、宁夏四省，以省府辖各盟旗，然其政治力量，亦仅及于汉人，而蒙人租税行政，均受理于盟旗王公。其行政区域，仍以盟旗为准，蒙人村落之中，凡类于区乡邻闾长之自治职掌，均无不备。盟及旗每多各自为政，惟遇有特别事件，则互相交换意见。现中央于蒙古盟旗组织，亦已注意于蒙人之自治。凡事务有全国一致性质者，则划归中央；有因地制宜性质者，则划归地方。不偏于中央集权或地方分权，与内地各省一致。内蒙之省县政府及盟旗官署，亦宜仰体中央治蒙之德意，努力求诸实现。此其二。内蒙自外蒙实权丧失之后，人民思想，即起显著之变化。各盟旗王公安于守旧，而一般留日、留俄归来之青年学生，则醉心改革，尤以留俄学生深染"赤化"者为甚。虽各盟旗王公深体中央德意，沉着应付，不为所动，然亦隐忧堪虞也。最近外蒙人民，迫于"赤色恐怖"之下，逃归内蒙，每次均在一千或数百以上，实为"反赤"最好之殷鉴。夫外蒙与内蒙本属一体，如能安辑内蒙，益可促进外蒙之来归，否则转受外蒙之煽惑矣。此其三。外蒙受俄诱惑，贸然独立，现因大权旁落，已觉悟为俄人之所欺，王公、喇嘛，固久思内向，即一般人民向俄之心，据闻亦不如前。（民二十一之十二月莫斯科电："此间接未征实消息，外蒙发生严重政治纷扰，国民急进党，已夺取库伦政府。……据闻有晋王（译音）者……但其政见，与苏维埃政府不合……"云云。亦可以知反抗之期，当不在远矣。）如我对蒙古同胞，推心置腹，蒙人非自外生成者，何忧乎日俄之侵略。

此其四。更有进者，急筑外蒙铁路，以备外蒙军事上之援助，并使蒙人了解"三民主义"真谛，庶足以矫正共产党"病态理论"之非，更足以明了赤白帝国主义之暴行也。民二十一之十二月十三日，我国罗外长发表中俄正式复交宣言，其重要意义为："中国固愿与邻邦维持友好与和平，任何努力，足以促进合作，应予鼓励，采用侵略方式徒然招致严重后果。"按外蒙之陷入于苏俄者，十有一稔矣。苏俄既于《中俄协定》，承认外蒙为我国领土，今中俄正式恢复两国邦交，我国应以此件作为第一步之交涉。此次俄之所以与我国复交者，对于日人之暴行，不表同情，当为原因之一，与之交涉，当不致发生若何困难。倘能收回外蒙，虽未能戢日本侵略东蒙之野心，亦可以巩固全蒙，而出其全力以抵抗日本之侵略东蒙也。

《新亚细亚》（月刊）

上海新亚细亚月刊社

1934 年 7 卷 4 期

（李红权　整理）

汉蒙联欢

蒋默掀　撰

内蒙自治问题，经黄、赵议设两自治区政府后，已告一段落。大体乌兰察布盟、伊克昭盟、阿拉善霍硬〔硕〕特旗、归化土耳扈特旗等二盟六部十四旗称内蒙第一区自治政府，锡林果勒盟五部十旗、察哈尔内属蒙古八旗称内蒙第二区自治政府。自治区政府为互相联络起见，得设立一联络机关，商决各自治区间共同事宜。自治区政府直属行政院，遇有关涉省之事，与省府会商办理，经费由中央拨助。又关于经济方面，黄、赵与德王等亦有商决，即业经开垦地方税收，由自治区政府与省府平均分配，现有荒地，永作牧区；并拟设国营牧场，与私人牧场共谋改进。上述办法，黄、赵返京提经政府通过后，即可实行。

内蒙自治问题告一段落，绥省府随于十一月二十八日举行汉蒙联欢会，目的在于蒙事解决后，为进一步之切实联络感情，大会不举行仪式，程序为阅兵、国术、马戏等，察、绥、宁夏各旗王公大半到齐，班禅、章嘉亦派代表参加。联欢会于二十九日闭幕，黄、赵对来绥参加联欢来宾，并有绸缎、烟、茶等馈赠，于打破汉蒙隔阂，确著效果。

虽然，酝酿四五月之自治案，将以汉蒙联欢会为其最后结束乎？恐无人敢作此答案，报载德王等又有滂江会议之举行，内容如何，不得而知。德王等青年派对设立自治区政府，未餍所欲，吾人不难于黄绍雄与蒙古王公在百灵庙最初谈话中见之，兹特录如左：

部长：前天各位送来之各种文件，我已经详细看过，各位的意见与中央意见相差太远了，转呈到中央也决不能允许。中央极愿意趁此机会使蒙古人民得到实益，不过我们应该注意事实，否则单是理论，不但无益反足有害。各位送来的文件中之要点，以为有了自治政府，就可以御侮图存，但是事实不是这样简单的。现在国际间，只承认中国中央政府，内蒙是中国的一部分，帝国主义侵略是以整个中国作目标，我们不在培养国力、团结国力上着想，而谓组织一个小规模而不健全的政府，就可以使帝国主义者不敢侵略，这岂不是笑话！就以侵略的国家如日本论，他与中国的交涉，也只承认中央政府，在过去那种交战状态之下，当然有许多事件，反乎国际常态，如利用浪人以引起各种纠纷等等，但两国恢复常态时，两国间的交涉，还是照着国际间普通来往的手续来解决两国间的事件。故此各位所顾虑的外人侵扰事件，是国家外交问题，不是地方政府可以解决的。如果蒙古即刻要把自治政府成立，在中央认为对国家既没有益处，就是于蒙古人民也不能即刻得到利益，反于国外国内发生许多不好的影响。各位想要解除蒙民痛苦，为国家谋福利，那末中央、省府、盟族〔旗〕应该联合起来，从事实上讨论，决不可凭单方的意见致使与地方发生冲突，因冲突会把双方力量相消，根本即不能为人民除痛苦，为国家图福利，反因此而有害国家，有害人民也。如果各位冒然照自己的理想做去，在中央既不允许，在省府又发生冲突，其结果之坏不堪设想，那末根本想为国家人民谋利益之目的完全相反了。所以我们希望各位从中央拟定之方案中去求一个中央、省县、盟旗均无困难之方法；至于中央的方案，原则早经拟定，只是拿来与省府方面及各盟旗共同商量，将内容充实，如细部有不妥地方，不妨提出来讨论，这是中央虚心诚恳的意思。听说各位对于第一、第三两案已无意见，仅对第二案行政组织还有若干意见。我们不妨在这个时间详细讨论。第二案的意见与各位的意见不相同之点，是各位想成立一个整个的自治政府，而本案规定的，是在每省成立一个地方行政委员会，整个组织中央绝不能容许，经我苦心考虑，得到一个比较有统一性质的办法，就是各地方行政委员会，可以每年或每二年举行一次联席会议，由该会议再召集全体蒙古代表会议，共商蒙古一切事务，及各地方行政委员会互相关联之事项，此会议决定各种事务，可交政务委员会分别办理，或呈请中央核办，如是双方意见可以统一。至关于蒙古地方政务委员会之地位在盟旗之上，已往盟旗与省府来往既用咨文，则政委会之地位决不因而降低也。

中央极慎重的，派我来把你们所提出之问题，作具体的解决，同时中央知道蒙古人民之困难，要改善蒙古人民之生活，非有中央极大之扶助不可，希望各位了解中央的深意，加以严密的考虑，不可大唱高调。如果各位不能受中央意志，中央纵然可以马马虎虎暂不过问，但是各位组织了自治政府之后，将来财政之困难，与省府之冲突是势所不免的，试问何以善后，而且中央责任与权威所在决不自由放任也。造房屋先要确立基础，否则沙上建屋，不吹自倒，希望各位按部就班，力求实际做去。各位在政治上负担责任，很有阅历，对于实际情形一定非常清楚，或许有些青年很想把蒙古治理好，但因缺少经验，徒凭理想，不求实益，卒至百事无成，这点请各位严加注意！

我今天所说的话都是诚恳的，而且我个人可以负责的，我本人是中国最南部的人，现在到中国最北方的蒙古来，无非是本着爱国家与对蒙古人民之同情，来与各位谋解决之方法，我很相信各位王公的心理是一样的诚恳，并且一样的想得到圆满的结果。我希望各位详加考虑，赶快求一个解决的方法。如果拖延下去，一定发生不好的现象，这恐非各位的本意，我因为时日关系，预备十五日回绥远，请各位在二天内把这件事给我一个具体的答覆。

德王：部长所说意见，我们非常明白，容详细考虑后再答覆。至于要求自治，在理论说，总理《建国大纲》第四条有"扶助国内弱小民族，使其自决自治"之规定。现在中央应本此遗教，允许内蒙自治政府的设立；就事实论，近年外患频临，尤以西蒙更觉危险，时有日本飞机、汽车开往威吓，并派军人时来内蒙各地调查地势，各旗无从抵制，经共同商议自救之法，大众认为各旗单独对付不易见效，有联合三盟之必要。日本军人曾建议组织蒙古国统治蒙古地域，蒙人为便于对付日人及减少日人之借口，故要组织自治政府。至时蒙古人民之贫穷，我们相信总可以尽力救济。蒙古成立自治政府，仍接受中央命令，外面所传"分裂运动，有种种背景"，都是谣言，蒙古人二十余年皆绝对服从中央，现在仍本服从之义，要在中央指导之下，要求蒙古自治；假使中央允许蒙民自治，则全体蒙民非常感谢。

近年来省县与盟旗中只有恶感，绝无好感，即以此次会议而论，我们地方官有负守土之责，为求生存而召集会议，曾呈请中央，而中央派部长到来巡视，但两省省政府到处派人破坏自治会议，只此一点，即可知省县与盟旗之关系，以过去之事实推论，将来只有坏的结果，没有良好的感情。此次举动，实出于不得已，外界加我们种种罪名，将来总可水落石出，如果我们真与日本有关系，我们也不必呈请，直接做了再说。民国成立二十余年，蒙人对于中央非常忠心，但是现在蒙民被迫无路可走，故有此次要求，尚望部长转呈中央准予所请。

我们生长内蒙，对于内蒙情形知道比较详细。过去几年蒙民受尽省府压迫，至于极点，长此以往，蒙民即不能生存。假使中央能允许蒙民成立自治政府，我们可以保证无一人外向，且可以使伪国蒙古人民渐渐来归，因为我们是整个民族。内地报纸常有德王等几个人操纵之记载，其实此次会议西蒙各旗、部赞同，伊盟沙王亦派阿王代表，部长现在可以向各盟旗调查。

就国际关系，日本年来亟欲实行其大陆政策，而目前日俄国交恶化，颇有发生战争之可能，日俄一旦战事发生，中央与蒙古交通有断绝之虞，不能不先事预防。外面有德王勾结日本之传说，假使我有这个计划，我也许做了司令官了，但是日后他必定杀我的头，我很明白我自己地位，我决不受利用。日本利用宣统组织"满洲国"，蒙古人民智识浅薄，意志易被动摇，利用更易，故盼望细细体谅我人之苦心。此次要求组织自治政府，系全体蒙民共同之意见，为来自救民族而起，我人为安定人心起见，不能不加以领导。现在东北各盟旗被日本占据无法收回，万一日本侵占西蒙，又将如何抵抗？故请部长加以深刻注意。处在现在情势，想要巩固国防，先要安定边境人民之心理，尤以在国难时期，非有非常办法不能妥当处置。至于自治政府成立后，如何办理一切政务，仍要中央指导。我们既负地方行政责任之人员，对于中央命令当绝对服从。

我们向中央要求自治政府，乃是表示听命中央，若完全以民族立场，则不必向中央请求而早自行组织政府了。现在我们顾全国家民族双方关系，一方面使中央在外交上不发生困难，而同时蒙古人民在中央政府指导之下，蒙人自治。俄侵外蒙，失地半数，日侵东北、热河，又失所余之半，所仅存者只整个蒙古土地四分之一，故目前蒙古民族之危机已达极点，蒙古民族处存亡危急之秋，而政府尚不能予以机会自谋解决，则他日后患又将无穷。民国成立二十余年，蒙古绝对服从，如不至此万分困难之时，决不会有此种要求。至于说到行政系统，又当别论，当民国十七年中央建省之时，蒙古人民曾要求不必建省，中央绝不理会，毅然建立行省。建省以后，蒙古人民并不以中央不理而加以反对，继续服从中央直至今日，现在我们希望中央听蒙古人民之意见，比阅省府之报告的成分多一点，同时更盼望中央以过去毅然决然建立行省之精神来毅然决然允许蒙民组织自治政府。

部长：各位所说的话，许多是非常诚恳，我对于这些话非常注意。有几点要加以解释，《中国国民党党纲》规定，扶助弱小民族使成为国家健全的分子，是中央应尽之责任，过去因国家多事，不能达到这个目的，现在我们想趁着这个机会，大家共同努力做去。

外面有许多谣言，说利用、背景等等，在中央与兄弟我个人都是不相信，并且在中央及兄弟个人根本就不重视什么背景与利用。因为两国处在非常的状态之下，两方总有许多浪人活动，但一到两国恢复邦交后，双方即不难收拾解决也。我们知道各位心地都非常坦白，不要因外界谣言而心怀不安，事事都应该非常诚恳讨论考虑，目的一定可以达到。中央处置任何问题，都是顾虑双方的事实困难，采取双方的意见，决不会单听一方的意见，遂断然处置。故此次兄弟奉中央命令巡视内蒙各种问题，亦必本中央的意志办理，必作缜密的观测与妥当的解决，这点各位不必过虑。过去省县与盟旗间有许多误会，或许是不能避免的，譬如平常两家极亲热的邻居，有时也许会发生误会，但一经解释，即和好如初，我们现在希望中央与省，中央与盟旗，省县与盟旗三方面共同商量，谋一和平解决之方法。

德王：我们完全信仰中央，所以呈陈中央解决这种问题，部长此次北上，路经两省政府，未知省府有何意见，希望部长告诉我们。

部长：我到张家口时，宋主席不在，只与省政府各委员晤谈，他们对中央方案皆赞同。到了绥远，比较有长时间讨论。省政府的意见，也是觉得这事应该有彻底解决之必要，同时省府也信赖中央，对于这个问题没有什么意见表示，全由中央处置，所以我们如果能商得一个结果，在省府一定不至于发生什么困难。当中央派兄弟来时，我个人颇觉困难，一方面既不知道盟旗之意见，一方面又不知省府之意见，万一盟旗与省府双方意见有冲突时，处理或感不易，现在我们听到双方意见，都认为有整个解决之必要，而同时都信赖中央，故我们非常高兴。我们想过去许多误会也许在这个时期可以完全解释，我们回去之后，在绥远要举行汉蒙人民联欢会，傅主席来电询问此间能有多少人员参加，这是诚恳之表示。由此我们想事之前途非常光明，而且以后常有商量之机会，决不会再有以往之隔阂。过去的事情，已经过去了，我们不必再去讨论，只要以后的事情有办法，一切都可以解决，双方两个朋友发生误会，一经解释，大家恢复过去友谊。前天云王及扎萨克告诉我们许多困难事情，我们是很愿意听的，因为解决事情，先要知道这件事的原委。

德王：部长说朋友恢复感情的比喻很对。现在蒙古盟旗与省府的冲突不是由于双方感情不好，也不是民族间发现恶劣的情感，盟旗与省府之冲突，完全由于制度之不良。现在蒙古是一地二主，所以即使双方有良好之感情，因为权利关系必会发生冲突，而这种冲突不是一句话就可以解决的，必须在事实上着想。

部长：现在我们谈到真正问题了，我来就是要解决这个问题，这个问题的经过已经很久，真好像一把乱麻无从理清。至于解决的办法不单各位在研究，中央与省府也时时不忘的在研究，这个问题固然纷乱，假使我们能开诚商量，总可得一良好解决的办法，例如租税问题，畜牧问题，都是要先明了实况，然后才有办法，但是这种实际问题，不是空名的自治政府可以解决的。

　　我们每次与各方谈话，都有详细记录。我不单要自己知道，我愿大家知道，我不愿三方分别商量，我愿三方联合商议。我们来是要知道各种实际状况，故希望各位一句不瞒的尽量告诉，中央有绝对权力来处置国内一切事务，好比一个家庭有一个家长，家中有什么纠纷，可以完全由家长来作主。

　　德王：中国像一个大家庭，兄弟五人，过去家长理家不平，希望现在的家长从新平均分配。

　　部长：傅主席曾说过，这个问题始终是要解决的，过去的错误，我们应该设法救济。今天谈话已久，希望以后有长时间的谈话。（部长与云王、德王等之谈话二十二年十一月十四日于白灵庙行辕。）

　　云王：昨日我们所陈述的尚有未尽处，今当继续陈述。

　　德王：昨日部长所说种种困难的情形，确一点不错，不过当初自治会议决定派我们主席团代表向部长说明，所以不得不据实陈述。当自治会议决定组织自治政府时，原拟以盟旗受辖之区域为区域，故自治政府成立，省政府就不再存在，自治政府如能受辖旧有之盟旗区域，则经济自不至发生若何困难，再有了整个组织之后，边防也比较可以巩固些。废省而成立自治政府，在事的表面上看来，好像是非常重大，但实行亦很简单。因为蒙古自治政府之确立，只是某一部分土地、人民组织之内部变更，故当初全体代表都认此举当可邀中央许可。自治政府成立后，所有全蒙古之政治、经济、建设、教育等，都可由这一个机关统筹办理，而中央扶助蒙古人民之德意，亦容易达到。现在外蒙受俄国之"赤化"，东蒙又受日本侵略，外、东两蒙人民都无路可走，常有向西蒙迁居情事，如西蒙能有自治政府之组织，虽不能将东蒙在短时间收回，我想至少可以维系一部分东蒙已失了的人心。故西蒙组织自治政府，不是徒务空名，乃欲以此确立蒙古民族之久常基础，我们意见是如此，很希望部长指导和维护。

部长：这样在理论上固然有一部分的理由。但是我们要顾全各种事实的问题。如察、绥两省汉蒙人民之多寡，藏〔蒙〕古民族现有力量之充分与否，及察、绥所处国防地位之严重，都应先事考虑。固然蒙古人民需要有平等的待遇，但取消省府而他族人民或得不着一种平等的待遇，不免又引起别种恶感，自非国家及汉蒙人民的幸福。

德王：内蒙要求自治政府之最大目的，是在收复已失蒙地人民之心，而所属区域内之民众，当然一律平等待遇。且内蒙自治政府仍直辖中央，即令省府取消，以后各县政治仍由地方人士主治之。

部长：这件事是分裂整个国家和民族组织的，中央是绝对不容许的。各位以空的名词来求万一的希望，而使中国内部发生重大变动；并将引起其他不幸的结果，所失者大，所得者小，这有甚么值得？我想各位最好将昨天所谈之各种实际问题，从长讨论，以求适当的解决。

德王：昨日部长指示的办法，我们已经考虑过，觉得不大满意。仍希望有一个整个的政治组织。

部长：我想我们替国家或地方做事应该一步一步做去，若第一步过程还没有做到，就想不顾事实，本着很大的希望去做，那是永远没有结果的，所以我希望各位先把第一步能做的做完了，再进展到第二步，然后才有办法。

德王：现在是国家多难，蒙古地方危急的时候，不得不有这个要求。至于部长所说一步一步进行的办法是很对的，但是现在蒙古种种困难情形，在时间上是不容许一步一步进行的，所以我们第一步就请求组织自治政府。

部长：国家危急，这是大家都很忧心的，不过国家大事，决非一句话可以决定。因为一国的强弱，全赖全国人民长期的努力。譬如日俄战争以前，俄国是一等强国，结果反而失败。德国在欧战后损失极大，不到二十年就渐渐恢复常态。由此看来，国家的强弱，很显然是随着时代的潮流和人民不断的努力，互相推进，慢慢转变，决不是三言两语就可以改善的。我们希望中国转弱为强，自非努力十年二十年不可，那末要一个地方进步也得有八年十年之努力方可见效，国家大事，决不像一个人头痛只贴一付头痛膏就可以治好的。

德王：刚才部长说的比喻固然不错，但有治头痛的药，总比不用药好一些，这是在现在国难时期一种特殊办法。

部长：我想各位对于这个问题，应该在中央所定原则之下来讨论，如果不能按照中央原则，想一味本着自己的主张做去，那末将来一定没有好结果。

德王：我们决不是不服从中央命令，也不敢反叛中央，因为我们有困难有苦衷，不能不陈说，而我们所陈述的意见，是全体公意，绝非几个人的私见。我们是绝对信仰中央，服从中央，希望部长体谅蒙古人困难，而为蒙古人妥筹良策，以救蒙民。

部长：我从昨今两日的谈话，知道各位意志非常纯洁，我不是在各位面前是这样说，就是对班禅活佛及中外新闻记者也是这样说过，我很希望各位把握各种事实来解决问题，千万不要再骛空名。几年来因国难严重，国内青年不惜声竭力嘶〔嘶力竭〕呼着打倒日本帝国主义的口号，他们爱国的心是很诚挚而热烈的，不过要打倒日本帝国主义，先有一个事实问题，就是要有打倒日本帝国主义的力量。两国斗争，完全是基于力与力的比重，如果力量不够，硬要去打倒人家，结果自然只有失败。即以中央处理蒙古事件而论，中央在事实可能范围之内，决不会不顾全各位意见的，各位既然愿意要我设法，我当然在中央所定原则之范围内竭力为各位想办法。普通一般青年因为缺乏经历，所以常是想什么就说什么，并想什么就做什么，亦不顾虑某种事件之前途的可能性。凡政治上的一举一动，应该审虑当前的事与环境做去，将来才有好的结果。一个国家当然有一个最高权力的支配，在国家权力所许可之范围内，仅可以表示我们的意见，但离开范围太远，不但国家不允许，就是政府为维持国家尊严亦当设法阻止。我这几年来对于国家各种事务，都抱着和平态度，使无论哪一种困难事件得着一个转机，然后慢慢儿来解决，现在处理蒙古事件，我还是抱着一种和平的态度。中央派我来巡视，亦就是想用和平的手段来解决蒙古问题，否则又何必派我来呢？因此希望各位大众与我一样抱着和平态度，使此项事件有转圜的机会，把过去的要求，分别其可能与否，再行详细计议。

德王：部长处理国家大事很和平，我们早有所闻，所以这一次听说中央派部长前来巡视内蒙，我们是非常欢迎，我们的希望本来很简单，我们以为部长一到就可以允许。现在听到部长说明中央与地方有种种困难，尚望部长有以指示。

部长：如果中央以这件事，可以一纸命令来解决，那末我们必不必来了。我这次来，目的是在巡视内蒙，现在既然有这样一个问题摆在前面，我不设法和平解决，我是对不起国家，对不起蒙古的同胞。各位远道来此，亦无非想求这件事有一个解决，如果这一回失了解决的机会，将来中央再派员来，决没有像现在谋解决的容易。现在我极诚恳的盼望各位和我根据事实先加商量，一俟商量有结果，不轶出中央所定范围之外，那我可以负责办到。我从南京动身到现在已经一个月了，很想明天回绥远，所以希望各位把要紧的事件早日解决。本来我这一次来是巡视性质，对于这个问题万一得不着结果，亦没有什么关系，不过这件事不得解决，影响国家与民族前途颇大，我是感觉很不安的。至于中央所处的困难各位也应该知道。中央决不能亦不应该的就不顾一切的取消省府，同时亦不能不顾事实的准许你们自治政府的要求。

云王、德王：部长对于我们指示的意思，我们知道了。我们决不敢违背中央的意思，但我们所听说的，是大家的意思，并非我们的私见。

部长：总而言之，我希望这件事赶快解决。因为我出来太久，京中尚有许多事体，等我回去处理。

德王：部长万不能就回去，我们要请求部长在此多留几天，并希望部长在此事没有解决以前，暂不要回去，如果部长一定要走，那我们可以知道部长一定是动气而走的。

部长：关于昨日所提出的意见——内蒙联席会议，我将详拟一个具体办法，再和你们讨论。

德王：希望部长在拟具体办法时，将我们意见参加进去。

《时事月报》

南京时事月报社

1934 年 10 卷 1 期

（李红权　整理）